"五德终始"说之终结

——兼论宋代以降传统政治文化的嬗变 ·············· 79

一、宋儒对五运说的消解 ·············· 80

二、传统政治文化的嬗变:立足于宋代的考察 ·············· 90

三、五运说之余绪 ·············· 104

德运之争与辽金王朝的正统性问题 ·············· 115

一、契丹王朝之正统论与德运说 ·············· 115

二、金朝的德运之争及其文化选择 ·············· 122

三、由元修三史引起的正统之辨 ·············· 134

四、明清时代对宋辽金正统问题的再检讨 ·············· 140

历史是怎样写成的?

——郝经雁帛书故事真相发覆 ·············· 151

一、"一寸蜡丸凭雁寄":元人笔下的郝经雁帛书故事 ····· 152

二、雁帛书还是赝帛书? ·············· 164

三、历史是这样写成的:雁帛书故事证伪 ·············· 171

元明革命的民族主义想象 ·············· 185

一、引言:如何认识元明革命的性质? ·············· 185

二、"驱逐胡虏,恢复中华":被重新唤起的元明

革命记忆 ·············· 191

三、从"正统"到"变统":明人蒙元史观之嬗变 ·············· 204

四、一切历史都是当代史:清末民初人眼中的元

明革命 ·············· 212

目　录

南北朝的历史遗产与隋唐时代的正统论 …………………… 1

　一、北朝正统论之成立 ………………………………… 2

　二、寻找北朝历史的"入口" ………………………… 13

　三、南朝正统论之潜流 ………………………………… 21

　四、径承汉统说的提出及其政治实践 ………………… 28

　五、走出魏晋南北朝 …………………………………… 33

　六、余论:从南北正闰之辨看宋元以降华夷观念

　　　的演变轨迹 ………………………………………… 36

正统论下的五代史观 …………………………………… 45

　一、五代十国正统之争 ………………………………… 45

　二、宋儒的五代史观 …………………………………… 50

　三、南唐正统论之泛起 ………………………………… 64

　四、五代史观为何不重华夷之辨? …………………… 71

图书在版编目(CIP)数据

正统与华夷:中国传统政治文化研究/刘浦江著. —北京:中华书局,2025.5.—(中华学术·有道).—ISBN 978-7-101-16854-9

Ⅰ.D092

中国国家版本馆 CIP 数据核字第 2024Z71R59 号

书　　名	正统与华夷:中国传统政治文化研究	
著　　者	刘浦江	
扉页题签	徐　俊	
丛 书 名	中华学术·有道	
责任编辑	樊玉兰	
装帧设计	刘　丽	
责任印制	管　斌	
出版发行	中华书局	
	(北京市丰台区太平桥西里38号　100073)	
	http://www.zhbc.com.cn	
	E-mail:zhbc@zhbc.com.cn	
印　　刷	北京盛通印刷股份有限公司	
版　　次	2025年5月第1版	
	2025年5月第1次印刷	
规　　格	开本/920×1250毫米　1/32	
	印张 13⅛　插页2　字数296千字	
印　　数	1-3000册	
国际书号	ISBN 978-7-101-16854-9	
定　　价	78.00元	

中华学术·有道

刘浦江

——

著

正统与華夷

中国传统
政治文化研究

中华书局

"倒错"的夷夏观?

　　——乾嘉时代思想史的另一种面相 ⋯⋯⋯⋯⋯⋯ 223

一、"异端"的正统论:以扬州学派诸士人为例 ⋯⋯⋯ 223

二、满洲统治者的文化立场:以清高宗为例 ⋯⋯⋯⋯ 238

三、盛世的背后:乾嘉时代士林世界的"集体无意识" ⋯⋯ 249

太平天国史观的历史语境解构

　　——兼论国民党与洪杨、曾胡之间的复杂纠葛 ⋯⋯⋯ 265

一、太平天国的"民族革命"想象 ⋯⋯⋯⋯⋯⋯⋯⋯ 266

二、一九三〇年代的"曾国藩热" ⋯⋯⋯⋯⋯⋯⋯⋯ 276

三、国民党与洪杨、曾胡之间的复杂纠葛 ⋯⋯⋯⋯⋯ 292

附　录

《四库全书初次进呈存目》再探

　　——兼谈《四库全书总目》的早期编纂史 ⋯⋯⋯⋯ 309

一、《进呈存目》之来历及其成稿年代 ⋯⋯⋯⋯⋯⋯ 310

二、《进呈存目》与提要分纂稿的关系 ⋯⋯⋯⋯⋯⋯ 321

三、四库提要编纂成书过程中的若干问题 ⋯⋯⋯⋯⋯ 332

关于天津图书馆藏《四库全书总目》残稿的若干问题 ⋯⋯ 347

一、现存的几种《四库全书总目》稿本 ⋯⋯⋯⋯⋯⋯ 347

二、天津图书馆藏《总目》残稿的抄写年代 ⋯⋯⋯⋯ 355

三、天图稿本与乾隆五十一年刻本的关系 ⋯⋯⋯⋯⋯ 367

四、天图稿本所见两类不同性质的修订文字 ⋯⋯⋯⋯ 374

四库提要源流管窥
　　——以陈思《小字录》为例 ·········· 383
一、《小字录》四库提要之源流 ·········· 384
二、诸阁本书前提要的两个不同来源 ·········· 395

刘浦江学术论著目录 ·········· 403
编后记 ·········· 413

南北朝的历史遗产与隋唐时代的正统论

　　正统问题是困扰中国人长达两千年之久的传统政治文化的一个核心观念,历来深受史家关注。秦汉以后,五德终始说成为历代王朝阐释其政权合法性的基本理论框架,顾颉刚先生的长文《五德终始说下的政治和历史》第一次全面揭示了五运说给秦汉政治史带来的深刻影响①。魏晋南北朝时代,政治上的长期分裂以及异族的入主中原,对旧有的华夷秩序和正统观念造成巨大冲击,近年何德章、川本芳昭、罗新等人围绕着十六国北朝的正统德运之争进行了深入的探讨②。宋代的儒学复兴使延续千余年的五德转移政治学说宣告终结③,以道德批评为准则的正统论取而代之,正统之辨成为士大夫最热衷的话题。对于宋代以降的正统观

---

① 顾颉刚:《五德终始说下的政治和历史》,收入《古史辨》第 5 册,上海:上海古籍出版社,1982 年。
② 何德章:《北魏国号与正统问题》,《历史研究》1992 年第 3 期;川本芳昭:《五胡十六国・北朝時代における「正統」王朝について》,《九州大学東洋史論集》第 25 号,1997 年 1 月;罗新:《十六国北朝的五德历运问题》,《中国史研究》2004 年第 3 期。
③ 参见本书所收《"五德终始"说之终结——兼论宋代以降传统政治文化的嬗变》。

念,陈芳明、陈学霖、刘复生以及笔者从各个方面提供了较为丰富的研究成果①。但迄今为止,有关隋唐时代正统论下的历史观念,似乎尚未进入历史学家的学术视野。说到隋唐时代的正统论,自然与南北朝的历史遗产有着千丝万缕的联系。按照当时社会的主流意识形态,隋唐政权的政治合法性当来自北朝,然而这种主张在当时和后世都常常受到人们的质疑。为了解决南北正闰之争的分歧,士大夫们曾提出多种正统体系,成为重新检讨北朝正统论的思想资源,有的设想甚至被付诸政治实践。直至北宋中期儒学复兴运动起来以后,传统的北朝正统论才被彻底颠覆。但在此后有关正统问题的讨论中,南北朝正闰之辨依然是一个被人们反复提及的话题,它为历史学家提供了一份思想史的分析样本。

一、北朝正统论之成立

隋唐帝国的出现,结束了"正朔不一,将三百年"的分裂局面②。

---

①陈芳明:《宋代正统论的形成背景及其内容——从史学史的观点试探宋代史学之一》,《食货月刊》复刊 1 卷 8 期,1971 年 11 月。Hok-lam Chan(陈学霖),*Legitimation in Imperial China:Discussions under the Jurch-en-Chin Dynasty(1115—1234)*,Seattle:University of Washington Press,1984。陈学霖:《大宋"国号"与"德运"论辩述义》,载氏著《宋史论集》,台北:东大图书公司,1993 年。刘复生:《宋代"火运"论略——兼谈"五德转移"政治学说的终结》,《历史研究》1997 年第 3 期。本书所收《德运之争与辽金王朝的正统性问题》《正统论下的五代史观》。
②《隋书》卷七五《儒林传序》,北京:中华书局,1973 年,第 6 册,第 1706 页。

如何裁判南北朝的正闰纷争,如何阐释其政权合法性的来源,是隋唐政治家必须面对的一个问题。隋唐时代主流的正统论可称为"北朝正统论",这是由周隋禅代、隋唐相承的历史大势所决定的。

隋朝建国之初,就明确了继承北朝法统的政治立场。杨坚禅代之际,与崔仲方、高颎等人"议正朔服色事",仲方曰:"晋为金行,后魏为水,周为木。皇家以火承木,得天之统。"①开皇元年(581)六月癸未,"诏以初受天命,赤雀降祥,五德相生,赤为火色……朝会之服,旗帜牺牲,尽令尚赤"②。杨氏代周而立,政权来路不正,很容易让人质疑它的合法性,为了餍服人心,杨坚称帝后竭力树立隋朝正统。《隋书·礼仪志》曰:"初,帝既受周禅,恐黎元未惬,多说符瑞以耀之。其或造作而进者,不可胜计。"开皇间,王劭屡屡上书言符命,缕述隋室火德承周木德之瑞应,又"采民间歌谣,引图书谶纬,依约符命,捃摭佛经,撰为《皇隋灵感志》,合三十卷,奏之。上令宣示天下"③。两《唐书》著录有许善心《皇隋瑞文》十四卷,大约也是类似的应时之作。又据《隋书·许善心传》说,炀帝"尝言及高祖受命之符,因问鬼神之事,敕善心与崔祖璿撰《灵异记》十卷"。总之,隋朝国家意识形态始终是将隋王朝的正统性建立在继承北朝法统的基础之上的。

李唐王朝代隋而兴,按照五德转移政治学说,应是以土承火。关于唐初德运的确立,两《唐书》缺载,仅见于《资治通鉴》卷一八五:高祖武德元年(618)五月甲子,"唐王即皇帝位于太极殿……

---

①《隋书》卷六〇《崔仲方传》,第5册,第1448页。
②《隋书》卷一《高祖纪上》,第1册,第15页。
③《隋书》卷六九《王劭传》,第6册,第1608页。

推五运为土德,色尚黄"①。两天之后,高祖发布了这样一道诏书:

> 上天回眷,授历朕躬,隋氏顺时,逊其宝位。敬承休命,敢不对扬,永作我宾,宜开土宇。其以莒之鄪邑,奉隋帝为鄪公,行隋正朔,车旗服色,一依旧章,仍立周后介国公,共为二王后。②

新王朝建立后,奉前朝后裔为二王、三恪以示尊崇,是周代以来的古典。惟二王、三恪之本义,向有不同解释,一说"二王之前,更立三代之后为三恪",一说"二王之前,但立一代,通二王为三恪",隋唐以后皆取后一说③。高祖奉周、隋子孙为二王后,是唐王朝正式

---

① 《资治通鉴》卷一八五《唐纪一》,北京:中华书局,1956年,第5791页。《册府元龟》卷四《帝王部·运历门》详述历朝德运,唯独不见唐朝德运之经纬,仅有一小注云:"臣(王)钦若等言:唐初事阙。"(北京:中华书局影印明刻本,1960年,第46页上栏)可见宋初修《册府元龟》时已经看不到有关唐初确定德运的记载,《通鉴》当另有所据。

② 《唐会要》卷二四"二王三恪",上海:上海古籍出版社标点本,1991年,上册,第539页。高祖于武德元年五月二十日称帝,此诏发布于五月二十二日。

③ 《通典》卷七四《礼典三四·宾礼一》"三恪二王后",王文锦等点校,北京:中华书局,1988年,第2册,第2029页。秦蕙田《五礼通考》卷二二五《宾礼六》"三恪二王后"条(清乾隆秦氏味经窝刻本,叶1a)辨析甚为详确:"(三恪二王)后之说者各不同,有以二王之前复立三恪,并三与二为五代者,郑康成、刘熹、崔灵恩之说也;有以二王之前止立一代,二王即在三恪之内者,杜预、魏收、杜佑之说也。汉魏以前多主郑说,唐宋以后多主杜解。"按三恪之"恪",吴大澂《说文古籀补》之十(北京:中华书局,1988年,第42页)据《周窓鼎》认为"窓(恪)"乃"客"之异文,三恪即三客,谓以客礼优待前朝子孙也。

承认北朝法统的标志。玄宗时,又增封北魏后裔,连同先前所封周、隋二王后,是为三恪。天宝七载(748)五月十三日制曰:

> 自古帝王,建邦受命,必敬先代。周备礼文,既存三恪之位;汉从损益,惟立二王之后。自兹以降,且复因循,将广继绝之恩,式弘复古之道。宜于后魏子孙中择拣灼然相承者一人,封为韩公,准酅、介公例,立为三恪。[①]

次年七月,"封后魏孝文十代孙元伯明为韩国公,以备三恪"[②]。据《周书·武帝纪》,北周武帝天和四年(569),始封魏广平公子元谦为韩国公,"以绍魏后"。隋氏代周后,其子孙袭封如故。唐朝前期,仅封二王之后,未备三恪之礼,故元氏子孙不再继续袭封韩国公之号。玄宗诏封元魏后人为韩国公,系袭周隋旧制,元伯明即元谦六世孙[③]。此事的政治文化意义在于,它意味着唐朝将其所继承的北朝法统上溯到了北魏。

唐王朝坚持北朝正统的理由是显而易见的,令狐德棻曾经对高祖说过一番很坦诚的话:"陛下既受禅于隋,复承周氏历数,国家二祖(指高祖祖、父李虎和李昞)功业,并在周时……"[④]这便是北朝正统论的原始动机。对于出自关陇集团的李唐皇室来说,继承周隋法统是不可动摇的政治立场,是一个必然的历史选择。

---

① 《唐会要》卷二四"二王三恪",上册,第 540 页。
② 《通典》卷七四《礼典三四·宾礼一》"三恪二王后"条,第 2 册,第 2029 页。
③ 见《新唐书》卷七五下《宰相世系表五下》,北京:中华书局,1975 年,第 11 册,第 3401 页。
④ 《旧唐书》卷七三《令狐德棻传》,北京:中华书局,1975 年,第 8 册,第 2597 页。

作为唐初社会主流意识形态的北朝正统论，在李延寿的《南》《北》史中表现得最为明显。何德章先生将李延寿尊北抑南的《春秋》笔法归纳为三条：第一，南朝、东魏、北齐帝纪必系北魏（西魏）、周、隋年号；第二，北魏（西魏）、北周皇帝卒，《南史》书为"崩"，而南朝、东魏、北齐皇帝卒，《北史》书为"殂"；第三，北魏（西魏）、周、隋对南朝、东魏、北齐用兵称为"讨"、为"伐"，反之则为"侵"、为"略"。① 很明显，在《南》《北》史的义例和书法中，贯穿着以北魏（西魏）、周、隋为主角的北朝正统论。王鸣盛认为，李延寿之尊北抑南，乃因其"先人世为北臣，故其言如此"②。钱大昕对这种解释颇不以为然：

> 唐高祖受禅于隋，隋又受于周，周又受于魏。且唐之先世仕于西魏及周，居八柱国之一，故唐初史臣大率偏袒北朝。但各为一书，读者犹或未喻，延寿并而为一，则词意轩轾判然矣。若云以世为北臣之故，则延寿之曾大父晓、大父仲举皆仕于齐，故国之思，当在邺都……而纪中书法仍右周而左齐。盖延寿为唐臣，故以唐所承为正，非因先世仕北之故也。③

---

① 何德章：《〈南〉、〈北〉史之正统观》，《史学史研究》1990年第4期。
② 见《十七史商榷》卷五四"北为正"条，北京：中国书店影印上海文瑞楼本，1987年，上册，叶5a。
③ 钱大昕：《潜研堂文集》卷一二《答问九》"诸史"，吕友仁点校：《潜研堂集》，上海：上海古籍出版社，1989年，第195页。这段话是由下述问题引起的："李延寿《南》、《北》史，本纪多尊北而轻南。……说者谓延寿先世为北臣，故其言如此，信乎？"此处虽未明指"说者"之名氏，但显然是针对王鸣盛而发。

钱大昕的分析是合情合理的。《南》、《北》史尊北抑南的书法,并非仅代表作者李延寿的个人立场,而是唐朝国家意识形态的反映。

如果说北朝正统论在唐初代表着一种政治立场,后来它则逐渐衍生为一种史学观念,这种史学观念对隋唐直至北宋前期的历史著作产生了比较广泛的影响。皇甫湜对此深有感触,他在讨论东晋、北魏正闰问题时,曾谈到唐人史书的倾向性:"往之著书者有帝元(指元魏),今之为录者皆闰晋。"①皇甫湜是中晚唐人,根据他的说法,坚持北朝正统是唐人史书在处理南北朝关系时所采取的普遍原则。其至连释氏史书中也能看到这种倾向性,唐释道宣《大唐内典录》就对南北朝的正闰纷争表明了他的态度:

> 世袭乱离,魏晋更霸,各陈正朔,互指伪朝。……仍自诸代国史,昌言我是彼非,斯则一是一非,一政一虐,都难惬当,谁敢筹之?故北魏以江表为岛夷,南晋以河内为獯鬻。周承魏运,魏接晋基,余则偏王,无所依据。而宋、齐、梁、陈之日,自有司存,国亡帝落,遂即从诸笔削,可不然乎?②

饶宗颐先生试图从道宣的家世去解释他主张北朝正统的倾向,因谓"道宣父于陈为显宦,彼以南人仕北,或有所忌讳"云云③。这一

①皇甫湜:《东晋元魏正闰论》,《唐文粹》卷三四,《四部丛刊》本,叶13b。
②释道宣:《大唐内典录》卷五"后周宇文氏传译佛经录"序,《大正新修大藏经》第55册,目录部,台北:财团法人佛陀教育基金会,1990年,第271页。
③饶宗颐:《中国史学上之正统论》,上海:上海远东出版社,1996年,第74页。

看法恐怕还值得斟酌。据《大唐内典录》卷首题记，此书撰于高宗麟德元年（664），时过境迁之后，此时南北正闰之辨已经不再是一个敏感的政治问题，生为唐人的道宣似乎不应该存有什么忌讳。我觉得，与其将道宣的倾向理解为个人特定的政治立场，毋宁把它看作是受唐代盛行的北朝正统论影响而形成的一种大众化的历史观念。

隋唐时代的北朝正统论，除了轩轾南、北一层意思，还有一个东、西统系的取舍问题。自北朝分立，周齐相争，双方都以元魏的继承者自居。魏周禅代之际，百官上奏曰："今魏历告终，周室受命，以木承水……惟文王（按宇文觉追尊其父为文王）诞玄气之祥，有黑水之谶，服色宜乌。"①而先于北周建国的北齐，也同样自称以木德承魏水德②。成书于北齐时代的魏收《魏书》，自然取尊东抑西的立场。王鸣盛指出："《魏书》直以东魏孝静帝为正而西魏为伪，故不为立纪，仅附见《孝静纪》中……无非助齐抑周之意。"③及至齐灭于周，周隋禅代，北魏、西魏、北周一系的法统得以确立，魏收《魏书》的政治立场理所当然地受到批判。开皇间，文帝"以魏收所撰书褒贬失实"④，"敕著作郎魏澹与颜之推、辛德源更撰《魏书》，矫正收失。澹以西魏为真，东魏为伪，故文、恭列纪，

①《周书》卷三《孝闵帝纪》，北京：中华书局，1971年，第1册，第46页。《隋书·崔仲方传》（第1448页）也说"周为木（德）"，而《通典》卷五五《礼典一五》"历代所尚"（第1546页）云："后周承西魏用水德，以文帝诞玄气之祥，有黑水之谶故也。"这显然是误解了《周书》的意思。
②北齐之德运，唯见于《通典》卷五五《礼典一五》"历代所尚"（第1546页）："北齐木德，正朔服色，皆如后魏。"
③《十七史商榷》卷六六"以西魏为正统"条，下册，叶7b-8a。
④《隋书》卷五八《魏澹传》，第5册，第1417页。

孝靖称传"①。魏澹《魏书》可以说是专为树立西魏正统而撰述的一部史学著作,此书虽早已不传,但据宋人考证,知今本《魏书·太宗纪》亡佚,系后人以魏澹书补入,故其义例书法与魏收之书迥然有别,余嘉锡先生论之已详②。

李延寿修《北史》,虽多取资于魏收《魏书》,但在涉及正统问题时,采取的立场却是与魏澹非常接近的。《北史·序传》载其上《南》、《北》史表,称《北史》"起魏登国元年,尽隋义宁二年,凡三代二百四十四年,兼自东魏天平元年,尽齐隆化二年,又四十四年行事,总编为本纪十二卷、列传八十八卷,谓之《北史》"云云。所谓"三代"者,即北魏(西魏)、周、隋,这是《北史》的主线,而东魏、北齐则只是被作者视为"三代"之附庸而已。关于《南》、《北》史尊西抑东的书法,上文所引何德章文已有详细论证,兹不赘述。

成书于中宗景龙三年(709)的元行冲《魏典》,是惟一一部编年体的元魏国史,"起道武帝,终宇文革命"。至于东、西分立,它所采取的体例是:"孝武入关,则书东魏为东帝,并载两国事。"③虽云"并载两国事",但西魏不称"西帝",却称东魏为"东帝",显然是以西魏纪年,采取以西魏为主的立场。

不过,论及北朝正统论所涉及的东、西统系取舍问题,还应该注意到唐宋文献中存在的三条"反证"。其一,《艺文类聚》帝王

---

① 《史通·古今正史篇》,上海:上海古籍出版社,2008年,第261页。刘知幾批评魏澹《魏书》"以非易非"(见《外篇·杂说下》,第377页),大概是因为他主张南朝正统的缘故。

② 余嘉锡:《四库提要辨证》,北京:中华书局,1980年,第1册,第157—178页。

③ 《文献通考》卷一九五《经籍考二二》"《魏典》"条引《崇文总目》,北京:中华书局影印《万有文库》本,2001年,第5659页。

部在东晋之后续以宋、齐、梁、陈诸帝,梁、陈之间插入北齐文宣帝,但却不取北魏、周、隋①。这应当作何解释呢?《艺文类聚》编纂于武德五年至七年,奉诏参与编修的有给事中欧阳询、秘书丞令狐德棻等人。作为一部唐初官修类书,且又是这样一些身份显赫的作者,似乎没有理由采取尊南抑北、尊东抑西的立场②。若谓因袭北齐之《修文殿御览》,则不当取南朝而去北魏(东魏)。看来其中当另有缘故。四库提要曾对《艺文类聚》的门类提出批评:"其中门目,颇有繁简失宜,分合未当。如山水部五岳存三,四渎阙一;帝王部三国不录蜀汉,北朝惟载高齐。"③如此说来,《艺文类聚》帝王部之取南朝、北齐而舍北魏、周、隋,无非是编纂过于粗率而已,并没有什么深意,与作者的正统立场其实是毫不相干的。

另外一条似乎与唐人正统观念相矛盾的史料也值得认真分析,这条史料见于《魏书》。《魏书·天象志》共计四卷,其中第三、四两卷早在宋初即已亡佚,今本系后人补入。百衲本《魏书》在《天象志三》的卷末附有宋人刘攽、刘恕等人的校语,谈到了这两卷文字的来历:

---

① 见《艺文类聚》卷一三《帝王部三》、卷一四《帝王部四》,汪绍楹校本,北京:中华书局,1965 年,第 241—259 页。至于其他隋唐时期的类书,《北堂书钞》帝王部没有系统地记载帝王世系,《初学记》帝王部至晋而止,所以都不涉及东、西统系取舍问题。
② 据两《唐书》本传,欧阳询为潭州人,其父仕陈为广州刺史,但以谋反被诛;令狐德棻先居敦煌,后迁关中,是关陇集团的代表人物之一。他们的政治倾向与隋唐时代盛行的北朝正统论理应是一致的。
③《四库全书总目》卷一三五《艺文类聚》提要,北京:中华书局,1965 年,第 1141 页下栏—1142 页上栏。

魏收书《天象志》第一卷载天及日变，第二卷载月变，第三、第四卷应载星变。今此二卷，天、日、月、星变编年总系魏及南朝祸咎。盖魏收《志》第三、第四卷亡，后人取他人所撰《志》补足之。魏澹书世已无本，据目录作西魏帝纪，而元善见、司马昌明、刘裕、萧道成皆入列传。此《志》主东魏，而晋、宋、齐、梁君皆称帝号，亦非魏澹书明矣。《唐书·经籍志》有张太素《魏书》一百卷，故世人疑此二卷为太素书《志》。《崇文总目》有张太素《魏书·天文志》二卷，今亦亡矣。惟昭文馆有史馆旧本《魏书·志》第三卷，前题朝议郎、行著作郎修国史张太素撰。太素唐人，故讳"世"、"民"等字。

今本《天象志》之三、四两卷，其系年始于北魏道武帝皇始元年（396），北魏之后续以东魏纪年，至孝静帝武定八年（550）东魏国亡为止，且谓"是时两主立，而东帝得全魏之墟，于天官为正"云云，显然不可能出自力主西魏正统的魏澹《魏书》；而其中提及东晋、南朝诸帝，大都以帝号相称，则又与魏收《魏书》的书法不符。刘放等人认为当为张太素《魏书·天文志》，这一推断是有道理的。按张太素，《旧唐书》一作"张大素"，附见其父张公谨传："大素，龙朔中历位东台舍人，兼修国史……撰《后魏书》一百卷。"但此书之《天文志》实出僧一行之手，《旧唐书》卷一九一《僧一行传》曰："初，一行从祖东台舍人太素，撰《后魏书》一百卷，其《天文志》未成，一行续而成之。"那么，一行所撰《后魏书·天文志》为何要以东魏为正统呢？我想这与它的史源有关。此前的纪传体《魏书》仅有魏收和魏澹两种，有关元魏的天象记载，一行只能以此两书为蓝本；而魏澹《魏书》原本是没有志的，至唐高宗时，

"魏澹孙同州刺史克己续十志十五卷"①，但魏克己的续志未必广为人知，故一行所撰《后魏书·天文志》极有可能是以魏收《魏书·天象志》为蓝本的，以东魏系年，想必是因袭魏收的义例，如"东帝得全魏之墟，于天官为正"之类的说法，当然也只能是出自魏收的手笔。不过，一行之《天文志》还兼载东晋、南朝天象，而魏收《天象志》是不涉及东晋、南朝的，看来一行似曾兼采《宋书》《南齐书》和《隋书》的《天文志》，故对东晋、南朝诸帝大抵以帝号相称，与魏收之书法自是有所不同。总之，一行所撰《后魏书·天文志》虽以东魏系年，但并非作者刻意为之，故不能反映唐人的正统观念。

宋代文献中也有一条让人觉得蹊跷的"反证"，见于《太平御览》。《太平御览》采取的是北朝正统论的王朝体系，但值得注意的是，此书以东魏入皇王部(卷一〇四)，而以北齐入偏霸部(卷一三〇至卷一三一)，岂不是自相矛盾吗？这大概是它因袭前代类书的结果。关于《太平御览》的取材，陈振孙说得很清楚："以前代《修文御览》《艺文类聚》《文思博要》及诸书参详条次修纂。"②以校勘学名家的近代学者曹元忠认为："皇王部于东魏后即接后周诸帝，而退北齐诸帝于偏霸部……当仍《文思博要》目次之旧。"③这个推论只说对了一半。《文思博要》是唐代贞观年间的官修类书，照理说不应视东魏为正统。据我分析，将东魏列入皇王部可

---

① 刘攽等：《魏书目录序》，见《魏书》，北京：中华书局，1974年，第8册，第3064页。

② 《直斋书录解题》卷一四类书类，徐小蛮、顾美华点校，上海：上海古籍出版社，1987年，第425页。

③ 曹元忠：《唐写卷子本〈修文殿御览〉跋》，见王大隆编：《笺经室遗集》卷一一，吴县王氏学礼斋铅印本，民国三十年。

能是以北齐《修文殿御览》为蓝本,而以北齐入偏霸部才是因袭唐人所修《文思博要》的门类。只有这样才能解释《太平御览》的自相矛盾。

综上所述,隋唐时代盛行的北朝正统论,其基本立场是尊北而抑南、尊西而抑东,是以建构魏(北魏、西魏)、周、隋、唐正统王朝体系为核心的一种社会主流意识形态。

二、寻找北朝历史的"入口"

作为隋唐社会主流意识形态的北朝正统论,其实存在着一个很大的破绽,那就是它的正统来源问题。阎步克先生说,北朝是魏晋南北朝时代的"历史出口"[①],这是基于魏晋南北朝历史大势的一种判断;如果借用这个说法,从华夏正统观的角度来看,便会产生一个令人困惑的问题:虽然通向隋唐帝国的"出口"是在北朝,但从北朝却似乎找不到一个"入口"——也就是说,北朝正统没有令人信服的来源。欧阳修谓历代正统之论"其可疑之际有三",其中之一就是"东晋、后魏之际也",其可疑之处在于:"以东晋承西晋则无终,以隋承后魏则无始。"[②]洪迈也持有类似的看法:"盖以宋继晋,则至陈而无所终;由隋而推之,为周为魏,则上无所

---

①阎步克:《北朝对南朝的制度反馈——以北魏、萧梁官品改革为线索》,见《乐师与史官——传统政治文化与政治制度论集》,北京:三联书店,2001 年,第 354 页。
②欧阳修:《正统论》(上),《欧阳文忠公文集》卷一六,《四部丛刊》本,叶 3b。

起。"①王夫之说得更加直白:"唐承隋,而隋抑何承? 承之陈,则隋不因灭陈而始为君;承之宇文氏,则天下之大防已乱,何统之足云乎?"②秦汉以来的正统之辨,最看重政权的合法性来源,故历代德运之争,大抵都在政权的承继关系上做文章。欧阳修等人所质疑的就正是这样一个问题:北朝国家法统只能上溯到北魏,那北魏王朝的政治合法性究竟来源于何方? 这就是北朝正统论难以自圆其说的最大疑点。

那么,北魏当时究竟是如何解释这个问题的呢? 孝文帝太和十四、五年(490—491)的德运之争,一派主张继承十六国的法统,即曹魏土德—西晋金德—石赵水德—慕容燕木德—苻秦火德—拓跋魏土德;另一派则主张远承晋统,即曹魏土德—西晋金德—拓跋魏水德。后者提出的理由是:

> 按神元、晋武,往来和好。至于桓、穆,洛京破亡。二帝志摧聪、勒,思存晋氏,每助刘琨,申威并冀。是以晋室衔扶救之仁,越石深代王之请。平文、太祖,抗衡苻石,终平燕氏,大造中区。则是司马祚终于郏鄏,而元氏受命于云代。

> 盖自周之灭及汉正号,几六十年,著符尚赤。……自有晋倾沦,暨登国肇号,亦几六十余载。……绍晋定德,孰曰不可。

综合《魏书》的相关记载来看,北魏与西晋在时间距离上的悬隔,

---

①洪迈:《容斋随笔》卷九"皇甫湜正闰论",上海:上海古籍出版社点校本,1978年,上册,第113页。
②王夫之:《读通鉴论·叙论一》,北京:中华书局点校本,2002年,下册,第950页。

是当时双方争议的焦点所在,故李彪、崔光等人以"汉弃秦承周之义"来为魏承晋统张目。孝文帝虽然决定采纳此说,其实内心也不无犹豫,从诏书中可以看出他的疑虑:"越近承远,情所未安。然考次推时,颇亦难继,……便可依为水德。"[①]

其实在后人看来,魏承晋统说之难以成立,主要还不在"越近承远"的牵强附会,更要害的问题在于,与北魏前后并存的东晋对北朝自诩的华夏正统构成了最大的障碍。从血统上来说,与西晋一脉相承的东晋具有无可置疑的政治合法性来源,同时代的五胡十六国也普遍认同东晋的华夏宗主身份[②]。甚至就连某些北魏士人也不例外,崔鸿《十六国春秋》就很能说明问题,据刘知几说,"(崔)鸿书之纪纲,皆以晋为主,亦犹班书之载吴、项,必系汉年;陈志之述孙、刘,皆宗魏世"[③]。这就是说,《十六国春秋》皆是以东晋系年、以东晋为正统的。因此,仅凭北魏据有"中国"的地利,还很难撼动东晋在人们心目中的正统王朝地位。于是魏收便围绕晋元帝司马睿的血统做起了文章,请看《魏书》卷九六《僭晋司马叡传》的说法:

> 僭晋司马叡,字景文,晋将牛金子也。初晋宣帝生大将军、琅邪武王伷,伷生冗从仆射、琅邪恭王觐。觐妃谯国夏侯氏,字铜环,与金奸通,遂生叡,因冒姓司马,仍为觐子。由是自言河内温人。

①以上皆见《魏书·礼志一》,第 8 册,第 2746—2747 页。
②关于这一点,详见川本芳昭:《五胡十六国·北朝時代における「正統」王朝について》,《九州大学東洋史論集》第 25 号,1997 年 1 月,第 65—73 页。
③《史通·探赜篇》,第 154 页。

不过,这个故事并非魏收凭空捏造的政治谣言,它源于东晋南朝时期一个流传甚广的传说。《宋书》卷二七《符瑞志上》就有这样一段记载:

> 先是,宣帝(即司马懿)有宠将牛金,屡有功,宣帝作两口榼,一口盛毒酒,一口盛善酒,自饮善酒,毒酒与金,金饮之即毙。景帝(即司马师)曰:"金名将,可大用,云何害之?"宣帝曰:"汝忘石瑞马后有牛乎?"元帝母夏侯妃与琅邪国小史姓牛私通,而生元帝。

沈约在这里讲述了两个故事,一个是司马懿鸩杀牛金的传说,另一个是夏侯妃与牛氏私通而生元帝的传说。这两个传说都与"牛继马后"的谶语有关:"初,魏明帝青龙三年冬十一月,张掖郡丹阳川谷垒溢,有石流出,立于川中,有马行列,而牺牛在后。……占者或云'牛继马后'。"①按沈约的说法,司马懿鸩杀牛金是受到了这一谶语的暗示,而谶语之真正应验,却是后来夏侯妃与牛氏私通而生元帝一事。《魏书》的史源很可能就出自于此②,只不过魏收误解了沈约的意思,将两件事混为一谈,故谓司马睿为牛金私生子③。

---

① 许嵩:《建康实录》卷五《中宗元皇帝》,张忱石点校,北京:中华书局,1986 年,上册,第 128 页。
② 据周一良先生考证,魏收确曾采用过沈约《宋书》,见《魏晋南北朝史札记》"魏收袭用南朝史书"条,北京:中华书局,1985 年,第 384—385 页。
③《史通·杂说中篇》(第 360 页)云:"近者沈约《晋书》喜造奇说,称元帝牛金之子,以应'牛继马后'之征。……而魏收深嫉南国,幸书其短,著《司马睿传》,遂具录休文所言。"可见刘知幾似乎也误解了沈约的原意,或是受到魏收的误导。

这个迂怪不经的传说颇遭后人非议,隋朝学者王劭直言其诬妄:"沈约《晋书》造奇说,云琅邪国姓牛者,与夏侯妃私通,生中宗;因远叙宣帝以毒酒杀牛金,符证其状。收承此言,乃云:司马叡,晋将牛金子也。"刘知幾也批评说:"沈氏著书,好诬先代,于晋则故造奇说,在宋则多出谤言,前史所载,已讥其谬矣。而魏收党附北朝,尤苦南国,承其诡妄,重以加诸。遂云马叡出于牛金,刘骏上淫路氏。"①据他们说,这个故事最早见于沈约所撰《晋书》②,并因此认定它是由沈约一手杜撰出来的"奇说",但事实并非如此。据我查考的结果,早在孙盛《晋阳秋》中就已出现这个传说③。《晋阳秋》成书于东晋孝武帝太元以前,由此看来,这大概是从东晋中叶开始流行的一个政治谣言④。

用这样一个荒诞无稽的政治谣言去否定东晋王朝的政治合法性,以达到树立北朝正统的目的,自然是很难令人信服的。因此,直到唐朝中叶,仍有人在继续孜孜不倦地为魏承晋统说寻找

①《史通·采撰篇》,第 85 页。王劭语见此段引文之后,系作者原注所引。
②《晋书》是沈约在刘宋时所撰,大概后来他又把同样的故事搬到《宋书·符瑞志》里重述了一遍。
③《太平御览》卷九八引孙盛《晋阳秋》(北京:中华书局影印本,1995 年,第 1 册,第 469 页下栏)曰:"初,《玄石图》有'牛继马后',故宣帝深忌牛氏,遂为二榼,共一口,以贮酒。帝先饮佳者,以毒者鸩其将牛金。而恭王妃夏(侯)氏通小吏牛钦而生元帝,亦有符云。"今本《晋书·元帝纪》也采纳了这段文字。
④《太平御览》卷七六一引王隐《晋书》(第 4 册,第 3380 页上栏),已记有宣帝鸩杀牛金的故事,但未提及"牛继马后"的谶语,也未谈到有关元帝身世的传说。据《史通·古今正史篇》,知王隐《晋书》成书于成帝咸康六年(340)之前,据此推断,有关元帝身世的传说当是成帝以后被附会出来的。这一政治谣言出现在东晋并不奇怪,可能与东晋中叶复杂的内部矛盾有关。但这是一个需要另文探讨的问题。

符命的根据,《旧唐书》卷一〇二《元行冲传》曰:

> 行冲以本族出于后魏,而未有编年之史,乃撰《魏典》三十卷,事详文简,为学者所称。初魏明帝时,河西柳谷瑞石有牛继马后之象,魏收旧史以为晋元帝是牛氏之子,冒姓司马,以应石文。行冲推寻事迹,以后魏昭成帝名犍,继晋受命,考校谣谶,特著论以明之。[①]

元行冲为"牛继马后"的谶语找到了一个新的解释。魏收"谓元帝本出牛氏,行冲以为非",他认为承继司马氏的"牛"应验在北魏昭成帝什翼犍身上,将什翼犍建立代国看作是魏承晋统的标志。

为了解决北朝正统的来源问题,文中子王通曾提出另外一套衔接东晋南北朝历史的正统体系。关于文中子其人其书的真伪,自宋以来颇多争议。但一般认为,《中说》一书确是出自文中子门人之手,可以代表王通的思想[②]。王通的正统观念在《中说》中多有反映,如他在谈到《元经》一书的旨趣时说:"《元经》其正名乎。皇始之帝,征天以授之也;晋、宋之王,近于正体;……齐、梁、陈之德,斥之于四夷也。以明中国之有代,太和之力也。"[③]这里说的

① 辑本《崇文总目》卷二(《丛书集成初编》本,北京:中华书局据《粤雅堂丛书》本排印,1985 年,第 48 页) 著录元行冲《魏典》三十卷,谓行冲辨析"牛继马后"之谶,"特为论载于篇"。可知该文原是附载于《魏典》一书的。据《唐会要》卷六三,知《魏典》成书于中宗景龙三年(709)。
② 参见司马光:《文中子补传》,载邵博:《邵氏闻见后录》卷四,李剑雄、刘德权点校,北京:中华书局,1983 年,第 28 页—35 页;《四库全书总目》卷九一《中说》提要,第 774 页;余嘉锡:《四库提要辨证》,第 2 册,第 565—575 页。
③《中说》卷五《问易篇》,《四部丛刊》本,叶 7b-8a。

"皇始之帝"指北魏道武帝,"太和"则指孝文帝。王通主张东晋、刘宋为正统,刘宋亡国之时,正值北魏孝文帝在位,故正统转归于魏,是谓"中国之有代"。《中说·周公篇》亦云:"元魏之有主,其孝文之所为乎。中国之道不坠,孝文之力也。"意谓元魏之所以能够获得华夏正统,乃是孝文帝的功劳。

为了鼓吹他这一套正统体系,王通还特意编纂了一部从西晋到隋朝的编年史,这就是文中子六经之一的《元经》。他的弟子程元曾经问他撰述六经的意图,他答称"修《元经》以断南北之疑",阮逸注云:"晋东迁,故南朝推运历者因以齐、梁、陈为正统;后魏据中原,故北朝推运历者以北齐、周、隋为正统。于是南北二史夷虏相称,而天下疑矣。《元经》者,所以尊中国,故中国无主,则正统在晋、宋,中国有主,则正统归魏、周。"①这就是说,《元经》一书是专为解决南北正统之争而作的。学界普遍认为,今本《元经》是出自北宋阮逸之手的一部伪书,但如果我们将该书的正统体系与《中说》做一比较,就会发现两者是基本吻合的。今本《元经》凡十卷,前九卷旧题王通作,始于西晋太熙元年(290),迄隋开皇九年(589);最后一卷题为唐薛收续撰,自开皇十年至武德元年②。

①《中说》卷六《礼乐篇》,叶 4b-5a。
②《元经》有台湾商务印书馆影印文渊阁《四库全书》本,见第 303 册。《旧唐书·王勃传》称其祖通"依《春秋》体例,自获麟后,历秦汉至于后魏,著纪年之书,谓之《元经》"云云(第 5004 页),所言该书起讫与今本《元经》截然不同,但《中说·王道篇》明言《元经》"始于晋惠"(叶 2b),《述史篇》又谓其"止于陈亡"(叶 5a—5b),皆与今本首尾相符。按王通自称"吾《续书》以存汉晋之实……修《元经》以断南北之疑",阮逸注谓"《续书》起于汉高祖,止晋武帝"(见《中说·礼乐篇》,叶 4b-5a),可知两书前后相续,既然修《元经》是为了"断南北之疑",其起讫就不可能是"历秦汉至于后魏"。疑《旧唐书》所记有误。

此书之纪年,自西晋、东晋以迄于刘宋;宋亡,即改以北魏纪年,由北魏、西魏、北周以迄于隋。欧阳修曾对《元经》的纪年表示非议:"文中子作《元经》,欲断南北之疑也。绝宋于元徽五年,进魏于太和元年,是绝宋不得其终,进魏不得其始。"①这其实是一个误解。欧阳修之所以有这样的意见,可能是因为《元经》卷八在宋元徽五年(477)下附注了"魏太和元年"的缘故,但直至顺帝昇明三年(479)"禅位伪齐"、刘宋亡国为止,都是以宋纪年,从卷九太和四年(480)起才改用北魏纪年。

这套正统体系与隋唐时代盛行的北朝正统论的主要不同之处,就是改魏承晋统为魏承宋统,为北朝国家的政治合法性来源提供一种新的解释,使其能够与东晋南朝的历史相对接,从而解决北朝正统论所无法解决的"入口"问题。他的这一主张后来似乎得到了唐人的呼应。据《旧唐书》卷八四《裴光庭传》,开元间,"时有上书请以皇室为金德者,中书令萧嵩奏请集百僚详议。光庭以国家符命久著史策,若有改易,恐贻后学之诮,密奏请依旧为定,乃下诏停百僚集议之事"(《新唐书·裴光庭传》所记略同)。此事因缺乏更详细的记载,无法得知上书者的具体主张。所谓金德说究竟是如何阐释其德运体系的呢?我们不妨作一分析。

在通行的唐朝土德说的基础上加以推断,可以将土德说和金德说分别序列如下:

①欧阳修:《正统论·原正统论》,收入《居士外集》卷九,见《欧阳文忠公文集》卷五九,叶8a。

土德说	金	水	木	火	土	
	西晋	北魏（西魏）	周	隋	唐	
金德说	金	水	木	火	土	金
	两晋	宋	北魏（西魏）	周	隋	唐

　　如果我们对金德说的上述推定不误，可以看出这种新的德运体系与王通所主张的魏承宋统说是一脉相承的。上书者的动机大概也是为了释"南北之疑"，而试图对传统的北朝正统论加以修正。此项建议受到中书令萧嵩的重视，但时任侍中兼吏部尚书的裴光庭"与萧嵩争权不协"，这可能是他持反对意见的一个原因。于是一场可以预见的德运论辩就这样被化解于无形。

三、南朝正统论之潜流

　　隋唐时代盛行的北朝正统论，主要是建立在北朝—隋唐国家法统基础之上的一种社会意识形态。我们知道，传统政治文化中的正统论，除了讲求国家法统的合法性之外，华夏种族的血统和儒家文化的道统也同样是很被看重的因素。若就这两个因素而言，南朝有足够的理由被视为天下正朔之所在。况且即使在南北统一之后，隋唐文化的南朝化也表现得相当明显①。所以我们便不难理解，为什么在隋唐时代，面对北朝法统的继承者所拥有的

---

①参见唐长孺：《魏晋南北朝隋唐史三论》，武汉：武汉大学出版社，1993年，第459—474页。

政治权威和话语霸权,仍有不少汉族士人始终坚守着南朝正统的固有信念。

如所周知,虽然北朝正统论后来成为隋唐社会的主流意识形态,但东晋、南朝在当时的南北正统之争中却是占有明显上风的。东晋自不必说,即便在南北朝时代,南朝正统论不仅仅是南朝士人的主张,甚至也是许多北朝士大夫共有的文化观念。《北齐书》卷二四《杜弼传》有一段为人熟知的记载:

> (杜)弼以文武在位,罕有廉洁,言之于高祖。高祖曰:"弼来,我语尔:天下浊乱,习俗已久。今督将家属多在关西,黑獭常相招诱,人情去留未定。江东复有一吴儿老翁萧衍者,专事衣冠礼乐,中原士大夫望之以为正朔所在。我若急作法网,不相饶借,恐督将尽投黑獭,士子悉奔萧衍,则人物流散,何以为国?"

这是东魏时期的事情。高欢的这段话说得很坦率,相当真实地反映了北朝士人的正统观念和文化立场。当然,这也许与六镇起义后鲜卑化回潮、胡汉矛盾加剧的现实有关,也与萧梁当时相对安定的政治局面不无关系,但这并不是说北朝士人倾心南朝的正统观念只是该时期的特殊历史现象。事实上,在东晋和南朝宋、齐、梁时代,北方士人对代表着华夏正朔的南方政权一直寄予厚望。直到侯景之乱以后,北朝士人才算是对南朝彻底绝望了。因此,后来持南朝正统论者唯独不把陈纳入正统王朝之列,这大概也是一个重要的原因。

要说北朝士人倾心南朝的正统观念是南北朝时代的一种普遍现象,可是在北朝文献里却似乎可以找到与此相反的证据。

《洛阳伽蓝记》中有这样一个故事:北魏永安二年(529),梁朝使者陈庆之出使洛阳,某日宴会,席间多为南人,"惟有中大夫杨元慎、给事中大夫王晌是中原士族",庆之因醉谓诸人曰:"魏朝甚盛,犹曰五胡。正朔相承,当在江左,秦皇玉玺,今在梁朝。"杨元慎当即义正词严地加以反驳:"江左假息,僻居一隅。……我魏膺箓受图,定鼎嵩洛,五山为镇,四海为家。移风易俗之典,与五帝而并迹;礼乐宪章之盛,凌百王而独高。"[①]何德章先生认为,这表明北方汉族人士已不再把所谓"正朔相承"或"秦皇玉玺"看成正统所在的根据,而是视"定鼎嵩洛"、移风易俗、兴复儒教的北魏王朝为正统[②]。我觉得这或许只是一种表象,不一定能够反映北方士人的真实心态。对于杨元慎的话,应当结合具体语境加以分析:一方是南朝使者,一方是北朝士大夫,双方在酒席上互相贬抑,彼时彼地,杨元慎的宣言,与其说代表一种文化观念,毋宁说代表一种政治立场。要用这条史料来说明北方士人的正统理念,恐怕是缺乏说服力的,远不如高欢的话真实可信。

当鲜卑人的北朝政权为汉人建立的隋唐王朝所取代,尤其是在隋朝统一南朝之后,北朝正统论才逐渐占据上风。但传统的正统观念在士人阶层中仍然具有相当顽固的影响,费长房《历代三宝记》就是一例。此书前三卷为"帝年",列有历代年表,值得注意的是它的纪年:卷三东晋以后为宋、齐、梁,梁以后则以周、隋相承。卷八、卷九著录十六国和北魏、北齐译经,却以东晋、宋、齐、梁帝号代称其时代,如称晋孝武帝世、宋文帝世、齐武帝世、梁武

---

① 范祥雍:《洛阳伽蓝记校注》卷二"景宁寺"条,上海:上海古籍出版社,1978年,第117—118页。
② 何德章:《北魏国号与正统问题》,《历史研究》1992年第3期。

帝世等；卷九著录陈朝译经，则以北周帝号代称其时代，如称周武帝世①。与隋唐时代盛行的以西晋、魏(北魏、西魏)、周、隋、唐一脉相承的北朝正统论所不同的是，贯穿于《历代三宝记》一书中的正统王朝谱系是西晋、东晋、宋、齐、梁、周、隋。此书撰述于开皇十七年，已在隋朝统一之后，作者何以会站在南朝正统的立场之上呢？陈垣先生说："此固非僧人之所知，实当时之一般心理耳。……盖自晋室渡江后，南北分立者二百六十余年，中原士夫之留北者，始终以中国为未灭。"②确如援庵先生所言，此书所持南朝正统论绝非费长房的发明，而应当是当时士人阶层中很有影响的一种观点。这一正统王朝谱系最符合汉族士人的理想：它既能最大限度地捍卫东晋、南朝的正统性，同时又为看似走进死胡同的南朝找到了一个历史出口，从而避免了洪迈所说的那种"以宋继晋则至陈而无所终"的尴尬结局，使东晋、南朝能够与统一的隋唐帝国衔接为一个整体。

关于南朝正统论的具体主张，后来皇甫湜在《东晋元魏正闰论》中做了比较明确的阐释：

> 晋为宋，宋为齐，齐为梁，江陵之灭，则为周矣。陈氏自树而夺，无容于言，况隋兼江南，一天下，而授之于我。故推而上，我受之隋，隋得之周，周取之梁。推梁而上，以至于尧舜，得天统矣。则陈僭于南，元闰于北，其不昭昭乎？其不昭

---

①费长房：《历代三宝记》，《大正新修大藏经》第49册，史传部一。
②陈垣：《中国佛教史籍概论》卷一，北京：中华书局，1962年，第8页。

昭乎?①

值得注意的是,皇甫湜极力推崇的南朝正统论,与《历代三宝记》
所采用的正统王朝谱系是完全吻合的。这当然不是偶然的巧合。
隋唐时代,虽然北朝正统论已经成为国家意识形态的一部分,但
在士人阶层中,有关南北正统的争议还远没有结束,费长房和皇
甫湜主张的南朝正统论就是其中很有代表性的一种意见。持南
朝正统论者之所以要将陈排斥于正统王朝之外,不外乎两个原
因:其一,通向隋唐帝国的"出口"毕竟在北而不在南,闰陈而正
周,才能将南朝统系与隋唐统一王朝衔接在一起;其二,如上所
述,侯景之乱以后,北方士人对衰乱已极的南朝已经不抱任何希
望,南北正闰的传统理念随之开始发生转变,而后杨氏代周,政权
转入汉人之手,更坚定了北方士人认同周、隋正统的信念。因此,
皇甫湜认为萧梁之亡与北周之兴,标志着南朝正统的终结和南北
正闰的转换,故谓"周取之梁"。由于他把梁元帝江陵之陷视为萧
梁灭亡的标志,认为事出其后的梁陈禅代于理无据,因谓"陈氏自
树而夺",由此消解了陈氏政权的政治合法性来源②。

---

①皇甫湜:《东晋元魏正闰论》,《唐文粹》卷三四,叶13b。此文大约作于
宪宗元和年间。

②不过,皇甫湜以西魏恭帝元年(554)攻灭江陵作为梁、周兴亡相续的时
间坐标,却受到后人的质疑。洪迈《容斋随笔》卷九"皇甫湜正闰论"条
(第114页)指出:"灭梁江陵者,魏文帝也(按应为西魏恭帝),时岁在
甲戌。又三年丁丑,周乃代魏。不得云江陵之灭,则为周也。"李慈铭
《越缦堂读书记》亦云:"梁元帝江陵之陷,时为西魏恭帝之元年,虽政
出宇文,而元氏固未改步也,何得遂为北周?"(由云龙辑,上海:上海书
店出版社重编本,2000年,第1256页。)

皇甫湜写作此文的初衷，原是为了否定北魏正统，并借此为东晋正名。对北魏历史地位的评价，乃是唐代南北正统之争的焦点所在，而是否承认北魏王朝的政治合法性，实为南朝正统论与北朝正统论的重要分水岭。由于唐王朝将北魏视作北朝国家法统的源头，故明确承认其正统地位，但这种官方意识形态在士人阶层中未必能够获得普遍的认同。尤其是自中唐以后，一些汉族士大夫对北魏王朝的政治合法性提出公开质疑，其中种族问题往往成为关键的症结，如刘知幾指斥"魏本出于杂种，窃亦自号真君"，①皇甫湜也以"拓跋氏种实匈奴"作为否定北魏正统的重要理由。与此同时，他们极力阐扬东晋王朝的正统性，《史通·探赜篇》给予东晋政权一个明确的历史定位："于时中原乏主，海内横流，逊彼东南，更为正朔。适使素王再出，南史重生，终不能别有异同。"皇甫湜在《东晋元魏正闰论》中着重强调东晋政权的政治合法性来源："惠帝无道，群胡乱华，晋之南迁，实曰元帝。与夫祖乙之圮耿，盘庚之徙亳，幽王之灭戏，平王之避戎，其事同，其义一矣。"这些言说中流露出对于异族威胁的焦虑与戒惕心理，不妨从中晚唐时代所面临的内忧外患去解读它们背后的语境。

唐人还有另外一种别出心裁的南朝正统论，是由萧颖士提出来的。《新唐书》卷二〇二《萧颖士传》曰：

> 尝谓："仲尼作《春秋》，为百王不易法，而司马迁作本纪、书、表、世家、列传，叙事依违，失褒贬体，不足以训。"乃起汉元年迄隋义宁编年，依《春秋》义类为传百篇。在魏书高贵

---

①《史通·断限篇》，第 71 页。又《探赜篇》（第 154 页）称魏收《魏书》为"伪邦坟籍"，也明确表示了否定北魏正统的态度。

崩,曰"司马昭弑帝于南阙"。在梁书陈受禅,曰"陈霸先
反"。……乃黜陈闰隋,以唐土德承梁火德。皆自断,诸儒不
与论也。有太原王绪者,僧辩裔孙,撰《永宁公辅梁书》,黜陈
不帝,颖士佐之,亦著《梁萧史谱》及作《梁不禅陈论》以发绪
义例,使光明云。

这里说的究竟是一部什么样的书呢?本传语焉不详。不过萧颖士
曾在写给韦述的一封信中谈及撰述此书的具体想法:"仆不揆,
顾尝有志焉。思欲依鲁史编年著《历代通典》,起于汉元十月,终
于义宁二年,约而删之,勒成百卷,应正数者举年以系代,分土宇
者附月以表年。于《左氏》取其文,《穀梁》师其简,《公羊》得其
覈,综三传之能事,标一字以举凡。"①此书今已不传,亦未见于著
录。从这仅有的记载来看,可知《历代通典》是一部专在义例、书
法上做文章的编年体通史,故赵翼说:"观颖士书法,则并开朱子
《纲目》之体例矣。"②此书独创的南朝正统论,将南朝之陈与北朝
之周、隋全都排斥出正统王朝之列,而以唐朝之土德直接承袭萧
梁之火德。萧颖士之所以独尊萧梁,主要是出于个人感情,《新唐
书》称其为"梁鄱阳王恢七世孙",这就是他"黜陈闰隋"的主要动
机。萧颖士的南朝正统论掺杂了太多的个人因素,被章太炎斥为
"党伐之见"、"偏私之言"③,其书之不传于世,也就不难理解了。

---

① 萧颖士:《赠韦司业书》,《文苑英华》卷六七八,北京:中华书局影印本,
　1966年,第5册,第3494页上栏。
② 赵翼:《陔余丛考》卷一五"通鉴纲目"条,栾保群等点校,石家庄:河北
　人民出版社,2003年,第255页。
③ 章炳麟:《国学略说》,上海:上海文艺出版社,2001年,第114页。

四、径承汉统说的提出及其政治实践

东晋南北朝以来的南北正统之争,给后人留下的是这样一个难题:北朝正统论堪称隋唐时代主流的历史观念,但因无法解释清楚其正统源头而受到人们质疑;南朝正统论虽然在士人阶层中仍具有很大影响力,但显然不可能为隋唐政权所接受。于是便有人提出一种折衷意见:不妨略过魏晋南北朝分裂时代,直接上承两汉法统。

首倡此说者是文中子王通。据唐杜淹《文中子世家》说:"仁寿三年,文中子冠矣,慨然有济苍生之心,西游长安,见隋文帝。帝坐太极殿,召见,因奏《太平策》十有二策。"①《中说·魏相篇》也提到此事:"子谒见隋祖,一接而陈十二策。"关于《太平策》的主旨,详见《中说·关朗篇》:

> 子谓薛收曰:"元魏已降,天下无主矣,开皇九载人始一。先人有言曰:敬其事者大其始,慎其位者正其名。此吾所以建议于仁寿也:陛下真帝也,无踵伪乱,必绍周、汉,以土袭火,色尚黄,数用五,除四代之法②,以乘天命,千载一时,不可失也。高祖伟之而不能用。所以然者,吾庶几乎周公之事矣,故十二策何先? 必先《正始》者也③。"

---

①见《四部丛刊》本《中说》附录,叶 7b。
②阮逸注(叶 3b):"四代,谓北朝魏、周、齐,南朝陈也。"
③阮逸注(叶 3b—4a):"《正始》,策首篇名。"

根据王通的这番自述,可知《太平策》的第一篇名曰《正始》,作者开宗明义地向隋文帝提出了径承汉统的建议。王通认为,南北朝是一个"天下无主"的时代,直到开皇九年灭陈之后方才获得正统地位,因此他主张隋朝当以土德承汉之火德,而不应该承周之统,以火代木。据《文中子世家》说,文帝"下其议于公卿,公卿不悦"。这是可想而知的结果。杨氏代周而立,隋朝政权的政治合法性是建立在继承北周法统的基础之上的,"以火承木"可以说是隋朝政治家的唯一选择,王通的意见未免太不合时宜了。因为这个主张行不通,所以后来他才又提出了魏承宋统的正统谱系,试图对北朝国家的华夏正统来源做出新的解释,"以断南北之疑"。

有趣的是,王通之孙王勃后来也倡言唐朝径承汉统说,《旧唐书》卷一九〇上《王勃传》曰:

> 勃聪警绝众,于推步历算尤精,尝作《大唐千岁历》,言唐德灵长千年,不合承周、隋短祚。其论大旨云:"以土王者,五十代而一千年;金王者,四十九代而九百年;水王者,二十代而六百年;木王者,三十代而八百年;火王者,二十代而七百年。此天地之常期,符历之数也。自黄帝至汉,并是五运真主。五行已遍,土运复归,唐德承之,宜矣。魏、晋至于周、隋,咸非正统,五行之沴气也,故不可承之。"[1]

王勃对唐朝的正统来源做出了新的解释,按他的说法,唐朝土德

---

[1]《新唐书·艺文志三》(第 1548 页)历算类著录有"王勃《千岁历》,卷亡"。

当承自汉之火德,而不应承隋之火德。他把魏晋至周隋都列入闰位,认为"上自曹魏,下至隋室,南北两朝,咸非一统,不得承五运之次",这种主张显然是受了王通的影响,只不过比他祖父还要走得更远——就连大一统的隋朝,也被他排斥在正统王朝之外。唐人谓"勃言迂阔,未为当时所许"[1],也许这种意见当时尚未引起唐朝统治者的注意。

到了武后和玄宗时期,王勃的上述观点开始在政治上发生影响。载初元年(689),武后宣布改用周正,以十一月为岁首,声称"今推三统之次,国家得天统,当以建子月为正"[2],其理论根据来自董仲舒的三统说。同时,又"以周、汉之后为二王后,封舜、禹、汤之裔为三恪,周、隋同列国,封其嗣"[3]。此举意味着将唐朝国家法统的来源直接指向汉朝,而从曹魏到隋朝的正统地位通通都被否定了,《改元载初赦》对此做了具体的阐释:

> 自魏至隋,年将四百,称皇僭帝,数十余家。莫不废王道而立私权,先诈力而后仁义。勋未逾于列国,德不惭于霸图。虽复时合诸侯,一匡区域:晋武践祚,茂烈多惭于水官;隋帝乘时,雄图不逮于秦氏。惟彼二君闰位,况区区者,岂宜当三统之数者乎?[4]

这意思是说,自曹魏以来的统一王朝仅有西晋和隋朝,若论两国

①以上并见《封氏闻见记校注》卷四"运次"条,赵贞信校注,北京:中华书局,2005年,第27页。
②《唐大诏令集》卷四《改元载初赦》,北京:商务印书馆,1959年,第19页。
③《新唐书》卷四《则天皇后纪》,第1册,第89页。
④《唐大诏令集》卷四《改元载初赦》,第20页。

之功业勋德,尚不及秦朝之盛,故理当列入闰位,至于其他偏据王朝,当然更无足挂齿了。武后对唐朝正统的重新定位,显然受到王勃的影响,不妨把它视为唐承汉统说的第一次政治实践[①]。不过,中宗复位后,随即于神龙元年(705)五月宣布"依旧以周、隋为二王后"[②],恢复了旧制。

玄宗时期,又一次有人向朝廷建言唐承汉统说,并被玄宗采纳而付诸实施。天宝九载九月,处士崔昌上《大唐五行应运历》,采王勃旧说,"以王者五十代而一千年,请国家承周、汉,以周、隋为闰"[③]。"书奏,诏公卿议,是非相半。时上方希古慕道,得昌疏,甚与意惬。宰相(李)林甫亦以昌意为是。"[④]于是玄宗下诏,以唐土德承汉火德,自曹魏以下历代帝王皆黜之,尊周、汉为二王后,并殷商为三恪,同时废去魏、周、隋之韩、介、酅三国公。"是岁,礼部试《土德惟新赋》,即其事也。"[⑤]可见这在当时是很有政治影响的一件大事。但仅仅三年之后,事情就发生了变故。"及杨国忠秉政,自以隋氏之宗,乃追贬崔昌并当时议者。"[⑥]于是"魏、周、隋

---

① 有学者认为,武后在"革命"前夕改立二王三恪,是为了回避面对李唐王朝的尴尬,参见孙正军《二王三恪所见周唐革命》,《中国史研究》,2012年第4期。这一推论颇有道理,但无可否认的是,唐承汉统的思想资源确是来自于王勃,《新唐书·王勃传》(第5740页)谓"武后时,李嗣真请以周、汉为二王后,而废周、隋",并将此事与王勃提出的唐承汉统说相提并论,显然是认为二者间存在因果关系。
② 《旧唐书》卷七《中宗本纪》,第1册,第139页。
③ 《旧唐书》卷二四《礼仪志四》,第3册,第916页。
④ 《册府元龟》卷四《帝王部·运历门》,第46页下栏。
⑤ 《唐语林》卷五"补遗",上海:上海古籍出版社,1978年,第169页。
⑥ 《封氏闻见记校注》卷四"运次"条,第27页。又据《册府元龟》卷四《帝王部·运历门》(第46页下栏)曰:"及是杨国忠根本林甫之短,乃奏云:'周、汉远,不当为二王后。'"可见还有政治斗争的因素。

依旧为三恪及二王后，复封韩、介、鄌等公，其周、汉、魏、晋、齐、梁帝王庙，依旧制"①。这是天宝十二载的事情。

虽然唐承汉统说的两次政治实践最终都归于失败，但仍然可以看出这种政治学说在唐朝影响之大。王通祖孙先后提出的隋、唐径承汉统说，为隋唐时代的南北正闰之争带来了新的思维。当然，在隋朝及唐初的时代环境下，如此大胆的见解尚不可能为政治家所接受，因为坚持北朝正统以解决隋唐政权的政治合法性，在当时来说毕竟还是一个非常紧要的现实问题。而到了中唐以后，时移世变，大唐王朝的正统性已经毋容置疑，北朝正统论也成为一个可以讨论的问题，于是像唐承汉统这样"迂阔"的主张居然可以一而再地付诸实施。不过，这种政治实践肯定是难以持久的。在五德终始说盛行的隋唐时代，在宋儒提出"绝统"、"无统"说之前，把整个魏晋南北朝乃至隋朝都摈斥于正统王朝之外，这样的正统谱系很难为人们普遍接受②。

综上所述，由南北朝所留下的历史遗产而引起的正闰之争，关乎政治立场、意识形态和文化观念，在隋唐士人阶层中存在着广泛而持久的争议。概括起来，主要有北朝正统论、南朝正统论和径承汉统论三种截然不同的正统体系，而各个体系之中往往又包含着若干不同的见解和主张。现将各家正统说加以梳理，列为表二。

---

① 《唐会要》卷二四"二王三恪"，上册，第 540 页。
② 即使在五运说趋于消亡的宋代，欧阳修提出的"绝统"说也并不否认西晋、隋朝的正统地位，朱熹的"无统"说更是将东晋也纳入正统王朝之列。说详下文。

北朝正统论	主流正统论	西晋……北魏(西魏)→北周→隋→唐
	王　通	西晋→东晋→宋→北魏(西魏)→北周→隋
	唐朝金德说	两晋(金)→宋(水)→北魏、西魏(木)→北周(火)→隋(土)→唐(金)
南朝正统论	费长房	西晋→东晋→宋→齐→梁→北周→隋
	皇甫湜	西晋→东晋→宋→齐→梁→北周→隋→唐
	王　绪 萧颖士	西晋→东晋→宋→齐→梁→唐
径承汉统论	王　通	周(木)→汉(火)→隋(土)
	王　勃	周(木)→汉(火)→唐(土)

五、走出魏晋南北朝

　　东晋南北朝时代,政治上的长期分裂以及华夷种族之纷争,导致南北中国之间陷入空前紧张的对立和冲突状态,双方各逞诋诽,互争正闰,以致南人诬北为"索虏",北人诋南为"岛夷"①。当隋唐统一王朝建立之后,一方面明确承认北朝国家法统,另一方

①何德章《〈魏书〉正统义例之渊源》(《北朝研究》1996年第2期)认为,《魏书》"僭晋"、"岛夷"之类的用语,并非魏收的发明,应是因袭北魏李彪等所修纪传体《国书》的书法。据《洛阳伽蓝记》卷三"宣阳门"条(范祥雍:《洛阳伽蓝记校注》,第160页),知当时洛阳城内有四夷馆、归正里,以处"吴人投国者",此亦可见北魏自诩华夏正统,而指东晋南朝为"夷"、为"闰"。

面则有意识地消弭南北政治文化传统的差异,淡化华夷正闰的观念。《大业拾遗记》里有这样一个故事:大业初,内史舍人窦威、起居舍人崔祖濬等所修《丹阳郡风俗》,"以吴人为东夷",炀帝看了非常不满,遣人斥责窦威等人:

> 昔汉末三方鼎立,大吴之国,以称人物。故晋武帝云:"江东之有吴会,犹江西之有汝颍,衣冠人物,千载一时。"及永嘉之末,华夏衣缨,尽过江表,此乃天下之名都。自平陈之后,硕学通儒,文人才子,莫非彼至。尔等著其风俗,乃为东夷之人,度越礼义,于尔等可乎?然于著述之体,又无次序。各赐杖一顿。[1]

在统一王朝形成之初,南北相轻的陋习依然根深蒂固,窦威等人蔑视吴人的心态,就是南北朝时代留下的后遗症。如果不能及时改变这种落后于时代的观念意识,势必对统一国家的形成及南北文化的融合造成阻碍。炀帝竟因此事给予窦威等人"赐杖一顿"的责罚,说明隋朝统治者已经充分意识到这一问题的严重性。

说到南北朝时代双方政治立场和文化观念的敌对冲突,人们马上就会联想到《魏书》与《宋书》《南齐书》的相互攻讦和诋毁。隋唐统一,海内一家,此时人们再去书写南北朝的历史,自然就会心平气和多了。隋唐时期修撰的南北朝史书,虽然总体上倾向于北朝正统的立场,但一般来说并不刻意强调南北正闰的区别,既没有魏收、沈约笔下的剑拔弩张,也没有宋、明史家那么坚定的政

---

① 《太平御览》卷六〇二引《隋大业拾遗》(即《大业拾遗记》),第 3 册,第 2710 页下栏—2711 页上栏。

治原则。

开皇间,魏澹奉诏重修《魏书》,其"义例与魏收多所不同",譬如东晋南朝皇帝卒,魏收皆"书之曰死",而魏澹改为"诸国凡处华夏之地者,皆书曰卒"①。一字之别,化解了多少敌对气氛。唐初官修诸史,不论南北正闰,均单独成书,一国一史②,这种做法多少有些让人感到诧异。按照中国史学的传统观念,某个王朝纂修前朝的历史,就无异于承认其正统地位,但唐朝统治者似乎并不在意这一点。也许更能说明问题的是,《隋书·经籍志》史部以正史、霸史区别正闰,但东晋和南北朝诸国史全都被列入"正史",而仅将十六国史列为"霸史"③。饶宗颐先生说:《隋书·经籍志》虽由李延寿具草,实经令狐德棻过目,又由魏徵审定,最可代表官方意见。"④同样可以代表官方意见的还有唐朝秘书省所掌四部图籍的分类法,其中乙部(即史部)分为十三类,"一曰正史,以纪纪传表志","四曰霸史,以纪伪朝国史",而东晋、南北朝诸国史也都无一例外地纳入"正史"⑤。另外,上文曾谈到李延寿《南》、《北》史尊北抑南的《春秋》笔法,可他在《北史·序传》中却又是另一种说法:"魏、齐、周、隋、宋、齐、梁、陈正史,并手自写。……又从此八代正史外,更勘杂史于正史所无者一千余卷,皆以编入。"这

①《隋书》卷五八《魏澹传》,第5册,第1419页。
②据《旧唐书》卷七三《令狐德棻传》,武德五年诏修魏、周、隋、梁、陈、北齐史,迁延未成;后又于贞观三年诏修周、齐、梁、陈、隋五代史。
③《史通·因习篇》指出,《隋书·经籍志》之"霸史"源于阮孝绪《七录》所创"伪史",将十六国史列入"霸史",也是因循阮录之旧(第99—104页)。
④饶宗颐:《中国史学上之正统论》,第30页。
⑤《唐六典》卷一〇"秘书省",陈仲夫点校,北京:中华书局,2005年,第299页。

里把南北朝诸史统称为"八代正史",看似与他所主张的北朝正统论相矛盾;其实在李延寿的笔下,北朝正统论只是顺应时势的一种政治姿态,而他本人对南北正闰之争并没有斤斤计较的意思。

魏晋南北朝时代形成的南北政治文化传统的差异,在隋唐统一帝国得到了有效的弥合。南北正闰之争的日渐淡化,就是这一历史发展趋势的必然结果。

六、余论:从南北正闰之辨看宋元以降华夷观念的演变轨迹

南北正统之辨本是为解决隋唐王朝政治合法性来源而提出的一个问题,然而在时过境迁之后,有关南北正闰的争议却并没有就此结束。

北宋前期,北朝正统论的影响依然普遍存在。《太平御览》以西晋、东晋、北魏、北周入皇王部(卷九五至卷一〇五),而以宋、南齐、北齐、梁、陈入偏霸部(卷一二八至卷一三四)。《册府元龟》将晋、北魏、北周列入帝王部帝系门(卷一),而将宋、南齐、梁、陈、东魏、北齐列入闰位部氏号门(卷一八二),且谓南朝诸国"虽则自谓水、火、木、土之运,然而都邑居于下国,声教隔于中州,……故亦谓之闰焉"①。张方平《南北正闰论》一文专为讨论南北朝正统问题而作,其中有这样一段文字:

---

① 《册府元龟》卷一八二《闰位部·总序》,第 2185 页下栏。按宋、齐、梁、陈的德运依次为水、木、火、土,此段文字所述顺序有误。

唐以土承隋，隋以火继周，周以木变魏，魏以水而绍金。昔汉祖之正号也，去姬氏之灭，几六十年，闰霸秦而继周，著为火德，识者以为得天统。魏氏之推历也，去愍、怀之亡亦六十年，舍四僭而踵晋，定为水行，议者以为当正位。①

此文明确主张北朝正统论，并为北魏王朝的政治合法性来源进行辩解，其魏承晋统的说辞，与北魏太和间德运之争时李彪、崔光等人的说法如出一辙②。另外，宋庠的《纪年通谱》也值得注意，此书是宋代颇为流行的一种历史知识手册，最能代表社会大众的历史观念。据司马光说，此书"以五德相承，晋亡之后，元魏继之，黜宋、齐、梁、陈、北齐"③。可见也是正北闰南的义例。宋人所持的这种观念，大抵只是对隋唐以来盛行于世的北朝正统论的一种因循。

司马光修《资治通鉴》时，也深受南北正闰之争的困扰。据刘羲仲《通鉴问疑》可知，司马光曾与刘恕反复讨论过有关正闰的书法义例，刘恕认为："魏、晋、南北、五代之际，以势力相敌，遂分裂天下……安得强拔一国谓之正统，余皆为僭伪哉？"司马光对此提出两种处理办法："南北朝书某主而不名，其崩薨之类，从旧史之文，不为彼此升降。如此以理论之，虽未为通，然非出己意，免刺

---

① 张方平：《乐全集》卷一七，台湾商务印书馆影印文渊阁《四库全书》本，第1104册，第141页。
② 饶宗颐先生谓张氏此文"似即针对《册府》提出异议，其不以元魏为正，则因皇甫持正之说也"云云（见《中国史学上之正统论》第36页），显然是误解了张方平的意思。
③ 刘羲仲：《通鉴问疑》，《丛书集成初编》本，北京：中华书局据《津逮秘书》本排印，1985年，第2页。

人眼耳。不然，则依宋公明《纪年通谱》，以五德相承，晋亡之后，元魏继之。黜宋、齐、梁、陈、北齐、朱梁，皆如诸国，称名称卒。"不过，最终修成的《通鉴》一书却是以东晋、南朝系年的，直至文帝灭陈之后，始改用隋开皇年号。司马光对此有一个解释：

> 正闰之际，非所敢知，但据其功业之实而言之。……然天下离析之际，不可无岁、时、月、日以识事之先后。据汉传于魏而晋受之，晋传于宋以至于陈而隋取之，唐传于梁以至于周而大宋承之，故不得不取魏、宋、齐、梁、陈、后梁、后唐、后晋、后汉、后周年号，以纪诸国之事，非尊此而卑彼，有正闰之辨也。①

虽然《通鉴》改变了自隋唐以来采用北朝正朔的史学传统，但在后人看来，司马光对于南北正闰之争其实并没有什么明显的倾向性，基本上是持一种不偏不倚的态度。洪迈对此有一个比较公允的评价："晋、魏以来，正闰之说纷纷，前人论之多矣。盖以宋继晋，则至陈而无所终；由隋而推之，为周为魏，则上无所起。故司马公于《通鉴》取南朝承晋迄于陈亡，然后系之隋开皇九年，姑藉其年以纪事，无所抑扬也。"②尽管如此，由于《资治通鉴》一书所具有的强大影响力，使得隋唐以来的传统正闰观念从此走向式微。

不过，真正从理论上彻底颠覆北朝正统论的，还是欧阳修的

---

① 见《资治通鉴》卷六九《魏纪一》文帝黄初二年四月"臣光曰"，第2187—2188页。

② 洪迈：《容斋随笔》卷九"皇甫湜正闰论"，上册，第113页。

"绝统"说以及朱熹的"无统"说。"绝统"说是欧阳修在正统理论上的一大创造,《正统论》下篇曰:"凡为正统之论者,皆欲相承而不绝。至其断而不属,则猥以假人而续之,是以其论曲而不通也。夫居天下之正,合天下于一,斯正统矣。"①若不符合这一正统标准,则被排斥于正统王朝之外,是谓"正统有时而绝"。欧阳修指出,历代论正统者,"大抵其可疑之际有三,周、秦之际也,东晋、后魏之际也,五代之际也"。其中东晋、后魏之际的可疑之处在于:"以东晋承西晋则无终,以隋承后魏则无始。"②故他将西晋亡国以后至隋朝统一之前列为"绝统"。朱子的"无统"说与欧公的"绝统"说是一脉相承的,据《资治通鉴纲目凡例》解释说:"凡正统,谓周、秦、汉、晋(起太康元年,尽元熙二年)、隋、唐。……无统,谓周秦之间、秦汉之间、汉晋之间、晋隋之间、隋唐之间、五代。"③根据作者的原注可以知道,被朱熹列入正统的晋,上起武帝太康元年(280),下迄恭帝元熙二年(420),则是包括两晋在内,与欧阳修将东晋也排斥于正统王朝之外有所不同④。自秦以后,五德终始说一直是历代王朝阐释其政权合法性的基本理论框架,建立在对宇宙系统的信仰之上的五运说,其基本理念是五行代替,相承不绝,故即使像南北朝那样的分裂时期,也一定要追问正统之所在、

①《正统论》(下),《欧阳文忠公文集》卷一六,叶5a。
②《正统论》(上),《欧阳文忠公文集》卷一六,叶3b。
③《资治通鉴纲目》附录一,《朱子全书》第11册,上海:上海古籍出版社、合肥:安徽教育出版社点校本,2002年,第3476—3477页。
④清周树槐《再书正统论后》对此有一个合理的解释:"晋之东,未有绝之正统者,绝之自欧阳子。欧阳子宋人也,使其生南宋,欧阳子不绝东晋矣。"见《王氏续古文辞类纂》卷五,上海:世界书局,1937年,上册,第146页。

德运之所系。而按照"绝统"说和"无统"说的正统标准来衡量，南北朝皆被摈斥于正统王朝之外，故南北正闰之争也就失去了它的意义。

然而，在此后有关正统问题的讨论中，南北朝正闰之辨却依然是一个被反复提及的话题，只不过人们所关注的已不再是政治立场和意识形态问题，而主要是它所承载的价值判断与价值选择。一个明显的事实是，宋元明清以降，这个话题在不同的历史语境下已成为历代士人华夷观念的一种表达方式。

在中国人传统的华夷观念中，华夷界限通常是文化而不是种族。坚持这种价值判断的汉族士人，一般来说并不是不能接受北朝正统论。如北宋末年的陈师道曾经替王通《元经》所主张的北魏正统说做过这样的辩护："或曰：魏假之华，齐、梁、陈斥之蛮，无乃悖乎？曰：夷而变，虽未纯乎夏，君子进之也……矧其纯乎！"[1] 金代的杨奂也有类似的见解："舍刘宋取元魏，何也？痛诸夏之无主也。……中国而用夷礼则夷之，夷而进于中国则中国之也。"[2] 在他们看来，接受了汉文明的北魏王朝，完全有资格代表华夏正统，这就是典型的文化至上的华夷观念。

不过，华夷之辨的标准并非是一成不变的。虽说传统华夷观念的主流是以文化作为华夷之分水岭，但也常常可以看到与之相反的情形。一个带有普遍性的规律是，在汉民族处于强势地位、民族矛盾趋向缓和的时候，人们比较容易认同文化至上的华夷标准；而当汉民族遭遇异族威胁、民族矛盾非常尖锐的时候，人们往

---

① 陈师道：《正统论》，《后山居士文集》卷七，上海：上海古籍出版社影印宋刻本，1984年，下册，第446页。
② 杨奂：《还山遗稿》卷上《正统八例总序》，《适园丛书》本，叶9b。

往就会强调种族至上的华夷标准①。在后一种华夷观念的主导之下，汉族士人对于南北朝正闰之辨则表现出完全不同的另一种姿态。如张栻作于宋孝宗乾道间的《经世纪年》一书，系以南朝为正统，其自序对此书的书法义例做了如下解释："由魏以降，南北分裂，如元魏、北齐、后周，皆夷狄也，故统独系于江南。"②张栻区别正闰的唯一标准就是种族，身处南宋特殊的历史环境之下，他的这种文化立场是完全可以理解的。对于王通《元经》所主张的北魏正统说，元代杨维桢在其《正统辨》中提出了严厉的批评："有作《元经》自谓法《春秋》者，而又帝北魏、黜江左，其失与志三国者等耳。"③杨氏因不满陈寿《三国志》正魏而闰蜀的义例，至称其为"《春秋》之罪人"，在他看来，《元经》在南北朝正闰问题上的立场错误，其严重性绝不亚于《三国志》。对于隋唐时代盛行的北朝正统论，南宋遗民郑思肖进行了不遗余力的抨击，尤其是对李延寿的《南》、《北》二史深致不满："其曰《北史》，是与中国抗衡之称，宜黜曰《胡史》，仍修改其书，夺其僭用天子制度等语；其曰《南史》，实以偏方小之，然中国一脉系焉，宜崇曰《四朝正史》（原注：

---

① 美籍印度裔学者杜赞奇也有类似的看法，他将前者称为"文化主义"，后者称为"民族主义"，指出这两种意识形态曾以不同的形式交替出现于中国历史上。参见杜赞奇（Prasenjit Duara）：《从民族国家拯救历史：民族主义话语与中国现代史研究》，王宪明等译，北京：社会科学文献出版社，2003年，第44—49页。
② 张栻：《经世纪年序》，《五百家播芳大全文粹》卷一〇七，台湾商务印书馆影印文渊阁《四库全书》本，第1353册，第756页。
③ 见陶宗仪：《南村辍耕录》卷三"正统辨"条，北京：中华书局，1997年，第33页。

《南史》但载宋、齐、梁、陈,故曰四朝),不亦宜乎?"①其言辞之激烈,态度之决绝,可谓罕有其匹。郑思肖可算是宋元时代最极端的民族主义者,他的种族至上的华夷观念通过南北正闰之辨得到了淋漓尽致的表达。

在后代关于南北正闰之辨的讨论中,清朝统治者的态度尤其耐人寻味。以异族入主中原的清王朝,究竟如何看待历史上北族王朝的正闰之争,是一个值得关注的问题。长期以来,人们对清朝统治者的正统观念缺乏深入的了解,总是想当然地以为他们的立场必定是倾向于北朝这样的异族政权。如陈垣先生指出,主张北朝正统论的王通《元经》实为宋人阮逸之伪作,因谓"清人勇于辨伪,而《四库》编年类特著录《元经》,即以其进元魏为中国,可以悦时主耳"云云②,然而实际情况却并非如此简单。

乾隆四十六年(1781),在编纂《四库全书》的过程中,围绕着杨维桢《正统辨》的评价问题,曾发生过一场意味深长的争论。《正统辨》是专门针对宋辽金三史的纂修义例而作的,按照杨维桢的主张,宋辽金三史理应取《晋书》之义例,"挈大宋之编年,包辽金之纪载"。元人论宋辽金正统者往往会涉及一个敏感的问题,即蒙元王朝的正统究竟是来自宋还是辽金? 这实际上是承中原王朝之统还是承北族王朝之统的问题。杨维桢力主独尊宋统,倡言"论我元之大一统者,当在平宋而不在平辽与金之日"。《正统辨》在当时是一篇很有影响的文章,被陶宗仪收

①《心史·古今正统大论》,见《郑思肖集》,陈福康点校,上海:上海古籍出版社,1991年,第133页。
②陈垣:《中国佛教史籍概论》卷一,第7页。

入《辍耕录》①。四库馆臣对此文谈及如此敏感的问题颇感忌讳，故乾隆四十六年正月抄讫的文渊阁本《辍耕录》已将此文删去，并在书前提要中对杨维桢的正统论予以批驳："第三卷中载杨维桢《正统辨》二千六百余言，大旨欲以元承南宋之统，而排斥辽金。考隋先代周，继乃平陈，未闻唐宋诸儒谓隋承陈不承周也。持论殊为纰缪。……今删除此条，用昭公义焉。"②恰巧高宗在抽查文渊阁本《辍耕录》时看到了这篇提要，于是便专门写了一篇上谕来理论这个问题。他认为四库馆臣的正统论"似是而非"，并谓杨维桢《正统辨》"欲以元继南宋为正统，而不及辽金，持论颇正，不得谓之纰缪"。且看他是如何解释的：

> 夫正统者，继前统受新命也。东晋以后，宋、齐、梁、陈虽江左偏安，而所承者晋之正统。其时若拓跋魏氏地大势强，北齐、北周继之，亦较南朝为盛，而中华正统不得不属之宋、齐、梁、陈者，其所承之统正也。至隋则平陈以后，混一区宇，始得为大一统。……至于宋南渡后偏处临安，其时辽、金、元相继起于北边，奄有河北，宋虽称侄于金，而其所承者究仍北

---

① 见陶宗仪：《南村辍耕录》卷三，第32—38页。明贝琼《清江贝先生文集》卷二《铁崖先生传》亦录有此文，谓"至正初，诏征天下儒臣修辽金宋三史，先生不得预。史成，正统讫无定论。乃著《正统辨》"（《四部丛刊初编》本，叶3b）。
② 台湾商务印书馆影印文渊阁《四库全书》本，第1040册，第411页。成书较晚的文溯阁本书前提要以及《四库全书总目》均已删去此段文字，但文渊阁本和文津阁本书前提要却一仍其旧，想是馆臣疏忽所致。

宋之正统,辽、金不得攘而有之也。①

出乎馆臣意料的是,高宗对历史上北族王朝的正闰之争竟是这样
一种认知！就连隋唐时代力主南朝正统论的汉族士人也从未将
南朝之陈视为正统,而高宗居然认为南朝正统一脉相承以至于
陈,直至文帝灭陈之后,正统始归于隋。显然,到了乾隆时代,清
朝统治者的正统观念已经发生蜕变,他们从北方民族王朝的立场
彻底转向了中国大一统王朝的立场,因此高宗才会如此高调地捍
卫"中华正统"。这场争论最后以这样一种方式收场:高宗谕令馆
臣,不但《辍耕录》中所载杨维桢《正统辨》不必删除,而且还应将
此文补入杨氏《东维子集》,并让馆臣把他的这篇上谕分别冠于
《辍耕录》和《东维子集》卷首。

　　南北朝正闰之争早已成为历史烟云,它之所以能够变成一个
经久不衰的话题,是因为人们已经习惯于借助它去表达某种价值
主张和文化立场,正是由于这个原因,它同时也为历史学家提供
了一份绝佳的思想史的分析样本。

原载《文史》2013 年第 2 辑

----

① 《命馆臣录存杨维桢〈正统辨〉谕》,见台湾商务印书馆影印文渊阁《四
库全书》本《辍耕录》卷首,第 1040 册,第 410 页上栏,并收入高宗《御
制文二集》卷八。此上谕末署"乾隆辛丑孟春",即乾隆四十六年正月。

正统论下的五代史观

历时仅半个多世纪的五代,是一个在中国史学上充满争议的时代。自宋以后,如何看待五代的正统问题,成为历代史家无法回避的一个话题。五代史观的流变,为我们打开了一扇观测史学观念、正统观念和华夷观念动态衍化过程的视窗。

一、五代十国正统之争

在五代十国这样一个分裂割据的时代,"正统"是一个富有现实效应的政治口号。五代诸国自不必说,就连当时僻处一方的各个割据政权也纷纷称帝建号,以正统自居。讨论正统论下的五代史观,首先要从五代十国对正统的自我认知以及时人的正统观念说起。

朱温篡唐,号称禅代,故自命中国正统,"自谓以金德王,又以福建上献鹦鹉,诸州相继上白乌、白兔泊白莲之合蒂者,以为金行应运之兆"①。唐为土德,故朱梁自称金德,试图以传统的五运说

①《旧五代史》卷三《梁书·太祖纪》,北京:中华书局,1976年,第50页。

来阐释其政权的合法性。

篡唐自立的朱梁政权,从建国之初就未能得到人们的普遍承认,是时"河东、凤翔、淮南称'天祐',西川称'天复'年号"①,仍禀李唐正朔,以示独立于朱梁"伪朝"。后来河东李氏、西川王氏、岭南刘氏都先后称帝,吴越钱氏虽向朱梁称臣纳贡,私下亦自立年号。

河东李氏与朱梁为世仇,当朱温胁迫唐昭宗东迁洛阳、改元天祐后,李克用"以谓劫天子以迁都者梁也,天祐非唐号,不可称,乃仍称天复"②。及至朱温废唐自立,河东李氏又复称哀帝天祐年号,一直沿用到天祐二十年,在建立后唐之前始终奉唐正朔,并以此作为与朱梁抗衡的一个最强大的政治武器。后来李存勖建立后唐,即以大唐王朝的继承者自居,号称"中兴唐祚",指斥朱梁为伪朝。新旧《五代史》所见后唐诏敕制诰,充满着强烈的正统诉求;又《通鉴考异》所引后唐实录,每称朱梁为"伪"、为"贼";《五代会要》记后唐事,小注中屡见"伪梁"、"伪命"、"伪梁格"等语,我们知道,王溥《五代会要》的义例,是将梁、唐、晋、汉、周五朝均视之为正统王朝的,所以不难推断,此类注文显然也是直接抄自后唐实录③。

河东李氏虽出自沙陀,但由于其成功的政治策略,使后唐的正统地位获得了后继诸朝的普遍承认,在梁、唐正闰之争中占得明显的上风。从石晋所封二王三恪即可看出它对后唐的政治态

---

① 《资治通鉴》卷二六六《后梁纪一》太祖开平元年四月乙亥,北京:中华书局,1956年,第8675页。天复为唐昭宗年号,天祐为唐哀帝年号。
② 《新五代史》卷四《唐本纪·庄宗上》,北京:中华书局,1974年,第38页。
③ 参见郭武雄:《五代史料探源》,台北:商务印书馆,1996年,第107页。

度。按汉唐以来的礼制,新王朝建立后,照例要封前三朝皇室后裔为二王、三恪以示尊崇。后晋天福二年(937)正月,高祖下诏曰:"唐以周、隋之后封公为二王后,又封魏之后为三恪。宜于唐朝宗属中取一人封公世袭,兼隋之酅国公,为二王后,以周后介国公备三恪。"①天福四年九月,遂"封唐许王李从益为郇国公,奉唐之祀,服色旌旗,一依旧制"②。需要说明的是,被作为唐室后裔封为二王后的李从益,其实是后唐明宗幼子③。可见出身沙陀的后唐李氏,已被理所当然地视为李唐皇室的继承者。

后晋天福六年二月,高祖敕修唐史,谓"有唐远自高祖,下暨明宗,纪传未分,书志咸阙"云云;同年四月,监修国史赵莹奏曰:"自天宝以后,至明宗朝以来,五礼仪注,朝廷行事,或异旧章。"④这里说的"明宗"就是指后唐明宗李嗣源,可见当时议修唐史,原是准备把沙陀李氏所建立的后唐也包括在内的,这也表明后唐自诩的正统已经完全得到石晋的认同。然而后来修成的《旧唐书》断限仍止于哀帝,并未下延至后唐,文献不备可能是一个主要的原因。晋修唐史,自武宗以后已无实录可据,故《旧唐书》晚唐部分因史料阙略、编次无法而备受后人诟病,当时若要把这部唐史修至后唐,事实上是不大可能的。

虽然今本《旧唐书》并未关涉后唐,但书中偶或也流露出修史者对后唐正统论的肯定态度。据《哀帝纪》说,哀帝为朱温所害,"中兴之初,方备礼改卜,遇国丧而止。明宗时就故陵置园邑,有司

①《五代会要》卷五"二王三恪",上海:上海古籍出版社标点本,1978年,第85页。
②《旧五代史》卷七八《晋书·高祖纪四》,第1032页。
③《旧五代史》卷五一《唐书·李从益传》,第696—697页。
④《五代会要》卷一八"前代史",第296页。

请谥曰昭宣光烈孝皇帝,庙号景宗"。所谓"中兴之初",当指后唐庄宗灭朱梁而进据中原,"国丧"则是指同光四年(926)庄宗之崩。《旧唐书》既称后唐灭梁为"中兴",足见石晋对梁、唐正闰之争的态度。

需要说明的是,虽然石晋承认后唐为正统王朝,但却是把后唐末帝王从珂排除在外的。因为石敬瑭的帝位是从王从珂手里抢来的,他必然要宣称王氏为僭伪,才能为自己以不正当的手段夺取后唐政权找到一个名正言顺的说法,所以在契丹册立石敬瑭为大晋皇帝册文中就有这样的话:"独夫从珂,本非公族,窃据宝图。"①晋高祖即位后,"改长兴七年为天福元年",长兴是明宗年号,此所谓长兴七年实为末帝清泰三年,胡三省解释说:"此清泰三年也,而以为唐明宗长兴七年,以潞王为篡也。"②石晋时代,例称后唐末帝朝为"伪清泰朝",甚至凡提及末帝清泰年号,亦必冠一"伪"字③。这与石晋承认后唐正统并不矛盾,它所谓的"正统",只包括庄宗、明宗两朝。

谈到五代诸国对梁、唐正闰之争的态度,不应忘记一个非常关键的因素。在五代诸国中,梁、唐是世仇,而唐、晋、汉、周则都属于所谓的"代北集团"④,它们之间是一脉相承的关系:晋高祖石敬瑭原为后唐河东节度使,汉高祖刘知远本是后晋河东节度使,

①《旧五代史》卷七五《晋书·高祖纪一》,第986页。
②《资治通鉴》卷二八〇《后晋纪一》高祖天福元年十一月己亥,第9154页。
③《旧五代史》卷八四《晋书·少帝纪四》开运三年七月戊午诏书称"伪清泰朝"(第1116页)。卷七六《晋书·高祖纪二》天福二年四月丁亥制称"伪清泰元年"、"伪清泰中"云云(第1000页);又《册府元龟》卷四九二《邦计部·蠲复四》、卷六三三《铨选部·条制五》屡见"伪清泰某年"的说法。
④"代北集团"的概念由樊文礼先生首先提出,参见氏著《唐末五代的代北集团》,北京:中国文联出版社,2000年,第50—107页。

周太祖郭威出自后汉枢密使、邺都留守。由于唐、晋、汉、周同属一系,所以它们的政治立场非常一致,即都以朱梁为篡唐僭立的伪朝,视后唐为"中兴唐祚"的正统王朝。直到周太祖末年,这种传统的正闰观念才第一次被动摇。《旧五代史·周书·太祖纪四》有一条不大为人所注意的史料:显德元年(954)正月丙子,太祖下诏曰:"今后不得以梁朝及清泰朝为伪朝、伪主。"此诏原文见于《册府元龟》卷九六:

> 梁室受命,奄有中原,当历数之有归,亦神器之所在。潞王践阼,承绍唐基,累年司牧于生灵,诸夏奉承于正朔。庄宗克复,以朱氏为伪朝;晋祖统临,以清泰为伪号。所宜追正,庶协通规。今后不得名梁朝为伪朝,潞王为伪主。①

两年以后,周世宗敕修"太祖实录并梁均帝、唐清泰二主实录"②,

---

① 《册府元龟》卷九六《帝王部·赦宥一五》,北京:中华书局影印明刻本,1996年,第1145页上栏—下栏。据《日知录》卷二〇"李茂贞称秦王用天祐年号"条(《日知录集释》,黄汝成集释,栾保群、吕宗力点校,上海:上海古籍出版社,2014年,第455页)说:"今阳城县有后周显德二年徐纶撰《龙泉禅院记》,内述天祐十九年。按此地本属梁,此记乃追削梁号而改称天祐者。"按显德元年正月已下诏不得再以朱梁为伪朝,而次年徐纶所撰碑文仍追削梁号,乃习惯使然。
② 《五代会要》卷一八"修国史",显德三年十二月,第300页。但梁均帝实录后来并未修成,事见《直斋书录解题》卷四起居注类(徐小蛮、顾美华点校,上海:上海古籍出版社,1987年,第127页):"《后唐废帝实录》十七卷:张昭、尹拙、刘温叟撰。案昭本传,撰梁均王、郢王,后唐愍帝、废帝,汉隐帝实录,惟梁二王年祀浸远,事皆遗失,遂不修,余三帝实录皆藏史阁。周世宗时也。"

显然就是太祖承认梁朝及清泰朝的结果。后周时代正统观念的这一变化，似乎很少为史家所留意。周太祖对于梁朝和清泰朝的宽容，主要是因为时移境迁，当初后唐与朱梁、石敬瑭与王从珂那样势不两立的政治格局早已不复存在，彼时彼地的正闰之争在这个时候已经没有什么现实意义，所以周太祖有意要淡化这个问题。

五代十国时期，以正统自居的不仅仅是梁、唐、晋、汉、周诸国。十国之中，前蜀、后蜀、吴、南唐、南汉、闽、北汉等七国都曾先后称帝。如前蜀王建就声称"承唐以金德王"[1]，与自称金德的朱梁相颉颃。而其中的南唐，更是一度被后人视为五代十国时期天下正朔之所在。

二、宋儒的五代史观

宋人的五代史观，基本上是围绕着正统问题生发出来的。对于五代正统的认识，因应着时代的需要，经历了一个从肯定到否定的变化过程。

北宋前期，宋人对于五代的历史地位，总体上是倾向于肯定的。"五代"一名的通行，就表明了这种政治立场。早在北宋建国之初，宋人即将梁、唐、晋、汉、周五国总称为"五代"。"五代"一词之可考者，最早见于建隆年间，时宰相范质"以五代实录共三百

---

[1]秦再思:《洛中记异录》"兔上金床"条，见涵芬楼本《说郛》卷二〇，《说郛三种》，上海：上海古籍出版社，1988年，第371页上栏—下栏。

六十卷为繁，遂总为一部"，名之曰《五代通录》①。乾德元年（963），"监修国史王溥又上新修梁、后唐、晋、汉、周《五代会要》三十卷"②，亦以五代冠名该书。为五代正名，是宋人承认五代正统的标志之一。

宋初树立五代之正统，具有明确的政治目的和迫切的现实需要。王夫之的分析可谓一针见血："宋之得天下也不正，推柴氏以为所自受，因而溯之，许朱温以代唐，而五代之名立焉。"③赵氏篡周，号称禅代，"有司上言：'国家受禅于周，周木德，木生火，合以火德王。'"④既谓"以火德王"，按照五德转移政治学说，赵宋政权的政治合法性当来自周，因此必须先正五代之统，才能从根本上解决宋王朝的正统性问题。"其正五代也，凡亦以正宋也。"⑤所以我们不难理解，宋初树立五代正统，蕴含着多么强烈的政治动机。

虽说北宋前期对于五代正统总体上是加以肯定的，但细究起来，在当时士人的五代史观中，仍然存在着一个重大的分歧，那就是如何看待朱梁的正闰问题。

上文说到，后周人祖曾经为朱梁翻案，宣称不再以梁朝为伪朝伪主。尽管如此，宋初士人的五代史观还是更倾向于传统的正

---

① 《玉海》卷四八《艺文·实录》，南京：江苏古籍出版社、上海：上海书店影印光绪九年浙江书局刊本，1990 年，第 908 页上栏。
② 《续资治通鉴长编》卷四，太祖乾德元年七月甲寅条，北京：中华书局，2004 年，第 97 页。
③ 王夫之：《读通鉴论·五代上》，下册，第 869 页。
④ 《宋会要辑稿·运历》一之一，北京：中华书局影印本，1957 年，第 2128 页上栏。
⑤ 梁启超：《新史学·论正统》，《饮冰室文集》第 3 集，昆明：云南教育出版社，2001 年，第 1641 页。

闰之分，将梁朝排斥于五代正统之外，是当时朝野间的一种主流意见。建国之初确定的德运体系，就是以此为前提的。赵宋火德之说源于对五代德运的如下解释："朱梁篡代……不可以为正统也。庄宗中兴唐祚，重新（兴）土运。自后数姓相传：晋以金、汉以水、周以木，天造皇宋，运膺火德。"[1]这是后唐以来流行的五代德运体系。又据朱熹说，在建隆元年（960）讨论本朝德运时，还曾有过另外一种意见：

> 是时诸公皆争以为本朝当用土德，改正五代之序，而去其一以承周。至引太祖初生时，胞衣如菡萏，遍体如真金色，以为此真土德之瑞。一时煞争议，后来卒用火德。[2]

此事虽语焉不详，亦未见于别处记载，但土德说的德运体系是可以推算出来的：唐为土，朱梁列入闰位，后唐为金，后晋为水，后汉为木，后周为火，故赵宋为土[3]。这种观点与火德说的唯一区别是，后唐究竟是应该承袭唐朝的土德呢？还是应该代唐为金德呢？如果承认后唐"中兴唐祚"的说法，则它理应为土德；如果认为后唐是一个与唐朝不相干的新王朝，则它理应为金德。显而易

---

①《宋会要辑稿·运历》一之一，第 2128 页上栏。

②《朱子语类》卷八七《礼四》"小戴礼·月令"，王星贤点校，北京：中华书局，1986 年，第 6 册，第 2239 页。

③金宣宗贞祐二年（1214）讨论本朝德运时，曾有人提出类似的观点："自李唐王以土德，其后朱梁不能混一天下，不得附于正统，诚为然也。而后唐本姓朱邪，非李唐之苗裔，而强附于土德。究其失，则后唐当为金，石晋为水，刘汉为木，后周为火，亡宋为土。"见《大金德运图说》载贞祐二年二月十六日《朝请大夫应奉兼编修抹撚兀典等议》，台湾商务印书馆影印文渊阁《四库全书》本，第 648 册，第 319—320 页。

见的是,无论是持赵宋火德说者还是持赵宋土德说者,都是把朱梁排斥在五代德运体系之外的。

关于宋初士人贬斥朱梁的五代史观,还可以找到许多证据。据欧阳修说,太宗时"命李昉等编次前世年号为一篇,藏之秘府,而昉等以梁为伪。……今又司天所用《崇天历》承后唐书天祐至十九年而尽,黜梁所建号"①。李昉等奉敕编纂的历代年号手册,见于《直斋书录解题》卷五典故类:"《历代年号并宫殿等名》一卷,丞相饶阳李昉明叔在翰苑时所纂。"此书体例,大概是在历朝年号下分别注明正闰,而称梁朝为伪朝。又欧阳修所说的《崇天历》,颁行于仁宗天圣元年(1023),一直沿用到治平二年(1065)改用《明天历》时为止②。据说这部历法不取朱梁年号,而代以后唐所用天祐之号,反映了司历者的五代史观。真宗朝编纂的《册府元龟》是一部历史学的百科全书,基本上可以代表北宋前期知识界的主流史学观念。值得注意的是,此书将五代中的唐、晋、汉、周四朝列入帝王部帝系门(卷一),而将梁朝列入闰位部氏号门(卷一八二),最清楚不过地表明了宋初士人对于五代史的正闰之分。

然而自宋初以来,有关朱梁的正闰问题还存在着另一种针锋相对的意见,这种观点主要体现在五代史的纂修义例上。北宋初年的第一部五代史是范质的《五代通录》,此书今已不传,据宋人说,该书"述朱梁至周五代"③,"起梁开平元年,尽周显德六年"④。既然名为"五代",并且使用朱梁的国号和年号,可见它是不以梁

---

① 《正统论序》,《欧阳文忠公文集》卷一六,《四部丛刊初编》本,叶 1a。
② 参见《宋史》卷九《仁宗纪一》、卷八二《律历志十五》。
③ 《玉海》卷四八《艺文·实录》,引《三朝国史·范质传》,第 908 页上栏。
④ 《通志》卷六五《艺文略三》,北京:中华书局,1987,第 773 页上栏。

朝为伪朝的。成书于乾德元年的王溥《五代会要》,开篇"帝号门"就逐一罗列梁、唐、晋、汉、周五朝帝号和年号,除了小注抄引后唐实录时袭用"伪梁"等语,看不出作者本人对五代诸国有什么正、闰的区别。

宋初另一部与五代史有关而不大为人注意的史书是孙光宪的《续通历》,关于此书内容还存在一些疑点。是书原本十卷,纪唐五代事,以续马总《通历》。据晁公武《郡斋读书志》说,"太祖朝诏毁其书,以所纪多非实也"①。然而此书却幸运地保存至今。今本《续通历》仅见《宛委别藏》本②,系与马总《通历》合刊,总名曰《通纪》,其中卷一至卷十为《通历》,卷十一至十五为《续通历》。历代著录表明,自南宋中叶以后流传的都是这种五卷本。目前可以肯定的是,这个本子显然是经过后人修订加工过的,最明显的事实是,孙光宪卒于开宝元年(968),而今本卷十五谓后周恭帝卒于开宝六年,又所记十国事屡称"事具国史",则是已在《三朝国史》成书之后。考虑到《续通历》的作者孙光宪出自十国之一的南平,我怀疑太祖"诏毁其书"的真正原因,或许是此书在五代十国的正闰问题上犯了什么政治性错误。不过从今天这个经后人修订过的本子来看,已经看不出有什么违碍之处,书中对包括朱梁在内的五代均作正统王朝看待,而对十国则称"伪制"、"伪诏"、"伪位"等,与北宋初年的其他几种五代史相比,并没有什么

①见衢本《郡斋读书志》卷五编年类,南京:江苏古籍出版社,1988年,叶11a。《宋史》卷四八三《孙光宪传》亦曰:"又撰《续通历》,纪事颇失实,太平兴国初诏毁之。"(北京:中华书局,1977年,第13956页)按太祖开宝九年即太宗太平兴国元年(976),一称"太祖朝",一称"太平兴国初",两者并不矛盾。
②《续通历》,南京:江苏古籍出版社影印本,1988年,第40册。

政治立场或正闰观念的差异。

　　太祖开宝间奉敕编纂的《旧五代史》，作为一部官修正史，其纂修义例更有代表性。尽管我们今天看到的只是该书的一个辑本，但有一点可以确信无疑，即作者的基本立场和观点是将梁、唐、晋、汉、周五朝均视为正统王朝。需要说明的是，因《旧五代史》的原目未能保存下来，故原书的编排体例不是很清楚，不过清人辑本把五代立为本纪，十国列入《僭伪列传》或《世袭列传》，却是有史料依据的。《玉海》卷四六引《中兴馆阁书目》，谓薛史"凡记十四帝五十三年，为纪六十一、志十二、传七十七"，邵晋涵据此将五代本纪厘定编次为六十一卷①。又据四库馆臣《编定旧五代史凡例》说："薛史标目，如李茂贞等称《世袭传》，见于《永乐大典》原文；其杨行密等称《僭伪传》，则见于《通鉴考异》。"②是其依据所在。《旧五代史》的体例在当时受到了某些士人的批评，胡旦因不满于此书而另著《五代史略》，盖因薛史"取《建康实录》为准，胡旦以为褒贬失实"云云③。按宋人对《建康实录》有"名号称谓，又绝无法"的评价④，所谓"取《建康实录》为准"，大概就是针

①其中惟《梁太祖本纪》原帙已阙，系辑自《永乐大典》各散韵以及《册府元龟》闰位部各卷。据说20世纪20年代末，曾有报道称徽州汪允宗（字德渊）原藏有金承安四年南京路转运司刊本《旧五代史》一部，较之辑本，"不特篇第异同甚多，即文字亦十增三四，至《梁太祖纪》一篇，今《旧五代史》与薛史全然不同"云云（见黄云眉《邵二云先生年谱》，收入《史学杂稿订存》，济南：齐鲁书社，1982年，第46页）。此事真伪尚有待证实，若所言属实，亦可证明原书确有《梁太祖纪》。

②见《旧五代史》点校本附录，第2028页。

③《玉海》卷四六《艺文·正史》，引《中兴馆阁书目》，第875页下栏。

④衢本《郡斋读书志》卷六实录类，叶4b。又周中孚《郑堂读书记》卷一八也曾谈到《建康实录》正闰不明的问题。

对薛史"正闰不分"的义例而言。

欧阳修的《新五代史》虽是一部私人著作，但它对于五代正统的评价标准却受到了广泛的关注。该书同样将朱梁立为本纪，作者在《梁太祖纪》论赞中对此进行了辩解：

> 呜呼，天下之恶梁久矣！自后唐以来，皆以为伪也。至予论次五代，独不伪梁，而议者或讥予大失《春秋》之旨。……《春秋》于大恶之君不诛绝之者，不害其褒善贬恶之旨也，惟不没其实以著其罪，而信乎后世，与其为君而不得掩其恶，以息人之为恶。能知《春秋》之此意，然后知予不伪梁之旨也。①

《新五代史》不伪梁，在当时是一件颇有争议的事情，不过这只能代表欧公早年的看法。对于五代正统的认识，欧阳修后来的观点来了一个180度的大转弯，这个问题比较复杂，且待下文分解。

在讨论《新五代史》的正统观时，还应当关注同时代的另一部五代史著作，这就是尹洙的《五代春秋》。尹洙与欧阳修为至交，两人原打算合撰《新五代史》，据《渑水燕谈录》卷六说："天圣中，欧阳文忠公与尹师鲁议分撰，后师鲁别为《五代春秋》，止四千余言，简有史法，而文忠卒重修《五代》。"欧阳修在《与尹师鲁第二书》中曾谈到过有关《新五代史》的体例和分工问题："正史更不分五史，而通为纪传。今欲将梁纪并汉、周，修且试撰次；唐、晋师鲁为之，如前岁之议。"②由此可见，欧公与尹洙当时已就《新五代

①《新五代史》卷二《梁本纪·太祖下》，第21页。
②《欧阳文忠公文集》卷六七，叶12a。

史》的体例问题达成共识,准备将梁、唐、晋、汉、周五朝均立为本纪。至于他们两人为何没能最终合作下去,当是另有什么缘故。

尹洙后来独自撰成一部仅两卷的编年体史书《五代春秋》①,此书的义例成为后人讨论的一个话题。清嘉庆间,华湛恩作《五代春秋志疑》一书,致力于发掘此书的微言大义,其中最重要的一个发现是:

> 考是书体例,止书某祖某宗,不书谥。惟唐庄宗、明宗书谥,并称"后唐"。论者或疑为衍文,不知此正尹氏之特识也。②
>
> 至李氏即位,号曰后唐,特书谥法曰"神闵皇帝"、"神德皇帝(引者按:原书作仁德皇帝)",推崇异于四代,明梁不得以继唐,惟后唐可以继唐而无愧也。卓见特识,超前绝后。③

《五代春秋》以"书法谨严"著称,在正统问题上自然会有作者个人的主见,容不得后人误解。那么,尹洙对丁梁、唐两朝究竟是什么态度呢?《五代春秋》按年隶事,诸帝分列标题,上卷为梁太祖、

---

① 见《河南先生文集》卷二六、二七,《四部丛刊初编》本。此书今有罗筱玉点校本,收入傅璇琮等主编《五代史书汇编》第 5 册,杭州:杭州出版社,2004 年。

② 《五代春秋志疑》"后唐庄宗神闵皇帝"条,见《五代史书汇编》,第 5 册,第 3011 页。

③ 《五代春秋志疑》自序,序于嘉庆二十二年(1817),见《五代史书汇编》,第 5 册,第 2999 页。道光间,沈楙德将是书刊入《昭代丛书》,并为之作跋,对华氏的上述见解也深有同感,谓尹洙"斥朱温不以为帝,而于后唐庄宗即位,特书'神闵皇帝'以继唐之正统,其识远在欧阳公之上"(见《五代史书汇编》,第 5 册,第 3044 页)。

末帝,后唐庄宗神闵皇帝、明宗仁德皇帝、闵皇帝;下卷为后唐末帝,晋高祖、少帝,汉高祖、隐帝,周高祖、世宗、恭帝。通观全书,除了后唐庄宗、明宗书谥这一点略有不同之外,从该书中看不出有任何伪梁而正唐的倾向。对包括梁太祖、梁末帝在内的五代诸帝,作者一概以"帝"相称,所谓"斥朱温不以为帝"云云,不知从何说起? 总之,就《五代春秋》一书来看,尹洙与欧阳修的正统观并没有什么明显的差异。

综上所述,北宋前期士人在五代史观上存在的主要分歧,就是在肯定五代正统的前提下如何评价朱梁王朝的政治合法性问题。一种意见是沿袭后唐以来传统的正闰标准,斥朱梁于闰位;另一种意见则基本认同后周太祖的主张,承认梁朝的正统地位。一般来说,在意识形态领域,宋人惯于恪守严格的正闰之分,伪梁一派掌握着话语主导权;而在史学领域,人们显然更倾向于淡化这个问题(宋人侈谈正统,是北宋中叶儒学复兴以后的事情),北宋前期的五代史著作,无论是私人著述还是官修正史,大都不再刻意区别五代诸国的正统与僭伪、正义与非义。

随着时势的推移,宋儒的五代史观在北宋中叶发生了一场深刻的变革,其结果最终导致人们对五代正统由基本肯定变为全盘否定。

其实早在北宋初期,已经出现质疑五代正统的声音,太宗和真宗朝有关德运的三次争议,都有人提出应重新考虑五代的历史地位。太宗太平兴国九年(984),布衣赵垂庆建言更定本朝德运,主张"皇家当越五代而上承唐统为金德;若以梁上继唐,传后唐至国朝,亦合为金德"①。赵氏提出的金德说有两种解释,其一是越

---

①《太宗皇帝实录》卷二九,太平兴国九年四月甲辰,《四部丛刊三编》本,叶 13a-13b。

过五代而上承唐统,唐既为土德,则宋当为金德;其二是五代皆以为正统,按照梁(金)、唐(水)、晋(木)、汉(火)、周(土)的德运体系,推导出宋为金德的结论。从他的上述解释来看,其目的只是为了证明金德说的合理性,而并非要刻意否定五代正统。陈学霖先生认为赵氏的动机"系迎合太宗改元封禅之议"[①],不无道理。真宗大中祥符三年(1010),开封府功曹参军张君房重提金德说,谓"国家当继唐土德,统用金德",理由之一是五代短祚,不足以当德运[②]。天禧四年(1020),光禄寺丞谢绛又倡土德说,明确主张贬黜五代:"昔者秦祚促而德暴,不入正统。考诸五代之际,亦是类矣。今国家诚能下黜五代,绍唐土德以继圣祖,亦犹汉之黜秦,兴周火德以继尧者也。"[③]谢氏主张径承唐运而为土德,其主旨是否定五代正统。他批评五代"祚促而德暴",从时间标准和道德标准两个方面否定了五代诸国的正统性。

北宋中叶以后,五代这个"最不像样的时代"[④]让宋人渐生鄙视之心。大约从仁宗朝起,宋人开始使用"五季"一词来指称五代。据我初步检索的结果,现存宋代文献中"五季"一词的最早用例,可能是作于景祐四年(1037)的石介《宋城县夫子庙记》一文[⑤]。庆历以后,这个新名词在宋人文集中已经流行开来。所谓

---

①陈学霖:《大宋"国号"与"德运"论辩述义》,载氏著《宋史论集》,台北:东大图书公司,1993 年,第 12 页。

②《宋会要辑稿·运历》一之一,第 2128 页上栏。

③《宋会要辑稿·运历》一之二,第 2128 页下栏。

④钱穆先生语,见《国史大纲》修订本上册,北京:商务印书馆,2002 年,第 502 页。

⑤《徂徕集》卷一九,台湾商务印书馆影印文渊阁《四库全书》本,第 1090 册,第 317—318 页。

"五季"者,大概是把五代十国看作唐代藩镇之余绪而已。不难想象,当宋人提到"五季"时,根本就没有把这个衰乱的末世放在眼里的意思。宋祁所写的《诋五代篇》①,可以在一定程度上代表同时代人的五代史观,该文从政治层面和道德层面对五代进行了严厉而系统的批判,归结起来就是"五代无道"四个字,笔底下充满了对于这个时代的蔑视。

要想了解宋儒对五代正统从肯定到否定的转变过程,不妨把欧阳修当作一个典型的个案来分析。上文已经说过,欧阳修为《新五代史》确定的纂修义例是"不伪梁"。《新五代史》之编撰约始于仁宗景祐间,《邵氏闻见录》卷十五曰"《五代史》,公尝与师鲁约分撰,故公谪夷陵日,贻师鲁书曰"云云,按景祐三年(1036)欧阳修因言事贬峡州夷陵县令,与尹洙书讨论《新五代史》体例就是这个时候的事情。当时欧公还不到而立之年,故《新五代史》一书可以代表他早年的五代史观。在他康定元年(1040)所作的《正统论》七篇中,仍继续坚持"不伪梁"的主张:"夫梁之取唐,无异魏、晋之取也。魏、晋得为正,则梁亦正矣,而独曰伪,何哉?"②并且专门写了一篇《梁论》来为朱梁翻案,声称"朱梁,四代(指唐晋汉周)之所黜也,今进而正之,作《梁论》"云云③。《正统论》问世

---

①《景文集》卷二五,《丛书集成初编》本。此文写作年代不详,可能是宋祁早年的作品,当作于真宗末年或仁宗初年。
②见《正统论》之一《原正统论》,《居士外集》卷九,见《欧阳文忠公文集》卷五九,叶 6a。按欧阳修《正统论》始撰于仁宗康定元年,包括《原正统论》《明正统论》《秦论》《魏论》《东晋论》《后魏论》《梁论》等七篇,后收入《居士外集》卷九;至其晚年删订为《正统论》三篇,收入《居士集》卷一六。均见《四部丛刊》本《欧阳文忠公文集》。
③《正统论》之二《明正统论》,《居士外集》卷九,见《欧阳文忠公文集》卷五九,叶 10b。

后,有人对此提出异议,《宋史》谓"欧阳修论魏、梁为正统,(章)望之以为非,著《明统》三篇"①,于是欧公又撰《魏梁解》一文加以辩解②。可以看出,从《新五代史》到《正统论》七篇,正梁之统是他当时的一贯主张。

北宋中期儒学复兴的时代思潮,使欧阳修的正统观念和史学观念发生了很大的转变,在他晚年编定《居士集》时,将《正统论》七篇删订为三篇,提出了他对五代正统的全新认识:

> 五代之得国者,皆贼乱之君也,而独伪梁而黜之者,因恶梁者之私论也。……夫梁固不得为正统,而唐、晋、汉、周何以得之?今皆黜之。③

这表明,他最后在这个问题上所选择的立场完全背离了自己早年的一贯主张,从一端走到了另一端。对欧公五代史观的前后不一,有人表示疑问:为何《新五代史》"则不伪梁而进之",《正统论》"则黜梁而绝之"?欧阳修的解释是:"梁,贼乱之君也,欲干天下之正统,其为不可,虽不论而可知,然谓之伪则甚矣。……故于正统则宜绝,于其国则不得为伪者,理当然也。"④这一解释无法弥合欧公五代正统观的前后矛盾,因为他早年所作《正统论》七篇分明是把包括朱梁在内的五代都视为正统的,直到晚年重订《正

---

① 《宋史》卷四四三《文苑传五》,第 13098 页。章氏《明统论》已佚,主要观点见《苏轼文集》卷四《正统论三首》,北京:中华书局,1986 年,第 1册,第 120—125 页。
② 见《欧阳文忠公文集》卷一七。
③ 《正统论》(下),《欧阳文忠公文集》卷一六,叶 9b-10a。
④ 《欧阳文忠公文集》卷一六《或问》,叶 10b。

统论》时,才将五代纳入"绝统"之列。

那么,欧阳修在五代正统论上的自我否定究竟说明了什么问题?到底是什么改变了宋儒的五代史观?我认为,北宋中叶的儒学复兴运动是引起这一变化的重要时代背景。具体原因大致可以归结为以下三点。

第一,以道德批评为准则的正统论改变了传统的正统观念。梁启超说:"正统之辨,昉于晋而盛于宋。"①由欧阳修发起的正统之辨是北宋中期儒学复兴运动的产物。宋儒的正统论与前代相比有一个很大的不同之处,那就是除了大一统的政治前提之外,特别强调道德认同,正统的标准被归结为两点,即所谓"君子大居正"、"王者大一统"。正是基于这个标准,欧公在其晚年改订的《正统论》中才将五代排斥在外:"其或终始不得其正,又不能合天下于一,则可谓之正统乎?魏及五代是也。"宋儒五代史观的转变,就是起因于这种新的价值取向所带来的巨大冲击。

第二,五德终始说的终结消解了五代正统论赖以成立的理论基础。自秦汉以降,五德终始说一直是历代王朝阐释其政权合法性的基本理论框架。五运说建立在对宇宙系统的信仰之上,其基本理念是五行代替,传承不绝,故宋王朝之火德必须经由五代德运体系一脉相承,就是这个道理。五代正统论于是得以成立。宋儒对五运说的反动始于欧阳修,欧公创造的"绝统"说从根本上动摇了五德转移政治学说。《正统论》下篇曰:"凡为正统之论者,皆欲相承而不绝。至其断而不属,则猥以假人而续之,是以其论曲而不通也。夫居天下之正,合天下于一,斯正统矣。"若不符合这

①《新史学·论正统》,第 1640 页。

一正统标准,则被排斥于正统王朝之外,是谓"正统有时而绝"。欧公早年所作《正统论》七篇仅将西晋亡国之后至隋朝统一之前列为绝统,至其晚年重订《正统论》时,又将三国、五代也纳入绝统之列。后来朱熹又有所谓"无统"之说,据《资治通鉴纲目凡例》:"凡正统,谓周、秦、汉、晋、隋、唐。……无统,谓周秦之间、秦汉之间、汉晋之间、晋隋之间、隋唐之间、五代。"①自绝统、无统之说出,五代正统论便失去了它的理论基础。

第三,时代环境的变迁使得确立五代正统不再具有现实需要。宋初树立五代正统有着强烈的政治动机,一方面是因为赵氏篡周,政权来路不正,容易让人质疑它的合法性;另一方面是因为当时天下尚未统一,赵宋政权是否第六个短命王朝也还是一个疑问,这又很难让人相信它的正统性。在这样一种局促不安的政治环境之下,树立五代正统以解决宋王朝的政治合法性来源,自然是极为紧迫的一件事情。而到了仁宗以后,时移世变,赵宋王朝的正统性已经不容置疑,五代正闰不再是一个现实的政治问题,于是宋人对这个时代开始流露出一种不加掩饰的轻蔑,这当然也是宋儒否定五代正统的一个重要原因。

宋代的儒学复兴运动彻底颠覆了五代正统论。自宋以后,朱子的五代无统说遂为后人普遍接受,五代的历史地位愈益低落。以致到了后来,人们甚至连"五代"一名也不肯苟同。明末严衍作《资治通鉴补》,"于周赧入秦,七雄分据,改称前列国;唐昭陨落,

---

① 《资治通鉴纲目》附录一,《朱子全书》第 11 册,第 3476—3477 页,上海:上海古籍出版社、合肥:安徽教育出版社点校本,2002 年,第 3476—3477 页。

五代迭兴,改称后列国"①。王夫之《读通鉴论》卷二八《五代篇》也提出了类似的主张:"称五代者,宋人之辞也。夫何足以称代哉?……然则天祐以后,建隆以前,谓之战国焉允矣,何取于偏据速亡之盗夷,而推崇为共主乎?"五代这个一度享有崇高的正统地位的时代,在历史学家的笔下陷入了万劫不复的境地。

三、南唐正统论之泛起

五代正统论最终遭到了宋人的否定,而十国之一的南唐却因为某些机缘颇为后人看重,甚至被目为五代十国时期天下正朔之所在。

李昇建立南唐,自称李唐宗室之后,或谓唐宪宗第八子建王恪之玄孙②,或谓唐玄宗第六子永王璘之苗裔③,或谓出自唐高祖第十三子郑王元懿疏属之枝派④,时人传为笑谈⑤。宋人本不相信这些子虚乌有的说法,《新五代史·南唐世家》称李昇"世本微

①严衍:《资治通鉴补》自序,见冯惠民:《通鉴严补辑要》,济南:齐鲁书社,1983年,第9页。严氏此书对五代诸帝一律直呼其名,不称帝,显示出他对这个时代的极度蔑视。
②龙衮:《江南野史》卷一《先主传》,陆游:《南唐书》卷一《烈祖本纪》,均见《五代史书汇编》本。
③《旧五代史》卷一三四《僭伪列传一·李昇传》。
④郑文宝:《江表志》卷上,《五代史书汇编》本。
⑤陈耀文:《天中记》卷一七"宗族"(扬州:广陵书社,2007年,第540页下栏)曰:"金陵李氏始以唐号国,钱文穆王闻之曰:'金陵冒氏族于巨唐,不亦骇人乎?'沈韬文曰:'此可取譬也:且如乡校间有姓孔氏者,人则谓之孔夫子,复何足怪哉。'王大笑,赏厄酒。"

贱",司马光更是详细揭露了这场骗局:

> 李昪起于厮役,莫知其姓。或云湖州潘氏子,李神福俘
> 之以为僮仆,徐温丐之以为子。及称帝,慕唐之盛,始自言姓
> 李。初欲祖吴王恪,嫌其诛死,又欲祖郑王元懿,命有司检讨
> 二王苗裔。有司请为恪十世孙,昪曰:"历十九帝十世,何以
> 尽之?"有司请以三十年为一世,议后始定。①

可见李昪自称的李唐世系实在是破绽百出。然而就是这样一个
编造得十分拙劣的故事,竟被后人拿来当作讨论正统的历史
资源。

真宗大中祥符三年,张君房倡言国朝宜以金德上承唐之土
德,将五代排斥在外,其中一个理由就是"江南李昪实称唐后",故
后晋不当金德之运②。天禧四年,谢绛倡言土德说,极力否定五代
正统,也提出了类似的理由:"自石晋、汉氏以及于周,则李昪建国
江左,而唐祚未绝,是三代者亦不得正其统矣。"③张、谢二人拿南
唐说事儿,旨在否定五代正统,而本意并非推崇南唐,因为他们都
是主张宋承唐统的。

从两宋时期先后出现的三部《南唐书》,可以看出南唐的历史
地位是如何得到提升的。最早的一家《南唐书》为金陵胡恢所作,

①《答郭纯长官书》,《温国文正司马公文集》卷六一,《四部丛刊初编》本,
  叶8b。参见《资治通鉴》卷二八二《后晋纪三》高祖天福四年二月,第
  9198—9199页。
②《宋会要辑稿·运历》一之一,第2128页上栏。参见《宋史》卷七〇《律
  历志三》,第1597页。
③《宋会要辑稿·运历》一之二,第2128页下栏。

胡恢系北宋中期人，仕宦不显①。胡氏《南唐书》佚于明末清初，仅知该书体例系将南唐国主列为载记，苏颂《与胡恢推官论南唐史书》对此表示了异议：

> 某伏蒙宠示新著南唐史稿……今足下题三主事迹曰《南唐书》某主载记者，得非以李氏割据江表，列于伪闰，非有天下者，故以"载记"代"纪"之名乎？……足下必以南唐为闰位，自当著五代书后，列云李某载记可矣。今曰《南唐书》载记，似非所安也。②

按载记之体首创于《东观汉记》，后为《晋书》所沿用，它在纪传体史书中是相对于本纪而言的一种体裁，有本纪才有所谓载记。苏颂认为，如果编撰一部五代史的话，不妨将五代立为本纪，南唐列为载记，但胡氏《南唐书》既然是一部南唐国史，采用"载记"体就显得有点不大合适了。虽然苏颂对《南唐书》的体例有不同看法，但在视南唐为僭伪这一点上，他并没有提出什么异议。

第二部是马令《南唐书》。马令，宜兴人，仕历不详，书成于北宋末年，有崇宁四年（1105）自序。马氏《南唐书》三十卷，采用纪传体，与胡氏《南唐书》不同的是，马氏以南唐国主作"书"，余皆作"传"。首列《先主书》一卷、《嗣主书》三卷、《后主书》一卷，"盖

---

① 《梦溪笔谈》卷一五《艺文二》："金陵人胡恢博物强记，善篆隶、臧否人物。坐法失官十余年，潦倒贫困。赴选集于京师，是时韩魏公当国，恢献小诗自达，……魏公深怜之，令篆太学石经，因此得复官，任华州推官而卒。"胡恢行迹仅见于此。
② 《苏魏公文集》卷六八，王同策等点校，北京：中华书局，1988年，下册，第1026—1027页。

用《蜀志》称主之例"①。作者对南唐的政治态度,马氏自序有所
流露:

> 李氏初据江淮,建唐庙以隆亲,与夫祖契丹而绝其父者
> 孰馳?始郊祀于圜丘,与夫尚野祭而焚纸缗者孰重?五代之
> 君若彼,南唐之制若此,则正统疑于不存,而僭窃疑于无罪
> 也。予作此书,尊天子于中原,而僭伪之事则不为南唐讳者,
> 岂无意哉!②

马氏虽未能突破传统观念之窠臼,仍以五代为正统、南唐为僭伪,
但却颇有轻五代而重南唐之意,这一点是值得我们注意的。

陆游《南唐书》十八卷,是宋代的第三部纪传体南唐史。此书
与前两部《南唐书》的最大不同之处,就是把南唐国主立为本纪。
陆游对此有一个解释,他认为胡、马两家《南唐书》以南唐国主作
"载记"或"书"并不可取,并引苏颂之言为据,谓"苏丞相之言,天
下之公言也,今取之,自烈祖而下皆为纪,而用史迁法,总谓之南
唐纪"云云③。对陆游的解释,清代学者不以为然,他们认为陆氏
《南唐书》采用这种体例当是另有原因:

> 南唐元宗于周显德五年即去帝号,称江南国主,胡恢从
> 《晋书》之例,题曰"载记",不为无理。游乃于烈祖、元宗、后

----

① 《四库全书总目》卷六六史部载记类,马令《南唐书》提要,北京:中华书
　　局,1965 年,第 587 页。
② 马令:《南唐书》自序二,《五代史书汇编》第 9 册,第 5248 页。
③ 陆游:《南唐书》卷一《烈祖本纪》论赞,《五代史书汇编》第 9 册,第
　　5471 页。

主皆称本纪,且于《烈祖论》中引苏颂之言,以《史记》秦庄襄王、项羽本纪为例,深斥胡恢之非。……得非以南渡偏安,事势相近,有所左袒于其间乎?①

蒙文通先生亦有类似看法:

> 陆游之作《南唐书》称本纪,以易马令之书,是亦欲以南唐继唐,而斥北宋人五代正统之论。②

把陆氏《南唐书》与胡、马两书体例上的差异归结到他们的时代背景,这种分析是合情合理的。显而易见的是,身处南宋特殊的历史环境之下,像陆游那样一个民族主义者,不可能不对南唐抱有同情心。譬如李昇胡乱捏造的李唐世系,宋人根本就没当回事儿,而陆游在《南唐书·烈祖本纪》里却依然煞有介事地宣称李昇系"唐宪宗第八子建王恪之玄孙"。尽管他借苏颂之口辩解说,"言'纪'者不足以别正闰也",但"庙号之揭,立崩之制,全用一统之法"③,这又如何解释呢? 总之,陆游此书表现出来的倾向性非常明显,可以肯定地说,他立南唐国主为本纪确是有深意的。

不过,陆游《南唐书》毕竟没有明确提出以南唐上承李唐正统的主张,首倡此说者是元人戚光。戚氏于文宗天历间为陆氏《南

---

① 《四库全书总目》卷六六史部载记类,陆游《南唐书》提要,第 588 页。
② 蒙文通:《肤浅小书》,转引自饶宗颐《中国史学上之正统论》资料一,上海:上海远东出版社,1996 年,第 252 页。
③ 陈霆:《唐余纪传》自序,《五代史书汇编》第 9 册,第 5620 页。

唐书》作《音释》一卷①,其中有一篇《唐年世总释》,专为解决五代正统问题而作。该文列唐哀帝天祐年号至十九年(922),然后续以后唐纪年,谓"晋庄宗复唐";后唐清泰三年(936)亡国后,又续以南唐烈祖昇元元年(937),小注曰:"古今之乱,唐末极矣,然清泰方绝,昇元已建,天命人心无绝也,孰谓五季无君哉!"②在戚光看来,后唐、南唐与李唐的国统是一脉相承的,直至南唐亡国,唐祚方绝。戚光尊南唐为正统,肯定受到了陆氏《南唐书》的启发,但他比陆游走得更远。

戚光的后唐—南唐正统论得到了后人的响应。据王夫之说,明人李槃以"沙陀夷族之朱邪存勖、不知所出之徐知诰,冒李唐之宗,而使之统分据之天下"③,这显然是在沿用戚氏之说。李槃著有《纲鉴世史类编》四十五卷④,他的上述见解或许就见于此书。后来清人陈鱣所作《续唐书》,则完全是按照戚光的正统论而重写的一部五代十国史,作者在自序中阐明了该书的宗旨:

> 唐受命二百九十年而后唐兴,历三十年;后唐废而南唐兴,又历三十年而亡。此六十九年,唐之统固未绝也。……

----

① 赵世延《南唐书序》对此事始末有所交待:"天历改元,余待罪中执法,监察御史王主敬谓余曰:'公向在南台,盖尝命郡士戚光纂辑《金陵志》,始访得《南唐书》,其于文献遗缺,大有所考证,裨助良多,且为之音释焉。'……越明年,余得告还金陵,书适就,光来请序。"见《五代史书汇编》第9册,第5609页。

② 戚光:《南唐书音释》"唐年世总释"篇,附《陆氏南唐书》后,《四部丛刊续编》本,叶3a。

③ 王夫之:《读通鉴论·叙论一》,下册,第951页。

④ 见《千顷堂书目》卷四编年类。

今奈何以晋、汉、周为正,而反以南唐为偏据乎?

　　薛氏修《五代史》,欧阳氏新修《五代史记》,并称"五代",所见俱不及此。马、陆二家《南唐书》虽欲推尊,然未将南唐上接后唐。戚光《年世总释》始发其凡,终未有专成一书。……蒙窃不自揆,更审其顺逆,著其正偏。上黜朱梁,下摈石晋及汉、周,而以宋继唐,庶几复唐六十九年之祚。①

该书将后唐、南唐立为本纪,梁、晋、汉、周及其他诸国均列为世家;后唐、南唐臣僚列为"诸臣传",其他诸国臣僚列为"诸国臣传",正闰之别极为分明。陈氏重写五代史的旨趣不在于订讹补阙,而在于另创义例,即用戚光发明的后唐—南唐正统论来改造传统的五代十国史。由于作者认为中国史上只有唐、宋,而根本不承认有"五代"一说,故称此书为《续唐书》,"参用萧常、郝经等《续后汉书》例也"。

直至晚清学者李慈铭,仍持有类似的主张,他在咸丰六年(1856)二月二十二日的日记中写下了这样一段文字:

　　予尝欲以后唐、南唐直接天祐为正统,而斥梁、晋、汉、周为伪国。盖梁与石晋之罪,固不必言,而刘氏立国不四年,郭氏篡窃,亦仅数载,是何天子?……予持南唐接统之议,盖以石敬瑭代唐之岁,即烈祖篡统之年,时代巧接,天若有意于其间,以为蜀汉、东晋之比,乃苦无和者。近傅节子、周季贶皆主予说,而节子且言,家藏有李槃《世史类编》一书,竟首发此

---

①陈鳣:《续唐书叙》,《二十五别史》第 12 册《续唐书》,顾久点校,济南:齐鲁书社,2000 年,第 1—3 页。

议，以南唐定正统之案。古人实获我心，快哉！①

很显然，李慈铭对戚光以来的后唐—南唐正统论原本并不了解，而他的主张竟与前人不谋而合，可见南唐正统论之兴起绝非偶然的现象。

从北宋胡恢到晚清李慈铭，南唐的历史地位在不同的语境下被后人赋予了多种解释，讨论正统论下的五代史观，这是一条不可忽视的线索。

四、五代史观为何不重华夷之辨？

照理说，民族问题应该是五代史上一个高度敏感的话题，因为五代之中就有三个国家是沙陀人建立的政权，这种情况在历史上毕竟并不多见。但出人意料的是，自宋以降的五代史观，并没有包含多少华夷之辨的成分。实际上，人们在讨论五代正统时向来是很少考虑种族因素的，全然没有东晋南朝士人痛心于五胡乱华那种激烈的民族情绪。

如上所述，北宋前期宋儒五代史观的主要分歧是如何看待朱梁的正闰问题，当时的主流意见是沿袭后唐以来传统的正闰标准，

---

① 李慈铭著，由云龙辑：《越缦堂读书记》，上海：上海书店出版社，2000年，第499—500页。此日记书眉上有李氏后来的一条追记文字："近儒海宁陈仲鱼先生鳣撰《续唐书》，以同光接天复，以昇元接清泰，其统始正，可为定论矣。"

伪梁而正唐,并进而把后唐以下四朝均列入正统之列。这种五代史观完全拒绝考虑华夷、内外的区别,对沙陀三王朝的异民族色彩简直是视若无睹。北宋中叶以后,宋人对五代多持批判态度,但其矛头所指,不外乎贼乱僭伪,亦即政治衰弊和道德陵替的问题。如宋祁《诋五代篇》,历数五代之无道,但却只字不提沙陀政权的民族属性。

在宋代士人中,欧阳修的五代史观最有代表性,对于五代诸国的华夷之别,他似乎比较漠然。《新五代史》效法《春秋》,以尊王攘夷相标榜,但他那"攘夷"主要是针对契丹的,很少强调五代沙陀政权的异族身份①。欧公论正统,从早年的不伪梁到后来的伪五代,都不涉及种族问题,他最终否定五代正统,遵循的也是道德准则而不是华夷界限。

宋代以后,除了民族矛盾非常尖锐的特殊时期之外,一般士人在论及五代史时,也很少把批判的矛头指向沙陀三王朝的民族属性。五代诸国中,朱梁和石晋历来最受人诟病,它们的正统性也最容易遭到质疑,对前者的批评主要集中在道德方面,对后者的质疑主要是针对"石晋因辽有国"②、"晋氏受国于契丹"③的问题,而并非针对石晋本身的"夷狄"身份。

---

① 《新五代史》仅偶一提及沙陀政权的族属问题,如卷一七《晋家人传》谓"晋氏起于夷狄,以篡逆而得天下"云云(第 188 页);徐无党注旨在发明欧史的义例书法,于唐晋本纪屡次强调赛天神、祭突厥神、传箭、扑祭等等为"夷狄之事"、"夷狄之礼",但也仅此而已。
② 修端:《辩辽宋金正统》,《国朝文类》卷四五,《四部丛刊》本,叶 3a。
③ 王袆:《正统论》,《王忠文公集》卷一,《丛书集成初编》本,据《金华丛书》本排印,第 9 页。

那么,面对五代这样一个"华夷混乱之世"①,后人的华夷观念何以会如此淡薄?这种似乎不合常理的五代史观,究竟应该如何加以解释呢?我认为,这一现象的形成可能有如下两个方面的原因。

(一)在中国人传统的华夷观念中,华夷界限通常是文化而不是种族。

钱穆先生说:"在古代观念上,四夷与诸夏实在另有一个分别的标准,这个标准不是血统而是文化。所谓'诸侯用夷礼则夷之,夷狄进于中国则中国之',此即是以文化为华夷分别之明证。"②钱宾四先生所说的这种华夷标准其实古已有之③,只不过由韩愈对它做了一个经典的总结:"孔子之作《春秋》也,诸侯用夷礼则夷之,夷而进于中国则中国之。"④韩愈的学生皇甫湜也认为夷夏之分"非系于地",故谓"所以为中国者,以礼义也,所谓夷狄者,无礼义也"⑤,亦即认为华夷之间的区别在于文明而不在于地域或种

① 此系借用明人丘濬语,见《世史正纲》卷三一《元世史》,《四库全书存目丛书》影印嘉靖四十二年孙应鳌刻本,济南:齐鲁书社,1996 年,史部第 6 册,第 600 页。丘氏是一位激进的民族主义者,力倡"严万世夷夏之防",故有此说。
② 《中国文化史导论》,台北:正中书局,1984 年,第 35 页。
③ 参见罗志田:《夷夏之辨的开放与封闭》,《中国文化》第 14 期(1996 年秋季号),第 213—224 页。罗文所谓"开放"的夷夏之辨即是指以文化为划分华夷的标准,"封闭"的夷夏之辨即是指以种族为划分华夷的标准。
④ 韩愈:《原道》,《新刊经进详注昌黎先生文集》卷一一,《续修四库全书》影印宋刻本,第 1309 册,上海:上海古籍出版社,2002 年,第 559 页上栏。
⑤ 皇甫湜:《东晋元魏正闰论》,《唐文粹》卷三四,《四部丛刊》本,叶 13b。

族。唐末陈黯有所谓"华心"说："苟以地言之,则有华夷也;以教言,亦有华夷乎?夫华夷者,辨在乎心,辨心在察其趣向。生于中州而行戾乎礼义,是形华而心夷也;生于夷域而行合乎礼义,是形夷而心华也。"①陈黯判断华夷的标准是文化而非血统,这个文化就是他所说的"华心",即汉文明的价值体系。在宋人著述中,同样可以见到类似的理念,如陈师道曾经替王通《元经》所主张的北魏正统论做过这样的辩护："或曰:魏假之华,齐、梁、陈斥之蛮,无乃悖乎?曰:夷而变,虽未纯乎夏,君子进之也;夏而变,虽未纯乎夷,君子斥之也。"②对夷狄的汉化予以鼓励,对华夏的胡化加以贬斥,这就是陈师道的基本态度——说到底,仍旧是倾向于以文化作为华夷之分水岭。

自晚唐以来,代北地区的民族融合趋势十分明显,故五代时期的沙陀三王朝在时人心目中的夷狄形象已经相当模糊,人们似乎已经忘记了他们本来的血统。欧阳修在《新五代史》中就石晋的兴亡发了一通感慨："自古祸福成败之理,未有如晋氏之明验也! 其始以契丹而兴,终为契丹所灭。……盖夫本末不顺而与夷狄共事者,常见其祸,未见其福也。"③这段话向我们传达了一个明确的信息:在欧阳修的潜意识中,契丹是夷狄,而石晋在这里显然是代表华夏一方的。不仅汉人是这样的看法,契丹人眼中的沙陀也无异于华夏。辽太宗曾称后唐沙陀武将为"恶汉儿"④。太宗

---

① 陈黯:《华心》,《全唐文》卷七六七,北京:中华书局影印本,1983 年,第 8 册,第 7986 页下栏。
② 陈师道:《正统论》,《后山居士文集》卷七,上海:上海古籍出版社影印宋刻本,1984 年,下册,第 446 页。
③ 见《新五代史》卷二九《晋臣传》论赞,第 323 页。
④《新五代史》卷五一《杨光远传》,第 588 页。

时,述律太后对后晋使者说过这样一番话:"汉儿何得一向眠! 自古但闻汉和蕃,未闻蕃和汉。汉儿果能回意,我亦何惜与和!"①此话是针对契丹与石晋之间的战争说的。述律太后以"蕃"自居,虽明知石晋出自沙陀,却仍称之为"汉儿"。可见在契丹人的心目中,沙陀俨然已归属于华夏文化圈了。这种基于文化标准的华夷观念,可以解释后人五代史观不重华夷之辨的原因②。

当然,华夷之辨的标准并非是一成不变的。虽说传统华夷观念的主流是以文化而不是种族作为界定华夷的标准,但也有相反的情形。一般来说有这样一个规律,在汉民族政治上占有优势、民族矛盾趋向缓和的时候,人们比较倾向于以文化来分别华夷;而当汉民族遭遇异族威胁、民族矛盾非常尖锐的时候,人们往往就会主张以种族来分别华夷③。譬如南宋遗民郑思肖否定五代正统的理由是:"夷狄行中国之事曰僭。……五代八姓乃夷狄盗贼之徒,俱僭也,非天明命也。"④身处明清易代之际的王夫之与郑所

①《资治通鉴》卷二八四《后晋纪五》齐王开运二年六月,第 9293 页。
②另外,五代史料中也不乏唐、晋、汉诸朝沙陀君臣以"中国"自居、称契丹为夷狄的例子,但这种自我标榜式的华夷立场似不能说明太多问题,不烦枚举。
③美籍印度裔学者杜赞奇也有类似的看法,他将前者称为"文化主义",后者称为"民族主义",指出这两种意识形态曾以不同的形式交替出现于中国历史上。参见杜赞奇(Prasenjit Duara)《从民族国家拯救历史:民族主义话语与中国现代史研究》,王宪明等译,北京:社会科学文献出版社,2003 年,第 44—49 页。
④《心史·古今正统大论》,见《郑思肖集》,陈福康点校,上海:上海古籍出版社,1991 年,第 134 页。郑所南的华夷标准不仅是种族而已,隋唐两代因有胡化倾向,也被他摈斥于正统王朝之外,可见他实际上是持种族和文化的双重标准:夷狄行中国之事者不得为正统,华夏用夷狄之礼者也不得为正统。这可算是华夷观念中最极端的一派。

南有着同样的思维:"李存勖、石敬瑭,沙陀之部夷也……而无识者遂题之以正统。"①像这种以种族为正闰标准的五代史观只能视为特例。

(二)新的外族威胁的出现,促使汉人在心理上和文化上更加认同于入主中原的异族政权。

五代时期,契丹成为华夏族所面临的新的威胁,这种政治格局和外部环境在很大程度上增强了汉人对于沙陀政权的认同。邓小南教授指出,五代国君的民族身份之所以不为时人所在意,"这既是长期活跃于河朔地区的多民族成分相互混溶的结果,也是沙陀之外的契丹民族作为'外族'参照系之凸显所造成"②。宋人对于石敬瑭割让燕云十六州、称儿皇帝之类行径所持的谴责态度以及所表现出来的那种强烈的义愤,正说明在汉人心目中并未将入主中原的沙陀与契丹视为同类,这无疑是五代史上的华夷之辨不为后人所热衷的一个重要原因。

类似这样的时代氛围在中国历史上曾多次出现。钱锺书先生注意到,北魏时代,由于柔然的崛起而导致汉人的华夷观念发生显著变化,内鲜卑而外柔然,成为时人华夷之辨的一种共识③。金朝末年的情况也大致相似。这一次新的外族威胁来自蒙古,蒙古入侵引发了新的民族矛盾,是时汉族士人华夷观念的强化,恰恰巩固了他们对于女真王朝的认同感。杨奂作于金末的《天兴近鉴》一书,虽早已不传,但据元人说,"其书法如古之史臣,其议论

①王夫之:《宋论》卷一《太祖》,北京:中华书局点校本,2003年,第11页。
②邓小南:《论五代宋初"胡/汉"语境的消解》,《文史哲》2005年第5期,第60页。
③参看钱锺书:《管锥编》第4册,北京:中华书局,1979年,第1486—1490页。

如胡氏之《春秋》也"①。我们知道,胡安国《春秋传》的一大关键词就是"攘夷",由此可知《天兴近鉴》旨趣何在。"攘夷"与"尊王"是分不开的,在金末讲"攘夷",就是要尊女真之"王",攘蒙古之"夷"②。另外,晚清的例子也很能说明问题。清代满汉之间的民族矛盾,以顺治、康熙朝最为突出,直到乾嘉时代,"夷狄"仍是一个极为忌讳的词汇。鸦片战争后,由于西方列强的侵入,华夷之辨的语境为之一变,人们口中的"夷狄"遂变为洋人之专称。对于汉族士人频繁使用该词,"清廷不以为忤,而士人亦不再觉有自我检束的必要,足见多数时人早已不视清为夷狄"③。近代中国新的华夷秩序观由此而形成。

五代沙陀政权的种族问题,就正是这样于无形之中被消解掉的。华夷之辨依然存在,但那"夷狄"之所指,已经无关乎五代诸国。

原载《唐研究》第 11 卷,北京:北京大学出版社,2005 年

【未及补入正文之笔记】

《增订四库简目标注》第 272 页:(明)陈霆《唐余纪传》全袭陆游《南唐书》,不过增删数字。有记载说陈霆因主张南唐正统说,故仿郝经《续后汉书》云云。

---

① 苏天爵:《元朝名臣事略》卷一三《廉访使杨文宪公》,姚景安点校,北京:中华书局,1996 年,第 259 页。
② 杨奂《正统八例总序》(《还山遗稿》卷上,《适园丛书》本,叶 9b)有"中国而用夷礼则夷之,夷而进于中国则中国之"之语,可见他是主张以文化作为华夷界限的,这也可以佐证他的"攘夷"说的内涵。
③ 罗志田:《夷夏之辨与道治之分》,《学人》第 11 辑,南京:江苏文艺出版社,1997 年,第 98 页。

"五德终始"说之终结

——兼论宋代以降传统政治文化的嬗变

　　自秦汉直至宋辽金时代,五德终始说一直是历代王朝阐释其政权合法性的基本理论框架。"故自秦推五胜,以水德自名,由汉以来,有国者未始不由于此说。"①但宋金以后,沿袭千余年的五运说最终被逐出儒家政治文化的主流而趋于消亡。这一变化究竟是如何发生的? 刘复生教授已为此提供了一个初步答案②。其实,五运说的终结并不是一个孤立的现象,若将它置于宋代以降中国传统政治文化所发生的一系列虽不那么引人注目但却发人深省的重要变革的背景之下去审视,或许对这个看似费解的问题会有一种更加圆通的解释,同时也可藉此把握宋元明清时代思想史的大体走向。

---

① 《正统论》(上),《欧阳文忠公文集》卷一六,《四部丛刊》本,叶 4b。

② 刘复生:《宋代"火运"论略——兼谈"五德转移"政治学说的终结》,《历史研究》1997 年第 3 期。作者认为,五运说的终结是北宋儒学复兴的结果。

一、宋儒对五运说的消解

当五德终始说风靡于世的先宋时代，几乎看不到有人对它提出过什么质疑①。宋儒对五运说的反动始于欧阳修。在北宋中期儒学复兴的时代思潮影响下，由欧阳修发起的正统之辨使五德转移政治学说遭到了前所未有的冲击。欧公早年所作《原正统论》，称五运说为"不经之说"、"昧者之论"，而在其晚年改订的《正统论》中则对它展开了正面的批判："自古王者之兴，必有盛德以受天命，或其功泽被于生民，或累世积渐而成王业，岂偏名于一德哉？……曰五行之运有休王，一以彼衰，一以此胜，此历官、术家之事。而谓帝王之兴必乘五运者，缪妄之说也。"②刘复生教授指出，"欧阳修的《正统论》在理论上宣告了五德转移政治学说的终结"③。那么我们要追问的是，欧阳修究竟是如何从学理上消解五

---

① 唐元和间，宪宗以《五运相承是非》为题殿试士人熊执易，熊氏但于卷首题曰："此非臣末学所知。五运相承，出于迁史，非经典明文。"（见《类说》卷一九，《北京图书馆古籍珍本丛刊》影印明天启六年岳钟秀刻本，北京：书目文献出版社，1998年，第62册，第335页上栏；《记纂渊海》卷三七引李畋《该闻录》，台湾商务印书馆影印文渊阁《四库全书》本，第931册，第46页下栏）。就我闻见之所及，这大概是宋代以前仅有的对五运说表示非议的言论。

② 欧阳修《正统论》始撰于仁宗康定元年（1040），包括《原正统论》《明正统论》《秦论》《魏论》《东晋论》《后魏论》《梁论》等七篇，后收入《居士外集》卷九；至其晚年删订为《正统论》三篇，收入《居士集》卷一六。均见《四部丛刊》本《欧阳文忠公文集》。

③ 见前揭刘复生《宋代"火运"论略——兼谈"五德转移"政治学说的终结》，第103页。

德终始说的？

《正统论》被饶宗颐先生称为"古今一大文字"①，它在正统理论上的一大创造就是"绝统"说。《正统论》下篇曰："凡为正统之论者，皆欲相承而不绝。至其断而不属，则猥以假人而续之，是以其论曲而不通也。夫居天下之正，合天下于一，斯正统矣。"若不符合这一正统标准，则被排斥于正统王朝之外，是谓"正统有时而绝"。但对于绝统的认定，欧公前后的说法有所不同。早年所作《正统论》七篇仅将西晋亡国以后至隋朝统一之前列为绝统，至其晚年重订《正统论》时，又将三国、五代也纳入绝统之列。

绝统说从根本上动摇了五德转移政治学说赖以成立的基础。邹衍之五运说建立在对宇宙系统的信仰之上，其基本理念是五行代替，相承不绝。后来刘歆创立的闰位之说，也无非是为了弥合德运的断层而想出来的补救办法。宋太宗太平兴国九年（984），布衣赵垂庆建言当径承唐统为金德，朝廷百官提出的反对理由就是："五运代迁，皆亲承受，质文相次，间不容发。岂可越数姓之上，继百年之运？"②明人指摘五运说的漏洞，谓"世不常治而运无停机，……五行之运，一息若不继，则天道坏矣"③。故主五运之说者，即便在天下大乱的分裂时期也非要寻出一个正统来传承德运。欧阳修的绝统说正是在这个意义上彻底否定了五德终始说的理论体系。

---

① 饶宗颐：《中国史学上之正统论》，上海：上海远东出版社，1996 年，第 39 页。
② 《宋会要辑稿·运历》一之一，北京：中华书局影印本，1957 年，第 2128 页上栏。
③ 华钥：《五德之运如何》，《明文海》卷八九，北京：中华书局影印清抄本，1987 年，第 869 页上栏。

关于宋代正统之辨在史学史上的意义,前人已做过不少研究①。在我看来,这场讨论的最大收获就在于,它第一次将王朝的更迭由"奉天承运"的政治神话变成了"居天下之正"的政治伦理问题,这是宋代史学观念的一个重大进步。传统的五运说以数术的方式来推定人间政权的正当与否,"依天道以断人事之不可断者"②。为顾全德运的连续性,很少从道德层面去考虑"统"之正与不正的问题。而宋儒的正统之辨与前代相比有一个很大的不同之处,那就是除了大一统的政治前提之外,特别强调道德认同。与欧阳修同时代的名僧契嵩,曾经这样表述他的天命观:"《泰誓》曰:'天视自我民视,天听自我民听。'此所以明天命也。异乎后世则推图谶符瑞,谓得其命也;谓五行相胜,谓得其德也。五胜则几乎厌胜也,符瑞则几乎神奇也……"③契嵩的天命正统观凸显出强烈的道德诉求,并且将批判矛头直接指向五德终始说。

可以肯定,这种价值取向所带来的巨大冲击是五运说最终走向消亡的一个重要因素。不过,宋儒推崇道德旨趣的正统观念对于世道人心的潜移默化,要到明清时代才看得比较清楚。在五运说的全盛时期,政治家强调得天下以正(这个"正"不是指手段的正当,而是指来路的正统),即看重政权的合法性来源,故"或以前代之血胤为正,或以前代之旧都所在为正,或以后代之所承者、所

①参见西顺藏:《北宋その他の正统论》,《一桥论丛》(东京)30卷5号,1953年11月;陈芳明:《宋代正统论的形成背景及其内容——从史学史的观点试探宋代史学之一》,《食货月刊》复刊1卷8期,1971年11月;陈学霖:《欧阳修〈正统论〉新释》,收入氏著《宋史论集》,台北:东大图书公司,1993年。
②此系司马光语。见刘羲仲《通鉴问疑》,《丛书集成初编》本,第2页。
③释契嵩:《镡津文集》卷五《说命》,《四部丛刊三编》本,叶17a。

自出者为正"①。历代德运之争,大抵都在政权的承继关系上做文章,正统主要取决于政权的来历。经过宋代正统之辨的道德洗礼之后,明清时代的政治家强调的是得天下以道,即看重获取政权的手段是否正当,而不太在乎这个政权是否直接来自某一个正统的王朝。朱元璋称帝建国后,总是强调他的天下不是取自元朝手中,而是得自群雄之手,他曾对朝廷臣僚说过这样一番话:"(元末)盗贼蜂起,群雄角逐,窃据州郡。朕不得已,起兵欲图自全,及兵力日盛,乃东征西讨,削除渠魁,开拓疆域。当是时,天下已非元氏有矣。……朕取天下于群雄之手,不在元氏之手。"②清朝统治者也从不承认他们的天下取自明朝,清高宗声称:"我朝为明复仇讨贼,定鼎中原,合一海宇,为自古得天下最正。"③显而易见,这样的正统观与"五运代迁,皆亲承受,质文相次,间不容发"的说法是格格不入的,这就是宋代以后道德教化的结果。

自欧阳修之后,对五运说的质疑越来越多地见诸宋儒的文字。他们的主要理据是,五运之说不见于六经,乃阴阳家不经之谈,就其本质而言,可以说是与谶纬一路的东西,所以根本就不值得信奉④。这种论调同欧阳修的说法是基本吻合的。

---

① 梁启超:《新史学·论正统》,《饮冰室文集》第 3 集,昆明:云南教育出版社,2001 年,第 1640 页。
② 《太祖实录》卷五三洪武三年六月丁丑,"中研院"史语所校印本《明实录》,1962 年,第 2 册,第 1046 页。又《元史·顺帝纪》至正十五年六月:"自红巾妖寇倡乱之后,南北郡县多陷没,故大明从而取之。"(北京:中华书局,1976 年,第 925 页)也是同样的意思。
③ 清高宗:《御制文二集》卷八《命馆臣录存杨维桢〈正统辨〉谕》,台湾商务印书馆影印文渊阁《四库全书》本,第 1301 册,第 333 页下栏。
④ 参见余靖《武溪集》卷四《禘郊论》、郑獬《郧溪集》卷一七《五胜论》、章如愚《群书考索》别集卷八《经籍门》"五运之说"等。

宋儒的正统之辨,由欧公发其端,而由朱子集其成。比起欧阳修来,朱熹的正统观念对后世的影响尤为深远。朱子论正统有所谓"无统"之说,据《资治通鉴纲目凡例》:"凡正统,谓周、秦、汉、晋、隋、唐。……无统,谓周秦之间、秦汉之间、汉晋之间、晋隋之间、隋唐之间、五代。"①一般认为,《通鉴纲目》成书于朱子门人赵师渊,而《凡例》则出自朱子之手,故正统、无统之分完全可以代表朱熹本人的意见。不消说,朱子的无统说与欧阳修的绝统说是一脉相承的,清人何焯云:"正统有时而绝,欧公千古特出之见。而朱子所谓三国、南北、五代皆无统之时,实因之也……而较之欧公所论则尤密矣。"②朱熹的正统论充满了道德批判,我们只要看看以《春秋》笔法著称的《通鉴纲目》就知道了③。此书被后人尊奉为"《春秋》后第一书",明代翰林院编修谢铎曰:"是书师法《春秋》,实经世之大典,帝王之龟鉴。"④可见它不仅仅是一部史学著作,更是一部政治伦理教科书。可以说,朱子《通鉴纲目》所张扬的正统观念基本上主导了元明清三代正统之辨的话语权⑤,故清

①《资治通鉴纲目》附录一,《朱子全书》第 11 册,上海:上海古籍出版社、合肥:安徽教育出版社点校本,2002 年,第 3476—3477 页。
②《义门读书记》卷三八《欧阳文忠公文》(上),崔高维点校,北京:中华书局,1987 年,中册,第 682 页。
③依我之见,《通鉴纲目》不过是朱熹正统观念的一个史学文本的载体罢了。曾有门人"问《纲目》主意",朱子的回答是"主在正统"(见《朱子语类》卷一〇五《朱子二》"论自注书",王星贤点校,北京:中华书局,1986 年,第 7 册,第 2637 页)。
④《宪宗实录》卷一一九成化九年八月壬戌,《明实录》第 24 册,第 2286 页。
⑤参看饶宗颐《中国史学上之正统论》附录一和附录三。元代揭傒斯称"世之言《纲目》亦无虑数十家"(《揭文安公全集》卷八《通鉴纲目书法序》);据我粗略统计,自朱熹之后迄清末为止,倾向朱子正统观而编纂的《纲目》体史书多达数百种。

儒谓"朱子之《纲目》出,而后古今之议正统者定"①。

无论是欧阳修的绝统说还是朱熹的无统说,都是与五德终始的基本理念相冲突的。但非常耐人寻味的是,朱熹本人其实并不反对五运说。他的学生沈僩曾向他请教过这样一个问题:"五行相生相胜之说,历代建国皆不之废,有此理否?"他的回答是:"须也有此理,只是他前代推得都没理会。"②当他的另一位弟子金去伪问到他对于五运说的看法时,朱子回答说:"万物离不得五行,五运之说亦有理。于三代已前事,经书所不载者甚多。"金氏又问:"五运之说,不知取相生、相克?"朱子答曰:"取相生。"③值得注意的是,这不仅仅是朱熹个人的倾向,事实上,宋代理学家普遍对五运说持赞同和理解的态度。请看程颐的说法:

> 五德之运,却有这道理。凡事皆有此五般,自小至大,不可胜数。一日言之,便自有一日阴阳;一时言之,便自有一时阴阳;一岁言之,便自有一岁阴阳;一纪言之,便自有一纪阴阳;气运不息,如王者一代,又是一个大阴阳也。唐是土德,便少河患;本朝火德,便多水灾。盖亦有此理,只是须于这上有道理。④

---

① 孙宝仁:《季汉纪序》,见赵作羹《季汉纪》卷首,《清代稿本百种汇刊》影印清稿本,台北:文海出版社,出版年份不详,第 23 册,第 1 页。
② 《朱子语类》卷八七《礼四》"小戴礼·月令",第 6 册,第 2239 页。
③ 《朱子语类》卷二四《论语六》"为政篇下·子张问十世可知章",第 2 册,第 597 页。
④ 《河南程氏遗书》卷一九《杨遵道录》,《二程集》第 1 册,王孝鱼点校,北京:中华书局,第 1984 年,第 263 页。又据杨时编订《河南程氏粹言》卷二《天地篇》:"或问:'五德之运,有诸?'子曰:'有之。大河之患少于唐,多于今,土火异王也。'"(《二程集》第 4 册,第 1224 页)

南宋的另一位理学大儒真德秀也说:"五德之论有理,天地间无一物无此五者。"①

以上种种说法,不免令人为之困惑——尤其是考虑到朱熹《通鉴纲目》所主张的无统说,以及他一贯高调的道德批判立场。我觉得,这个疑问应该从宋代理学家的宇宙系统去求得解释。周敦颐《太极图说》云:

> 无极而太极。太极动而生阳,动极而静,静而生阴,静极复动。一动一静,互为其根。分阴分阳,两仪立焉。阳变阴合而生水、火、木、金、土。五气顺布,四时行焉。②

周敦颐的宇宙生成论,是由太极而阴阳,由阴阳而五行,由五行而万物的模式。宋代理学家常说"二五之精"、"二五之气",二五即阴阳五行,乃是宇宙的本原。故云"二气五行,化生万物"③。朱熹对《太极图说》的宇宙系统是这样解释的:"天地生物,五行独先。……天地之间,何事而非五行? 五行阴阳,七者滚合,便是生物底材料。"④周敦颐所说的太极,被二程、朱子称为理或天理,但"二气五行,化生万物"的宇宙生成模式并没有什么不同。我们如果从宇宙论而非正统观的角度去理解宋代理学家对五运说的肯定态度,上面提到的疑问便可涣然冰释。实际上,朱熹等人只是在哲学思辨的层面上承认五运说的合理性,而在进行历史价值判

①真德秀:《西山读书记》卷三七"阴阳",台湾商务印书馆影印文渊阁《四库全书》本,第 706 册,第 341 页下栏。
②《周敦颐集》,谭松林等点校,长沙:岳麓书社,2002 年,第 3 页。
③周敦颐:《通书》理性命第二十二章,《周敦颐集》,第 42 页。
④《朱子语类》卷九四《周子之书》"太极图",第 6 册,第 2367 页。

断时,他自有他的道德准则和权衡法度。由此我们又可以解开这样一个疑问,为什么宋代理学家对五运说的支持丝毫不能改变它最终走向消亡的命运?因为传统的五德终始说是作为裁判王朝正统的理论基础而存在的,经过宋代儒学复兴的冲击,被宋儒以道德批评的新规则取而代之,就连在理论上支持五运说的程朱一派也不例外,于是五运说就失去了它的存在价值。

不过,在宋代来谈五运说的"终结",还未免为时过早。实际上,宋儒对五运说的质疑和批判,仅仅是少数思想先行者的先知先觉罢了。在宋辽金时代,五德转移的传统观念仍顽固植根于世俗社会中,尚未退出儒家政治文化的主流,从政治舞台到社会意识形态层面,随处可见它的影响。

首先,宋辽金时代的政治家们仍继续热衷于讨论本朝的德运问题,并以之作为阐释政权合法性的首要依据。宋太祖即位大赦诏,开宗明义头一句话就是:"五运推移,上帝于焉眷命;三灵改卜,王者所以膺图。"①并且就在太祖即位的当年,即开始讨论德运问题,有司上言:"国家受禅于周,周木德,木生火,合以火德王,其色尚赤,仍请以戌日为腊。"②于是赵宋王朝便自命为火德。靖康二年(1127),高宗重建南宋政权,"初议年号,黄潜善定为炎兴"③,最后确定为建炎——"炎兴"、"建炎"都是火德中兴的意思。高宗即位改元诏曰:"朕惟火德中微,天命未改,……以靖康

---

① 《宋大诏令集》卷一《太祖即位赦天下制》,北京:中华书局,1962 年,第 1 页。

② 《宋会要辑稿·运历》一之一,第 2128 页上栏。时为建隆元年(960)三月。

③ 《建炎以来系年要录》卷五,建炎元年五月庚寅条,上海:上海古籍出版社,1992 年,第 97 页。

二年五月一日改为建炎元年。"①直到临安城破、南宋亡国之后,益王称帝于福州,所改年号为"景炎",仍然寓意于火德。不仅宋朝如此,先后与两宋相对峙的辽、金王朝,也无不袭取五德终始说以为标榜正统之理据。这个问题我已有专文研究,毋需辞费②。

即便在宋代士大夫阶层中,信仰五运说者也还大有人在。以欧阳修同时代的人为例,与欧公同为宋代古文运动主将的尹洙,在谈及正统问题时发过这样一通议论:"天地有常位,运历有常数,社稷有常主,民人有常奉。故夫王者,位配于天地,数协于运历。"③曾与欧阳修同修《唐书》的张方平,有《南北正闰论》曰:"夫帝王之作也,必膺箓受图,改正易号,定制度以大一统,推历数以叙五运,所以应天休命,与民更始。"④类似这样的传统政治文化观念想必在当时的士大夫阶层中仍十分普遍。据说米芾有一方书画印,印文作"火宋米芾",他还写过一段题识加以解释:"正人端士,名字皆正,至于所纪岁时,亦莫不正。前有'水宋',故以'火宋'别之。"⑤这个故事真实地反映了宋人头脑中根深蒂固的德运观念。

从宋代典籍中可以清楚地看到,五运说在那个时代的知识体系中仍占据相当重要的位置。真宗朝编纂的《册府元龟》是第一

①《宋会要辑稿·礼》五四之一四,第 1579 页下栏。
②参见本书《德运之争与辽金王朝的正统性问题》。
③尹洙:《河南先生文集》卷三《河南府请解投贽南北正统论》,《四部丛刊》本,叶 1a。
④张方平:《乐全集》卷一七,台湾商务印书馆影印文渊阁《四库全书》本,第 1104 册,第 140 页下栏。
⑤李治:《敬斋古今黈》逸文卷二,刘德权点校,北京:中华书局,1995 年,第 171 页。"水宋"指南朝刘宋。

部历史学的百科全书,它堪称五德终始政治学说之历史体系的集大成者,基本上可以代表北宋前期知识界的主流史学观念①。《通志·艺文略》在史部编年类下专门设有一个名为"运历"的小类,又在《图谱略》中设有一个"纪运类",都以收录五运说的著作为主,两者共计著录图书 69 种,而作者大多是唐宋时代人,这表明五德转移说在当时是一种颇为流行的社会思潮。宋庠的《纪年通谱》是宋代广为人知的一部史学工具书,虽然早已不传,但据宋人说,此书"区别正闰"②,"以五德相承"③。其内容自可想见。元祐间,诸葛深所作《绍运图》一书,"自伏羲迄皇朝神庙,五德之传及纪事皆著于篇"④,据说"其书颇行于世俗"⑤,大概是一种畅销民间的通俗读物。宁宗时任职东宫的给事中娄机,专门为太子编写了一部名为《历代帝王总要》的历史知识读本,是书"始自唐虞,以至光宗皇帝……五德之相生,世系之联属,靡不提纲撮要"。⑥ 由于后来五运说的衰微,这些观念落伍的著作都未能保存下来。不过我们今天从南宋末年王应麟所编的蒙学工具书《小学绀珠》以及陈元靓所编的类书《事林广记》中,还能看到将历朝德运作为常

①详见《册府元龟》卷四《帝王部·运历门》及卷一《帝王部·总序》、卷一八二《闰位部·总序》。
②《宋史》卷二八四《宋庠传》,北京:中华书局,1985 年,第 9593 页。
③刘羲仲:《通鉴问疑》,第 2 页。
④衢本《郡斋读书志》卷六杂史类,南京:江苏古籍出版社,1998 年,第 188 页。
⑤《直斋书录解题》卷四编年类,徐小蛮、顾美华点校,上海:上海古籍出版社,1987 年,第 116 页。
⑥楼钥:《攻媿集》卷五三《历代帝王总要序》,《四部丛刊》本,叶 12b。

识来介绍的情形①。

总之,虽然宋代的儒学复兴已经敲响了五德终始说的丧钟,但直到南宋末年,这种传统的政治文化仍然依靠它长期积蓄起来的能量和惯性继续发挥着不可忽视的社会影响。五运说作为一个阐释王朝嬗代的理论体系最终退出政治生活,乃是元朝以后的事情。

二、传统政治文化的嬗变:立足于宋代的考察

五运说在宋代所面临的危机并不是一个孤立的个案,而是中国传统政治文化的一种共同境遇。自秦汉以来,确立皇权合法性和权威性的手段主要有四种,一是符谶,二是德运,三是封禅,四是传国玺②。顾颉刚先生对古代中国人眼中的这套政治把戏有一个风趣而贴切的比喻:"那时人看皇帝是上帝的官吏,符应是上帝给与他的除书,封禅是他上任时发的奏书,五德和三统的改制是上任后的一套排场。"③不妨再加上一句:传国玺是上帝授予他的官印和牌符。值得注意的是,这些传统政治文化在宋代以后都经

---

① 王应麟:《小学绀珠》卷一天道类"五运(五胜)",北京:中华书局影印《津逮秘书》本,1987年,第9页;陈元靓:《事林广记》丙集上卷帝系类《历代帝王传统之图》,北京:中华书局影印元后至元六年郑氏积诚堂刻本,1999年,第61—70页。

② 韩愈《三器论》(《全唐文》卷五五七)以九鼎、明堂、传国玺为世俗观念中的皇(王)权象征,但九鼎和明堂所具有的政治象征意义主要表现在先秦时代,秦汉以后已不再被视为皇权的符号。

③ 顾颉刚:《五德终始说下的政治和历史》,《古史辨》第5册,上海:上海古籍出版社,1982年,第466页。

历了与五德终始说大致相似的变化,循着这一变迁轨迹,可以看出宋元明清时代思想史的基本走向。

（一）宋学对谶纬的扬弃

作为一种政治神学的谶纬形成于西汉中晚期,它与五运说有很深的渊源关系。清高宗认为"五运终始,谶纬所祖"①,刘师培和陈槃先生更是主张谶纬直接出自邹衍一派阴阳家之手②。从清人辑存的七经纬来看,谶纬文献中确实有许多侈谈五德转移的内容,如《尚书》纬中的《帝命验》《运期授》,"明五行相代之期,易姓而兴之理";《礼纬·斗威仪》专讲帝王五德终始之运,以及五行五声与政教相配之说;《春秋元命苞》言五行更王、帝王迭兴之事,等等③。如果要说两者的政治功能有什么不同的话,谶纬可谓是应急的政治神话,而五运说则是以树立王朝正统为目的的政治学说。虽然它们都讲五行更代的道理,但前者的重点是革命有理,后者的重点是皇权合法。

自王莽篡代以后,谶纬成为政治野心家窃国篡权、改朝换代的一种惯技。故曹魏以下历代王朝均禁民间私藏图谶,尤以隋炀

① 见刘统勋等编:《评鉴阐要》卷一,台湾商务印书馆影印文渊阁《四库全书》本,第694册,第429页下栏。张萱《疑耀》卷四"周礼大司乐辩"条及《八旗通志》卷三〇《旗分志》均谓五运之说起于谶纬,则是混淆了二者的源、流关系。
② 参见刘师培:《左盦集》卷三《西汉今文学多采邹衍说考》,《刘师培全集》第3册,北京:中共中央党校出版社,1997年,第31—33页;陈槃:《谶纬溯原》(上),《历史语言研究所集刊》第11本,1943年,第317—335页。
③ 赵在翰辑:《七纬》卷三八"叙录",见《纬书集成》上册,上海:上海古籍出版社据嘉庆十四年小积石山房刊本影印,1994年,第1049页下栏—1050页下栏。

帝的禁令最为严厉。唐朝虽亦明令禁毁图谶,但五经纬和《论语谶》"不在禁限"①,故孔颖达修《五经正义》、李善注《文选》、颜师古注《汉书》、章怀太子注《后汉书》以及《艺文类聚》《初学记》《稽瑞》等类书,都还在大量引用纬书的内容。

经学与纬学的彻底分家是宋代儒学复兴以后的事情。欧阳修《论删去九经正义中谶纬札子》被认为是一篇标志性文献:

> 至唐太宗时,始诏名儒撰定九经之疏,号为正义。……然其所载既博,所择不精,多引谶纬之书以相杂乱,怪奇诡僻,所谓非圣之书,异乎"正义"之名也。臣欲乞特诏名儒学官,悉取九经之疏,删去谶纬之文,使学者不为怪异之言惑乱,然后经义纯一,无所驳杂。②

虽然这一建议当时未见付诸实行,但它清楚表明了宋儒排斥谶纬的决绝态度。哲宗元祐元年(1086),太常博士颜复在讨论历朝祀典时也提出一个类似的主张:"伏乞降诏礼官,考经为正,凡干谶纬及诸儒曲学,前古污朝苟制,诸子疑礼,道士醮祈,术家厌胜,一切删去,然后大小群祀皆合圣人之制。"③孝宗时,礼部侍郎刘章建议删去《三朝国史》中的《符瑞志》④,自然也是为了与谶纬划清界限。直至魏了翁撰《九经要义》,始将谶纬之说删除净尽,从此谶

---

① 《唐律疏议》卷九《职制律》,刘俊文点校,北京:中华书局,1983 年,第196 页。
② 《奏议集》卷一六,《欧阳文忠公文集》卷一一二,叶 12b–13a。
③ 颜复:《上哲宗乞考正历朝之祀》,《宋朝诸臣奏议》卷九一,上海:上海古籍出版社,1999 年,下册,第 991 页。
④ 《宋史》卷三九〇《刘章传》,第 11959 页。

纬文献几近绝迹,纬学最终成为绝学①。元末明初的王祎对谶纬的消亡过程做了一个总结:

> 隋末遣使搜天下书籍,与谶纬相涉者悉焚之,唐以来其学遂熄矣。然考之唐志,犹存九部八十四卷,而孔颖达作九经正义,往往援引纬书之说,宋欧阳公尝欲删而去之以绝伪妄,使学者不为其所乱惑,然后经义纯一。其言不果行。迨鹤山魏氏作《九经要义》,始加黜削,而其言绝焉。②

徐兴无先生认为,谶纬文献由显赫一时而销声匿迹,其主要原因不是历代王朝的禁毁,而是经学自身的扬弃③。从宋儒对谶纬的刻意排斥来看,这一断语可谓切中肯綮。但我以为,谶纬的消亡还有一个重要的历史背景,即与中古时期知识体系的变化有关。在秦汉时代的知识体系中,古代的科学技术如天文历法、算学、地学和物候学、农学等等都被归入数术名下④,数术集科学技术、神

---

① 自北宋《崇文总目》以后的历代官私书目,除《易纬》之外,其他谶纬文献均已不见著录。《易纬》之所以能够幸存下来,主要是因为宋代理学家吸收了它的宇宙论精华。

② 王祎:《王忠文公集》卷二〇《杂著·丛录》,台湾商务印书馆影印文渊阁《四库全书》本,第 1226 册,第 427 页下栏。参见朱彝尊:《经义考》卷二九八《通说四》"说纬",北京:中华书局影印《四部备要》本,1998年,第 1534 页,下栏。

③ 参见徐兴无:《谶纬文献与汉代文化构建》,北京:中华书局,2003 年,第91—93、301 页。

④《汉书·艺文志》按当时的知识体系将所有文献分为六艺、诸子、诗赋、兵书、数术、方技等六大类,其中数术又分天文、历谱、五行、蓍龟、杂占、形法等六个小类,后来产生的谶纬自然也应归于数术类。

学迷信、宗教于一体，故《史记》既有《天官书》《历书》，也有《龟策列传》《日者列传》。唐宋以降，中国人的知识体系发生了重大变化，科学与迷信逐渐分家，于是天文历法、算学、地学、农学等从数术中分化出来，医学、药学以及植物学、动物学、矿物学、化学等从方技中分化出来。此后数术的地位日益低下，只在民间和术士中流传，被视为迷信的渊薮①。故欧阳修《新五代史》取消了自《汉书》以来诸史沿袭的《五行志》，代之以《司天考》，只记天象而不与人事相比附；郑樵《通志》也不立《五行略》《符瑞略》而立《灾祥略》。宋儒对谶纬的扬弃、经学与纬学的分家，就是在知识分化的时代背景下儒学自觉的结果。

（二）封禅之末路

封禅本是战国后期齐国方士创制的一种具有原始宗教性质的祭祀典礼，在秦汉大一统帝国形成以后，它才与受命改制连成一气，成为"一种革命受命的学说"②。应劭的说法可以代表汉人对封禅的理解："王者受命易姓，改制应天，功成封禅，以告天地。"③唐代张说对封禅的政治象征意义有更加详细的阐释："封禅之义有三：一、位当五行图箓之序；二、时会四海升平之运；三、德

---

① 参见李零：《中国方术考》（修订本）绪论，北京：东方出版社，2000 年；刘乐贤：《简帛数术文献探论》，武汉：湖北教育出版社，2003 年，第 3—5 页。
② 此系顾颉刚先生语，见前揭《五德终始说下的政治和历史》，第 466 页。孙广德先生谓封禅当为五德终始说的一个组成部分（见氏著《先秦两汉阴阳五行说的政治思想》，台北商务印书馆，1994 年，第 121 页），此说似乎不妥。
③《风俗通义》山泽第十一"五岳"，《丛书集成初编》影印《两京遗编》本，第242 页。

具钦明文思之美。"①按我的理解,封禅典礼实际上是新兴王朝"奉天承运"的一种文化表征。

自秦至宋千余年间,先后有秦始皇、汉武帝、汉光武帝、唐高宗、武则天、唐玄宗、宋真宗等七位帝王举行过封禅大典②,至于历代议行封禅而因种种原因未遂者还有很多③。照说封禅既是新兴王朝革命受命的学说,那么理当由开国皇帝来举行才对,为何常常并非如此呢?《白虎通义·封禅》说得很清楚:"始受命之时,改制应天;天下太平,功成封禅,以告太平也。"根据张说的说法,封禅的前提除了易姓而王之外,还有"四海升平"一层意思。也就是说,当一个新王朝建立起来,必须等到新的政治秩序业已形成,即天下坐稳了之后,才具备封禅的基本条件。汉武帝、唐高宗和宋真宗的封禅均可如此理解。而武则天以革命封禅,唐玄宗以复辟封禅,也都不违背易姓受命、功成封禅的本义。

宋真宗的天书封禅运动是历史上最后一次封禅盛典。虽然宋人很少有直接针对真宗封禅的批评意见,但从北宋中期儒学复兴运动兴起以后,儒家士大夫便试图从根本上消解被前代视为盛世大典的封禅的政治文化意义。范祖禹在评议唐代封禅时说:"(封禅)实自秦始,古无有也。且三代不封禅而王,秦封禅而亡,人主不法三代而法秦,以为太平盛事,亦已谬矣。……终唐之世,唯柳宗元以封禅为非,以韩愈之贤,犹劝宪宗,则其余无

①张说:《大唐封祀坛颂》,《全唐文》卷二二一,北京:中华书局影印本,1983年,第3册,第2233页下栏—2234页上栏。
②除武则天封禅嵩山外,其余诸帝均按惯例在泰山行封禅礼。
③详见《册府元龟》卷三五至三六《帝王部·封禅门》、秦蕙田《五礼通考》卷四九至五二吉礼"四望山川附封禅"。

足怪也。"①宋儒对封禅的批评,主要理据是"封禅之文不著于经典",叶适直言:"封禅最无据。……至秦始封禅,而汉武因之,皆用方士之说,虚引黄帝而推于神仙变诈,是以淫祀渎天也。"②胡寅更是把封禅与汉唐以来谶纬的流行联系到一起:"汉唐以来,纬书行而经学弛,重以郑玄博闻寡要,不知折衷于圣人,而惟纬书之信。世无达理大儒稽古正言以祛群惑,遂使有天下者于无事时肆其侈心,千乘万骑,巡狩费侈,登山琢石,夸大功德,或有秘祝以祈不死,取笑当代,贻讥后来。"③这些批评透露了宋代儒学觉醒的消息,与宋儒对五运说的抨击、对谶纬的排斥有同样的意味。

宋儒对封禅的批判彻底祛除了这一盛世大典的神圣性,遂使后人不再相信它具有新兴王朝"奉天承运"的象征意义,于是封禅就走到了穷途末路。明清时代,虽也时有臣僚建言封禅,但每次都遭到拒绝。永乐十七年(1419),礼部郎中周讷建请封禅,"上曰:'封禅非古也。帝王之有闻于后者,在其德不在封禅。'不许。……于是言者沮而封禅卒不行"④。康熙二十三年(1684),翰林院编修曹禾以平定三藩及台湾而建请封禅,遭到翰林学士张

---

① 《唐鉴》卷二贞观六年,上海:上海古籍出版社影印上海图书馆藏宋刻本,1984年,第45页。北宋中期士人对封禅的批评,还见于《李觏集》卷二《礼论第七》、孙甫《唐史论断》卷上"封禅不著于经"条。
② 《习学记言序目》卷一九,北京:中华书局,1977年,上册,第272页。
③ 胡寅:《致堂读史管见》卷一二《梁纪》,南京:江苏古籍出版社影印《宛委别藏》本,1988年,第57册,第801页。
④ 王直:《抑庵文集》卷一三《题却封禅颂稿后》,台湾商务印书馆影印文渊阁《四库全书》本,第1241册,第292页下栏—293页上栏。此事始末详见杨士奇《东里文集》卷一二《礼部尚书谥文穆胡公神道碑铭》,北京:中华书局,1998年,第176—178页。

玉书等人的反对,理由是"封禅之说不著于经",于是此事便不再提起①。清高宗在为泰山神庙所撰碑文中,对前代帝王封禅之举表示颇为不屑:"彼登封告成,刻石纪号,金泥玉检,往牒所夸,矫诬侈大之事,繄寡昧所不敢知。"②乾隆五十五年(1790)二月,高宗前往泰山,但不为封禅,为的是"登岳荐馨,为民祈福","非如汉、唐、宋升中之诬,即刻玺亦非供封禅之用也"③。这意味着明清时代的政治家已经完全认同了宋儒对封禅的价值判断。

(三)传国玺的沦落

在传统政治文化中,秦之传国玺被视为正统王朝的一个象征性符号。史载秦始皇以和氏璧(一说蓝田玉)造传国玺,印文八字,曰"受命于天,既寿永昌"。于是"自秦以后,相传以为受命玺。得其玺也,遂传以为真有受命之符;无是玺也,乃至目之为'白板天子'"④。"天下之人,遂以为帝王之统不在于道而在于玺,以玺

---

① 张玉书:《张文贞公集》卷三《停止封禅等议》,《清代诗文集汇编》影印乾隆五十七年松荫堂刻本,上海:上海古籍出版社,2010 年,第 415 页上栏。此事始末详见孔毓圻《幸鲁盛典》卷二。
② 清高宗:《御制文初集》卷一六《重建泰山神庙碑文》,台湾商务印书馆影印文渊阁《四库全书》本,第 1301 册,第 143 页上栏。
③ 清高宗:《御制诗五集》卷五一《八徵耄念之宝联句》"苍帝发生山蓰莅"句小注,台湾商务印书馆影印文渊阁《四库全书》本,第 1310 册,第 457 页上栏。
④ 丘濬:《大学衍义补》卷九〇"治国平天下之要",台湾商务印书馆影印文渊阁《四库全书》本,第 713 册,第 54 页下栏。按晋末永嘉之乱,秦玺没于匈奴刘汉,东晋南渡之初,因无秦玺,故"北方人呼晋家为白板天子"(见《南齐书》卷一七《舆服志》,北京:中华书局,1972 年,第 343 页)。

之得失为天命之绝续,或以之纪年,或假之建号。"①历代正统之争,传国玺往往是焦点所在,因为德运毕竟是一个抽象的意念,它需要一种物化的信据来加以证明。

这种政治文化传统一直延续到宋代。哲宗绍圣五年(1098),咸阳民段义以所获玉玺上之于朝,遂诏翰林院、御史台、礼部、秘书省集议以闻,皆以为"是汉以前传国之宝",于是哲宗"择日祗受",并改元为元符②。不过许多宋代士人并不相信这一神话,李心传、赵彦卫等人都认为,真正的秦玺早已毁于汉末董卓之乱③。明人的批评更是一针见血:"是又作天书之故智也!天书号年为祥符,秦玺号年为元符。既绍述其乃考神宗之法,又绍述其乃高考真宗之符,不亦异哉。"④

虽然宋代政治家还在继续玩弄这套传统的政治把戏,但那个时代的知识精英已经走出了传国玺的政治迷信。刘恕曾向司马光坦陈他的观点:"正统之论兴于汉儒,推五行相生、指玺绂相传以为正统。是神器大宝,必当扼喉而夺之,则乱臣贼子,释然得行

①郝经:《传国玺论》,《陵川集》卷一九,台湾商务印书馆影印文渊阁《四库全书》本,第1192册,第212页下栏。
②见《续资治通鉴长编》卷四九六元符元年三月乙丑条,北京:中华书局,2004年,第11794页。卷四九八元符元年五月戊申、丙寅条,第11840—11841页,第11855—11856页。当时拟议的年号还有真符、宝符等,皆因此传国玺而得名。
③见李心传:《建炎以来朝野杂记》乙集卷五"制作·宝玺",徐规点校,北京:中华书局,2000年,第581—584页;赵彦卫:《云麓漫钞》卷一五,傅根清点校,北京:中华书局,1996年,第263页。
④刘定之:《玺辩》,载唐顺之编《稗编》卷三五《礼十三》"器服",台湾商务印书馆影印文渊阁《四库全书》本,第953册,第682页下栏。

其志矣。"①刘恕对传国玺的否定是彻底的,他不是指责秦玺的不可信,而是根本就不承认秦玺的价值,不认同神化秦玺的那种正统观念。胡寅也说:"使秦善也,而玺无所本,固不当法;使秦不善也,而玺虽美,击而破之为宜,又何足传也。"②宋儒对传国玺的彻底否定,使它不再被人们视为一个政治文化符号,从而决定了它走向沦落的宿命。

不过,元代还发生过一桩与秦玺有关的政治事件。至元三十一年(1294)世祖忽必烈死后,宗室诸王会集上都,议立新君。当时皇位的主要争夺者是真金长子晋王甘麻剌和三子铁穆耳,由于兄弟二人势均力敌,历经三个多月仍无法确定皇位继承人。就在这一关键时刻,御史中丞崔彧将一枚据说是得自木华黎后人家中的传国玺献给铁穆耳的生母皇太妃,铁穆耳最终在重臣伯颜和玉昔帖木儿的支持下得以继位,是为成宗③。此事虽拿秦玺做文章,但与前代的情况已有所不同,应视为一个特例。其实元朝并不看重传国玺,郝经说:"近世金亡而获秦玺,以为亡国不祥之物,委而置之,不以为宝。"④可以为证。崔彧献秦玺,分明是临时应急之举,当时翰林学士承旨董文用的一番话说得相当露骨:"斯玺也,自秦迄今千六百余载,中间显晦,固为不常。今者方皇太孙嗣服之际,弗先弗后,适当其时而出,此最可重者。"⑤可见这秦玺是怎

---

① 刘羲仲:《通鉴问疑》,第 1 页。
② 胡寅:《致堂读史管见》卷一四《梁纪》,《宛委别藏》本,第 57 册,第 903 页。
③ 见《辍耕录》卷二六"传国玺"、《元史》卷一二二《按扎儿传》。
④ 郝经:《传国玺论》,《陵川集》卷一九,第 213 页下栏。
⑤ 王恽:《传国玉玺记》,《秋涧先生大全文集》卷四〇,《四部丛刊》本,叶 1b。

么回事儿了。此事充其量可以说明当时传国玺在世俗观念中仍有一定影响。

到了明清时代，虽然还时有"秦玺"复出的消息，但却再也不会有人信以为真或以假当真了，这说明传国玺已不具有任何政治号召力。弘治十三年（1500），陕西鄠县民毛志学获玉玺于泥水之滨，"陕西巡抚熊翀以为秦玺复出，遣人献之。礼部尚书傅瀚言：'窃惟玺之用，以识文书、防诈伪，非以为宝玩也。自秦始皇得蓝田玉以为玺，汉以后传用之。自是巧争力取，谓得此乃足以受命，而不知受命以德不以玺也。故求之不得，则伪造以欺人；得之，则君臣色喜，以夸示于天下。是皆贻笑千载。……'帝从其言，却而不用"①。还有一次是在天启四年（1624），"临漳民耕地漳滨，得玉玺"，印文与秦玺同，河南巡抚程绍奏闻于朝："秦玺不足征久矣。今玺出，适在臣疆，既不当复埋地下，又不合私秘人间。欲遣官恭进阙廷，迹涉贡媚。且至尊所宝，在德不在玺。故先驰奏闻，候命进止。"②此事后来没有下文，大概是不了了之了。

清高宗写过一篇《国朝传宝记》，最能反映明清时代政治家对传国玺的真实心态：

> 若论宝，无问非秦玺，即真秦玺亦何足贵！乾隆三年高斌督河时，奏进属员浚宝应河所得玉玺，古泽可爱，文与《辍耕录》载蔡仲平本颇合。朕谓此好事者仿刻所为，贮之别殿，

---

① 《明史》卷六八《舆服志四》，北京：中华书局，1974年，第1658页。参见王鏊《震泽集》卷二五《礼部尚书傅公行状》）。
② 《明史》卷二四二《程绍传》，第6283页。此事原委详见《徐氏笔精》卷八"玉玺图说"。

视为玩好旧器而已。夫秦玺煨烬，古人论之详矣，即使尚存，
（嬴）政、（李）斯之物，何得与本朝传宝同贮。……朕尝论
之，君人者在德不在宝。宝虽重，一器耳；明等威、征信守，与
车旗章服何异。德之不足，则山河之险、土宇之富，拱手而授
之他人，未有徒恃此区区尺璧足以自固者。[1]

按《辍耕录》卷二六据薛尚功《历代钟鼎彝器款识法帖》转载传世
秦玺印文摹本两种，一为向巨源本，一为蔡仲平本。乾隆三年所
获"秦玺"，即与蔡仲平本相同，但却被高宗指为"好事者仿刻所
为"。我们看到，明清时代政治家对传国玺的批判，是基于一种共
同的价值取向，傅瀚宣称"受命以德不以玺"，程绍谓"至尊所宝，
在德不在玺"，高宗说"君人者在德不在宝"，都表达了强烈的道德
诉求，他们所张扬的价值观念与宋代士人可说是一脉相承的，这
足以解释为何传国玺在宋代以后日益受到人们的冷落。

　　从五运说到谶纬、封禅和传国玺，向我们清晰地展示了宋代
以降中国传统政治文化的变迁轨迹。上文揭示的事实表明，宋代
是所有这些变化的源头，它处在新旧两个时代的交汇点上。一方
面，传统政治文化秩序在宋代仍然继续存在：两宋的政治家们始
终没有放弃"宋以火德王"的正统论，真宗还在举行封禅大典，哲
宗还在因为发现"秦玺"而改元更号，在《宋史·五行志》里仍旧
可以看到许多有关火德的谶语。而另一方面，宋代的知识精英对
传统政治文化进行了彻底的清算，从学理上消解它们的价值，从
思想上清除它们的影响。虽然欧阳修们的政治伦理观念在宋代

---

[1] 清高宗：《御制文初集》卷四，台湾商务印书馆影印文渊阁《四库全书》
　　本，第1301册，第49页下栏。

是高调的、前卫的,但到元明清时代就变成了普世的价值观。这就类似于葛兆光先生所说的从唐宋时代知识精英的创造性思想到明代逐步完成制度化、世俗化、常识化的过程①。经过宋代士人的解构和建构,最终使得传统政治文化在宋代以后陷入全面崩溃的境地:五德终始说的时代结束了,经学与纬学彻底分家了,封禅大典不再举行,传国玺的神话也不再有人相信。

宫崎市定先生曾经提出,在 11 世纪的北宋中叶发生过一场东洋的文艺复兴运动,其主要表现是:哲学上的儒学复兴,文学上的古文运动,印刷术的普及,科学的发达,艺术的繁荣;并力图证明东洋的文艺复兴对欧洲的文艺复兴产生了不可忽视的重要影响②。此说发表后并未引起预期的积极回应,刘子健先生对这类"将欧洲历史当作度量衡"的东洋史观颇不以为然③。诚然,在比附欧洲历史发展进程的思维模式下,将宋代中国所发生的变化称之为文艺复兴,这或许并不十分恰当;但我们仍然要佩服宫崎氏的洞察力,他向我们指出了 11 世纪对于理解中国中古社会转型期的特殊意义,并启发我们去思考,在这个时代究竟发生了什么非同寻常的变化? 如上所述,中国传统政治文化的重大变革起于宋代,如果要为它找出一个比较明确的开端,几乎所有的线索都

①参见葛兆光:《"唐宋"抑或"宋明"——文化史和思想史研究视域变化的意义》,《历史研究》2004 年第 1 期。

②宫崎市定:《东洋的文艺复兴和西洋的文艺复兴》,连载于《史林》25 卷 4 号(1940 年 10 月)、26 卷 1 号(1941 年 2 月),汉译文见中国科学院历史研究所翻译组编译《宫崎市定论文选集》下册,北京:商务印书馆,1963 年;《东洋的近世》,黄约瑟汉译,收入《日本学者研究中国史论著选译》第 1 卷,北京:中华书局,1992 年。

③参看刘子健:《中国转向内在——两宋之际的文化内向》序言,赵冬梅译,南京:江苏人民出版社,2002 年。

指向 11 世纪的北宋中叶:欧阳修对五运说的批判,宋学对谶纬的排斥,封禅的意义受到质疑,传国玺的价值遭到否定——这一切都发端于北宋中期。因此我们有理由认为,11 世纪的北宋中叶发生了一场思想启蒙运动,这是宋代儒学复兴、理性昌明的结果①。立足于宋代来看,要说它是一场"运动",似乎理由并不那么充足,但如果从元明清反观宋代,这场思想启蒙运动的脉络清晰可见,它最终颠覆了自秦汉大一统帝国形成以来延续千余年的传统政治文化秩序。

对于宋代以降中国历史的基本走向,前人早就有所认识。明人陈邦瞻《宋史纪事本末叙》有一段精辟的分析:"宇宙风气,其变之大者有三:鸿荒一变而为唐虞,以至于周,七国为极;再变而为汉,以至于唐,五季为极;宋其三变,而吾未睹其极也。……今国家之制,民间之俗,官司之所行,儒者之所守,有一不与宋近者乎?"②严复也有类似的看法:"若研究人心政俗之变,则赵宋一代历史最宜究心。中国所以成于今日现象者,为善为恶,姑不具论,而为宋人之所造就什八九,可断言也。"③按照他们的说法,元代以后中国历史的基本面貌是由宋代所决定的,唐、宋分属于两个时代,而宋元明清则同属一脉相承的一个历史单元。从传统政治文化的变迁来看,这种看法确实很有见地。中外学界关于唐宋变革的争论已经持续了近一个世纪,以往的讨论所关注的焦点主要是

---

① 关于宋代儒学复兴对于思想解放的一般性意义,可参看刘复生:《北宋中期儒学复兴运动》,台北:文津出版社,1991 年。
② 见陈邦瞻:《宋史纪事本末》附录一,北京:中华书局点校本,1977 年,第 3 册,第 1191 页。
③ 严复:《与熊纯如书》之五二,作于 1917 年。见《严复集》第 3 册,第 668 页,北京:中华书局,1986 年。

社会结构的变迁和经济关系的重塑,而对于政治伦理观念的变化则注意不多,本文的研究或许可以为此提供一个新的思路。

三、五运说之余绪

五德终始说的时代随着南宋的灭亡而结束了,但五运说的影响仍长期存在,有时甚至还在政治上发挥某种作用。蒙元时期,虽屡有汉人建言德运问题,但都未被采纳。最早提出这个问题的是郝经,他在《删注刑统赋序》中说:"国家今地过于金,而民物繁夥,龙飞凤舞,殆四十年,改正朔、易服色、修制度之事,谦让未遑。虽然,必欲致治,创法立制,其先务也。"①此文大约作于宪宗三年(1253),虽然当时蒙古尚未正式行用汉法,但郝经已将确定德运视为当务之急。世祖忽必烈即位后,时任翰林修撰的王恽正式上疏建请讨论本朝德运:

> 盖闻自古有天下之君,莫不应天革命,推论五运,以明肇造之始。……据亡金泰和初德运已定,腊名服色因之一新。今国家奄有区夏六十余载,而德运之事未尝议及,其于大一统之道似为阙然。……合无奏闻,令中书省与元老大臣及在廷儒者推论讲究而详定之。②

这项建议没有得到任何回应。蒙元一代汉化程度不高,以蒙古统

①郝经:《陵川集》卷三〇,第 332 页上栏。
②王恽:《请论定德运状》,《秋涧先生大全文集》卷八五,叶 4a。

治者的汉学知识，怕是很难理解王恽所说的"德运"究竟是什么意思①。

成宗即位之初，有"南人洪幼学上封事，妄言五运，笞而遣之"②。洪氏其人无可考，方回《桐江续集》卷十八有《送临安洪行之幼学次鲜于伯几韵》一首，仅知洪幼学字行之，临安人。洪氏之所以被笞，大概是被蒙古统治者当作妄言阴阳谶纬的术士了。元朝一向严禁谶纬，至元十年（1273）正月己未，禁"阴阳图谶等书"；二十一年五月，"括天下私藏天文图谶……有私习及收匿者罪之"③。汉学知识浅薄的蒙古统治者，可能不明白五运说与谶纬有什么区别，对南人拿这种阴阳五行的说法来附会本朝历史自然很反感，所以会有如此激烈的反映。又据元人刘壎说，"元贞新政，有北士吴助教陈《定本十六策》"，其中一策略谓"汉以火，唐以土，此德运之重事，先儒有相生相胜之评"云云，显然也是在建言德运问题。此吴助教者，其名不可考，"或云此人撰成此书，不曾

---

① 关于王恽建言德运事，有一个误解需要澄清。王恽《论服色尚白事状》云："国朝服色尚白，今后合无令百司品官如遇天寿节及圆坐厅事公会、迎拜宣诏所衣裘服，一色皓白为正服。布告中外，使为定制。"（《秋涧先生大全文集》卷八六《乌台笔补》，叶 20a）陈学霖先生据此认为，王恽主张蒙元德运应为金德，色尚白，以承继金朝之土德（《大宋"国号"与"德运"论辩述义》，载氏著《宋史论集》，第 38 页）。按王恽所谓"国朝服色尚白"，是指蒙古旧俗而言，与德运并无关系。宋子贞《中书令耶律公神道碑》谓太宗窝阔台即位时，"诸国来朝者多以冒禁应死，公言：'陛下新登宝位，愿无污白道子。'从之。盖国俗尚白，以白为吉故也"（《国朝文类》卷五七，《四部丛刊初编》本，叶 12b；此事亦见《辍耕录》卷一"白道子"条，北京：中华书局，1959 年，第 18 页）。
② 《元史》卷一八《成宗纪》，元贞元年闰四月庚申，第 393 页。
③ 见《元史》卷八、卷一三《世祖纪》，第 147、266 页。

投献而没",所以几乎没有什么影响①。

终蒙元之世,始终未曾正式讨论过本朝的德运问题,然而明人却有元朝水德之说,何乔新《跋闽人余应诗》曰:"此诗叙元顺帝为瀛国公之子,乃闽儒余应所作也。其诗有'壬癸枯干丙丁发'之句,盖壬癸为水,丙丁为火,元以水德王而宋以火德王也。"②明人盛传元顺帝实为南宋末代皇帝瀛国公(即宋恭帝)之子,此诗曰"壬癸枯干丙丁发",意谓水德尽而火德兴也。又据何乔新说:"故老相传,(元)世祖取江南之时,有水竭火生之谣,盖元以水德王,宋以火德王,是则继奇渥温氏起者,实赵氏之遗胤也。"③由此可知,元朝水德说应是当时民间流行的一种说法。此说大概最初出自南宋遗民之口,它是以民间通行的五德相胜说为前提的,无非是因为宋为火德而径直推定元为水德罢了,这与传统的五德终始政治学说已相去甚远。

元朝之所以不再讲求德运,最根本的原因还在于,经过宋儒的思想启蒙之后,人们已经失去了对于五运说的虔诚信仰。元代围绕着宋辽金三史的纂修义例问题而展开的正统之辨,主要有以修端为代表的南北朝说,受到宰相脱脱支持的"三国各与正统"说,王祎提出的绝统说,以及大多数汉族士人所主张的独尊宋统说,而所有这些观点都不是在五运说的理论框架内来讨论正统问题的。按南北朝说和"三国各与正统"说,天下可以同时有不止一个正统王朝,绝统说认为正统可以不是连续的,独尊宋统说也只

①刘壎:《隐居通议》卷三一"元贞陈言",《丛书集成初编》本,据《读书斋丛书》本排印,第 325 页。
②何乔新:《椒丘文集》卷一八,台湾商务印书馆影印文渊阁《四库全书》本,第 1249 册,第 291 页下栏。
③何乔新:《椒丘文集》卷八"史论",第 134 页上栏。

是从华夷正闰的角度立论,完全不涉及德运的问题。以力主独尊宋统而著称的杨维桢《正统辨》,最后还特别申明说:"若其推子午卯酉及五运之王以分正闰之说者,此日家小技之论,君子不取也,吾无以为论。"[1]元朝为何不讲究德运,由此可以获得一个明确的答案。

尽管元朝不取五运说,但传统的德运观念却在元末农民战争中被当作一种思想武器充分地加以利用。红巾军的反元斗争,从一开始就打出了复宋的旗号,韩山童自称是宋徽宗八世孙,韩林儿和徐寿辉所建立的农民政权,国号均为"大宋"[2]。既以复宋相号召,而宋为火德,火德尚赤,于是红色就成了反元武装最鲜明的标帜。刘福通起事,即"以红巾为号"[3]。据朱元璋描述说,红巾军初起之时,到处都是"巾衣皆绛,赤帜蔽野"的景象[4]。故元末农民军被通称为红军,亦称红巾军。刘辰《国初事迹》明确地将红巾军尚赤与火德联系到一起:"太祖以火德王,色尚赤,将士战袄、战裙、壮帽、旗帜皆用红色。"[5]考虑到刘辰在元末身为朱元璋的幕

---

[1]《辍耕录》卷三,第38页。

[2]徐寿辉的国号,传世文献均记为"天完",过去学者们对这个不伦不类的国号曾提出过各种猜测性的解释。据1982年重庆明玉珍墓出土的《玄宫之碑》,知其国号实为"大宋"。研究者认为,因朱元璋以韩林儿宋政权的继承者自居,自诩为反元红巾军的正统,故在明朝建国后将徐寿辉的"大宋"国号窜改为"天完"。参见胡人朝《重庆明玉珍墓出土〈玄宫之碑〉》(《考古与文物》1984年第4期)、刘孔伏等《谈元末徐寿辉农民政权的年号和国号》(《学术月刊》1984年第5期)。

[3]《元史》卷四二《顺帝纪五》,至正十一年五月,第891页。

[4]朱元璋:《纪梦》,《全明文》卷一二,上海:上海古籍出版社,1992年,第1册,第178页。

[5]刘辰:《国初事迹》,《国朝典故》卷四,北京:北京大学出版社,1993年,上册,第84页。

僚,他的记载理应可信。不过,对红巾军的色尚问题还有另外一种解释。吴晗先生认为,韩山童、韩林儿父子的"明王"之号以及朱元璋的大明国号,均出自明教经典《大小明王出世经》,这是因为宋元时代明教(摩尼教)久已与白莲教相混同,而红巾军的尚赤亦与他们信奉明教有关[1]。这种观点如今已被证明是错误的,杨讷先生指出,元代白莲教与明教互不相涉,元末农民军的领袖都是白莲教徒,"明王"之号及大明国号均出自白莲教徒诵读的《大阿弥陀经》[2]。这说明以明教来解释红巾军的尚赤是不可取的。况且白莲社和明尊教(即明教)在洪武三年已被明令禁止[3],而此后明朝依然尚赤如故,可见红巾军的色尚确实无关于宗教信仰。

所谓"太祖以火德王",一般认为这只不过是朱元璋在反元斗争中所采取的一个政治策略而已,其目的是以复宋为号召,故宣称继承宋之火德;而当朱元璋建立明朝以后,毋需继续坚持火德之说,于是明朝一代也就不再讲求德运,五运说最终丧失了其政治功能[4]。

然而历史并非如此简单。明朝究竟有无德运之说? 迄今为止还无人做过深入的探讨。虽然我们承认,作为一种支配性的正统理论,五德终始说的时代早已结束,但确有大量史料表明,明朝人仍在继续讲求德运。明代前期,人们普遍认为朱明王朝运当火

①吴晗:《明教与大明帝国》,原载《清华学报》13卷1期,1941年4月;收入《吴晗史学论著选集》第2卷,北京:人民出版社,1986年。
②杨讷:《元代的白莲教》,《元史论丛》第2辑,北京:中华书局,1983年。
③《太祖实录》卷五三洪武三年六月甲子,《明实录》第2册,第1037页。
④参见前揭陈学霖:《大宋"国号"与"德运"论辩述义》,载氏著《宋史论集》,第48页;刘复生:《宋代"火运"论略——兼谈"五德转移"政治学说的终结》,第104页。

德,从官方文献到私人著述,都不乏这方面的记载。洪武三年（1370）,"诏考历代服色所尚。礼部奏言:'历代异尚。夏尚黑,商尚白,周尚赤,秦尚黑,汉尚赤,唐服饰尚黄,旗帜尚赤,宋亦尚赤。今国家承元之后,取法周、汉、唐、宋以为治,服色所尚,于赤为宜。'上从之"①。如果说这条史料毕竟还没有点出"火德"二字的话,不妨再举出一个更明确的证据。明初礼官议乐律,谓周以木德王天下,木克于金,"故《周官》旋宫之乐……未尝及商者,避其所剋而已",而"宋祐享之乐亦去商,是不知去商者周人之制而已,以周人之制推之,则宋以火德王天下,论避其所剋,当去羽音,而太常用乐不审诗羽而审诗商,盖失古人之旨远矣。今国朝以火德王天下,与宋同避其所剋,则亦当去羽"②。按阴阳五行说,五行配五音,土为宫音,金为商音,木为角音,火为徵音,水为羽音。周为木德,金克木,故当避与金德相配的商音;宋为火德,水克火,故当避与水德相配的羽音;明朝亦为火德,故亦当去羽音。又明初"命儒臣重制九奏侑食乐章",其一为《炎精开运》之曲,谓"炎精开运,笃生圣皇"云云③,"炎精"显然是代指火德。洪武七年,太祖在致北元君主的信中声称"今我朝炎运方兴",也是以火德自居④。另外,在当时一般士人的意识中,也大都认同朱明火德之说。洪武间,殷奎替甘肃总兵代拟的贺圣节表,有曰:"以火德王天下,交

<hr>

① 《太祖实录》卷五二洪武三年五月辛亥,《明实录》第 2 册,第 1026 页。

② 徐一夔等:《大明集礼》卷四八《乐·钟律篇》"火德去羽"条,《域外汉籍珍本文库》第三辑影印明嘉靖九年序经厂刻本,重庆:西南师范大学出版社,2012 年,史部第 28 册,第 425 页上栏—下栏。此书系奉敕所修,成书于洪武三年九月。

③ 《太祖实录》卷一四一洪武十五年正月辛巳,《明实录》第 4 册,第 2219 页。

④ 朱元璋:《与元幼主书》,《全明文》卷五,第 1 册,第 54 页。

龙开受命之符；生圣人主中原，夹马纪发祥之迹。"①正统末，英宗北狩，"阴遣使谕镇守太监裴富"，裴富请占吉凶于卜者全寅，全寅说："庚午中秋，车驾其还乎？……计七八年当必复辟。午，火德之王也。"②全寅谓午为"火德之王"，并据此推断英宗将会复辟，这也反映了明朝火德的观念。

除了火德说之外，明朝中后期又出现了土德一说。万历间，张养蒙撰《五德之运考》，谓"我朝受命，有谓其尚火德，有谓其尚土德，纷纷无定"③。据我估计，土德说大概出现于弘治以后。罗玘《送益国长史胡君之国序》云："今天子建亲藩，首兴，次岐，又次亦以益鸣其国。封子建昌，于天文其次鹑尾。鹑尾，火位也；火，土母也。国家以土德王，兹封也而冠以兹名也，得无意乎？"④罗玘为弘治进士，官至南京吏部右侍郎，正德七年（1512）致仕⑤。这是我看到的有关明朝土德说的最早记载。

那么，明朝人所标榜的德运究竟意味着什么？它与元朝以前的五运说又有什么本质的不同呢？实际上，明朝建国以后从未正式讨论过德运问题，所谓的火德，不过是沿袭朱元璋在元末红巾军时代的成说，而这种说法与五德转移的基本理念是完全不相容的：五运说讲究五德相生，五行代替，岂有后代袭用前朝德

①殷奎：《强斋集》卷五《圣节表》，台湾商务印书馆影印文渊阁《四库全书》本，第 1232 册，第 452 页上栏。
②谷应泰：《明史纪事本末》卷三五"南宫复辟"，北京：中华书局点校本，1977 年。
③张养蒙：《五德之运考》，《明文海》卷一二〇，第 1199 页上栏。
④罗玘：《圭峰集》卷六，台湾商务印书馆影印文渊阁《四库全书》本，第 1259 册，第 89 页上栏—下栏。
⑤参见《明史》卷二八六《罗玘传》。

运的道理？① 也许正是因为这个原因，明朝中期以后才有人提出土德一说，大概是主张以朱明之土德上承赵宋之火德，而将元朝列入闰位。但火德、土德两说相持不下，终无一定之论。这说明德运的确定在明朝已不再是关乎王朝正统的头等大事，不再是一种郑重庄严的国家行为，火德也好，土德也罢，都只是朝野间流行的某些非正式的说法而已。难怪就连清人似乎都不知道明朝还有德运之说，《古今图书集成》考述历代德运，至金而止②；清代的两种蒙学读物《群书纪数略》和《幼学歌》将历代王朝德运作为文化史知识来介绍，其下限均讫于宋③。总之，明朝人所讲求的德运，充其量不过是传统五运说的一种残余影响。

五运说最后一次被利用来为政治服务，大概是在明末农民战争中。李自成建立的大顺政权自称以水德王，据赵士锦《甲申纪事》说："贼云以水德王，衣服尚蓝，故军中俱穿蓝，官帽亦用蓝。"④赵士锦是大顺军攻占北京后留用的旧明官员，此记载当得自其耳闻目睹。刘尚友《定思小纪》也说："贼虽未即僭位，然明代官制大半更单……服色尚深蓝、文官拜武将之类，俱刊定成册，以

---

① 黄瑜《双槐岁钞》卷一"圣瑞火德"条（《丛书集成初编》本，第1—2页）专门论证朱明火德的各种符瑞，却只字不提运当火德的道理何在，不解释德运如何转移的问题，可见明朝人的火德说是经不起考究的一笔糊涂账。

② 《古今图书集成》明伦汇编皇极典卷一七〇"帝运部汇考"，北京：中华书局、成都：巴蜀书社影印本，1985年。

③ 宫梦仁：《读书纪数略》卷一天部理气类"五运五胜"条，台湾商务印书馆影印文渊阁《四库全书》本，第1033册，第16页上栏；王用臣：《幼学歌》续编天文门"五运五胜"条，光绪十一年自刊本，叶2b。

④ 赵士锦：《甲申纪事》，见《甲申纪事（外三种）》，北京：中华书局，1959年，第16页。这条史料承张帆先生提示。

候颁行。"①李自成为何号称水德？显然是因为一般人多以明朝为火德，故取以水克火之意，其直接的理论依据是民间通行的五德相胜说。不过按传统的说法，水德理应尚黑，李自成改为尚蓝，则又有所变通。

自明清鼎革之后，五运说的影响愈益衰微。清朝一代，再未见到讲求德运的记载②。关于清朝统治者对五德终始说的态度，从高宗作于乾隆三十八年（1773）的《题大金德运图说》诗序中看得最是清楚：

> 五德之运，说本无稽。……自汉儒始言五德迭王，遂推三皇五帝各有所尚，后更流为谶纬，抑又惑之甚矣。夫一代之兴，皆由积德累仁，岂遂五行之生剋？而服御所尚，自当以黄为正，余非所宜。元、明制度尚黄，不侈陈五德之王，其义甚正。本朝因之，足破汉魏以后之陋说。③

《大金德运图说》是仅存的一部有关五运说的著作，高宗以为此书题诗为由，与这种传统政治文化进行了最后的决裂。其立场之坚

---

① 刘尚友：《定思小纪》，见《甲申核真略（外二种）》，杭州：浙江古籍出版社，1985 年，第 73 页。
② 旧说有谓大清国号取以水克火之意者，按大清国号之本意，清代档案、史籍均无解释，故后人有各种臆测，但都不足为据。参见市村瓒次郎：《清朝国号考》，《支那史研究》，东京：春秋社，1943 年；松村润：《大清国号考》，《清史国际学术讨论会论文集》，沈阳：辽宁人民出版社，1990 年。
③ 清高宗：《御制诗四集》卷一四，台湾商务印书馆影印文渊阁《四库全书》本，第 1307 册，第 483 页。

定,态度之鲜明,足以使我们相信清朝不会再有讲求德运的可能。如果说宋儒是五德终始说的掘墓人,那么不妨说是清高宗宣告了它的最终消亡。

原载《中国社会科学》2006 年第 2 期

【未及补入正文之笔记】

第二节最后一段尚需修改;

《御批通鉴辑览》卷一一"秦定为水德事"乾隆批语否定五德终始说。

德运之争与辽金王朝的正统性问题

自秦汉大一统王朝形成以后,正统问题便成为中国传统政治学说中的一个永恒话题。一百年前,梁启超在《新史学·论正统》中总结出历代正统之辨的六项标准,其中之一是"以中国种族为正,而其余为伪也"①。辽、金王朝的正统性之争,自始就是与种族问题纠缠在一起的,它从一个侧面彰显了近千年来华夷观念的演变轨迹。

一、契丹王朝之正统论与德运说

辽朝虽然始终坚持草原本位,但自从燕云十六州汉地入辽后,文化的融合已是大势所趋。契丹人对汉文化的认同,一个明显的标志便是华夏正统观念的形成②。辽代前期,契丹人以"蕃"

①《饮冰室文集》第 3 集,昆明:云南教育出版社,2001 年,第 1640 页。
②关于辽朝华、夷观念的演变过程,请参见宋德金:《辽朝正统观念的形成与发展》,《传统文化与现代化》1996 年第 1 期;郭康松:《辽朝夷夏观的演变》,《中国史研究》2001 年第 2 期。

自居,自外于"中国"。辽朝人中国意识的觉醒,大致是兴宗以后的事情。自重熙年间起,辽朝开始以北朝自称。重熙二十一年(1052)遣使于宋,"其国书始去国号,而称南、北朝"①。道宗大康七年(1081)《萧孝恭墓志》,首行称"北朝大辽国……萧孝恭墓志铭"②。辽代中晚期石刻中,常见"南瞻部州大契丹国"③或"南赡部州大辽国"④的说法。按照佛教的地理概念,中国属于四大部洲中的南赡(瞻)部洲,郑樵说:"释氏谓华夏为南赡部洲。"⑤唐宋石刻中以南赡部洲指称中原王朝的例子比比皆是。辽人既自称为南赡部洲,则是自比于华夏之邦。辽道宗的言行最足以说明契丹统治者从"夷"到"华"的文化立场的转变。道宗曾作有一首《君臣同志华夷同风诗》⑥。《松漠记闻》卷上记述的一个故事更是常为人们津津乐道:"大辽道宗朝,有汉人讲《论语》……至'夷狄之有君',疾读不敢讲。则曰:'上世獯鬻、猃狁,荡无礼法,故谓之夷。吾修文物彬彬,不异中华,何嫌之有!'卒令讲之。"这实际上

---

① 《续资治通鉴长编》卷一七二仁宗皇祐四年四月丙戌条,北京:中华书局,2004 年,第 4141 页。

② 盖之庸编著:《内蒙古辽代石刻文研究》,呼和浩特:内蒙古大学出版社,2002 年,第 250 页。又契丹小字《耶律仁先墓志》也称宋、辽为南、北朝,即实先生认为在契丹语中"南"亦有"下"之意,见氏著《谜林问径——契丹小字解读新程》,沈阳:辽宁民族出版社,1996 年,第 233 页。

③ 重熙四年《张哥墓志》、重熙十三年《沈阳无垢净光舍利塔石函记》、重熙十四年《沈州卓望山无垢净光塔石棺记》,分见《辽代石刻文编》(石家庄:河北教育出版社,1995 年),第 200、237、239 页。

④ 大安五年《萧孝忠墓志》、乾统七年《释迦佛舍利生天塔石匣记》,分见《辽代石刻文编》,第 416、580 页。

⑤ 《通志》卷三八《天文略一》,北京:中华书局,1987 年,第 528 页中栏。

⑥ 《辽史》卷二一《道宗纪》,清宁三年八月辛亥,北京:中华书局,2003 年,第 255 页。

就是金、元时代人所竭力张扬的"中国而用夷礼则夷之,夷而进于中国则中国之"的华夷观念①。契丹人传统的青牛白马故事反映了本民族根的意识,而道宗末年修成的耶律俨《皇朝实录》却"称辽为轩辕后"②,无疑是对华夏文化的明确认同。

五德转移说是华夏正统观的核心因子,辽朝的德运观念是一个值得深入探讨的问题。咸雍元年(1065)《耶律宗允墓志》云:"我国家荷三神之顾諟,乘五运之灵长。"③但今存辽代文献中并没有关于本朝德运的任何记载。金章宗泰和间讨论德运问题时,秘书郎吕贞幹等人有"辽以水为德"之说④,这是目前辽、宋、金文献中有关辽朝德运的唯一明确的信息。冯家昇先生认为:"金章宗去辽未远,吕贞幹所云'辽以水为德',必甚可靠。"⑤除此之外,清代学者还曾举出一个新的论据,道光四年殿本《辽史》在卷五三《礼志》"腊辰日"条下有一段考证文字说:"按《五德运补》曰:'辽以水德王。'又按《魏台访议》曰:'王者各以其行,盛日为祖,衰日为腊。水盛于子,终于辰,故水行之君,以子祖辰腊。'按本《志》以辰为腊,可见辽用水德。"《五德运补》一书未见著录,估计是明朝人的著述,其"辽以水德王"的说法亦当源自《大金德运图说》。问题是"腊辰日"的记载是否能够证明辽为水德说?《辽史》卷五

① 见赵秉文《闲闲老人滏水文集》卷一四《蜀汉正名论》,《丛书集成初编》本据《畿辅丛书》本排印,第 196 页;杨奂《还山遗稿》卷上《正统八例总序》,《适园丛书》本,叶 9b。此语本出韩愈《原道》。
②《辽史》卷六三《世表序》,第 949 页。
③《辽代石刻文编》,第 319 页。
④ 佚名编:《大金德运图说》,台湾商务印书馆影印文渊阁《四库全书》本,第 648 册,第 313 页。
⑤ 冯家昇:《契丹名号考释》,见《冯家昇论著辑粹》,北京:中华书局,1987年,第 25 页。

三《礼志六》"嘉仪·岁时杂仪"的原文是这样的:"腊辰日,天子率北南臣僚并戎服,戊夜坐朝,作乐饮酒,等第赐甲仗、羊马。国语谓是日为'炒伍侉咿'。'炒伍侉',战也。"《辽史》卷五一《礼志三》"腊仪"条也有类似的记载。根据这些内容来看,腊仪很可能是契丹传统礼俗,以十二月辰日为腊,与五德终始说"水德子祖辰腊"①的说法不过是一个巧合而已。通检《辽史》,可以发现《太宗纪》会同八年(945)十二月已有"戊辰,腊,赐诸国贡使衣马"的记载,《礼志》则谓自穆宗应历元年(951)以后,以腊仪为常仪。要知道,在太宗和穆宗时代,辽朝根本就不可能有什么华夏正统观念,可见其腊仪与五德确实是没有关系的。

尽管"辽以水为德"说仅有金代文献中的一条孤证,但所幸的是,我们可以通过辽朝中后期的正统之争识破其中的玄机。大约从兴宗时代起,辽朝开始以正统相标榜。正统之争是由辽太宗得自后晋的所谓秦传国玺引起的。《辽史》卷五七《仪卫志三》曰:"会同九年,太宗伐晋,末帝表上传国宝一、金印三,天子符瑞于是归辽。"自秦汉以降,人们习惯上视秦之传国玺为正统王朝的象征性符号,"天下之人,遂以为帝王之统不在于道而在于玺,以玺之得失为天命之绝续……而五季更相争夺,以得者为正统"②。辽朝前期因尚无华夏正统观念,据说曾打算将此传国玺送还宋朝,《后山谈丛》卷五讲述了这样一个故事:"前世陋儒,谓秦玺所在为正统,故契丹自谓得传国玺,欲以归太祖,太祖不受,曰:'吾无秦玺,

①王应麟:《小学绀珠》卷一"五运",北京:中华书局影印《津逮秘书》本,1987年,第21页上栏。
②郝经:《传国玺论》,《陵川集》卷一九,台湾商务印书馆影印文渊阁《四库全书》本,第1192册,第212页。

不害为国。且亡国之余,又何足贵乎!'契丹畏服。"①辽朝中期以后,契丹统治者逐渐意识到这枚传国玺的价值,于是开始拿它大做文章:"圣宗开泰十年,驰驿取石晋所上玉玺于中京;兴宗重熙七年,以《有传国宝者为正统赋》试进士。"②据宋人记载,"仁宗朝,有使虏者,见虏主《传国玺诗》云:'一时制美宝,千载助兴王。中原既失守,此宝归北方。子孙宜慎守,世业当永昌。'"③这就是辽朝正统论的理据所在。

其实辽朝得自后晋的这枚传国玺实为晋高祖石敬瑭所铸,而并非真正的秦玺,宋人于此多有辨析④。周太祖广顺三年(953)二月,"内司制国宝两坐,诏太常具制度以闻",太常寺所上奏疏对石晋传国玺的来历作了详细交待:

---

①这个故事又见于南宋陈槱《负暄野录》卷上"秦玺文玉刻"条《知不足斋丛书》本,叶 1b—2b。按宋辽两国早在宋太祖开宝八年(975)已互通聘使,故此事应该是可信的。

②《辽史》卷五七《仪卫志三》"符印",第 914 页。

③孔平仲:《珩璜新论》卷四,《丛书集成初编》本,第 40 页。此诗究竟出自哪位辽朝皇帝之手,并无明确记载,清周春《增订辽诗话》卷上、近人陈衍《辽诗纪事》卷一及陈述《全辽文》卷一均将此诗列在圣宗名下,《全辽文》(北京:中华书局,1982 年,第 18 页)有按语云:"宋仁宗当朝亘四十余年,历辽圣宗、兴宗、道宗三帝。辽主者,不得他证,未可必谓为圣宗也。谨附于后,用示存疑。"

④参见王溥《五代会要》卷一三"符宝郎"、郑文宝《传国玺谱》(宛委山堂本《说郛》卷九七)及《玉海》卷八四引郑文宝《至道玉玺记》。另据宋人考证,真正的秦玺早已毁于汉末董卓之乱,自魏晋以下历代所称秦玺其实也都是伪玺,详见赵彦卫《云麓漫钞》卷一五、曹彦约《昌谷集》卷二二《玉玺本末》、李心传《建炎以来朝野杂记》乙集卷五"制作·宝玺"。

晋主奉表归命于虏主,遣皇子延煦等奉国宝并命印三面
送与虏主,其国宝即天福初所造者也。延煦等回,虏主与晋
帝诏曰:"所进国宝,验来非真传国宝,其真宝速进来。"晋主
奏曰:"真传国宝因清泰末伪主从珂以宝自焚,自此亡失,先
帝登极之初,特制此宝。左右臣僚备知,固不敢别有藏
匿也。"①

由此看来,辽朝统治者对所谓传国宝的真伪理应是心知肚明的,
但为了与宋朝争华夏之正统,不惜拿这枚伪玺大做文章。

这件事情给了我们一个重要启示,辽朝的正统论是建立在承
石晋之统的基础之上的。金朝末年的修端明确主张:"辽自唐末
保有北方,又非篡夺,复承晋统……终当为《北史》。"②又《辍耕
录》卷三引杨维祯《正统辨》,也有"议者以辽承晋统"的说法。若
以辽承晋统为前提,上文谈到的辽朝德运就可以得到一个圆满的
解释。在宋辽金时代,对五代以下各朝德运的通行解释是:唐为
土德,"朱梁篡代……不可以为正统",故列入闰位;后唐"中兴唐
祚,重兴土运";此后石晋为金德,刘汉为水德,郭周为木德,赵宋
为火德③。辽朝既以承晋统为其正统论之理据,必定自认代石晋
金德为水德,这样就等于否定了宋王朝的正统性,使宋之火德成
为无本之木,无源之水。基于这种考虑,我相信金人所称"辽以水

---

①《册府元龟》卷五九四《掌礼部·奏议二二》,北京:中华书局,1960 年,
 第 7 册,第 7115 页。据《宋本册府元龟》校正。
②修端:《辩辽宋金正统》,《国朝文类》卷四五,《四部丛刊初编》本,叶
 3a。
③参见《宋会要辑稿·运历》一之一、《册府元龟》卷四《帝王部·运历
 门》、王应麟《小学绀珠》卷一"五运"、金佚名编《大金德运图说》。

为德"确是事实,尽管由于辽代史料极度贫乏,我们今天已经看不到辽朝人关于本朝德运的第一手记载。

对于辽朝的正统论,宋人肯定是不屑一顾的。欧阳修《新五代史》将辽朝打入《四夷附录》,曾引起辽人极大不满[1],这就是宋人的华夷观念。澶渊之盟后,宋人甚至对两国往来国书互称南、北朝都不能接受:"始,通和所致书,皆以南、北朝冠国号之上。将作监丞王曾言:'古者尊中国、贱夷狄,直若首足。二汉始失,乃议和亲,然礼亦不至均。今若是,是与之亢立,首足并处,失孰甚焉。狄固不可启。臣恐久之非但并处,又病倒植。愿如其国号契丹足矣。'上嘉纳之。"[2]虽然澶渊之盟规定两国皇帝以兄弟相称,但宋人骨子里始终视辽朝为夷狄之邦,岂能容忍与之"首足并处"?仁宗皇祐四年(1052),辽朝遣使贺乾元节,其国书"称北朝而去契丹号",宋人认为辽朝"意以自尊大",亦托辞拒绝[3]。

自金代以后,对辽朝的正统性普遍持否定态度。在《大金德运图说》所列历代王朝德运图中,根本就没有辽朝的位置;同书引章宗泰和二年十月二十五日尚书省上奏说:"辽据一偏,宋有中原,是正统在宋。"关于金人的宋辽正统观,下文将作出具体阐释。

---

[1] 见《辽史》卷一○四《文学下·刘辉传》,第1455—1456页。

[2] 《续资治通鉴长编纪事本末》卷一五"亲征契丹",《宋史资料萃编》第2辑影印光绪十九年广雅书局刊本,台北:文海出版社,1967年,第442页。据《长编》卷五八景德元年十二月辛丑条校正。但《长编》辑本已将王曾语删去大半。

[3] 张方平:《乐全集》卷三九《昌黎韩君墓志铭》,台湾商务印书馆影印文渊阁《四库全书》本,第1104册,第474页下栏。此事始末见《续资治通鉴长编》卷一七二仁宗皇祐四年四月丙戌条。

二、金朝的德运之争及其文化选择

金王朝的建立者"生女真"原本是文明程度较低的一个部族，被宋人称为"夷狄中至贱者"①。女真入主汉地之初，尚无华夏正统观念。自熙宗改制后，金朝迅速走向汉化道路。到了海陵王时代，女真统治者已经具备中国大一统王朝的政治伦理观念②。

五德终始说自秦以后成为讨论历代王朝正统性的理论基础和对话平台，而金朝则是最后一个试图通过"五运"说以寻求其政权合法性的王朝③。德运之争是金朝历史上一个十分引人注目的问题，陈学霖先生已对此做过专题研究④，但仍有许多问题值得继续探讨。首先，在章宗泰和二年（1202）改定土德之前，金朝究竟奉行什么德运，就有几种不同说法。从金朝官方文献的记载来看，泰和二年以前毫无疑问应是金德。世宗大定十五年（1175）册

---

① 《三朝北盟会编》卷二四四，引张棣《金虏图经》，上海：上海古籍出版社影印光绪三十四年许涵度刻本，1987年，第1753页上栏。
② 关于金朝正统观念的形成过程，宋德金先生已有详细论述，参见氏著《正统观与金代文化》，《历史研究》1990年第1期。
③ 参见刘复生：《宋代"火运"论略——兼谈"五德转移"政治学说的终结》，《历史研究》1997年第3期。
④ Hok-lam Chan, *Legitimation in Imperial China：Discussions under the Jurchen-Chin Dynasty（1115—1234）*, Seattle：University of Washington Press, 1984；陈学霖：《金国号之起源及其释义》，《辽金史论集》第3辑，北京：书目文献出版社，1987年；《大宋"国号"与"德运"论辩述义》，载《宋史论集》，台北：东大图书公司，1993年。

封长白山册文云:"厥惟长白,载我金德。"①章宗时讨论德运,翰林学士承旨党怀英主张"宜依旧为金德"②。宣宗朝再议德运,应奉翰林文字黄裳说:"泰和之初……改金为土。"③

那么,金朝究竟是从何时开始奉行金德的呢? 泰和初,刑部尚书李愈说:"本朝太祖以金为国号,又自国初至今八十余年,以丑为腊。若止以金为德运,则合天心、合人道、合祖训。"李愈以"大金"国号附会金德,当时即已遭到有力反驳:"李愈所论太祖圣训,即是分别白、黑之姓,非关五行之叙。"④也就是说,太祖称帝时所谓"金之色白,完颜部色尚白"云云,是指白号、黑号之姓而言(完颜部属白号之姓),与德运无关。李愈又谓"自国初至今八十余年,以丑为腊"⑤,这一说法也得不到史料支持。据我了解,金代文献中有关金德的消息最早见于世宗朝。大定三年(1163)十二月丁丑,"腊,猎于近郊,以所获荐山陵,自是岁以为常"⑥。这就是"以丑为腊"的最早记录。其实,不仅我们今天看不到有关金德的

---

① 《大金集礼》卷三五"长白山封册礼",《丛书集成初编》本据《史学丛书》本排印,第 295 页。
② 《大金德运图说》载贞祐二年正月二十二日《尚书省判》,台湾商务印书馆影印文渊阁《四库全书》本,第 648 册,第 312 页下栏。
③ 《大金德运图说》载贞祐二年二月《应奉翰林文字黄裳议》,台湾商务印书馆影印文渊阁《四库全书》本,第 648 册,第 317 页上栏。
④ 《大金德运图说》,贞祐二年正月省判引泰和二年十月二十五日尚书省奏,台湾商务印书馆影印文渊阁《四库全书》本,第 648 册,第 313 页下栏。
⑤ 按金德以丑日为腊。《太平御览》卷三三引《魏台访议》(北京:中华书局影印本,1995 年,第 1 册,第 156 页上栏)云:"金始生于巳,盛于酉,终于丑。故金行之君,以酉祖丑腊。"
⑥ 《金史》卷六《世宗纪上》,北京:中华书局,1997 年,第 133 页。

更早记载,就连金人也没有金朝前期奉行金德的文本依据。宣宗朝再议德运时,赞成金德说的右拾遗田庭芳认为:"向来以丑为腊者八十余年,应是当时已有定论,后疑失其文本,不得其详尔。"[1]头一句话乃是拾李愈之牙慧,后面的疑似之词才透露了实情,原来主金德说者对金德的渊源也"不得其详"。须知在完颜阿骨打建国之时,女真人根本就没有华夏正统观念,怎么谈得上德运之说呢?

有证据表明,直至海陵王时代,金朝尚未确定其德运所尚。清人辑本《大金德运图说》,最后有一通《省奏》云:

> 尚书省奏:"准尚书礼部举,窃闻王者受命开统,皆应乎五行之气,更王为德。方今并有辽、宋,统一区夏,犹未定其所王。伏睹今来方以营造都邑并宗庙社稷,窃恐随代制度不一,有无委所司一就详定。"奏讫,奉圣旨:"分付详定,须议指挥。"右下详定内外制度仪式所,可照检依准所奉圣旨详定讫,分朗开立状申,以凭再具闻奏施行,不得住滞错失。付详定所。准此。

《金文最》卷五六收录此文,改题为《集议德运省剳》,并注明"贞祐二年"。陈学霖先生认为,这份省奏可能是贞祐二年(1214)德运论辩之初呈给宣宗的[2]。我觉得这一结论还值得斟酌。据我判断,此段文字不应该是《大金德运图说》的原文。《大金德运图

---

[1]《大金德运图说》载贞祐二年二月《右拾遗田庭芳议》,台湾商务印书馆影印文渊阁《四库全书》本,第648册,第321页上栏。

[2] *Legitimation in Imperial China*, p. 169.

说》收录的是宣宗贞祐二年讨论德运的档案材料,系四库馆臣从《永乐大典》中辑出。而根据以下三点内容,可以完全排除这份省奏作于贞祐二年的可能性。

第一,如上所述,金朝德运之确定,最迟不晚于世宗大定三年,而省奏谓"方今并有辽、宋,统一区夏,犹未定其所王",则显然是世宗以前的口气。

第二,"伏睹今来方以营造都邑并宗庙社稷"句,对于确定该省奏的系年很有帮助。贞祐二年宣宗迫于蒙古的军事进攻而临时决定迁都南京,是一个非常仓促的行动,根本来不及进行土木建设;况且宣宗南迁在当时被称为"巡幸南京",金朝政府从不承认迁都南京的事实,按照官方的说法,南京只是"行宫"而已,故"营造都邑"肯定不是指营建南京。至于金朝前期的国都上京会宁府,规模相当简陋,从未进行过认真的"营造"。惟有海陵王迁都之前曾对新都燕京城进行过大规模建设,时在天德三年至贞元元年间(1151—1153)。

第三,省奏提到的"详定内外制度仪式所"也有助于判断其大致年代。此官司在《金史》中缺乏明确记载,仅见于《大金集礼》卷四〇"朝会"门:"天眷二年五月十三日,详定内外制度仪式所定到常朝及朔望仪式。"又皇统三年(1143)《时立爱墓志铭》云:"特进翰林学士承旨知制诰兼太常卿修国史详定内外制度仪式上柱国郇国公食邑三千户食实封三百户臣宇文虚中奉敕撰。"[1]据此判断,详定内外制度仪式所应是熙宗天眷改制时创建的一个机构,估计至海陵初仍然存在。

---

[1]河北省文化局文物工作队:《河北新城县北场村金时立爱和时丰墓发掘记》,《考古》1962 年第 12 期。

综上所述，我认为这份尚书省奏当作于海陵王天德三年至贞元元年间，被四库馆臣错误地辑入了《大金德运图说》；至于它原来出自《永乐大典》所引的哪部金朝典籍，则不得而知。该省奏表明，海陵初年虽已虑及德运问题，但"犹未定其所王"，即尚未确定其德运所尚。由此可见，金朝之奉行金德，当始于海陵末或世宗初。

不过，关于章宗以前的金朝德运，还有其他不同说法。张棣《金虏图经》说："虏人以水德，凡用师行征伐，旗帜尚黑，虽五方皆具，必以黑为主。"[1]张棣是"淳熙中归明人"，[2]淳熙共十六年（1174—1189），淳熙十六年即金世宗大定二十九年，故张棣所称金为水德，应该就是说的世宗时期的情况。又《新编宣和遗事前集》宣和五年下有这样一个故事：徽宗某日与林灵素同游广寒宫，见二人对坐弈棋，"一人穿红，一人穿皂，……那着红者乃南方火德真君霹雳大仙赵太祖也，穿皂者乃北方水德真君大金太祖武元皇帝也"，最后穿皂者胜出，并赢得了天下。[3]《宣和遗事》是南宋说话人的讲史本子，今本成书可能较晚，但总归反映的是南宋时代的民间传说。

陈学霖先生首先注意到上述材料，并对金朝水德说提出了一个尝试性解释：也许金朝前期曾宣称继承辽之水德，直至章宗时

---

[1] 见《三朝北盟会编》卷二四四，第 1752 页下栏。《大金国志》卷三四"旗帜"条袭取此段文字，首句作"金国以水德王"（见《大金国志校证》，崔文印校证，北京：中华书局，1986 年，第 481 页）。

[2] 见《直斋书录解题》卷五"《金国志》"条，徐小蛮、顾美华点校，上海：上海古籍出版社，1987 年，第 141 页。

[3]《丛书集成初编》本据《士礼居丛书》本排印，第 48 页。

才更定为土德。① 这种解释不够圆满。首先,章宗泰和二年以前奉行金德,有相当确凿的证据,乃是无可否认的事实;其次,五德终始说的基本理念就是以德运的转移来解释王朝的嬗代,袭用前朝之德运在五运说上是讲不通的。因此,我们必须为上述史料寻求新的答案。

我认为,金德说是章宗泰和二年以前由金朝政府认可的本朝德运,而《金虏图经》和《宣和遗事》的水德说则分别代表金、宋两国民间的说法。金朝虽自世宗初年已奉行金德,并规定"以丑为腊",但似乎并没有像后来章宗更定德运时那样"诏告天下",②故一般士民未必家喻户晓。金、宋两国民间流行的金朝水德说,应是建立在五德相胜说的基础之上的。自刘歆改五德相胜为五德相生后,虽被汉魏以下历代王朝所沿袭,但民间历来还是多以五德相胜来解释王朝的更替兴衰,金、宋两国都有这样的例子。金宣宗贞祐二年重议德运时,反对金德者所提出的理由之一就是"谓宋或为火,以金忌于火为避",即是说宋自称火德,火克金,故本朝不宜为金德。金代朝野间有一个传说,谓完颜阿骨打起兵之初,"曾遣人诣宋相约伐辽,仍请参定其国之本号,时则宋人自以其为火德,意谓火当克金,遂因循推其国号为金"。③ 这一传闻虽未必可靠,但它真实反映了五德相胜的流行观念。又佚名《宋季

---

①陈学霖:《宋金二帝弈棋定天下——〈宣和遗事〉考史一则》,《刘子健博士颂寿纪念宋史研究论集》,同朋舍(京都),1989年。

②宣宗时,礼部尚书张行信谓金初"未尝议及德运,近章宗朝始……定为土德"云云(见《金史》卷一〇七《张行信传》,第2367页),这至少可以说明世宗时期尚金德一事未曾大事张扬。

③以上均见《大金德运图说》载贞祐二年二月《右拾遗田庭芳议》,台湾商务印书馆影印文渊阁《四库全书》本,第648册,第321页上栏。

三朝政要》卷六所附"二王本末",论及宋之兴亡云:

> 前宋以丙午、丁未(指靖康元年、二年)而遭金祸,推论五
> 行者,谓宋以火德王,故能水胜火。其后丙午、丁未,则上下
> 兢兢以度厄运。今以丙子、丁丑(指宋端宗景炎元年、二年)
> 归大元,岂非子者午之对、丑者未之对,而纳音亦有水胜火之
> 义乎?①

在数术理论中,丙丁属火。按纳音五行说,北与西北之水而克西
与西南之火,午为火旺之地,未为火衰之地,由午趋未,正是火由
盛转衰之时;又丙子、丁丑曰涧下水,乃水旺之地,而子、丑在方位
上又恰与午、未相对,暗寓以水胜火之意。因此这几个年份皆被
视为火德衰败之徵。②《宋季三朝政要》所附"二王本末"出自南
宋遗民陈仲微之手,他的这段史论不仅反映了宋人五德相胜的固
有观念,同时也是金朝水德说的一个极好注脚,与《宣和遗事》的
故事可以互证。③

此外,章宗以前的金朝德运,还有火德一说。贞祐四年
(1216),辽东宣抚司参议官王浍提出:"本朝初兴,旗帜尚赤,其为
火德明矣。"宣宗就此事征询礼部的意见,礼部尚书张行信谓"浍

---

①《宋季三朝政要笺证》,王瑞来笺证,北京:中华书局,2008 年,第 508 页。
②参见《梦溪笔谈》卷五"六十甲子有纳音"条、《辍耕录》卷二〇"纳音"
　条、《潜研堂文集》卷三《纳音说》。
③不过,金朝水德说也许还可以有另外一种解释,即宋为火德,张邦昌楚
　国为土德,刘豫齐国为金德,而金朝承齐国之统为水德。章宗和宣宗朝
　讨论德运时,都有人主张应该考虑楚国、齐国的五行之序,若金朝民间
　存在这样一种解释模式,也并非没有可能。

所言特狂妄者耳"。① 王浍是金末名士,号称"通星历纬谶之学"。② 火德之说恐怕只是他的臆测之词,并没有什么凭据,何况金朝前期根本就没有德运观念呢。

章宗朝的德运之争,自明昌四年(1193)至泰和二年(1202),几经讨论,历时十年,才最终更定金德为土德,这是金朝历史上的一件大事。有关德运论辩的始末,陈学霖先生已有详细阐述。但此次德运之争的真正动因,目前还没有一个合理的解释。

金朝自世宗初年奉行的金德,其基本理据是"祖训",即以太祖所创"大金"国号附会金德。在章宗朝和宣宗朝的德运之争中,"祖训"始终是金德派的主要武器。除了祖训,文化传统也是一个重要的考虑因素。上文说过,大定十五年册封长白山册文即有"厥惟长白,载我金德"之语,长白山是女真人心目中的发祥地,将长白山与金德联系到一起,显示出女真统治者在接受汉文化与保守传统文化之间的两难选择。金世宗完颜雍是一位女真民族传统的坚定捍卫者,为了遏止女真人迅速汉化的趋势,世宗在位期间曾发起一场女真文化复兴运动。③ 附会"祖训"、依傍传统而奉行金德的做法,非常符合他的政治倾向。但是,金德说有一个根本的缺陷,它"不问五行相生之次"(党怀英语),"不论所继,只为金德"(李愈语),在五运说上是站不住脚的。这说明世宗时期女真人的汉化还不够彻底,他们的德运观念似是而非,但求兼容民

---

① 《金史》卷一〇七《张行信传》,第 2367 页。
② 《中州集》卷一〇《中州乐府》"王玄佐小传",北京:中华书局,1959 年,第 567 页。
③ 参见刘浦江:《女真的汉化道路与大金帝国的覆亡》,《国学研究》第 7 卷,2000 年 7 月;收入氏著《松漠之间——辽金契丹女真史研究》,北京:中华书局,2008 年,第 235—274 页。

族传统,而不在乎它是否切合五德转移政治学说的真谛。

女真汉化至章宗时代趋于成熟,章宗是金朝皇帝中汉学造诣最深的一位,他对五德终始说的理解显然要比他的前辈们深刻得多。想必章宗已经意识到了,世宗以来奉行的德运其实并没有真正解决金朝的正统问题。明昌间,礼部尚书张暐上疏论德运,"明德运之非古,辨正统之无定",①即已明确指出问题之所在。既然金德说不论所继、不问五行相生之次,那么金朝的正统就没有传承、没有根据,如此粗陋的正统论怎么能让天下人信服呢? 要想与中原王朝的政治传统和文化传统完全接轨,就必须将金朝真正纳入五德终始说的德运体系,因此重新确定本朝德运可谓是章宗的当务之急。

从章宗朝的德运论辩过程及其最终选择,可以更加细微地品味出此次德运之争的蕴涵。根据《大金德运图说》的记载,当时主要是三派意见相持不下:一派是坚持传统的金德说,一派是主张承宋火德的土德说,一派是主张承辽水德的木德说。世宗以来的金德说有悖于五德终始的理论框架,因此有人想为它寻找新的理据——承唐之土德而为金德。他们认为,五代国祚短促,不足当德运,而宋继周统为火德,是"自失其序,合为闰位",故本朝当径承唐统为金德,如此既解决了正统问题,同时又符合"太祖圣训"。此说虽可两全,但把五代甚至宋朝都排除在正统王朝之外,肯定不会得到广大汉人的认可,故章宗谓"继唐底事,必定难行"。继承辽统的木德说,注定是一个不合时宜的主张。从章宗泰和二年的敕旨来看,似乎他对承宋统还是承辽统基本上持不偏不倚的态

---

① 赵秉文:《张左丞碑》,《闲闲老人滏水文集》卷一二,台北:成文出版社影印《九金人集》本,1967年,第215页下栏。

度:"继宋底事,莫不行底么?吕贞幹所言继辽底事,虽未尽理,亦可折正。"然而据元好问说,吕贞幹"在史馆论正统,独异众人,谓国家止当承辽,大忤章庙旨,谪西京运幕"。[1] 揣度章宗的本意,无非是认为正统在宋而不在辽,他的立场是内华外夷,只是他不愿公开承认这一点罢了。此次德运论辩实际上主要是金德、土德之争,吕贞幹提出木德说纯属节外生枝,难怪惹得章宗很恼火。历经十年的反复论争,章宗最终选择了土德,宣称金灭北宋,赵宋火德已绝,故本朝当承宋统为土德。

综观这场旷日持久的德运之争,其初衷是要解决金王朝的正统问题,而在此过程中却面临着两种文化的抉择。金德、土德之争,其实质是保守女真传统文化还是全盘接受汉文化的分歧。摒弃木德说,更是标志着金朝统治者文化立场的转变:从北方民族王朝的立场彻底转向中国帝制王朝的立场。[2] 泰和七年(1207)罢修《辽史》,是对这一转变的最好诠释。金朝前期以辽朝的继承者自居,《金史·完颜宗宪传》谓金初"朝廷议制度礼乐,往往因仍辽旧"。[3] 金人张棣说:"金虏有国之初,立法设刑,悉遵辽制。"[4] 元人苏天爵也说:"金之制度,大抵多袭辽旧。"[5] 按照中国史学的传

---

①《中州集》卷八《吕子羽小传》,第 416 页。

②《宋史全文》卷二七下淳熙十六年十一月条说(汪圣铎点校,北京:中华书局,2016 年,第 7 册,第 2361 页):"泰和三年(按应作二年),始以继本朝定为土德,盖不数辽人也。"按宋人的理解,金朝之选择土德,就意味着否认辽朝正统。

③《金史》卷七〇《完颜宗宪传》,第 1616 页。

④《三朝北盟会编》卷二四四,引张棣《金虏图经》,第 1754 页下栏。

⑤《滋溪文稿》卷四《金进士盖公墓记》,陈高华、孟繁清点校,北京:中华书局,1997 年,第 55 页。

统观念,某个王朝纂修前朝的历史,就无异于承认本朝是前朝法统的继承者。金朝两度纂修《辽史》,亦可如此理解。其中第二次从大定二十九年至泰和七年,前后竟达18年之久,冯家昇先生认为这与当时德运之争迟迟未有定论大有关系。① 按《金史·章宗纪》的说法,《辽史》修成于泰和七年十二月,但实际上并未真正完成。金朝末年的修端说:"(章宗)选官置院,创修《辽史》。后因南宋献馘告和,臣下奏言靖康间宋祚已绝,当承宋统,上乃罢修《辽史》。"②证以《金史·章宗纪》,泰和七年十一月,南宋因开禧北伐失败而求和,金朝要求南宋"函(韩)侂胄首以赎淮南故地"。这就是"罢修《辽史》"的直接起因。爱宕松男氏指出,泰和二年德运之争的最终结果是章宗罢修《辽史》的根本原因,③这种看法颇有道理。

金朝的德运之争与北魏王朝的历史有着非常相似的一面。公元398年,拓跋珪称帝,定国号为魏,以曹魏继承者自居,"群臣奏以国家继黄帝之后,宜为土德"。④ 一说尚土德的真正原因是曹魏承汉火德为土德,故北魏亦从土德之运。⑤ 不管是继黄帝之后

①《辽史源流考》,见《冯家昇论著辑粹》,北京:中华书局,1987年,第106—109页。

②修端:《辩辽宋金正统》,《国朝文类》卷四五,叶7b-8a。

③爱宕松男:《辽金宋三史の編纂と北族王朝の立場》,东北大学《文化》15卷4号,1951年。陈芳明《宋辽金史的纂修与正统之争》一文(《食货月刊》复刊2卷8期,1972年11月)谓"金朝之所以引起德运的争论,主要是因为《辽史》的纂修"云云,则是颠倒了两件事情的因果关系。

④《魏书》卷一〇八之一《礼志一》,北京:中华书局,1974年,第2734页。按刘歆的五德相生说,黄帝为土德。

⑤何德章:《北魏国号与正统问题》,《历史研究》1992年第3期。

还是承曹魏之统,尚土德在五运说上都是不能成立的,这说明当时鲜卑人对五德转移的政治理念还缺乏深刻的理解。至孝文帝太和十四年(490),已经全盘汉化的北魏王朝为了与中原王朝的政治传统真正接轨,重新讨论德运问题。当时一派主张曹魏土德—西晋金德—石赵水德—慕容燕木德—苻秦火德—拓跋魏土德,另一派则主张曹魏土德—西晋金德—拓跋魏水德。孝文帝最终接受了后一种意见,遂改土德为水德。这场德运之争的结果,意味着鲜卑王朝已从北方民族王朝的立场彻底转向了中国帝制王朝的立场。否定前一种意见,等于将十六国排除在正统之外;承西晋之统,才真正找到了北魏正统的理据,也比较容易为广大汉人所接受,可以理直气壮地与南朝争华夏之正统。七百年后金朝的德运之争,几乎可以说是北魏历史的翻版。

既然章宗泰和二年已更定金德为土德,并郑重其事地诏谕天下、告于宗庙,为何仅仅相隔十余年,宣宗又要重议德运?冯家昇先生认为,章宗虽改定土德,但当时士大夫多以有违祖训,"故宣宗即位,复怂恿重议"。[1] 这种猜测是有道理的。在泰和二年改定德运后,主金德者不肯善罢甘休,力图为金德说寻找新的理据,当时朝廷士大夫间有一种说法,"以谓汴宋既亡,刘豫嗣掌齐国,本朝灭齐,然后混壹中原",故齐国当承宋之火德,金朝当承齐之土德,是以"本朝合为金德"。[2] 贞祐二年(1214)春的德运议,纯粹是金德、土德之争,主金德者除了继续坚持遵循祖训或径承唐统的旧说,又有抹捻兀典等六位女真臣僚联名提出一个新的折衷方

---

①《辽史源流考》,见《冯家昇论著辑粹》,第 153 页。
②《大金德运图说》载贞祐二年二月《尚书省议》,台湾商务印书馆影印文渊阁《四库全书》本,第 648 册,第 315 页上栏。

案,认为后唐非李唐之苗裔,不当强附于土德,故"后唐当为金,石晋为水,刘汉为木,后周为火,亡宋为土,……则本朝取宋,自为金德"。[①] 这一主张既符合金承宋统的既定方针,又不违背祖训,不失为折衷金德、土德之争的一种较好选择。但由于时局的迅速变化,宣宗被迫于是年五月迁都开封,此次德运之争大概也就不了了之了。[②]《金史·宣宗纪》兴定四年(1220)十二月庚辰有"腊,享于太庙"的记载,可见金朝后期仍继续奉行章宗确定的土德,以辰为腊。总而言之,贞祐二年的德运论辩只不过是章宗朝金德、土德之争的一个余波而已。

三、由元修三史引起的正统之辨

虽然辽、金两国对本朝的正统地位都有自己的一套解释,但就

---

① 《大金德运图说》载贞祐二年二月十六日《朝请大夫应奉兼编修抹撚兀典等议》,台湾商务印书馆影印文渊阁《四库全书》本,第 648 册,第 320 页上栏。抹撚兀典,原作穆颜乌登,此据《金史语解》卷七、卷一〇回改。

② 《四库全书总目》卷八二《大金德运图说》提要(北京:中华书局,1965 年,第 703 页下栏)云:"疑是岁元兵深入,宣宗南迁汴梁,此议遂罢。" 陈学霖先生不同意这一推论,认为宣宗重议德运,旨在强化其正统地位,故当时必裁断众说,重新钦定为土德(见前揭陈氏《金国号之起源及其释义》)。但我仍倾向于四库提要的说法。据《金史·张行信传》,贞祐四年,王浍称金朝当从火德之运,礼部尚书张行信反驳他说:"国初……未尝议及德运。近章宗朝始集百僚议之,而以继亡宋火行之绝,定为土德。"张本人就曾参与过贞祐二年的德运讨论,如果当时宣宗下过一个定论,张氏必定引以为据,而不会只字不提。

在金朝亡国的当年,有关宋辽金对峙时代正统归属的争议就开始了。蒙古太宗六年(1234)九月十五日,在东平府几位金朝遗民的一次聚会当中,有人提出了一个敏感的问题:"金有中原百余年,将来国史何如?"或曰:"金于《宋史》中,亦犹刘、石、苻、姚一载记尔。"在座的燕山人修端对此颇不以为然,遂针对这种观点阐明了他的三史正统论:

> 辽自唐末保有北方,又非篡夺,复承晋统,加之世数、名位远兼五季,与前宋相次,而终当为《北史》。宋太祖受周禅,平江南,收西蜀,白沟迤南,悉臣于宋,传至靖康,当为《宋史》。金太祖破辽克宋,帝有中原百余年,当为《北史》。自建炎之后,中国非宋所有,宜为《南宋史》。①

这场争论预示着,宋辽金正统问题将成为中国史学史上一道相当棘手的难题。

众所周知,自世祖时期起,元廷屡次议修宋辽金三史,均因正朔义例之争而不得不搁置。② 其间的主要分歧仍旧是自金朝亡国之日起就已产生的两种对立观点:究竟应当独尊宋为正统呢? 还

---

① 修端:《辩辽宋金正统》,《国朝文类》卷四五,叶 4b—5a。此文又见王恽《玉堂嘉话》卷八,但字句颇有异同。因原文仅称"岁在甲午",故以往学界对此文之系年颇有分歧。按修端谓"今年春正月,攻陷蔡城,宋复其仇"云云,李治安《修端〈辩辽宋金正统〉的撰写年代及正统观考述》(见《内陆亚洲历史文化研究》,南京:南京大学出版社,1996 年)据以考定为太宗六年甲午(1234),今从其说。
② 详见前揭陈芳明《宋辽金史的纂修与正统之争》。

是应当将宋与辽金视为南北朝呢?① 甚至连当时的科举考试都涉及了这个问题:"赵宋立国三百余年,辽金二氏与之终始。……廷议将并纂三氏之书,为不刊之典。左氏、史迁之体裁何所法? 凡例正朔之予夺何以辨? 诸君子其悉著于篇,用备采择。"②可见这确实是元朝士人非常关心的一个话题。后来虞集提出了一个回避争论的设想:"间与同列议三史之不得成,盖互以分合论正统,莫克有定。今当三家各为书,各尽其言而覈实之,使其事不废可也,乃若议论则以俟来者。诸公颇以为然。"③这一动议的提出,大约是文宗时期的事情。可见三史各自成书的办法,当时史馆中酝酿已久,并非脱脱的发明。直到至正三年(1343),脱脱最终采纳了这种意见。《庚申外史》卷上云:"先是诸儒议论三国正统,久不决。至是脱脱独断曰:'三国各与正统,各系其年号。'议者遂息。"

然而宋辽金三史的正统之争并没有因此而平息,脱脱的这一决定遭到了朝野人士的激烈批评,其中最著名的反对派当属杨维桢。当三史刚刚问世之时,杨维桢就写成《正统辨》一文,直言不讳地予以抨击。他认为,"今日之修宋辽金三史者,宜莫严于正统与大一统之辨矣",但遗憾的是,"三史虽云有作,而一统犹未有

---

① 当时史馆中有人主张采用修端提出的南、北史说,张绅《通鉴续编序》(《原国立北平图书馆甲库善本丛书》影印元刻本,北京:国家图书馆出版社,2013年,第147册,第444页下栏)曰:"曩时朝廷纂修三史,一时士论,虽知宋为正统,物议以宋胜国而疑之。史臣王理因著《三史正统论》,推明修端之言,欲以辽为《北史》,金亦为《北史》,宋自太祖至靖康为《宋史》,建炎以后为《南宋史》。"但主张独尊宋统者显然是多数派。

② 宋本:《乡试策问》,《国朝文类》卷四七,叶4a-4b。

③《道园学古录》卷三二《送墨庄刘叔熙远游序》,《四部丛刊》本,叶5b。此文作于元统二年(1334)。

归"。按照他的主张,宋辽金三史理应取《晋书》之义例,"挈大宋之编年,包辽金之纪载"。元人论宋辽金正统者往往会涉及一个敏感的问题,即蒙元王朝的正统究竟是来自于宋还是来自辽金?这实际上是承中原王朝之统还是承北族王朝之统的问题。杨维桢倡言"论我元之大一统者,当在平宋而不在平辽与金之日",这是独尊宋统说的一个理论基础①。《正统辨》在当时是一篇很有影响的文章,据杨维桢自己说:"仆所著三史统论,禁林已题余言,而司选曹者,顾以流言弃余。"②虽然我们不清楚究竟是什么样的流言,但说明此文可能引起了一些非议。不过当时支持杨维桢者大有人在,陶宗仪就曾对《正统辨》一文给予高度评价:"可谓一洗天下纷纭之论,公万世而为心者也。惜三史已成,其言终不见用。后之秉史笔而续《通鉴纲目》者,必以是为本矣。"③这种评价可以代表元朝相当一部分汉族士人的正统观念。

值得注意的是,即便在宋辽金三史的纂修者中,也有一些人对"三国各与正统"的原则持有异议。身为三史总裁官的欧阳玄,在看到杨维桢《正统辨》之后说:"百年后,公论定于此矣。"④其真实态度于只言片语间流露无遗。至正三年,周以立、解观由翰林编修危素荐入史馆,与修宋辽金三史,二人先后上疏,力主尊宋为

---

① 《辍耕录》卷三,第 36 页。明贝琼《清江贝先生文集》卷二《铁崖先生传》亦录有此文,谓"至正初,诏征天下儒臣修辽金宋三史,先生不得预。史成,正统讫无定论。乃著《正统辨》"(《四部丛刊初编》本,叶3b)。

② 杨维桢:《东维子文集》卷二七《上宝相公书》,《四部丛刊》本,叶 4b。

③ 《辍耕录》卷三,第 32 页。

④ 《明史》卷二八五《文苑一·杨维桢传》,北京:中华书局,1974 年,第7308 页。

正统。当时史馆中的争论焦点主要集中在元朝当承宋统还是当承金统的问题上，周、解二人以为"辽与本朝不相涉，……所当论者，宋与金而已。然本朝平金在先而事体轻，平宋在后而事体重"，故理当承宋之统①。这与杨维桢的观点如出一辙。但他们的意见并没有得到采纳，"时任事多右金统，又夷夏之辨，当时所讳。书上，大忤群公"，于是二人先后离去②。据说"当时惟揭文安公与二公言合，同馆皆哗然以为狂，揭公深是之而不能主也"③。这里说的揭文安公就是三史总裁官揭傒斯，可见他也是一位持不同见解的当事人④。

宋辽金三史问世后不久，就有人以其义例未当而准备重修。据说周以立曾有此打算，后因故未果⑤。至正十年（1350），在脱脱三史成书仅五年之后，以重新建构宋辽金正统体系为主要目的的陈桱《通鉴续编》便已告成。张绅序对此书评价甚高，谓脱脱三史虽有成书，但"正统卒不能定，至今大夫士虽以为慊，然终未有能持至当一定之论，以驱天下百世之惑者"；而是书"辽金系年宋统之下，以比吴魏之于蜀"，"是可以驱天下百世之惑矣"⑥。《通鉴续编》是元朝官修宋辽金三史行世之后，第一部反其道而行之、独

①解缙：《解学士文集》卷八《元乡贡进士周君墓表》，《原国立北平图书馆甲库善本丛书》影印明嘉靖四十一年刻本，第702册，第264页上栏。
②解缙：《解学士文集》卷八《伯中公传》，第238页下栏。
③解缙：《解学士文集》卷八《元乡贡进士周君墓表》，第264页上栏。
④可以佐证这一记载的是，揭傒斯曾在《宋史论序》一文中对作者"帝宋而虏金"的正统观表示赞赏，见《揭文安公全集》卷八（《四部丛刊》本，叶24a-26a）。
⑤《明史》卷一五二《周叙传》，第4198页。
⑥《通鉴续编》卷首，至正二十二年张绅序，第444页。又此书有陈桱自序，作于至正十年，时已成书。

尊宋统的私家史书,开后来明人改修《宋史》之先河①。

　　元人的宋辽金正统观,除了南北朝说和独尊宋统说之外,还有一种影响不大的绝统说。元末明初的王祎著有《正统论》一篇,认为自唐之亡而正统绝,北宋合天下于一,可谓得其统,"至于靖康之乱,南北分裂。金虽据有中原,不可谓居天下之正;宋既南渡,不可谓合天下于一。……而正统于是又绝矣",及元并有金和宋,"而复正其统"②。绝统说首倡于欧阳修《正统论》,王祎不过在其基础上加以发挥而已,并没有什么新意。

　　总的来看,元代的正统之争大致上可以分为两大阵营,其中独尊宋统派壁垒分明,而王祎的绝统论和脱脱的"三国各与正统"论则比较接近于修端南北朝说的主张。两种对立的正统观在一定程度上反映了元代汉人和南人的政治倾向。据我查证,主张独尊宋统者无一例外全是南人:杨维桢为会稽(今浙江绍兴)人,陶宗仪为黄岩(今属浙江)人,欧阳玄为浏阳(今属湖南)人,揭傒斯为富州(今江西丰城)人,周以立和解观均为吉水(今属江西)人,陈樯为奉化(今属浙江)人。而首倡南北朝说的修端是燕山(即今北京)人,三史都总裁脱脱则是蒙古人。这种情况绝不是偶然的。

---

①古松崇志指出,《通鉴续编》于至正二十一年(1361)刊于松江,当时松江属张士诚的势力范围,这是此书得以在元末公开刊行的一个重要原因。参见氏著《脩端「辯遼宋金正統」をめぐって——元代における「遼史」「金史」「宋史」三史編纂の過程》,《東方学報》(京都)第75册,2003年3月,第180页。

②《王忠文公集》卷一,《丛书集成初编》本,第9页。饶宗颐先生谓"此文似作于元时"(见《中国史学上之正统论》,上海:上海远东出版社,1996年,第55页),诚然。

四、明清时代对宋辽金正统问题的再检讨

　　明代大概是中国历史上华夷观念最为强烈的一个时代,比起元人来,明朝士大夫对于宋辽金三史更加不能容忍,必欲取代之而后快,这就是明人纷纷重修《宋史》的主要动因。明人重修《宋史》的旨趣不在于订讹补阙,而在于另创义例,这是明代史学中一个值得注意的动向。王德毅和陈学霖先生在分析明人改编《宋史》的时代背景时,都注意到了当时的政治形势和民族冲突对史学观念的激荡。明朝初年,一般士人并没有刻意排斥辽金的倾向。土木之变后,民族情绪高涨,华夷之辨盛行一时。明人改编《宋史》之风,始于正统而盛于嘉靖,与当时民族矛盾的激化显然有非常密切的关系[①]。

　　明人重修《宋史》的尝试始于正统末年南京翰林院侍讲学士周叙。周叙就是周以立的子孙,"曾祖以立,在元时以宋辽金三史体例未当,欲重修。叙思继先志,正统末,请于朝,诏许自撰"[②]。在周叙为此事而写给英宗的奏章中,对他重修《宋史》的目的交待得很清楚:"窃观宋辽金三史成于前元至正间,当时秉国大臣皆辽金族类,不以正统归宋,遂分裂为三,而以辽金加于宋首,不惬人心,不协公论。初修之际,言者虽多,卒莫能改。至今越百年,凡

---

① 王德毅:《由〈宋史质〉谈到明朝人的宋史观》,《台湾大学历史学报》第 4 期,1977 年 5 月;陈学霖:《柯维骐〈宋史新编〉述论》,载氏著《宋史论集》。
② 《明史》卷一五二《周叙传》,第 4198 页。

有志史学正纲常者,未尝不掩卷愤叹也。……元儒陈桱修《通鉴续编》,既正其统,而三史全书尚仍其旧。"因此他建议在南京翰林院组织人员重修《宋史》。英宗的答复是:"不必择人,叙其自修。"[1]但据《明史·周叙传》说,"铨次数年,未及成而卒",可见并未最后成书。

弘治间,吴县杨循吉又有重修宋辽金三史之举。王锜《寓圃杂记》卷六"杨君谦修史"条云:"杨君谦病辽、金、宋三史杂乱芜秽,不足取信,用《春秋》之法,班、马之例,刊正其书,笔削甚严。谓完颜氏乃中国之雠,罪恶之首,必先从事,渐及辽、宋。"同卷"君谦出处"条亦谓杨氏"往来金山中,……修《金史》"云云。按杨君谦即杨循吉,杨氏《明史》有传,但未言及修史事。据上引"杨君谦修史"条来看,杨氏重修三史当是弘治初年的事情。而此条末又有一段小注说:"此书不成,并其所积所存之书荡尽,一字不可见。子孙不肖,惜哉!"考《寓圃杂记》作者王锜年长于杨循吉二十余岁,则此注显然是后人所加。需要指出的是,这条小注所提供的信息并不准确。据我判断,金毓黻先生收入《辽海丛书》第一集中的杨循吉《辽小史》和《金小史》,就正是杨氏重修三史的部分成果。王锜称杨氏先修《金史》,"渐及辽、宋",或许《宋史》后来未及成书,但辽、金二史却保存下来了。《辽小史》和《金小史》是明人仅有的辽金史著作,通过王锜的介绍,我们才知道原来这两部书也是明人改造三史的结果。虽然杨循吉没有像其他诸家新修《宋史》那样将辽金列为载记,但既称"小史",其正闰之分已昭然若揭。钱允治《辽小史序》将作者的寄寓阐发得非常明白:"今

<hr />

[1]《英宗实录》卷一六五正统十三年四月己巳,"中研院"史语所校印本《明实录》,1962年,第17册,第3196—3197页。

《辽史》修于蒙古，宋金鼎立，不分正闰。于时会稽铁厓杨先生有《正统论》，我吴郡南峰杨先生所以有《小史》之作也，……其杨氏之忠臣欤！"①乾隆间修《四库全书》时，这两部书均被列为禁书②，想必是因为书中的华夷观念为清人所不容吧。

嘉靖时代是明人重修《宋史》的高峰期。王洙《宋史质》、柯维骐《宋史新编》就分别完成于嘉靖二十五年（1546）和三十四年。此外还有几桩有始无终的修史计划。嘉靖十五年，"廷议更修《宋史》"，世宗命严嵩以礼部尚书兼翰林学士主其事，但不久严嵩离朝，此事遂不了了之③。又据何良俊记载，嘉靖间任南京吏部主事的赵贞吉曾有意改编《宋史》，但后来亦无下文。④ 另外，嘉靖朝的文章大家归有光也有重修《宋史》的打算，在他的文集中还保存着二十二篇《宋史》论赞⑤。

明朝后期仍有多位文人学士致力于《宋史》的改造工作，但除了王惟俭《宋史记》纂成全帙外，⑥其他诸家均未能成稿。全祖望《答临川先生问汤氏宋史帖子》云："明季重修《宋史》者三家：临

①《辽海丛书》本。此序作于万历三十七年。
②《江苏巡抚萨载奏再行查解违碍书籍板片折》，见中国第一历史档案馆编：《纂修四库全书档案》上册，上海：上海古籍出版社，1997 年，第410—416 页。
③《明史》卷三〇八《奸臣·严嵩传》，第7914 页；《世宗实录》卷一八七嘉靖十五年五月乙卯，《明实录》，第42 册，第3952 页。
④何良俊：《四友斋丛说》卷五，上海：上海古籍出版社，2012 年，第31—36页。参见前揭陈学霖《柯维骐〈宋史新编〉述论》。
⑤见《震川先生集》别集卷五《宋史论赞》，周本淳点校，上海：上海古籍出版社，1981 年。
⑥《宋史记》仅有抄本传世，中国国家图书馆有藏。陈学霖先生谓此书约成稿于万历末年，见前揭《柯维骐〈宋史新编〉述论》。

川汤礼部若士（显祖）、祥符王侍郎损仲（惟俭）、昆山顾枢部宁人（炎武）也。"①实际上并不止这三家。朱彝尊《书柯氏〈宋史新编〉后》说："先是，揭阳王昂撰《宋史补》，台州王洙撰《宋元史质》，皆略焉不详，至柯氏而体稍备。其后临川汤显祖义仍、祥符王惟俭损仲、吉水刘同升孝则咸有事改修，汤、刘稿尚未定。"②虽然这些重修《宋史》的计划大都没有最后完成，但从各种有关记载来看，作者的宗旨基本上是相同的。

在明人修成的几种宋史中，以王洙《宋史质》和柯维骐《宋史新编》影响最大，同时这两部书也最能代表明人的正统观念。《宋史质》以辽金入《夷服》，其《叙略》曰："先王严五服之制，所以谨华夷之辨也。……元人合辽、金、宋为三史，且以外国名，非制也，兹黜之。"③《四库全书总目》将此书列入存目，提要说："是编因《宋史》而重修之，自以臆见，别创义例。大旨欲以明继宋，非惟辽、金两朝皆列于外国，即元一代年号亦尽削之。而于宋益王之末，即以明太祖之高祖追称德祖元皇帝者承宋统。……荒唐悖谬，缕指难穷。自有史籍以来，未有病狂丧心如此人者。其书可焚，其板可斧。"④四库馆臣对《宋史质》的严厉批判反衬出王洙的华夷观念是如何的偏执。《宋史新编》的旨趣与《宋史质》非常相似，该书《凡例》第一条详细阐释了作者的宋辽金正统观：

　　宋接帝王正统，契丹、女真相继起西北，与宋抗衡，虽各

---

① 《鲒埼亭集外编》卷四三，《四部丛刊》本，叶 4b-5a。
② 《曝书亭集》卷四五，《四部丛刊》本，叶 7b。
③ 王洙：《宋史质》卷首《叙略》，台北：大化书局影印明嘉靖刻本，1997 年，第 5 页上栏。
④ 《四库全书总目》卷五〇，第 454 页中栏—下栏。

建号,享国二百年,不过如西夏元昊之属,均为边夷。宋国史有契丹、女真传,实因前史旧法。元人修《宋史》,削辽、金各自为史,称帝、书崩、与宋并,时号三史。盖主议者以帝王之统在辽金也。……今会三史为一,而以宋为正,辽、金与宋之交聘、交兵,及其卒、其立,附载本纪,仍详君臣行事为传,列于外国,与西夏同,庶几《春秋》外夷狄之义云。①

康大和《宋史新编后序》极口称赞此书"尊宋之统,附辽金为外国传,尤为得义例之精"云云,②这正是此书最为明人所看重的地方。

宋辽金正统问题的讨论毋宁说是明代士人华夷观念的一种表达方式和一个宣泄渠道,与元朝正统之辨所不同的是,这个问题的结论在明代几乎是没有争议的。因此,彻底颠覆宋辽金三史的正统体系,自然是明朝士大夫汲汲于心的一件事情。

在以异族入主中原的清朝,如何看待宋辽金正统,是一个比较微妙而又颇有忌讳的话题。清朝前期,有意提高辽金王朝的历史地位。顺治二年(1645),增祀辽太祖、金太祖、金世宗于历代帝王庙;康熙六十一年(1722),又增祀辽太宗、景宗、圣宗、兴宗、道宗及金太宗、章宗、宣宗。③梁启超在《新史学·论正统》中曾就此事做过分析:"本朝以异域龙兴,入主中夏,与辽、金、元前事相类。故顺治二年三月议历代帝王祀典,礼部上言,谓辽则宋曾纳贡,金则宋尝称侄,帝王庙祀,似不得遗。骎骎乎欲伪宋而正辽金矣。"

①柯维骐:《宋史新编》"凡例",《四库全书存目丛书》影印明嘉靖刻本,史部第 20 册,第 466 页上栏。
②《宋史新编》书后,《四库全书存目丛书》史部第 22 册,第 811 页上栏。
③《大清会典则例》卷八二"礼部·祠祭清吏司·中祀二",台湾商务印书馆影印文渊阁《四库全书》本,第 622 册,第 558—559 页。

在这样一种时代氛围下,汉族士人很少对宋辽金正统问题发表意见。我们注意到,虽然清人也有若干种改编订补《宋史》的著作,但其主旨不外乎纠谬补遗、删繁存简,而不是像明人那样一味在义例上做文章。①

然而清朝统治者的正统观并非是一成不变的,清高宗在这个问题上的立场和态度尤其值得注意。乾隆四十六年(1781),围绕着杨维桢《正统辨》的评价问题,曾发生过一场意味深长的争论。《四库全书》中所收《辍耕录》,因载有杨维桢《正统辨》,故深为馆臣所忌,文渊阁本书前提要云:"第三卷中载杨维桢《正统辨》二千六百余言,大旨欲以元承南宋之统,而排斥辽金。考隋先代周,继乃平陈,未闻唐宋诸儒谓隋承陈不承周也。持论殊为纰谬。……今删除此条,用昭公义焉。"②高宗在看到这篇提要后,专门写了一篇上谕来理论这个问题。他认为四库馆臣的正统论"似是而非",并谓杨维桢《正统辨》"欲以元继南宋为正统,而不及辽金,持论颇正,不得谓之纰缪"。且看他是如何解释的:

> 夫正统者,继前统受新命也。东晋以后,宋、齐、梁、陈虽江左偏安,而所承者晋之正统,其时若拓跋魏氏地大势强,北

---

① 当然,清初明遗民的态度应另当别论。如黄宗羲不仅对元人所修宋辽金三史持严厉批评的态度,甚至就连明初所修《元史》亦为其所不容,他主张应"改撰《宋史》,置辽、金、元于《四夷列传》,以正中国之统"(见《留书·史》,《黄宗羲全集》,杭州:浙江古籍出版社,2012年,第11册,第12页)。
② 台湾商务印书馆影印文渊阁《四库全书》本,第1040册,第411页。成书较晚的文溯阁本书前提要以及《四库全书总目》均已删去此段文字,但文渊阁本和文津阁本书前提要却一仍其旧,想是馆臣疏忽所致。

齐、北周继之，亦较南朝为盛，而中华正统不得不属之宋、齐、梁、陈者，其所承之统正也。至隋则平陈以后，混一区宇，始得为大一统。……至于宋南渡后偏处临安，其时辽、金、元相继起于北边，奄有河北，宋虽称侄于金，而其所承者究仍北宋之正统，辽、金不得攘而有之也。

这段话把高宗的正统观表达得再透彻不过了。高宗非常清楚馆臣所忌讳的是什么，可他并不讳言本朝的异族出身，因为他对清王朝的正统性另有说法："我朝为明复仇讨贼，定鼎中原，合一海宇，为自古得天下最正。……然馆臣之删杨维桢《正统辨》者，其意盖以金为满洲，欲令承辽之统，故曲为之说耳。不知辽、金皆自起北方，本无所承继，非若宋、元之相承递及，为中华之主也。"显然，到了乾隆时代，清朝统治者的正统观念已经发生蜕变，他们从北方民族王朝的立场彻底转向了中国大一统王朝的立场；所以在高宗看来，清朝与辽、金这些北族王朝之间既没有任何传承关系，也没有任何共同点，清王朝的正统乃是来自中原王朝。于是高宗谕令馆臣，不但《辍耕录》中所载杨维桢《正统辨》不必删除，而且还应将此文补入杨氏《东维子集》，并让馆臣把他的这篇上谕分别抄录于《辍耕录》和《东维子集》卷首。①

其实早在乾隆三十八年，高宗就已对宋辽金正统问题发表过明确见解："夫宋虽南迁，正统自宜归之宋。至元而宋始亡，辽金固未可当正统也。"这段话出自他的一首题为《题〈大金德运图

---

① 《命馆臣录存杨维桢〈正统辨〉谕》，乾隆四十六年正月。见文渊阁《四库全书》本《东维子集》卷首，并收入高宗《御制文二集》卷八。

说〉》的诗序中，①可能不大为人所知，故四库馆臣在涉及辽金史事时仍不免心存忌讳。自乾隆四十六年以后，高宗多次向臣下公开表达他的上述观点。是年十月，他在抽查文渊阁本《四库全书》时，指出《契丹国志》"体例书法讹谬"的问题："大书辽帝纪元于上，而以宋祖建隆等年号分注于下，尤为纰缪。夫梁、唐、晋、汉、周僭乱之主，享国日浅，且或称臣、称儿、称孙于辽，分注纪元尚可。若北宋则中原一统，岂得以《春秋》分国之例，概予分注于北辽之下？"②《契丹国志》帝纪部分原是以辽朝纪年为纲，而将北宋年号分注其下，高宗因主张正统在宋不在辽，故对这种体例极为不满，于是命馆臣将《契丹国志》一书撤出来加以改纂。乾隆四十七年四月，高宗在为改译辽金元三史所作的序中，再次明确否定辽金王朝的正统性："夫辽、金虽称帝，究属偏安。"③

在如何看待宋辽金正统的问题上，清高宗与明代士人可谓殊途而同归。明人之所以对宋辽金正闰耿耿于怀，主要是受其华夷观念的主宰，他们强调的是"严夷夏之大防"；而清高宗之所以要否定辽金正统，则主要是缘于他的文化立场，他自认代表华夏正统，信奉的是"夷而进于中国则中国之"的信条。长期以来，人们对清朝统治者的正统观念缺乏深入的了解，总是想当然地认为他们的立场必定是倾向于辽金元这些北族王朝的，实际情况并非如此简单。如金毓黻先生谓《四库全书》将《宋史质》和《宋史新编》

①清高宗：《御制诗四集》卷一四，台湾商务印书馆影印文渊阁《四库全书》本，第 1307 册，第 483 页。

②《谕内阁契丹国志体例书法讹谬着纪昀等依例改纂》，乾隆四十六年十月十六日。见《纂修四库全书档案》下册，第 1418 页。

③《高宗实录》卷一一五四，乾隆四十七年四月辛巳，《清实录》，北京：中华书局影印本，1986 年，第 23 册，第 465 页下栏。

列入存目,乃是因为这两部书"尊宋统、抑辽金,大触清廷之忌,意甚显然",①这个断语就似是而非。因为清高宗同样也是"尊宋统、抑辽金"的,他不喜欢的只是明人那种狭隘的华夷观念罢了。

自晚清至民国,由于民族主义思潮盛行,传统的华夷观念又开始抬头,于是明人的宋辽金史观在知识分子中引起了共鸣。金毓黻先生在20世纪40年代出版的《宋辽金史》一书,开篇《总论》首先讨论正统问题,并全盘接受了明朝史家的观点,主张当"以宋史为正史,即用元人杨维桢之议,'挈大宋之编年,包辽金之纪载',如明人改修之例是也"。又谓"明人改修《宋史》,取材未备,而体例极善。将来重修之新《宋史》,取材或胜于旧作,而体例终无以易之"云云。② 在他的另一部著作《中国史学史》中,竟对柯维骐《宋史新编》有如此的期许:"可取柯书列于正史,而称为《新宋史》。柯劭忞之《新元史》,藉政府之力得入正史,则维骐之作,何为而不得列入正史? 前后二柯,互相辉映,吾知终必有实现之一日也。"③不过我们注意到,这两部书都写成于抗战时期。在那样一个特殊的年代,历史学家惯于以他们所擅长的方式来表达自己的民族情感,而宋辽金正统之辨不过是充当了一个载体而已。

原载《中国社会科学》2004 年第 2 期

---

① 金毓黻:《中国史学史》,北京:商务印书馆,1957 年,第 140 页。
② 金毓黻:《宋辽金史》,上海:商务印书馆 1946 年初版,此据台湾商务印书馆 1982 年重印本,第 1—2 页。
③ 见重庆商务印书馆 1944 年初印本第 147 页,1949 年后再版时已删去此段文字。

【未及补入正文之笔记】

1. 陈桱《通鉴续编》元刊本卷首有至正二十一年（1361）周伯琦序："曩予为太史，时诏修宋辽金三史，与待制王理辈首议统纪不合，私于避忌者从而和之，如出一口。予遂移疾，力辞不就。其书虽成，布在人间，而公论有所不可掩者。子经论著，殆与予合。"（四库本及饶宗颐书均无此序）

2. 川本芳昭：《辽金における正统観をめぐって：北魏の場合との比較》，《史渊》147 号，九州大学大学院人文科学研究院，2010 年 3 月。

3. 朝鲜英祖以后基于其尊周思明的理念，编纂了多种宋、明史书，主要目的就是为了另创义例，所修宋史最典型者为《宋史筌》（成书于 1780 年），参孙卫国：《明清时期中国史学对朝鲜的影响：兼论两国学术交流与海外汉学》，上海：上海辞书出版社，2009 年，第 75—78 页；孙卫国：《大明旗号与小中华意识：朝鲜王朝尊周思明问题研究 1637—1800》第六章，北京：商务印书馆，2007 年。

历史是怎样写成的？

——郝经雁帛书故事真相发覆

　　元世祖中统元年（1260），郝经奉命使宋，被贾似道羁留于真州（今江苏仪征）达16年之久，始终守节不屈。据说郝经为了北归，曾以帛书系于雁足而放飞，后果为元人所获，成就了一个苏武式的忠贞故事。由于郝经雁帛书故事出自元代官方文献记载，且有实物为证，又多见于元人传述题咏，故后人多深信不疑，直至今天仍被人们视为信史。如李治安《忽必烈传》一书，就基本采信了陶宗仪《辍耕录》和宋濂《题郝伯常帛书后》等有关此事的记载，认为这个故事"大体是可信的"①。郝经本贯陵川，山西陵川的文史研究者普遍对这位乡贤充满崇敬之情，不消说，对于早已脍炙人口的雁帛书故事，他们更是持笃信不移的态度②。

　　然而，近年有学者对这一传说的真实性提出了质疑。苗冬撰

①李治安：《忽必烈传》，北京：人民出版社，2004年，第214—215页。
②参见秦鸿昌：《郝经传》，太原：山西古籍出版社，2001年，第187—189页；李中笑：《郝经鸿雁传书考论》，《天风海涛——郝经暨金元文化学术研讨会论文集》，太原：山西出版集团、山西春秋电子音像出版社，2007年，第44—46页。

文指出,此事存在着如下两个疑点:其一,这个故事至元代中期以后始见于记载,而苟宗道《故翰林侍读学士国信使郝公行状》、阎复《元故翰林侍读学士国信使郝公墓志铭》、卢挚《翰林侍读学士国信使郝公神道碑铭》以及苏天爵《元朝名臣事略》均未提及此事;其二,史称郝经于至元十一年(1274)九月一日在真州放雁传书,这个时间点也是一个明显的疑窦,因为大雁是一种冬候鸟,其迁徙习性是秋季南去越冬,春季北来繁殖,若谓九月放雁传书北方,显然不合常理①。

上述质疑促使我们重新思考郝经雁帛书故事的真伪问题,如果判定此事确属子虚乌有,那么需要进一步追问的是,它究竟是如何被虚构出来并进入历史知识系统的呢? 根据现有史料,我们可望解开这个谜团,给读者讲述一个"历史"是怎样写成的故事。

一、"一寸蜡丸凭雁寄":元人笔下的郝经雁帛书故事

郝经雁帛书故事出自元朝官修史书系统,最习见者莫过于《元史·郝经传》:

> 拘宋十六年……经还之岁,汴中民射雁金明池,得系帛,

---

① 苗冬:《元代郝经雁帛书事迹辨正》,《元史论丛》第 11 辑,天津:天津古籍出版社,2009 年,第 255—260 页。苗文的观点目前并未得到学界认同,王颋认为,苗文怀疑雁帛书故事的真实性,其理由并不充分。见氏著《雁足系帛——元国信使郝经被羁事件考论》,《内陆亚洲史地求索(续)》,兰州:兰州大学出版社,2012 年,第 264—280 页。

书诗云:"霜落风高恣所如,归期回首是春初。上林天子援弓缴,穷海累臣有帛书。"后题曰:"至元五年九月一日放雁,获者勿杀。国信大使郝经书于真州忠勇军营新馆。"其忠诚如此。①

需要说明的是,此处所记帛书系年有误,钱大昕已经指出这一点:"按《辍耕录》载此事,本作'中统十五年'。盖南北隔绝,经又被羁,未知至元之改元也。……伯颜南伐在至元十一年,经之还在至元十二年,经系帛书称中统十五年,正伯颜南伐之岁。其明年,经始北还。《传》称至元五年,又称经还之岁得之,皆误。"②钱氏指出"至元五年"当为"中统十五年"之误,此误显然,或许是明朝史官以为不当有中统十五年而妄改;但史称"经还之岁"获雁帛书却并无不妥,据元人记载,汴梁民射得雁帛书确实是在郝经北归的至元十二年。

《元史·郝经传》的史源是一个需要讨论的问题。有学者认为,《郝经传》是依据苟宗道所撰行状、阎复所撰墓志、卢挚所撰神道碑并参照苏天爵《元朝名臣事略·国信使郝文忠公》编纂而成的③,但问题是以上传记资料均未记载雁帛书故事,可见当是另有史料来源。其实,明初两次开史局修《元史》,前后费时不足一年,

---

① 《元史》卷一五七《郝经传》,北京:中华书局,1983年,第3709页。
② 钱大昕:《廿二史考异》卷九八,上海:上海古籍出版社,2004年,下册,第1337页。汪辉祖《元史本证》卷二一亦云:"按《纪》经还在至元十二年,此云'经还之岁',又云'至元五年',误。"(北京:中华书局,1984年,上册,第222页)文渊阁《四库全书》本《元史》则将"至元五年"径改为"中统十五年"(第295册,第143页下栏)。
③ 参见王慎荣等:《元史探源》,长春:吉林文史出版社,1991年,第215页。

成书如此仓促，其诸列传想必不大可能直接取材于碑传文字等原始资料，而很可能有什么较为现成的史籍可供抄撮。一般认为，《元史》本纪和志、表分别采自诸朝实录和《经世大典》，但对于列传的史料来源却历来是众说纷纭。元朝实录无附传，虽然仁宗、英宗、顺帝朝都有敕修后妃功臣传的记载，但是否最终成书以及是否传至明初，都是颇有疑问的①。陈高华指出，《经世大典》是《元史》列传的一个重要来源。《经世大典》虽是一部会要体的政书，但其《治典》下的"臣事"门专收诸臣传记，《永乐大典》残卷中所见《经世大典》人物传记即出自于此②。由此推断，《元史·郝经传》的直接史源最有可能出自《经世大典》。《经世大典》纂修于天历二年（1329）至至顺二年（1331），而如下所述，郝经雁帛书是延祐五年（1318）被发现的，因此若《经世大典》中的郝经传述及雁帛书故事，应该是顺理成章的事情。

自郝经雁帛书被发现后，这个故事在元代中后期广为流传，并且被人为添加了许多细节，其中对后来影响最大的一个版本无疑是见于陶宗仪《辍耕录》的下述记载：

> "霜落风高恣所如，归期回首是春初。上林天子援弓缴，穷海累臣有帛书。中统十五年九月一日放雁，获者勿杀。国信大使郝经书于真州忠勇军营新馆。"右五十九字，郝公书也。……中统元年，拜翰林侍读学士，充国信使使宋，宋馆于

---

① 《元史》卷一〇六《后妃表序》称："累朝尝诏有司修后妃传，而未见成书。"（第2693页）可知至少明初史臣并未见过后妃传。
② 参见温岭（即陈高华）：《元代政书〈经世大典〉中的人物传记》，《中国史研究》1992年第1期，第165—167页。

真州,凡十有六年,始得归。此书当在至元十一年,是时南北隔绝,但知纪元为中统也。先是,有以雁献,命畜之。雁见公輙鼓翼引吭,似有所诉者。公感悟,择日,率从者具香案北向拜,舁雁至前,手书尺帛,亲系雁足而纵之。后虞人获之苑中以闻,上恻然曰:"四十骑留江南,曾无一人雁比乎。"遂进师南伐,越二年,宋亡。至今秘监帛书尚存。①

前人早已注意到,《辍耕录》一书的许多内容都是从时人著述中转录而来的,明人已有"《辍耕》多抄旧书"的说法②,傅海波亦曾指出《辍耕录》大量抄取杨瑀《山居新话》的问题③。至于上面这段引文,我们也不难在元代文献中找到它的出处。

王逢《梧溪集》卷一有《读国信大使郝公帛书》诗,作者在诗序中详细讲述了郝经雁帛书的故事:

"霜落风高怂所如,归期回首是春初。上林天子援弓缴,穷海累臣有帛书。中统十五年九月一日放雁,获者勿杀。国信大使郝经书于真州忠勇军营新馆。"书盖如此。……此书

①陶宗仪:《南村辍耕录》卷二〇"雁书"条,北京:中华书局,1997年,第247页。
②郎瑛:《七修类稿》卷一八《义理类》"说郛"条,北京:中华书局,1959年,上册,第274页。
③傅海波(Herbert Franke)著,周思成译:《杨瑀和他的〈山居新话〉——兼论元代的笔记小说》,《中国传统文化与元代文献国际学术研讨会会议论文集》,北京:中华书局,2009年,第897—908页。据此文统计,在《山居新话》共150条记载中,至少有43条为《辍耕录》所采撷。余大钧则称两书内容大致相同者共计30余条,参见余大钧点校《山居新语》"点校说明",北京:中华书局,2006年,第191页。

当在至元十一年，是时南北隔绝，但知纪元为中统也。先是公羁旅日，有以雁四十饷公，内一雁体质稍异，命畜之，于后雁见公辄张翮引吭而鸣。公感悟，择日，率从者三十七人具香北拜，二人舁雁跽其前，手书尺帛，亲系雁足，且致祝曰："累臣某敢烦雁卿通信朝廷，雁其保重。"欲再拜，雁奋身入云而去。未几，虞人获之苑中，以所系帛书托近侍以闻。上恻然曰："四十骑留江南，曾无一人雁比乎。"遂进师南伐，越二年，宋亡。书今藏诸秘监。河南王客刘澹斋云。[1]

将陶宗仪与王逢两人的雁帛书故事拿来做一比较，即可看出二者之间的渊源关系。王逢所讲述的郝经放雁经过，是目前我们所能看到的最为详尽的一个版本，而《辍耕录》除了对郝经使宋被留的原委有所补充外，有关放雁的具体经过则均系转述王逢的说法，只是略去了若干细节而已。另外从两书的成书先后来看，《辍耕录》卷首有至正二十六年（1366）孙作序，卷一"列圣授受正统"条有"至正今二十六年"一语，由此判断，其成书年代大概就在至正二十六年前后；而《梧溪集》卷首有至正十九年周伯琦序，则《读国信大使郝公帛书》一诗的作年当不晚于至正十九年。如此看来，《辍耕录》的上述记载源于《梧溪集》的判断殆无疑义。

　　难得的是，王逢所讲述的这个郝经雁帛书故事还明确交代了它的来历，声称得自"河南王客刘澹斋"[2]。《梧溪集》卷二有一首

<hr>

[1] 王逢：《梧溪集》卷一《读国信大使郝公帛书》，《北京图书馆古籍珍本丛刊》影印元至正明洪武间刻景泰七年陈敏政重修本，北京：书目文献出版社，1998年，第95册，第424页上栏。

[2] "河南王客"，《知不足斋丛书》本同，文渊阁《四库全书》本作"河南主客"（第1218册，第573页上栏），恐非。

诗题为《松石歌寿刘澹斋总管》，其中有"刘侯自是天门客，大手真能补天坏"的诗句①。既称"刘澹斋总管"，又称为"天门客"，似符合河南王门客的身份。《书史会要》卷七有一条更为明确的线索："刘若水，字澹斋，女直人，喜弄觚翰。"②当即此人。元代河南王可考者有二人，一是卜怜吉带，据《元史》卷二五《仁宗纪》，延祐元年六月戊子，"封河南省丞相卜怜吉带为河南王"；另一位河南王是扩廓帖木儿，但他受封于至正二十五年(1365)，已在王逢作《读国信大使郝公帛书》之后。故王逢所称河南王当是指卜怜吉带，而刘若水(澹斋)则是其门客。

　　王逢从刘若水那里辗转听来的雁帛书故事，显然是一个很不靠谱的民间传闻。且不说郝经放雁的情节太富于戏剧性，一看便知是后人的凭空想像，即如元人如何获得雁帛书的说法，亦与元朝的官方记载截然不同；又谓世祖见帛书后有"四十骑留江南，曾无一人雁比乎"之叹，遂兴师南伐云云，也被宋濂指为"好事者傅会之谈"。在元代中后期，有关郝经雁帛书的故事想必有各种纷纭的传闻，刘若水所讲述的恐怕只是其中的一个版本罢了。

　　关于郝经雁帛诗，还有一个问题需要在此略作解释。笔者注意到，此诗并不见于郝经《陵川文集》，却被收入了许有壬《圭塘小藁》，这究竟是怎么回事儿呢？《圭塘小藁》别集卷上有《郝信使附雁足诗》云："霜落风高恣所如，归期回首是春初。上林天子援弓缴，穷海缧臣有所思。"③与传世郝经雁帛诗相比较，仅末句略有

①《梧溪集》卷二《松石歌寿刘澹斋总管》，第 443 页下栏。
②陶宗仪：《书史会要》卷七，上海：上海书店，1984 年，第 336 页。
③许有壬：《圭塘小藁》别集卷上《郝信使附雁足诗》，《丛书集成续编》影印《三怡堂丛书》本，台北：新文丰出版公司，1989 年，第 136 册，第 728页下栏。

出入:"穷海缧臣有所思",当作"穷海累臣有帛书"。《圭塘小藁》原是许有壬本人所辑的一个诗文集,身后由其弟许有孚重加编次,分为正集十三卷及别集二卷、外集一卷,其中别集卷上的内容,在许有孚洪武二年序中曾有说明:"酬赠及见寄有孚诗文、赞议、跋铭、传记、长短句共八十五,为别集上。"①今检此卷,多为寄赠有孚或与之相唱酬的诗文,大概许有壬曾将郝经雁帛诗抄寄其弟,故许有孚误将此诗编入别集。

如上所述,虽然《元史·郝经传》有关雁帛书的记载源自元朝官修史书系统,但对于事情始末语焉不详,且帛书系年亦有明显错误;而王逢、陶宗仪所讲述的雁帛书故事尽管颇为委曲详尽,却不过是得自传闻的小说家言而已。在今天所能看到的传世文献中,对于郝经雁帛书故事堪称最权威的记载,当推宋濂《题郝伯常帛书后》:

> "霜落风高恣所如,归期回首是春初。上林天子援弓缴,穷海累臣有帛书。中统十五年九月一日放雁,获者勿杀。国信大使郝经书于真州忠勇军营新馆。"右郝文忠公帛书五十九字,博二寸,高五寸。背有陵川郝氏印,方一寸,文透于面,可辨识。盖中统元年三月辛卯,元世祖登极,欲告即位,定和议于宋,妙拣廷臣,惟公最宜。四月丁未,授公翰林侍讲学士,佩金虎符,充国信使以行。宋相贾似道拘留仪真不遣。至元十一年六月庚申,下诏伐宋,问执行人之罪。时公在仪真已十五载,以音问久不通,乃于九月甲戌,用蜡丸帛书,亲系雁足,祝之北飞。十二月丙辰,伯颜南征之师竟渡大江。

---

① 许有孚:《重编许先生圭塘小藁序》,第 627 页下栏。

十二年二月庚午，似道惧，命总管段祐送公归国。三月，虞人始获雁于汴梁金明池。四月，公至燕都，而七月辛未遂卒，年仅五十三尔。其书"中统十五年"，即至元十一年，南北隔绝，但知建元为中统也。十三年正月甲申宋亡，帛书为安丰教授王时中所得。延祐五年春，集贤学士郭贯出持淮西使节，获见焉①，遂奏于朝，敕中使取之。十一月，太保曲出、集贤大学士李邦宁以其书上仁宗，诏装潢成卷，翰林、集贤文臣各题识之，藏诸东观，而王约、吴澄、袁桷、蔡文渊、李源道、邓文原、虞集皆有所作矣。昔苏武使匈奴，匈奴诡称武死，汉昭帝使使者谕云："天子射上林得雁，足有帛书，言武牧羝泽中。"武因获还。此特出一时假托之辞，非有事实也。今当一介行使不通之际，雁乃能远离矰缴而将公书至汴，其殆天欲显公之忠节耶？会公已北归，故获者不以闻，不然则是书之所系岂细故也哉。或谓世祖见书，有"四十骑留江南，曾无一人如雁"之叹，遂兴师伐宋，皆好事者傅会之谈，而不知有信史者也。濂修《元史》，既录诗入公传，今复书岁月先后于卷末，以见雁诚能传书云。②

此文大约作于洪武初年，从宋濂对郝经雁帛书的详细描述来看，显然他曾见过此物。据宋濂说，雁帛书于延祐五年发现后，便被"藏诸东观"，这与王逢、陶宗仪"书今藏诸秘监"、"至今秘监帛

①"获"原误作"颇"，据文渊阁《四库全书》本《文宪集》卷一三《题郝伯常帛书后》改（第 1223 册，第 639 页上栏）。
②宋濂：《宋学士文集·銮坡后集》卷二《题郝伯常帛书后》，见《宋濂全集》，杭州：浙江古籍出版社，1999 年，第 1 册，第 583—584 页。

书尚存"等说法恰相吻合,大概明初修《元史》时尚可见到。如果再做一个大胆的推测,宋濂此文既然题为《题郝伯常帛书后》,文末又说"今复书岁月先后于卷末"云云,或许他这篇文字当时就正是题写在"装潢成卷"的雁帛书之后。

宋濂对于郝经雁帛书故事之始末,尤其是它后来如何被发现的经过,均做了堪称详尽的描述和介绍,最令我们感兴趣的是他的史料依据。据我判断,宋濂的上述记载有以下两个可能的信息来源:其一是《仁宗实录》。《仁宗实录》修成于至治三年(1323),由翰林侍讲学士、知制诰、同修国史袁桷奉表进呈①,袁桷曾于延祐五年写下一首《题郝伯常雁足诗》,由他领衔纂修的《仁宗实录》若详记雁帛书故事及其发现经过是极有可能的。其二是雁帛书后的题跋文字。据宋濂说,延祐五年发现的雁帛书进呈仁宗后被装潢成卷,并有王约等七人的题识,它的后面想必还会有一段介绍此事始末的题跋文字,相对于《仁宗实录》来说,这无疑是更为原始的第一手史料。

与上文所引元人有关此事的种种说法相比较,宋濂所记录的郝经雁帛书故事自然是最可信赖的,理应成为我们讨论此事真伪问题的基本史料依据。首先需要对雁帛书的文字内容做一笺证。帛书记有明确的时间和地点,其系年为"中统十五年",前人均以为是指至元十一年,之所以题为中统,乃是因为郝经不知中统早已改元至元的缘故。这一解释可以通过郝经滞留真州期间留下的大量文字得到证实。按中统五年八月已改元至元,但在郝经作品中却常常可以见到中统六年以后的纪元,如《陵川文集》卷二八

---

① 参见袁桷:《进实录表》,《国朝文类》卷一六,《四部丛刊》本,叶 9a-10a。

《春秋三传折衷序》《春秋外传序》及卷二九《甲子集序》皆题为中统六年,卷二一《祭成玉文》、卷二九《原古录序》皆题中统七年,卷二九《续后汉书序》题中统十三年。又卷二九《玉衡真观序》末署"中统十四年癸酉六月十五日丙申,具位陵川郝经序"①,知此文作于至元十年。以上纪年皆可证明,郝经滞留南宋时确实不知改元一事,故始终以中统纪元。

帛书所记郝经放雁的地点是在"真州忠勇军营新馆",这也可以与郝经使宋期间的相关记载相互印证。据苟宗道《故翰林侍读学士国信使郝公行状》说,郝经一行于中统元年九月"至真州,馆于忠勇军营",又谓"岁丙寅春,三节人有因斗殴相杀死者……乃与幕僚苟宗道等六人,筑馆别居于外者又九年"②。也就是说,郝经等人自至元三年丙寅以后已从忠勇军营中迁出,"筑馆别居于外",亦即所谓的"真州忠勇军营新馆"。郝经《密斋记》一文也曾提到:"丙寅之变,出居于仪真新馆,位于东斋。"③仪真新馆就是"真州忠勇军营新馆"。由此可见,帛书所记时间、地点与郝经使宋经历皆可相互吻合。

据宋濂说,延祐五年发现的雁帛书被进呈于朝并装潢成卷后,当时曾有翰林、集贤院诸文士王约、吴澄、袁桷、蔡文渊、李源道、邓文原、虞集等七人为之题识。这一记载如今也可以得到部分证实。袁桷、吴澄两人均有题郝经雁帛书的诗作传世,应该就

①郝经:《陵川文集》卷二九《玉衡真观序》,《北京图书馆古籍珍本丛刊》影印明正德二年李瀚刻本,北京:书目文献出版社,1991 年,第 91 册,第 734 页下栏。

②苟宗道:《故翰林侍读学士国信使郝公行状》,见《陵川文集》卷首,第 473 页下栏。

③郝经:《陵川文集》卷二七《密斋记》,第 716 页上栏。

作于延祐五年,不过这还需要稍加论证。

　　袁桷《题郝伯常雁足诗》云:"深羁孤馆鬓毛斑,猛虎摇须障海寰。玉树已歌归逝水,羽书难射隔平山。不须觝乳终回汉,肯学鸡鸣诈度关。一寸蜡丸凭雁寄,明年春尽竟生还。"其下有作者自注:"乙亥四月放还。'霜落风高恣所如,归期回首是春初。上林天子援弓缴,穷海累臣有帛书。中统十五年九月一日放雁,获者勿杀。国信大使郝经书于真州忠勇军营新馆。'中统十五年乃至元十一年,明年奉使还。"①延祐五年袁桷是否在朝廷任职,是判断此诗作年的一个重要依据。关于袁桷的仕履,苏天爵《袁文清公墓志铭》及《元史·袁桷传》均语焉不详②,但同治《鄞县志》卷三一对袁桷延祐间仕履有较为细致的考证:"延祐三年,迁待制。"下有小注云:"按《墓志》《元史》《至正志》迁待制无年份。今考《清容集·己未封赠祝文》言:'丙辰春,叨尘待制。'丙辰乃仁宗延祐三年。又考《两浙金石志·庆元路鄞县庙学碑》亦称延祐三年四月翰林待制袁桷记。故补之。"③《己未封赠祝文》见《清容居士集》卷四三,谓"丙辰秋八月,复获再任(指翰林待制)",又谓"夏五月逾满,忽蒙误恩超升为直学士"④。这里所称"夏五月"是指己未(即延祐六年)夏五月,据此可以大致梳理出袁桷延祐间任职翰林、集贤院的情况:延祐三年任翰林待制,至延祐六年五月改任

---

①袁桷:《清容居士集》卷一二《题郝伯常雁足诗》,《四部丛刊》本,叶 9a–9b。

②参见苏天爵:《滋溪文稿》卷九《元故翰林侍讲学士袁文清公墓志铭》,北京:中华书局,1997 年,第 133—137 页;《元史》卷一七二《袁桷传》,第 4025—4026 页。

③同治《鄞县志》卷三一《人物传六·袁桷传》,光绪三年刻本,叶 4a。

④《清容居士集》卷四三《己未封赠祝文》,《四部丛刊》本,叶 23a。

集贤直学士。这样看来，袁桷《题郝伯常雁足诗》作于延祐五年的结论是可信的。

吴澄诗名为《题郝陵川雁足系诗后》，诗云："忠贞信使早许国，羁旅微臣晚见诗。追忆当时如一梦，濡毫欲写泪交颐。"[①]对于吴澄延祐间的行迹，危素《临川吴文正公年谱》记述颇为详细：皇庆元年（1312）辞国子司业归，此后直至延祐四年一直蛰居抚州；延祐五年，"授集贤学士、奉议大夫。五月戒行，八月次仪真（小注：疾复作，时使者亟欲复命，公因辞谢，遂留淮南），十一月留建康"[②]，在建康一直滞留到延祐六年十月，最终还是返回了抚州。揭傒斯《临川郡公谥文正吴公神道碑》也有类似的记载：延祐四年，"起为集贤直学士，特加奉议大夫。明年秋，行至仪真，以疾谢，遣使者。就金陵，过九江，拜周元公墓而归"[③]。《元史·吴澄传》亦云："俄拜集贤直学士，特授奉议大夫，俾乘驿至京师，次真州，疾作，不果行。"[④]这些记载都表明，吴澄虽于延祐五年奉诏入朝，但最终半途而返。那么，他题郝经雁帛书的诗篇究竟写于何时何地呢？其实答案就在那首诗中："忠贞信使早许国，羁旅微臣晚见诗。"前一句是指郝经，后一句自称"微臣"，是说他这首诗作于旅途中。从上面谈到的情况来看，估计此诗是他延祐五年十一

---

① 吴澄：《吴文正公集》卷四五《题郝陵川雁足系诗后》，《元人文集珍本丛刊》影印明成化二十年刊本，台北：新文丰出版公司，1985 年，第 4 册，第 60 页下栏。

② 危素：《临川吴文正公年谱》，载《吴文正公集》卷首，第 3 册，第 23 页上栏—24 页上栏。"时使者亟欲复命"句，原误作"使者亟无复命"，据乾隆二十一年《吴文正公集》校改。

③ 揭傒斯：《临川郡公谥文正吴公神道碑》，载《吴文正公集》卷首，第 3 册，第 15 页下栏。

④《元史》卷一七一《吴澄传》，第 4012 页。

月以后在建康所作。据宋濂说,雁帛书正是延祐五年十一月进呈仁宗的,恰好此时吴澄以疾留建康,大概是由朝廷使臣将雁帛诗抄送给他并请他题诗,于是遂有《题郝陵川雁足系诗后》。这就是我对此诗写作缘起的解释。

综上所述,出自宋濂笔下的郝经雁帛书故事,无论是帛书内容本身,还是它在延祐五年被发现并获得朝廷君臣认可的经过,都可以得到诸多文献乃至实物资料的佐证,似乎没有什么明显的破绽,难怪后人对这个故事大都深信不疑,郝经雁帛书成为千百年来被人们反复传诵的一段历史佳话。

二、雁帛书还是赝帛书?

明代以后,雁帛书故事因被采入《元史·郝经传》而广为人知,人们在谈起这个故事时,往往拿它与苏武雁帛书相比较。众所周知,苏武雁帛书本是一个虚构的故事。据《汉书·苏武传》记载,昭帝即位后与匈奴和亲,并要求匈奴遣还苏武、常惠等汉使,匈奴谎称苏武已死,"后汉使复至匈奴,常惠请其守者与俱,得夜见汉使,具自陈道。教使者谓单于,言天子射上林中,得雁,足有系帛书,言武等在某泽中。使者大喜,如惠语以让单于"。于是苏武终于获释[1]。这个由常惠杜撰出来的雁帛书也成为一个家喻户晓的故事。

后人在讨论郝经雁帛书故事时,大都认为苏武事出于虚构而郝经事则真实可信,上文提到宋濂已有此说。又如明代藏书家徐

---

[1]《汉书》卷五四《苏武传》,北京:中华书局,1975 年,第 2466 页。

应秋也有这样的说法:"世传苏子卿雁书云者,不过汉人诡言以绐匈奴,因成故事。顾如郝经之雁,乃实有之,而元主亦竟得之,是可异也。"①晚明张懋修在引述《辍耕录》所记郝经雁帛书故事时,也完全相信了它的真实性:"苏武在匈奴雁帛致书事,乃汉侦得武所在,故以雁书神其说,以骇虏耳。乃元朝实有是事乎……右《辍耕录》载其本朝之事如此,则雁帛是真事矣。"②清人也大多持类似看法,查继佐《罪惟录》称"宋濂题识郝经雁帛诗,千古只此一事"③。朱亦栋在谈到此事时,亦谓苏武雁帛书"本空言,非实事也,此则真雁足寄书矣"④。

要说后人对郝经雁帛书故事之笃信不移,乾嘉史家赵翼可算是最有代表性的。《廿二史劄记》卷三〇"郝经昔班帖木儿"条论及雁书事,谓"奇闻骇见之事,流传已久,在古未必真,而后人仿之,竟有实有其事者",并得出"苏武雁书之事虚,而郝经雁书之事实也"的结论⑤。在他早年所作的《陔余丛考》一书中也曾经谈到此事,称"苏武雁书乃托辞,而(郝)经雁书则实事,尤绝奇也"⑥。

① 徐应秋:《玉芝堂谈荟》卷六"雁足系书"条,台湾商务印书馆影印文渊阁《四库全书》本,第 883 册,第 147 页下栏。
② 张懋修:《墨卿谈乘》卷一二《禽兽》"雁帛书",《四库未收书辑刊》影印明刻本,北京:北京出版社,2000 年,第 3 辑 28 册,第 165 页下栏—166 页上栏。
③ 查继佐:《罪惟录》志卷三二中《外志·诸臣传逸》,《四部丛刊三编》本,叶 4b。
④ 朱亦栋:《群书札记》卷六"雁书",《续修四库全书》影印光绪四年武林竹简斋刻本,上海:上海古籍出版社,2002 年,第 1155 册,第 103 页上栏。
⑤ 王树民:《廿二史劄记校证》,北京:中华书局,1984 年,下册,第 710 页。
⑥ 赵翼:《陔余丛考》卷三九"守节绝域不传者甚多",北京:中华书局,2006 年,第 3 册,第 856—857 页。

乾隆四十八年（1783），赵翼至真州寻访郝经居址，有《访真州馆故址》诗一首，专就雁帛书故事发表了一通感慨："汉代曾传雁足书，昔是虚言今实事。雁飞北去兵南翔，白发累臣返故疆。人间遂有两苏武，后先青史遥相望。"①从这些诗文中，足以看出这个故事给赵翼留下的印象是多么深刻，以至于要再三强调它的真实性。另外，上文提到钱大昕和汪辉祖两位乾嘉史家均曾指出《元史·郝经传》有关雁帛书纪年的错误，但却并没有对这个故事本身提出任何疑问，可见他们也是将此事当作信史来看待的。

一个连史家都信以为真的故事，在民间社会的认知度是可想而知的。山西陵川的落雁池就充分显示了这个故事的广泛影响力，据乾隆《陵川县志》记载："落雁池：在城南元郝文忠公故第侧，拟汴之金明池。公有帛书系雁足事，比还之岁，弋者获于金明池上。……邑人于公故第东一池名曰落雁池，孙令磐立亭于池上，刻雁足诗以表之。"②该书卷一八《宦迹》有孙磐传，称孙氏于明弘治十年（1497）任陵川县令，可知这是弘治年间的事情。直至今天，陵川县城内还有落雁街、云雁路，皆取意于雁帛书故事。

到了晚清，郝经雁帛书故事还被演绎为戏剧作品。道光初，许鸿磐以这个故事为蓝本创作了杂剧《雁帛书》，系许氏《六观楼北曲六种》之一。许氏《雁帛书北曲弁言》解释了该剧的寓意所在：

---

① 赵翼：《瓯北集》卷二八《访真州馆故址》，《续修四库全书》影印嘉庆十七年湛贻堂刻本，第 1446 册，第 579 页上栏。此诗作年据华夫主编《赵翼诗编年全集》，天津：天津古籍出版社，1996 年，第 3 册，第 791—792 页。
② 乾隆《陵川县志》卷六《古迹》，程德炯纂修，乾隆四十四年刻本，叶 2b-3a。

元人有《苏武告雁》曲,以雁书事系之子卿,人多艳称之。然《汉书》本传具在,非实事也。惟元郝伯常经使宋,为贾似道拘留真州者一十五年,乃真有雁足寄书之事。宋濂《元史》、陶九成《辍耕录》俱载之。呜呼!伯常文章气节,冠绝一时,而雁书一事,尤足千古。故据本传,参以《宋史》,为北曲四套,以传其奇。①

　　许氏对郝经雁帛书故事的认知,与明清史家的上述见解可谓同出一辙,实际上这已经成为大多数人的一种共识。

　　不过也并非完全没有质疑的声音。自乾嘉以后,就有不止一人对于郝经雁帛书故事的真实性表示怀疑,据笔者所见,最早提出异议者大概是清高宗。高宗作于乾隆四十三年的《题郝经续后汉书》,其中一首云:"帛诗或者假前题,学术忠诚孰可齐。设使子卿逢地下,著书差胜娶胡妻。"其下有作者小注:"《元史》经本传载汴中民射雁金明池,得系帛,书诗有云:'霜落风高恣所如,归期回首是春初。上林天子援弓缴,穷海累臣有帛书。'中统十五年九月十(按此字衍)一日放雁,获者勿杀。国信大使郝经书于真州忠勇军营新馆。盖经以久留音问不通,不知中统之为至元也云云。此盖好事者因苏武事假为之。然经久羁宋地,仗节不屈,仅以著书自遣,视苏武在匈奴娶妇生子不可同日语,奚藉雁书方表其忠乎。"②这段注文主要是针对"帛诗或者假前题"句加以阐发的,高

①田同旭:《雁帛书评注》,太原:山西人民出版社,2006年,第2页。
②清高宗:《御制诗四集》卷五一《题郝经续后汉书》之五,台湾商务印书馆影印文渊阁《四库全书》本,第1308册,第180页上栏—下栏。此卷卷首题"戊戌七",知作于乾隆四十三年(1778)。

宗虽极力表彰郝经仗节不屈之气节,但并不相信《元史·郝经传》所记载的雁帛书故事,认为它是"好事者因苏武事假为之"。在前人众口一词推崇雁帛书为"千古一事"的人间奇迹时,高宗这一与众不同的见解显得颇为难得。

对雁帛书的质疑还见于光绪《顺天府志》,该书《郝经传》有一条小注谈及此事真伪,并对《元史·郝经传》的记载提出批评:"经使宋被拘,抗志不屈,宜与苏武并称,帛书一节,亦因武事而附会。点缀词章,固无不可,正史列传亦采而录之,则诬矣。"①光绪《顺天府志》题为张之洞、缪荃孙纂,每卷又分别注明分纂者,该卷卷端题"黄冈洪良品纂,江阴缪荃孙覆辑",估计这条小注当出自缪荃孙之手。

对于郝经雁帛书故事的真伪问题,清高宗和缪荃孙所见略同,都认为它是后人借苏武事附会出来的一个传说,但他们的结论仅止于一种直觉而已,并没有加以论证。真正对雁帛书故事真伪进行过认真考察的是乾嘉时代以校勘学名家的卢文弨,卢氏《读史札记》在引述《元史·郝经传》后,写下了一段十分精彩的考证文字:

> 案此乃好事者因苏武事而依托为之者也。当时苟宗道撰行状,卢挚撰神道碑,阎复志墓,皆不书此事,即本集亦不载此诗,唯宋景濂曾见所为帛书者,而题其后云……是当时皆信此事为真有矣。不知九月非雁北乡之期,夫人知之,今云九月于仪真放雁,三月于汴梁获雁,皆非事理所有。而景

①光绪《顺天府志》卷一一四《人物志·郝经传》,《续修四库全书》影印光绪十二年刻十五年重印本,第686册,第308页上栏—下栏。

濂信之,载入正史,亦好奇之过也。今《传》更误作至元五年,又后人强作解事者之所妄改矣。①

卢文弨认为雁帛书故事为后人伪托,并提出了两个很有说服力的理由:一是此事不见于郝经行状、墓志、神道碑,且雁帛诗也未收入《陵川文集》;二是九月在真州放雁,三月在汴梁获雁,与大雁秋去春来的迁徙规律不符,放雁、获雁的时间不合常理。

然而令人意想不到的是,卢文弨在他晚年所作的《龙城札记》中,却来了个一百八十度的大转变,完全推翻了他的上述结论:

> 宋留元使郝经于真州十五年,经乃于九月一日用蜡丸帛书系雁足,祝之北飞。事载《元史》。余尝疑之,九月雁正南翔之时,安得北飞,以为好事者傅会,未必实然。然当时吴澄、袁桷、蔡文渊、李源道、邓文原、虞集、宋濂皆有题识,并无一人致疑者,则事必非妄造。今考得系书虽以九月,而虞人获雁于汴梁金明池,实以至元十二年之三月,事方明白。且经诗云"霜落风高恣所如,归期回首是春初",诗意本不望其九月即北徂也,于是疑乃尽释。②

首先需要对卢氏《读史札记》和《龙城札记》两书的先后次第做一点说明。据劳格说,《读史札记》是卢氏过世后"孙颐谷侍御

---

① 卢文弨:《读史札记》"郝经传"条,《续修四库全书》影印《聚学轩丛书》本,第452册,第127页上栏。前引苗冬《元代郝经雁帛书事迹辨正》一文似即因袭此说。
② 卢文弨:《龙城札记》卷二"郝经雁足系书"条,《续修四库全书》影印《抱经堂丛书》本,第1149册,第701页上栏。

从其稿本录出"①,著作年代不详。而《龙城札记》则是其晚年的一部学术笔记,钱馥在为该书所作序中说:"《龙城札记》,抱经先生掌教龙城时之所记也。"②卢文弨卒于乾隆六十年,而他主讲常州龙城书院是乾隆五十三年至五十六年的事情③。又据严元照嘉庆四年序《读史札记》,称卢文弨"所自著书,惟《钟山札记》四卷生前所刻,后来又纂《龙城札记》,未竣而殁,今所刻三卷,非全书也"云云④。可见《龙城札记》虽作于龙城书院时期,但直至卢文弨去世时尚未最后完稿,应该是他晚年的最后一部著作,因此肯定要晚于《读史札记》。

卢文弨对于雁帛书真伪的判断之所以会发生如此大的转变,主要是受到延祐五年吴澄、袁桷等人的题识以及后来宋濂跋语的影响,这些颇有名望的人物对雁帛书的一致认可,让他不得不相信这个故事的真实性。于是他对放雁、获雁时间上的疑问又进行了重新解释,认为九月在真州放雁、三月在汴梁获雁也并非没有可能,并以雁帛诗"霜落风高恣所如,归期回首是春初"来为之佐证。看得出来,无论是当初的否定意见还是后来的肯定态度,卢文弨对郝经雁帛书故事的真伪问题确实进行过一番认真的思考。

明清以来,郝经雁帛书故事广为流传,因帛书之来历既有明

---

① 见《读史札记》卷首所载道光十九年劳格序,第 115 页下栏。孙颐谷即孙志祖,乾嘉间著名藏书家。
② 见《龙城札记》卷首所载嘉庆元年钱馥序,第 692 页下栏。
③ 参见柳诒徵:《卢抱经先生年谱》,《中央大学国学图书馆第一年刊》,1928 年 11 月,第 70—74 页;张波:《柳诒徵〈卢抱经先生年谱〉补遗》,中华文史网<http://www.historychina.net>首发。
④ 见《读史札记》卷首所载严元照序,第 115 页下栏。

确记载,又得到当时朝廷君臣的高度肯定,加之宋濂在明初还曾目睹过原物,因此后人很少对这个故事的真实性产生怀疑。直至乾嘉以后,才开始有人对它提出质疑。清高宗和缪荃孙均认为此事出自后人附会,但却并未提供任何证据;只有卢文弨对雁帛书的真伪问题进行过认真考辨,指出它存在的两个疑点,不过后来经过重新思考,他又放弃了这一观点,转而相信此事"必非妄造"。卢文弨在这个问题上的前后矛盾说明,究竟是雁帛书还是赝帛书,似乎是一个很难判断的问题。

三、历史是这样写成的:雁帛书故事证伪

如上所述,郝经雁帛书故事的真相至今仍扑朔迷离,可以说还是一个悬而未决的问题。在讨论雁帛书的真伪之前,首先需要对卢文弨提出的疑点进行重新检讨。

其实在卢文弨指出的两个疑点中,最明显的漏洞还是第一个问题:雁帛书一事不见于郝经行状、墓志和神道碑,是一个无法回避也无法解释的重大疑问。苟宗道《故翰林侍读学士国信使郝公行状》是记载郝经生平事迹的最原始资料,大约作于至元间。阎复《郝公墓志铭》撰于大德三年(1299),明确说明是据"苟宗道所述家传"写成的①。同时又有卢挚所撰郝经神道碑,其内容亦本之

---

① 阎复:《元故翰林侍读学士国信使郝公墓志铭》,载《陵川文集》卷首,第469页下栏。此文又见缪荃孙所辑阎复《静轩集》卷五(《藕香零拾》本),亦辑自《陵川文集》。

行状①。因此，行状为何不记雁帛书故事，乃是问题的关键所在。

苟宗道所撰行状记述郝经事颇为详尽，这与他和郝经之间的密切关系是分不开的。苟氏本为郝经门人，中统元年奉使入宋，"以门生从行，为行府都事、治书状都管二事，缱绻淹抑，日夕相从"②。苟宗道本人也曾谈到他与郝经之间非同寻常的关系："宗道初事先生之父静直先生，既又受学于先生。先生之开府南阳，辟宗道为属掾。奉使入宋，又辟充典书状。缱绻患难，十有三年。"③在郝经淹留南宋期间，苟宗道始终是他身边最信任的亲随。上文说到，至元三年使团随员发生内讧，郝经幸免于难，此后即与苟宗道等六位亲信幕僚"筑馆别居于外"。苟宗道还是郝经重要的文牍助手，至元二年所编《甲子集》是交由苟宗道整理成书的，至元九年完成的《续后汉书》也由苟宗道作注④，故《元史·郝经传》称"拘宋十六年，从者皆通于学，书佐苟宗道，后官至国子祭酒"云云。如果郝经确有放雁传书之事，苟宗道必为亲历者之一。

再者，对于郝经的守节不屈，苟宗道更是不遗余力地加以表

---

① 卢挚：《翰林侍读学士国信使郝公神道碑铭》，最早见于周南瑞编《天下同文集》前甲集卷四〇，今有《雪堂丛刻》本；后又被收入《国朝文类》卷五八，《四部丛刊》本。按《天下同文集》之成书不晚于大德八年，卢挚此文当亦撰于大德三年。

② 《陵川文集》卷三五《河阳遁士苟君墓铭》，第 803 页上栏。此文系中统二年郝经为苟宗道父苟士忠所撰墓志铭。

③ 苟宗道：《新注续后汉书序》，《全元文》卷四〇六，南京：江苏古籍出版社，1999 年，第 11 册，第 705—706 页。此文辑自光绪《陵川县志》卷二五。按郝经《续后汉书序》称此书撰成于中统十三年（即至元九年），时滞留真州已 13 年，苟宗道《新注续后汉书序》当亦作于是年，故称"缱绻患难，十有三年"云云。

④ 参见《陵川文集》卷二九《甲子集序》及上引苟宗道《新注续后汉书序》。

彰。据行状记载,郝经曾对从者表明其心迹:"吾一介书生,蒙主上两征而起,一命为宣抚使,再命为国信大使,舍忠与义,其何以报。……其死生进退,在于彼国,吾惟有一守节不屈耳! 吾祖宗以来七世读书,宁肯为不忠不义以辱及中州士大夫乎?"[1]若果真有能够彰显郝经气节如雁帛书故事者,试想怎么可能被出自苟宗道之手的行状所漏记呢?

既然郝经雁帛书故事存在着如此明显的疑点,确有必要对它的真伪进行重新考察。由于这个故事是由延祐五年发现的雁帛书所引起的,而彼时距郝经北归的至元十二年已有四十三年之久,因此此雁帛书的来历便是我们所要考察的重点。

关于雁帛书的发现经过,幸有宋濂给我们留下的详细记载。据他说,郝经雁帛书是在至元十二年三月被虞人获之于汴梁金明池,因当时郝经已经北归,"故获者不以闻";宋亡以后,"帛书为安丰教授王时中所得。延祐五年春,集贤学士郭贯出持淮西使节,获见焉,遂奏于朝,敕中使取之。十一月,太保曲出、集贤大学士李邦宁以其书上仁宗"[2]。由此可知,此雁帛书最初是由集贤学士郭贯发现的,并通过他为朝廷所获。宋濂的上述说法,需要结合元代文献来加以印证。

根据《元史·郭贯传》及《仁宗纪》,可将郭贯皇庆至延祐间的履历大致梳理如下:皇庆二年(1313),由翰林侍讲学士出为淮西廉访使;延祐二年(1315)十月庚辰,"以淮西廉访使郭贯为中书

---

[1] 苟宗道:《故翰林侍读学士国信使郝公行状》,见《陵川文集》卷首,第474页上栏—下栏。
[2] 宋濂:《宋学士文集·銮坡后集》卷二《题郝伯常帛书后》,见《宋濂全集》,第583—584页。

参知政事";延祐三年五月庚申,"参政郭贯为左丞";同年九月辛丑,"以中书左丞郭贯为集贤大学士";延祐五年,除太子詹事①。关于除太子詹事的时间还需要做一点补充说明。《新元史·仁宗纪》有延祐四年"十二月乙巳,置詹事院,以郭贯为太子詹事"的记载②,应是将《元史·仁宗纪》延祐四年十二月乙巳"置詹事院"以及《郭贯传》"(延祐)五年,除太子詹事"两条史料结合起来加以改纂的,但刘敏中延祐五年所撰《敕赐保定郭氏先茔碑铭》仍称郭贯为集贤大学士③,可见除太子詹事应是延祐五年下半年的事情。如此看来,宋濂称郭贯延祐五年春为集贤学士的说法是没有问题的。

但问题在于,无论郭贯延祐五年春是在集贤大学士任上还是已改任太子詹事,他都不大可能以此身份"出持淮西使节",除非是"奉使宣抚"。成宗大德三年以后,作为强化地方监察的一个措施,有不定期遣朝官分道"奉使宣抚"之制,但元代中后期的奉使宣抚总共只有六次,仁宗朝仅延祐二年一次,而延祐五年并无奉使宣抚的记载④。那么,"延祐五年春,集贤学士郭贯出持淮西使

---

① 参见《元史》卷一七四《郭贯传》,第 4061 页;卷二五《仁宗纪二》,第 571—574 页。

② 《新元史》卷一七《仁宗纪下》,北京:中国书店影印本,1988 年,第 66 页中栏。

③ 刘敏中:《中庵先生刘文简公文集》卷九《敕赐保定郭氏先茔碑铭》,《北京图书馆古籍珍本丛刊》影印清抄本,第 92 册,第 341 页上栏。按此文本无纪年,据嘉靖《清苑县志》卷六"古迹(附陵墓)"云:"郭氏坟在小激北,学士郭贯先人墓在焉。延祐五年,学士刘敏中铭其墓。"(嘉靖刻本,叶 21b)。知作于延祐五年。

④ 参见李治安:《关于元中后期的奉使宣抚》,《祝贺杨志玖教授八十寿辰中国史论集》,天津:天津古籍出版社,1994 年,第 370—392 页。

节"的说法又当如何解释呢？据我判断，这可能是指郭贯皇庆二年至延祐二年出为淮西廉访使一事。事情的原委应该是这样的：郭贯自称他在出任淮西廉访使期间曾见过安丰路教授王时中所保存的郝经雁帛书——按淮西廉访司置司庐州路（治今安徽合肥），安丰路（治今安徽寿县）恰在其监察区内，所以这个说法是合乎逻辑的；延祐五年春，时任集贤大学士的郭贯奏之于朝，遂遣中使取之，并奏上仁宗。宋濂在记述此事始末时可能表述不够准确，故某些细节有所出入。

此前闻所未闻的郝经雁帛书，在事情过去几近半个世纪后突然被人发现，这不能不让人起疑心。与此有关的两位当事人，帛书收藏者安丰路教授王时中已不可考，而另一位至关重要的人物、帛书的发现者郭贯自然就成为我们的主要怀疑对象。

实际上，郭贯与郝经之间有着千丝万缕的关系。郭氏为保定清苑人，其祖父郭实，金末"依蔡国武康公于满城，从徙保定"[1]，蔡国武康公即顺天万户张柔。郝氏世为陵川人，金末郝经父思温携家避乱于河南鲁山，开兴元年（1232），"河南亡，徙居顺天府"[2]，依附于张柔部将顺天路左副元帅贾辅门下，郭氏与郝氏缘此结为通家之好。刘敏中《敕赐保定郭氏先茔碑铭》对郭、郝两家之间的世交记述甚详，称郭贯父希泰"受学于静直处士郝先生之门，经史百家，靡不洞贯"，静直处士即郝经父思温[3]。又谓郭希泰"与处士

---

① 刘敏中：《中庵先生刘文简公文集》卷九《敕赐保定郭氏先茔碑铭》，第341页上栏。
② 苟宗道：《故翰林侍读学士国信使郝公行状》，见《陵川文集》卷首，第470页上栏。
③ 苟宗道《故翰林侍读学士国信使郝公行状》云："父讳思温，字和之。既没，门人谥曰静直处士。"见《陵川文集》卷首，第470页上栏。

子国信使、赠大司徒、昭文馆大学士、潞国文忠公陵川先生伯常诸友辈结文会,日相从讲习以乐,视俗尘邈如也。中统初元,陵川贵,力荐之,除大都行用库使"。据此可知,郭希泰之得入仕途,全凭郝经鼎力举荐。刘敏中还讲述了这样一个故事:"中统前,青寇瓒驰书币招陵川,陵川谋于公(指郭希泰)。公曰:'世所重,名与利耳。若利,先生学术道德倾一世,奚利为? 若名,名在朝廷,山东奚取也?'陵川遂辞之。岁未几,瓒叛,其远识如此。"①从这个故事可以看出两人之间的关系确实非同一般。郝经在宪宗六年(1256)题郭仲伟《横翠楼记》一文中,也曾谈到他们之间的深厚交谊,文中称仲伟(按郭希泰字仲伟)"喜交游,许与结纳皆天下豪右,每于是楼之上置酒燕集,而余必在焉"②。两人交游之密切可见一斑,与刘敏中的上述记载亦可相互印证。不仅如此,郭贯本人与郝经之间也有师生之谊,延祐四年国子祭酒李之绍为《陵川文集》作序,称"今集贤大学士郭公贯幼从公学"云云③,是为明证。

另外还有证据表明,郝经《陵川文集》和《续后汉书》在延祐五年的刊行,也是由郭贯首先倡议并极力促成的。李之绍《郝文忠公陵川文集序》明确说到:"今集贤大学士郭公贯幼从公学,其

①以上皆见刘敏中:《中庵先生刘文简公文集》卷九《敕赐保定郭氏先茔碑铭》,第341页上栏—下栏。末句"其远识如此"原作"其远识又如",据文渊阁《四库全书》本改。
②《陵川文集》卷二六《横翠楼记》,第706页下栏。
③李之绍:《郝文忠公陵川文集序》,见《陵川文集》卷首,第457页上栏。按郭贯生于蒙古海迷失后二年(1250),中统元年郝经奉使南宋时他年仅十来岁,大概幼年曾从学于郝经。

任礼部尚书也,请刊其遗文,朝廷从之。"①郭贯任礼部尚书是至大四年(1311)的事情。关于此事之详情,我们还能找到更为原始的资料。《陵川文集》卷首载有延祐五年中书省将《陵川文集》和《续后汉书》发付江西行省刊板的咨文,其中谈及此事缘起时引用了下面一段文字:

> 翰林国史院呈:照得先据经历司呈:奉礼部符文:承奉中书省判送:本部呈:准尚书郭嘉议关:"窃谓士遇则致君泽民,功被一时,不遇则著书立言,名垂后世。故翰林侍读学士、国信使、赠昭文馆大学士、资善大夫文忠郝公,以命世之才,为世祖皇帝所知,潜邸召见,置诸侍从。中统御极,即命讲好使宋,拘留十有六年,至元乙亥始得归国。凛然风节,远配古人。将被大用,以宿瘴而卒。其平日著述,如《三国志》黜曹魏而主刘蜀,使正统有归,吻合朱文公《通鉴纲目》笔法,一洗前书之谬误,是诚有补于世教。又如《春秋外传》《一王雅》《陵川文集》等书,学者愿见而不得,似此遗稿,家藏尚多。不幸其子山南江北道肃政廉访使文徵早卒,伏虑前书久而散失,良可惜也。如蒙朝廷允许于怀州本家取发前来,付翰苑披详,发下版行,庶使一代儒宗,雄文杰作,不至湮没。……"②

这里所称"尚书郭嘉议"即指郭贯,《元史·郭贯传》谓其至

---

① 李之绍:《郝文忠公陵川文集序》,见《陵川文集》卷首,第 457 页上栏。
② 延祐五年《中书省移江西行省咨文》,见《陵川文集》卷首,第 463 页下栏。

大四年"除礼部尚书,帝亲书其官阶曰嘉议大夫",故称"尚书郭嘉议"。很显然,这段引文就是郭贯任礼部尚书时建议由翰林国史院整理刊刻郝经遗著的关文,其中提到的《三国志》即指《续后汉书》。郭贯的这一建议很快便有了下文。大约在皇庆间,怀孟路"发到《陵川文集》一十八册、《三国志》三十册",遂交由翰林国史院编修官蒲道源等加以校订编次,后来在延祐五年由江西行省刊行①。

根据以上所述郭贯与郝经之间的这种特殊关系以及他努力促成郝经遗著刊行的行为来判断,我们有理由怀疑,由郭贯首先发现的所谓雁帛书究竟是真是假? 这个似乎天衣无缝的故事是否由郭贯在延祐五年一手编造出来的?

然而,实际情况可能比我们所想像的要更为复杂。明正德二年刻本《陵川文集》卷首载有一封大德九年郝经封赠制书,它的内容引起了我的注意:

　　大德九年,成宗皇帝制曰:"……故翰林侍读学士国信使郝经,毅然衔命,志在息民,往谕圣祖一视之仁,卒被伪相奸谋所梗。虽蒙假馆,遂见拘留。雁书未达于中原,龙棹已横于江上。闭仪真者十六载,臣操益坚;讫宋箓之三百年,兵端自此。甫遂生还之愿,遽传哀讣之音。永怀忠亮之风,宜举褒崇之典。于戏! 请缨象阙,既酬终军系粤之心;图像麟宫,

────────────

①参见延祐五年《中书省移江西行省咨文》,见《陵川文集》卷首,第463页下栏—第464页下栏。按蒲道源皇庆二年被征为国史院编修官,见蒲道源《顺斋先生闲居丛稿》附录蒲机《顺斋先生墓志文》,中华再造善本据元至正十年刻本影印,北京:北京图书馆出版社,2005年,叶6b。

式表子卿归汉之节。可赠昭文馆大学士、资善大夫,谥曰文忠。主者施行。大德九年六月日。"①

此诏亦见于成化《山西通志》卷一一,题为《追封昭文馆大学士谥文忠郝经制》,前后均无系年,但被列入元顺帝朝诏制②。后雍正《山西通志》卷一八三亦收入此文,径题为《顺帝追封郝经制》③,当是据成化《山西通志》转录。因成化《山西通志》要早于正德本《陵川文集》,故所载此文之史源当另有出处,惟其所据文本盖本无纪年,故误系于顺帝朝。而正德本《陵川文集》系以延祐五年刻本为底本,此诏前后均明确标示"大德九年",其系年自当以此为准。

这篇封赠制书中最让我感兴趣的是"雁书未达于中原,龙棹已横于江上"一语,不消说,这就是指郝经雁帛书故事。按照宋濂转述元人的说法,至元十一年十二月丙辰,伯颜大军渡江南下,而次年三月,"虞人始获雁于汴梁金明池"。制书所云与之若合符契。这就意味着,郝经雁帛书故事的出现至迟不晚于大德九年,既然如此,上文提出雁帛书为郭贯延祐五年伪造的推测似乎就不攻自破了。

那么,究竟应当如何解释大德九年制书中出现的郝经雁帛书故事呢?我在《元史·郭贯传》中发现了此事的玄机所在,不妨看

①见《陵川文集》卷首,第 479 页上栏。
②成化《山西通志》卷一一《圣制(诏制附)》"追封昭文馆大学士谥文忠郝经制",《四库全书存目丛书》据民国二十二年影钞明成化十一年刻本影印,济南:齐鲁书社,1996 年,史部第 174 册,第 394 页下栏。
③雍正《山西通志》卷一八三《艺文二·敕制诏诰》"顺帝追封郝经制",台湾商务印书馆影印文渊阁《四库全书》本,第 549 册,第 67 页上栏。

一下他在大德间的仕履:大德初,签湖北肃政廉访司事;大德五年,"迁江西道,赈恤饥民,有惠政,入为御史台都事。八年,迁集贤待制,进翰林直学士,奉诏与辽阳行省平章政事别速台彻里帖木儿往镇高丽。十一年,召为河东廉访副使"①。据此可知,郭贯于大德八年迁集贤待制,随后又迁翰林直学士,这可能是大德八年或九年的事情。我们还可以为这段仕履提供一个旁证。据《高丽史》记载,忠烈王三十三年四月,"元敕王还国,因署行省以镇抚。五月壬申,元遣平章撒勒帖木儿、学士郭贯来镇之"②。忠烈王三十三年即大德十一年,这里与《元史·郭贯传》所记载的是同一件事,平章撒勒帖木儿即《元史》之"辽阳行省平章政事别速台彻里帖木儿",《高丽史》又称"学士郭贯",知郭贯当时仍为翰林直学士。

根据上文的考述结果来看,大德九年六月颁降郝经封赠制书之时,郭贯应该正在翰林直学士任上,于是我们便可以提出一个合乎逻辑的推论,这封制书很可能正是出自他的手笔。制书所称"雁书未达于中原,龙棹已横于江上",与郭贯后来在延祐五年发现雁帛书时所讲述的故事居然完全吻合无间,绝不可能是一个巧合。另一方面,大德九年制书中出现的这个"穿帮"故事,恰恰可以证明郭贯后来发现的所谓雁帛书是一件赝品,因为雁帛书的流传经过,据称是郭贯延祐间出持淮西使节时才从它的收藏者安丰路教授王时中那里听来的,怎么会在此前十余年就已见于大德九年制书呢?

---

① 《元史》卷一七四《郭贯传》,第 4060 页。
② 《高丽史》卷三二《忠烈王世家五》,韩国延世大学校东方学研究所影印本,1972 年,第 666 页下栏。

如果上述推论可以成立，接下来我们需要进一步追问的是，郭贯大德年间杜撰这个雁帛书故事究竟是出于什么动机呢？据我判断，这与郝经的封赠有很大关系。郝经留宋十六年，始终守节不屈，但死后数十年间却一直未能获得朝廷应有的表彰。时人对此多有不平之气，如王恽《壮士吟——题郝奉使所书手卷》诗云："于卿才属国，所报亦以卑。至今郎山冢，突兀空蟠蟜。两行清汝帖，只有老天知。"①张之翰《读郝陵川使宋集因题其后》亦云："我从少年见陵川，笔力扛鼎思涌泉。……白头归来孰当国，上有花门下刀笔。九重无由表忠赤，更比子卿堪叹息。"②实际上，大德以前朝廷有司曾不止一次提出郝经的封赠问题，但结果都不了了之。据大德七年翰林国史院就郝经封赠事致中书省的呈文中说到："至元二十四年、元贞二年，礼部、御史台俱为本官封赠事举呈都省，至今未蒙闻奏。"③因此，翰林国史院和御史台分别于大德七年七月及十月再次向中书省提出封赠郝经的建议④，于是才终于在大德九年首获封赠。

当我们了解上述背景之后，就不难做出如下判断，郭贯当时之所以要杜撰雁帛书故事，其主要目的就是为了促成郝经的封赠。因此，这个故事的出笼时间应该就在大德七年至九年间，此

① 王恽：《秋涧先生大全文集》卷五《壮士吟——题郝奉使所书手卷》，《四部丛刊》本，叶16a。此诗作年不详，但王恽卒于大德八年，时郝经尚未获封赠。
② 张之翰：《西岩集》卷四《读郝陵川使宋集因题其后》，台湾商务印书馆影印文渊阁《四库全书》本，第1204册，第385页下栏。张之翰生卒年不详，主要活动在至元间，此诗当作于至元末年。
③ 大德七年七月《翰林国史院呈》，载《陵川文集》卷首，第477页上栏。
④ 参见大德七年七月《翰林国史院呈》、大德七年十月《御史台呈》，载《陵川文集》卷首，第477页上栏—478页下栏。

前大德三年阎复所撰郝经墓志以及卢挚所撰神道碑均未提及此事，而大德九年六月郝经封赠制书则首次出现了雁帛书故事，这些情况都可以由此得到一个合理的解释。

不过，在延祐五年雁帛书被发现之前，郭贯精心编造的这个故事显然还鲜为人知——除了大德九年制书之外，再不见有任何人提及此事。于是郭贯又在事隔十余年后一手导演了"发现"雁帛书的事件，这才终于引起轰动效应，使它成为一个家喻户晓的故事。

至于郭贯为何要选择延祐年间来制造雁帛书事件，以及这个事件为何能在当时产生那么大的影响，显然与仁宗一朝特殊的政治氛围有关。众所周知，自李璮之乱后，世祖推行汉法的政策发生了明显转向，汉人儒士渐被疏远，因此郝经死后长期没有获得朝廷表彰并不奇怪。直至仁宗即位以后，这种局面才有了明显变化。仁宗有意以儒治国，尊用儒术，优礼儒臣，恢复科举取士制度，形成所谓"延祐儒治"的政治局面，故元人盛赞"我朝用儒，于斯为盛"[1]。郭贯对于当时这种崇文优儒的风气感触尤深，因为他本人就曾有过切身体验。至大四年，郭贯除礼部尚书，仁宗"亲书其官阶曰嘉议大夫，以授有司"[2]，这被后人视为是优礼儒臣的一个举动，陈基写于至正七年的《书中书除目御书散官后》，对此事的政治意义做了如下阐发：

> 右中书除目凡六人，所赐散官，实仁宗皇帝亲御翰墨为

---

[1] 欧阳玄：《圭斋文集》卷九《曲阜重修宣圣庙碑》，《四部丛刊》本，叶36a。
[2] 《元史》卷一七四《郭贯传》，第4061页。

之书，而故蔡国文宪公臣郭贯时由治书侍御史迁礼部尚书，以从五品秩超授嘉议大夫，而居其首。一时气象，见于云章奎画，蔼然虞庭命官之意，儒臣之宠，未有盛于此者。盖国家以神武不杀，奄有四海，而典章文物，至仁皇而大备。鸿儒硕彦，遭际圣明，并列庶位，而臣贯尤以文学老成蒙被优擢。①

很显然，后人特别看重此事所体现的"尊礼儒臣"的象征意义，而作为当事者的郭贯，其感受何如是不难想见的。设身处地地理解"延祐儒治"下的士人心态，对于我们细微体察郭贯此时制造雁帛书事件的行为动机很有意义。

而且，正是在这样一种时代氛围下，郝经的价值才逐渐得到了重视和承认。上文曾经谈到，仁宗即位之初，经时任礼部尚书郭贯促请，郝经《陵川文集》和《续后汉书》终于有机会得到整理刊刻，后于延祐五年由江西行省梓行。另外一个值得注意的动向是，继大德九年首获封赠之后，延祐四年郝经又再次获得封赠："延祐四年四月，今上皇帝加赠推诚保节功臣、昭文馆大学士、荣禄大夫、司徒、柱国，追封冀国公，谥文忠。"②这样看来，郭贯之所以要在延祐五年人为制造一个"雁帛书事件"，一方面是为褒扬郝经的忠贞气节进一步造势，另一方面也希望借此表达"延祐儒治"下的士人心曲。同时，因为这个故事的内容非常适合延祐年间的政治气候，正好迎合了当时朝廷君臣追求儒治的政治倾向，所以

---

① 陈基：《夷白斋稿》外集《书中书除目御书散官后》，《四部丛刊三编》，叶42b。另外，至治间集贤直学士邓文原曾作《奉题延祐宸翰》（见《国朝文类》卷七，《四部丛刊初编》本，叶5a—5b），也对此事做过类似阐释。
② 见《陵川文集》卷首，第479页上栏。

它能够引起前所未有的轰动效应,郝经雁帛书故事终于迎来了一个圆满的结局。

"历史"是怎样写成的? 本文通过郝经雁帛书故事提供了一个个案分析样本。让我们来总结一下它从一个子虚乌有的故事到最终进入历史知识系统的整个过程:成宗大德七年至九年间(1303—1305),时任翰林直学士的郭贯为了促成郝经的封赠而杜撰了雁帛书故事,但这个故事在当时却鲜为人知;仁宗延祐五年(1318),集贤大学士郭贯又进而伪造了一封郝经雁帛书,声称是他出任淮西廉访使时在安丰路教授王时中处所见,同年十一月,太保曲出、集贤大学士李邦宁将雁帛书奏上仁宗,诏装潢成卷并藏于秘书监;英宗至治三年(1323),郝经雁帛书故事及其发现经过被记入《仁宗实录》;其后,纂修于天历二年(1329)至至顺二年(1331)的《经世大典》,其《治典》下"臣事"门所立《郝经传》也记载了这个故事;明初所修《元史》,其《郝经传》采纳了《经世大典》所记雁帛书故事,同时宋濂根据他所见到的雁帛书并参照《仁宗实录》对其流传始末进行了系统梳理,郝经雁帛书故事就这样进入了"历史"。

元明革命的民族主义想象

一、引言：如何认识元明革命的性质？

在今日历史学家眼中，元明嬗代无非是一次普通的改朝换代而已，与其他王朝兴替相比较，似乎并没有什么特殊的意义。然而这种历史观念并非自来如此。自明中叶以后，尤其是清末民初以降，人们久已习惯于将元明鼎革视为一场伟大的民族革命。1906 年，孙中山在《民报》创刊周年纪念会的演说中宣称："明太祖驱除蒙古，恢复中国，民族革命已经做成。"[1]同年，《民报》第五号卷首刊载朱元璋像，称之为"中国大民族革命伟人"[2]。辛亥革命胜利后，孙中山亲率南京临时政府官员隆重公祭明孝陵，更是肯定明太祖民族革命事业的一个重要象征。当然，这种认识不仅限于政治家，在很长一个时期里，元明民族革命的性质俨然已经

[1]孙中山：《在东京〈民报〉创刊周年庆祝大会的演说》，《孙中山全集》第1 卷，北京：中华书局，1981 年，第 325 页。
[2]见东京《民报》第五号，1906 年 6 月 26 日。

成为史学界的学术定论,而最能反映这一普遍思维定势的,则莫过于 20 世纪上半叶的各种历史教科书。

1939 年,钱穆在《国史大纲》引论中指出,中国历史上的下层革命鲜有进步意义,惟秦末刘项之争和元明革命算是例外,"明祖崛起,扫除胡尘,光复故土,亦可谓一个上进的转变"①。即将朱元璋"扫除胡尘,光复故土"之举视为元明鼎革进步意义之所在。金毓黻写成于 1941 年的《中国史》,称朱元璋建立明朝是"汉族的复国运动",又谓"明太祖推翻了蒙古人的统治,为汉族重光,所以他也是我们历史上的民族英雄"②。吕思勉的名著《中国通史》第四十六章的主题是元明嬗代,题之为《汉族的光复事业》③,显然也是将其定位为民族革命。直至 20 世纪 50 年代,李洵在东北师范大学讲授明清史的课堂讲义中仍然沿袭这种传统观点,称朱元璋在元明之际"成为一个勇敢的民族斗争战士";当写到徐达攻克大都时,作者有这样一段评价:"自石敬瑭割燕云于契丹,沦陷了四百三十年的名都燕京,又光复了……汉族人民反元民族斗争胜利的完成了。"④以上种种都表明了这样一个事实,元明鼎革的民族革命性质乃是那个时代历史学家的一种极为普遍的认知。

不过,自 20 世纪 30 年代始,就不断有学者对这一似乎是理所当然的结论进行质疑和反思。最早提出异议的是吴晗,他在 1936 年发表的《元帝国之崩溃与明之建国》一文中指出,元末群雄起事,"动机是民众不堪经济的政治的压迫而要求政权的让与,最后

①钱穆:《国史大纲》(修订本),北京:商务印书馆,1996 年,上册,第 12 页。
②金毓黻:《中国史》,重庆:正中书局,1942 年,第 77、79 页。
③吕思勉:《中国通史》,重庆:开明书店,1944 年,下册,第 500—505 页。
④李洵:《明清史》,北京:人民出版社,1956 年,第 22、25 页。

才一转而喊出民族革命的口号。……表面上,尽管是揭出政治的民族的解放口号,而在实质上,却完全是农民和地主的斗争"。从他这段话来看,显然是将元明鼎革的性质定义为阶级斗争而非民族革命。但同时他又认为,韩山童、刘福通起事之初,假托为赵宋后裔,把这次革命解释为宋的复国运动,后来朱元璋"从复宋的旧口号扩充放大为民族革命的口号,从恢复一家一系的帝统扩大到争取整个民族的自由。明显的指示出这次革命是民族与民族的战争",似又倾向于主张民族革命说①。因此,吴晗对于元明革命性质虽已有新的认识,但他的观点还略显含混和矛盾。更值得注意的是蒙思明1938年在燕京大学完成的硕士论文《元代社会阶级制度》,该书对元明革命性质进行了相当深入的讨论。蒙思明认为,元明鼎革是由阶级矛盾引起的社会革命而非族群矛盾引起的种族革命,并从元末革命之原因与目标,民变领袖人物之身份,抗拒革命者之主力等方面来论证其观点。指出元明革命"以阶级斗争发其端",而"以种族斗争终其局","历来治史者之均以民族革命日元末之民变者,盖皆由结果而断定其性质者也。要之,元末之革命运动,虽不免有若干之民族矛盾,而民族矛盾之非革命之主因则可断言"②。蒙思明与吴晗的观点较为接近,但其结论更

---

① 吴晗:《元帝国之崩溃与明之建国》,原载《清华学报》11卷2期,1936年4月;收入《吴晗史学论著选集》第2卷,北京:人民出版社,1986年,第81—138页。

② 蒙思明:《元代社会阶级制度》,北京:中华书局,1980年,参见第五章《元代阶级制度之崩溃》。以上引文见第216、233页。此书1938年初版有一作者自序,其中也说道:"元末革命,蜂起云涌,虽结果成于驱逐蒙人,而发轫则基于贫民乏食;故参与革命者皆贫苦农民,初无抗元之口号,而拒抗革命者,亦汉人富室,而非蒙人豢养之官军;殆绝(转下页)

为严密和明确。1949年以后,有些学者基于阶级斗争的历史观念,主张元末社会的主要矛盾是阶级矛盾而非民族矛盾,元末农民起义的性质是农民革命战争而非民族战争①。其看法虽与前人相近,而出发点则有所不同。

日本学者宫崎市定在讨论元明变革论时也涉及元明革命的性质问题。元明鼎革作为民族革命的象征,常常被拿来与辛亥革命相比较,在他看来,这两者之间其实有很大的区别,后者确实具有强烈的民族革命色彩,而前者则不然。与其说元明鼎革是一场民族革命,毋宁说它更多表现出阶级斗争的性质。辛亥革命的成功,知识分子起了关键作用,但元末民变时士人不屑参加叛军,叛军也很少利用士人,这是元明革命攘夷色彩淡薄的一个重要原因②。这一见解与吴晗、蒙思明等人的观点颇有相通之处,值得我们重视。

早年力倡元明民族革命论的钱穆,后来也对此问题进行了认真的反思。在他晚年所写的《读明初开国诸臣诗文集》一文中,得

(接上页)非纯粹汉人反抗蒙人之种族革命如一般之所解释者。"见《燕京学报》专号之一六《元代社会阶级制度》,哈佛燕京学社,1938年5月,第2页。中华书局版卷端所载系作者1962年重写的自序,故无此段文字。

① 参见丁国范:《元末社会诸矛盾的分析》,《南京大学学报》1963年第1期,第46—56页;陈得芝:《元代江南之地主阶级》,《元史及北方民族史研究集刊》第7期,1983年,第86—94页。

② 宫崎市定:《洪武から永樂へ:初期明朝政権の性格》,原载《東洋史研究》27卷4号,1969年3月;收入《宫崎市定全集》第13册,东京:岩波书店,1992年,第40—65页。该文的主旨是论证元明之间的连续性多于断裂性,作者认为,正是由于元明鼎革并非民族革命性质,才得以形成这样的结果。

出的竟完全是另一种印象：

> 胡元入主，最为中国史上惊心动魄一大变，元人用兵得
> 国之残暴，其立制行政之多所剧变，而中国全境沦于异族统
> 治之下，亦为前史所未遇。未及百年，乱者四起，明祖以平民
> 崛起为天子，为汉高以下所仅有，读史者岂不曰驱除胡虏，重
> 光中华，其在当时，上下欢欣鼓舞之情当如何？而夷考其实，
> 当时群士大夫之心情，乃及一时从龙佐命诸名臣，其内心所
> 蕴，乃有大不如后人读史者之所想象。①

钱穆从明初开国诸臣诗文中所看到的汉族士人的真实心境，与他
过去对元明革命的认识大相径庭，这对他是一个很大的刺激。尤
其让他难以理解的，是明初士人普遍具有的遗民心态："明祖开
国，虽曰复汉唐之旧统，光华夏之文物，后人重其为民族革命。然
在当时文学从龙诸臣，意想似殊不然。或则心存轶庭，或则意蔑
新朝。虽经明祖多方敦迫，大率怯于进而勇于退。"②虽然很不情
愿，但钱穆不得不承认明初汉族士人颇多故国旧主之思而昧于
《春秋》大义的事实。

　　后人的研究进一步佐证了钱穆的这种印象。劳延煊据元明
之际士人诗作之所见，指出明初士人皆以蒙元为正统王朝，在时

---

① 钱穆：《读明初开国诸臣诗文集》，原载《新亚学报》6 卷 2 期，1964 年 8
　月；收入同氏《中国学术思想史论丛》第 6 册，北京：三联书店，2009 年，
　第 86 页。
② 钱穆：《读明初开国诸臣诗文集续篇》，《中国学术思想史论丛》第 6 册，
　第 197 页。

人诗赋中常常可以看到对于元朝的惓惓故国之思①。郑克晟注意到,元末明初的江南士人,不论是伊始依附张士诚吴政权者,或加入朱明政权者,乃至超脱于元末群雄之间者,他们的政治态度有一个值得注意的共同点,即都在不同程度上怀念元朝②。近年萧启庆就元明之际士人的政治选择做过一个很有意义的统计,在列入统计对象的元明之际进士 144 人中,"忠元"型计 87 人,占 60.4%;"背元"型计 45 人,占 31.3%;"隐遁"型 12 人,占 8.3%。统计结果表明,"忠元"型进士远多于"背元"者,且以汉人和南人为主。作者据此认为,元明易代之际,决定士人政治抉择的主要因素是"君臣大义"而非"夷夏之辨"③。这为我们重新认识元明革命的性质提供了一个新的视角。

综上所述,近半个多世纪以来,中外历史学家已经逐渐认识到这样一个事实:元明鼎革的性质主要是由阶级矛盾引起的政治革命和社会革命,而并非像人们过去惯常理解的那样是一场民族革命。那么,我们想要进一步追问的是,自明朝直至近代,元明嬗代所带有的非常浓厚的民族革命色彩究竟是如何被后人涂抹上去的呢? 这就是本文试图回答的问题。

---

①劳延煊:《元明之际诗中的评论》,《陶希圣先生八秩荣庆论文集》,台北:食货出版社,1979 年,第 145—163 页。
②郑克晟:《元末的江南士人与社会》,《东南文化》1990 年第 4 期,第 1—6 页。
③萧启庆:《元明之际士人的多元政治抉择:以各族进士为中心》,《台大历史学报》第 32 期,2003 年;收入同氏《元代的族群文化与科举》,台北:联经出版公司,2008 年,第 264—269 页。

二、"驱逐胡虏,恢复中华":被重新唤起的元明
　　革命记忆

　　在一般人印象中,明朝似乎是中国历史上华夷观念最为强烈的一个时代,但这种时代氛围并非肇始于明初。事实上,明朝开国君臣对于蒙元王朝常怀感念之情,太祖朱元璋就自称"朕本农家,乐生于有元之世"①。又谓"元世祖肇基朔漠,入统中华,生民赖以安靖七十余年"②。洪武三年(1370)六月,中书省以左副将军李文忠所奏捷音榜谕天下,太祖见榜文中有不逊之词,遂责备宰相说:"元虽夷狄,然君主中国且将百年,朕与卿等父母皆赖其生养。元之兴亡,自是气运,于朕何预?"③《明史》卷三《太祖纪赞》在总结明初施政方针时,称其对待前朝的政策是"加恩胜国",也是基本符合事实的。朱元璋称帝建国后,总是强调他的天下不是取自元朝手中,而是得自群雄之手,他曾对朝廷臣僚做过这样一番表白:"(元末)盗贼蜂起,群雄角逐,窃据州郡。朕不得已,起兵欲图自全,及兵力日盛,乃东征西讨,削除渠魁,开拓疆宇。当是时,天下已非元氏有矣。……朕取天下于群雄之手,不在元氏

①《太祖实录》卷五三洪武三年六月丁丑,"中研院"史语所校印本《明实录》,1962 年,第 2 册,第 1044 页。

②《明史》卷三三二《西域四·别失八里传》,北京:中华书局,1984 年,第 28 册,第 8606 页。

③《太祖实录》卷五三洪武三年六月癸酉,《明实录》第 2 册,第 1041 页。

之手。"①显然没有把元朝视为复仇对象的意思,何曾有什么"民族革命"的气氛?从当时的记载来看,明初士人其实很少关注华夷之辨这一类的话题。钱穆特别留意明初开国诸臣的民族主义论调,结果非常失望地发现,其实他们"心中笔下,并无夷夏之别",诗文中谈及元明革命时,"皆仅言开国,不及攘夷"②。这种情形让他颇为愤激,觉得对此难以理解:"所谓民族大义,光复汉唐旧统,诚千载难遇一机会,而明初诸儒似无此想。"③但这确实反映了明初士人的真实心态。

明人民族情绪之高涨,大抵是 15 世纪中叶以后的事情,这与当时的内外形势和民族冲突自然有直接的因果关系。明朝长期面临的"北虏"之患,是导致民族矛盾激化的主要根源,其中正统十四年(1449)的土木之变和嘉靖二十九年(1550)的庚戌之变,更是明蒙关系恶化的两个标志性事件。当汉民族遭遇异族威胁、民族矛盾非常尖锐之际,往往就是华夷之辨大行其道的时候。正是在这一特定的历史背景之下,尘封已久的元明鼎革的历史记忆得以被重新唤起,并且自然而然地被解读为一场光复华夏的民族革命。

历来将元明鼎革视为民族革命的一个最重要的标志,便是朱元璋在至正二十七年(1367)十月遣徐达北伐时发布的《谕中原

---

① 《太祖实录》卷五三洪武三年六月丁丑,《明实录》第 2 册,第 1046 页。又《元史》所附宋濂洪武三年十月所作《目录后记》,亦谓"钦惟皇上龙飞江左,取天下于群雄之手"云云。
② 钱穆:《读明初开国诸臣诗文集》,《中国学术思想史论丛》第 6 册,第131、152 页。
③ 钱穆:《读明初开国诸臣诗文集续篇》,《中国学术思想史论丛》第 6 册,第 200 页。

檄》,檄文中有一段文字被后人反复提及：

> 自古帝王临御天下,中国居内以制夷狄,夷狄居外以奉中国,未闻以夷狄居中国治天下者也。……古云胡虏无百年之运,验之今日,信乎不谬。当此之时,天运循环,中原气盛,亿兆之中,当降生圣人,驱逐胡虏,恢复中华,立纲陈纪,救济斯民。[①]

在后人看来,这篇檄文具有十分强烈的象征意义,其中"驱逐胡虏,恢复中华"一语,更是被后人赋予了极为鲜明的民族革命寓意。钱穆谓元明"易代之际,而正式提出中国夷狄之大辨者,今可考见,惟此一文"[②]。萧公权亦称此檄"明揭攘夷之口号……实为二千年中创见之民族革命宣言,而亦中国最先表现之民族国家观念"[③]。这些认识由来有自,可谓久已深入人心。从明代文献来看,大约自弘治(1488—1505)以后,这篇檄文开始受到士人的强烈推崇,先后被收入程敏政《皇明文衡》、佚名《皇明诏令》、高岱《鸿猷录》[④]、黄

---

① 《太祖实录》卷二六吴元年(1367)十月丙寅,《明实录》第 1 册,第 401—402 页。
② 钱穆:《读明初开国诸臣诗文集》,《中国学术思想史论丛》第 6 册,第 111 页。按钱谦益《国初群雄事略》卷五《夏明玉珍传》谓徐寿辉至正十三年遣人招徕明玉珍时,有"期逐胡虏,以靖中夏"的说辞(北京:中华书局,1982 年,第 112 页),但此言显然不具有《谕中原檄》那样的象征意义,故不曾为后人注意。
③ 萧公权:《中国政治思想史》,北京:新星出版社,2005 年,第 356 页。
④ 高岱:《鸿猷录》卷五《北伐中原》,上海:上海古籍出版社,1992 年,第 87—88 页。末有作者史论曰:"我圣祖谕中原一檄,词严而义正,理直而气昌,虽《大诰》《牧誓》何加焉!"

训《皇明名臣经济录》①、王世贞《弇山堂别集》②以及王锡爵、沈一贯辑《增定国朝馆课经世宏辞》③等书。尤其是《皇明文衡》和《皇明诏令》两书收录此文的情况,细微处颇堪玩味。

这篇檄文最初见于《太祖实录》,首称"檄谕齐鲁、河洛、燕蓟、秦晋之人曰"云云,未记作者及篇名。弘治间,程敏政在编辑明人总集《皇明文衡》时收入此文,题为《谕中原檄》,作者署名为宋濂④。取与《实录》对勘,知此本有若干文字脱误,恐系辗转传抄者。目前看来,这大概是该文最早引起明代士人的特别关注,后来诸本大都出自这一系统。值得注意的是,《谕中原檄》被冠于《皇明文衡》一书之首,我想这恐怕不会是偶然为之。更能说明问题的是《皇明诏令》。该书编者佚名,所收诏令下限至嘉靖十八年(1539)三月,是年八月付梓。全书篇目皆依时序先后排列,惟《谕中原檄》一文例外。该书编者将此文置于卷一首篇,虽未标注年月,但据《太祖实录》知其在吴元年十月丙寅;而下一篇《遇变省躬旨》题下标注为"吴王元年八月二十四日",时间在前,却列于其后,可见编者确是有意要将《谕中原檄》冠于全书之首⑤。从以上

①黄训:《皇明名臣经济录》卷一,台北:文海出版社影印明嘉靖刻本,1984年,第1册,第9—13页。

②王世贞:《弇山堂别集》卷八五《诏令杂考一》,北京:中华书局,1985年,第4册,第1617—1618页。

③王锡爵、沈一贯辑:《增定国朝馆课经世宏辞》卷一,《四库禁毁书丛刊》影印万历十八年周曰校万卷楼刻本,北京:北京出版社,1997年,集部第92册,第24页。按此书题为《高皇帝谕中原诏》,系一节本。

④程敏政:《皇明文衡》卷一,《四部丛刊》本,叶1a-2a。按此文作者实非宋濂,说详下文。

⑤见《皇明诏令》卷一,《四库全书存目丛书》影印明嘉靖十八年傅凤翔初刻本,济南:齐鲁书社,1996年,史部第58册,第15—16页。(转下页)

两书收录此文的情况来看,《谕中原檄》显然已被明朝中后期士人视为元明民族革命的一个重要象征。

　　有意思的是,后来《皇明文衡》《皇明名臣经济录》和《弇山堂别集》在被清人收入《四库全书》时,其中所载《谕中原檄》又都被四库馆臣心照不宣地删去了。我在乾隆四十七年编成的《军机处奏准抽毁书目》中,找到了馆臣对《明名臣经济录》一书的审查意见:"查此录系明陈九德删次……自明初迄正德末而止。中间惟宋濂《谕中原檄》及他文内词意偏谬者应行删毁外,其余尚无干碍,应请毋庸全毁。"[1]此段文字明确透露了四库馆臣忌讳《谕中原檄》的消息,这从另一个方面反映出后人对此文特有的民族主义印记的一种固有印象。

　　自15世纪中叶以后,明朝士人开始对元明革命进行重新解读。成书于成化十七年(1481)的丘濬《世史正纲》,在洪武元年正月"太祖即皇帝位,复中国之统,国号曰大明"条下有一段十分激昂的议论:

> 　　自有天地以来,中国未尝一日而无统也。虽五胡乱华,而晋祚犹存;辽金僭号,而宋系不断。未有中国之统尽绝,而皆夷狄之归,如元之世者也。三纲既沦,九法亦斁,天地于是乎易位,日月于是乎晦冥,阴浊用事,迟迟至于九十三年之

<hr>

（接上页）又据台北文海出版社1984年影印嘉靖刻本,卷一前两篇分别是龙凤十二年(1366)十一月《讨张士诚令》和同年十二月二十四日《抚谕浙西吏民令》,第三篇才是《谕中原檄》。此本目录卷三后有"嘉靖二十七年正月浙江布政使司校补"的字样,知非初刻本,其卷一前两篇文献乃系后人所补,有违编者之本意。

[1]姚觐元辑:《清代禁毁书目四种》,北京:商务印书馆,1937年,第89页。

久！中国之人,渐染其俗,日与之化,身其氏名,口其言语,家
其伦类,忘其身之为华,十室而八九矣。不有圣君者出,乘天
心之所厌,驱其类而荡涤之,中国尚得为中国乎哉?①

在明代士人中,丘濬算得上是一位激进的民族主义者,其狭隘的
华夷观念在《世史正纲》一书中表现得淋漓尽致。他把历代王朝
分为华夏纯全之世、华夏割据之世、华夷分裂之世、华夷混乱之世
以及夷狄纯全之世,所谓"夷狄纯全之世"者,专指从南宋覆亡到
朱明复国之间的九十三年,"世道至此,坏乱极矣!"②因此在他看
来,元明鼎革毫无疑问就是一场"驱逐胡虏,恢复中华"的史无前
例的民族革命。

明朝后期,士人的民族情绪愈益亢奋,对于元明革命的意义
也有更为极端的阐发。如明末儒者徐奋鹏在讨论历代正闰问题
时,至以为三代以下除本朝之外皆无正统可言,"独我太祖高皇帝
起自宇内风烟之中,迅扫胡腥,再开天地。故宋龙门颂其功高万
古,得国之正,则所以上承唐虞三代以来之正统者,惟我明而已。
以此方之,则谓汉、唐、宋皆闰位可也"③。这里所称"宋龙门"是
指宋濂(宋濂号"龙门子")。查此说之出处,见于宋濂洪武七年
所撰《〈大明日历〉序》,该文在歌颂太祖开国之功时有这样一段
话:"然挺生于南服,而致一统华夷之盛,自天开地辟以来,惟皇上
为然,其功高万古,一也;元季绎骚,奋起于民间以图自全,初无黄

---

①丘濬:《世史正纲》卷三二《明世史》,《四库全书存目丛书》影印嘉靖四
  十二年孙应鳌刻本,史部第6册,第631页。
②《世史正纲》卷三一《元世史》,史部第6册,第600页。
③徐奋鹏:《徐笔峒先生文集》卷八《古今正统辨》,北京大学图书馆藏明
  刻本,叶4a-4b。

屋左衽之念,继悯生民涂炭,始取土地群雄之手而安辑之,较之于古如汉高帝,其得国之正,二也。"①仔细看看这段文字,哪里有把太祖"功高万古,得国之正"归之于其"攘夷"之功的意思?徐氏曲解宋濂的本意,称太祖"迅扫胡腥,再开天地",故论其"得国之正",独得比肩于三代之正统云云,则是将元明之际的民族革命意义推衍到了极致。

不难想象,在这样一种时代氛围之下,明朝中后期社会中普遍弥漫着一股仇恨蒙古的民族情绪。尤其是嘉靖以后,因明蒙冲突加剧,这种情形愈发明显。据说明世宗"苦虏之扰,最厌见夷狄字面。……世庙晚年,每写夷狄字必极小,凡诏旨及章疏皆然,盖欲尊中国卑外夷也"②。陈垣先生将此类因厌憎而生的避忌归入"恶意避讳例"③。世宗的这种心态无疑是很有代表性的,从中可以折射出一个时代的表情。

明人笔记中的某些传说相当真实地流露了这种民族情绪。李诩《戒庵老人漫笔》有这样一条记载:"余家先世分关中,写吴原年、洪武原年,俱不用'元'字。想国初恶胜国之号而避之,故民间相习如此。史书无所考见,姑记之以询之熟典故者焉。"④《万历野获编》也有类似的说法:"尝见故老云,国初历日,自洪武以前,俱书本年支干,不用元旧号。又贸易文契,如吴元年、洪武元年,俱

①《翰苑续集》卷五,见《宋濂全集》,杭州:浙江古籍出版社,1999 年,第 2 册,第 874 页。

②沈德符:《万历野获编》卷二"触忌",北京:中华书局,1997 年,上册,第 57 页。

③陈垣:《史讳举例》,上海:上海书店出版社,1997 年,第 25—27 页。

④李诩:《戒庵老人漫笔》卷一"国初讳用元字",北京:中华书局,1982 年,第 14 页。按"分关"指分家析产的文书,知此系作者亲眼所见。

以'原'字代'元'字。盖又民间追恨蒙古,不欲书其国号。如南宋写'金'字俱作'今'字,曾见宋列帝御书及妃后翰墨皆然,则又不共戴天仇也。"①有学者指出,这其实是明人的一个误解。明初确实多有讳"元"字而更名者,实系避朱元璋名讳,如潘元明或作潘原明,李士元更名李善长,秦元之或作秦原之,夏元吉或作夏原吉,侯元善或作侯原善、侯善,李元明或作李原明,王元章或作王原章等等。明代中后期笔记中之所以会出现上述误解,主要原因有二:第一,明朝避讳不严,《万历野获编·补遗》卷二"命名禁字"条说:"避讳一事,古今最重而本朝最轻。如太祖旧名单一字,及后御讳下一字,当时即不避。"②故李诩、沈德符没有想到这一层是并不奇怪的。第二,《戒庵老人漫笔》和《万历野获编》成书于嘉靖、万历间,由于嘉靖时期俺答汗给明朝带来的严重边患,令明人对鞑靼深恶痛绝,在这样的时代背景下,有人误以为明初讳改元字是"恶胜国之号而避之",实在是顺理成章的事情。③

上述误解并非孤例,其实在时代更早的明人笔记中已有类似的情况。陆容《菽园杂记》卷三记有这样一个故事:"国初,江岸善崩,土人谓有水兽曰猪婆龙者搜抉其下而然。适朝廷访求其故,人以猪与国姓同音,讳之,乃嫁祸于鼋。上以鼋与元同音,益恶之,于是下令捕鼋。大江中鼋无大小,索捕殆尽。"④陆容是成化二年进士,此书则成于弘治年间,我对他讲述的这个"国初"故事的真实性不无怀疑。所谓"上以鼋与元同音"者,此"元"当是指元

---

① 《万历野获编·补遗》卷一"年号别称",下册,第 799 页。
② 《万历野获编·补遗》卷二"命名禁字",下册,第 856 页。
③ 张和平:《明初讳元说析辨》,《明史研究》第 1 辑,合肥:黄山书社,1991年,第 260—268 页。
④ 陆容:《菽园杂记》卷三,北京:中华书局,1985 年,第 32 页。

朝,这个故事想必也是中明时人在仇恨蒙古时代氛围之下的一种想象。

还有一个例子可能也与此类误解有关。代表初始之意的"元"字,自明以后多写作"原",何以如此?明代文献中缺乏相关记载。乾嘉学者郝懿行对此有一个推断:"论事所起,或言元起,或言元来,或言元故,或言元旧,皆是也。今人为书,元俱作原字,……推厥所由,盖起于前明初造,事涉元朝,文字簿书率皆易元为原。"①照此说法,似乎亦可理解为明初人因憎恶或避忌元朝而讳改为"原",这一理解大概仍是源自明朝中后期以后的仇元心理。今人甚至更附会为明太祖顾忌元朝卷土重来,故讳称"元来"之类的说法云云。顾炎武则提出了另一种推论:"元者,本也。本官曰元官,本籍曰元籍,本来曰元来。唐、宋人多此语,后人以'原'字代之,不知何解。……或以为洪武中臣下有称元任官者,嫌于元朝之官,故改此字。"②意谓明初称"元任官"易被误解为在元朝所任官职,恐有贰臣之嫌,故改作"原"。这一推论似较为可信。总之,"元"之改为"原",不大可能是由于明初人憎恶元朝的缘故。

从洪武间以元世祖入祀历代帝王庙,到嘉靖黜祀元世祖,明人对蒙元态度的前后变化,在明朝的庙祀制度中看得十分清楚。明南京历代帝王庙始建于洪武六年,据正德《明会典》说,"祭三皇至元世祖凡十六位,皆开基创业、有功德于民之主"③。而万历《明

---

① 郝懿行:《晋宋书故》"元由"条,《丛书集成初编》本,第10—11页。
② 《日知录》卷三二"元"条,见黄汝成《日知录集释》,上海:上海古籍出版社,2006年,下册,第1827页。
③ 正德《明会典》卷八四"礼部四三·祭祀五·祭历代帝王",台湾商务印书馆影印文渊阁《四库全书》本,第617册,第788页。

会典》对历代帝王庙的祭祀格局有如下具体描述:"庙同堂异室:
中一室祀三皇;东一室五帝;西一室三王;又东一室汉高祖、光武、
隋文帝;又西一室唐太宗、宋太祖、元世祖。凡五室十七帝。"①两
书所记入祀帝王略有出入,前者称十六人,后者称十七人。其实
最初入祀者实为十七人,洪武二十一年,历代帝王庙大火,次年改
建新庙于钦天山之阳,并罢祀隋文帝,故正德《明会典》记为十六
人。宋讷在为此次重建新庙所撰《敕建历代帝王庙碑》中,对于入
祀帝王的选择标准提供了这样一个解释:

> 正名定统,肇自三皇,继以五帝,曰三王、曰两汉、曰唐、
> 曰宋、曰元,受命代兴,或禅或继,功相比,德相侔。……皇帝
> 王之继作,汉唐宋之迭兴,以至于元,皆能混一寰宇,绍正大
> 统,以承天休而为民极,右之序之,不亦宜乎。秦、晋及隋,视
> 其功德,不能无愧,故黜而不与。②

明朝历代帝王庙的入祀标准相当严格,洪武二十二年重建的历代
帝王庙,总共只有十六人得以列入庙祀,其中秦汉以下帝王仅有
汉、唐、宋、元四朝,汉高祖、汉光武、唐太宗、宋太祖、元世祖五人
而已。按照宋讷的说法,这些帝王入祀帝王庙的主要标准是"混
一寰宇,绍正大统",但秦、晋、隋诸帝则因其功德有愧而不得
入,甚至一度列入庙祀的隋文帝后来也被罢黜。然而就在秦汉

---

① 万历《明会典》卷九一"群祀一·历代帝王",《续修四库全书》影印明
   万历内府刻本,上海:上海古籍出版社,2002年,第790册,第596页。
② 宋讷:《西隐集》卷七《敕建历代帝王庙碑》,台湾商务印书馆影印文渊
   阁《四库全书》本,第1225册,第908—909页。

以后有幸入祀的五位帝王中,居然包括一位出自异族王朝的君主元世祖！由此可以看出,明初君臣对于蒙元一朝似毫无恶感可言。

永乐迁都北京后,无意另建帝王庙,或于南郊从祀,或命南京太常寺于本庙祭祀。嘉靖九年,始议新建历代帝王庙。次年,翰林修撰姚涞上疏"请罢元世祖祀",称蒙元"为中国之大仇耻……我太祖高皇帝,声罪而汛扫之,廓中国之妖氛,雪中国之仇耻",而今若在胡元故都崇祀元世祖,尤为不可[1]。事下礼部覆议,礼官以为元世祖入祀帝王庙,"载在祀典,百余年于兹矣,宜遵旧制,庙祀如故","上竟从部议"[2]。于是,嘉靖十一年在阜成门内保安寺故址建成的历代帝王庙,仍然维持原先十六位神主的格局,庙祀帝王位次一如南京之旧。

然而这种局面未能维持多久,又出现了更为强烈的反对声音。嘉靖二十四年,礼科右给事中陈棐两度上疏,极言当黜祀元世祖以正祀典。其疏文字冗长,略无伦次,但其中最要害的是下面这段话:

> 胡元为中国之所当驱,是中国决非胡元之所当居矣;中国非胡元之所当居,是胡元决非中国之所当祀矣。故必除胡君之祀,而后驱胡之功彰。今欲存胡君之祀者,顾不自小圣祖驱胡之功耶。……臣固知祀忽必烈于帝王庙者,非皇祖之

①姚涞:《论元世祖不当与古帝王同祀疏》,《明经世文编》卷二四一,北京:中华书局影印明崇祯平露堂刻本,1962年,第3册,第2517页。
②焦竑:《玉堂丛语》卷三"礼乐",北京:中华书局,1981年,第93—94页。

本心也,是则当黜也。①

陈棐力倡严夷夏之大防,并将黜祀元世祖的主张与标举"驱逐胡虏,恢复中华"的元明革命联系在一起,反复强调"必除胡君之祀"乃是为了彰显太祖驱胡攘夷之功。在朝野内外充满仇元气息的嘉靖时代,这种说辞无疑是最能煽动君臣上下的民族情绪的。后来的结果可想而知:世宗以此疏"下礼部,集廷臣议,如棐奏。上曰:'元本胡夷,又甚于五季者,帝王庙并墓祭俱黜罢。'棐复言,帝王庙已撤胡元之祀,而庙在两京者亦宜撤去之,又请改两京庙祀碑文并毁销元君臣神主。下礼部议覆,俱报可"②。自洪武以来入祀历代帝王庙近二百年的元世祖,至此最终遭到罢黜。不仅如此,同时"并罢从祀木华黎等五人"③。对于嘉靖黜祀元世祖君臣,当时人的解释是:"至世宗并元君臣俱去之,时恨虏寇入犯,用汉武帝诅匈奴故事也。"④说到底,还是嘉靖间边患日重、民族矛盾激

①陈棐:《陈文冈先生文集》卷一一《除胡邪正祀典疏》,《四库全书存目丛书》影印明万历九年陈心文刻本,集部第 103 册,第 682 页。第二次上疏题为《以闰月明闰位申论胡祀当黜之疏》,见《陈文冈先生文集》卷一二,第 686—688 页。该文集所收章疏皆无篇名,此处从赵克生先生所拟,参见氏著《明朝嘉靖时期国家祭礼改制》,北京:社会科学文献出版社,2006 年,第 138—141 页。

②《世宗实录》卷二九六嘉靖二十四年二月庚子,《明实录》第 44 册,第 5652 页。

③明佚名:《太常续考》卷五《历代帝王事宜》,台湾商务印书馆影印文渊阁《四库全书》本,第 599 册,第 205 页。"木华黎",四库馆臣改作"穆呼哩",今据《钦定元史语解》卷一〇回改。据《明史》卷五〇《礼志四》"历代帝王陵庙",洪武二十一年以历代名臣三十七人"从祀于东西庑",其中就包括木华黎等元臣五人。

④《万历野获编》卷一"帝王配享",上册,第 3 页。

化所造成的结果。这是明蒙关系史上的一个标志性事件,较之明初,明人对于蒙元的政治态度可以说发生了一百八十度的转变。

嘉靖间孔庙罢祀曾经仕元的吴澄,与帝王庙黜祀元世祖君臣可谓如出一辙。宣德十年(1435),元朝大儒吴澄"从祀孔子庙庭"①。半个多世纪以后,士大夫中开始出现反对声音。弘治三年(1490),南京国子监祭酒谢铎上书条陈六事,其三为"正祀典",对吴澄从祀孔庙提出质疑:

> 若临川郡公吴澄,著述虽不为不多,行检则不无可议。生长于淳祐,贡举于咸淳,受宋之恩者已如此其久;为国子司业,为翰林学士,历元之官者乃如彼其荣。出处,圣贤之大节;夷夏,古今之大防。处中国而居然夷狄,忘君亲而不耻仇虏。迹其所为,曾不及洛邑之顽民,何敢望首阳之高士。②

表面看来,谢铎的指责似乎主要是针对吴澄身为南宋遗民而出仕蒙元的"君臣之义"名节问题,实际上他最在意的却是"夷夏之防",所谓"夷夏古今之大防,处中国而居然夷狄"云云,才是他反对吴澄从祀孔庙的真正原因。弘治十四年,时任礼部右侍郎的谢铎再次上疏请罢吴澄从祀③。礼部"请再集廷议",侍郎焦芳支持谢铎的主张:"草庐先生(即吴澄)苦心著述,虽若有功,而出处大节则真有可议,铎言不当从祀是已。"但因礼部尚书傅瀚持反对意

---

① 《英宗实录》卷四宣德十年四月壬戌,《明实录》第 13 册,第 89 页。
② 谢铎:《论教化六事疏》,《桃溪净稿》卷二五,《四库全书存目丛书》影印明正德十六年台州知府顾璘刻本,集部第 38 册,第 438 页。
③ 参见谢铎:《维持风教疏》,《桃溪净稿》卷二七,第 447 页。

见,"澄遂仍旧从祀"①。嘉靖九年,孔庙祀典改制,更定从祀诸名儒,背负仕元污名的吴澄自然难逃被黜祀的命运,而且这回没有再引起任何争议,世宗对首辅张璁说:"至如吴澄者罪已昭昭然,何待别议!"②吴澄最终被驱逐出圣贤庙廷,与嘉靖间仇恨蒙古的时代氛围显然大有关系③。

三、从"正统"到"变统":明人蒙元史观之嬗变

随着明朝所面临的内外形势及时代环境的变化,明人对于蒙元王朝正统地位的认识与评价,也经历了一个从肯定到否定的转变过程。若与上文谈到的明朝中后期对元明革命的重新解读联系起来看,可以更为清晰地看出这场正统之辨背后隐含的华夷语境的变迁。

明朝初叶,对于蒙元王朝的正统地位一贯是给予明确承认的。早在朱元璋称帝之前发布的《谕中原檄》中,虽然声称"自古帝王临御天下,中国居内以制夷狄,夷狄居外以奉中国,未闻以夷

①《孝宗实录》卷一七三弘治十四年四月壬午,《明实录》第 31 册,第
　　3145—3147 页。又《明史》卷一六三《谢铎传》记此事始末,谓谢铎弘治
　　三年上言六事,"请进宋儒杨时而罢吴澄,礼部尚书傅瀚持之,乃进时
　　而澄祀如故"。而据《明史》卷一八四《傅瀚传》,知傅瀚于弘治十三年
　　始"代徐琼为礼部尚书"。可知《谢铎传》所记不确,误将其前后两次建
　　言罢吴澄从祀孔庙事混为一谈。
②张璁:《谕对录》卷二二嘉靖九年十月二十四日"谕张元辅"条,北京大
　　学图书馆藏明刻本,叶 26b。
③参见赵克生:《明朝嘉靖时期国家祭礼改制》,第 182—184 页。

狄居中国治天下者也",但接下来却说:"自宋祚倾移,元以北狄入主中国,四海内外,罔不臣服,此岂人力,实乃天授。"①宣称元朝王权"天授",无异于承认其入主中国的正当性。在洪武元年正月颁布的《即位诏》中,明太祖也公然表明了他对前朝正统地位的认可:"朕惟中国之君,自宋运既终,天命真人于沙漠,入中国为天下主,传及子孙,百有余年。"②将元世祖称为"天命真人",依然认为其政权的合法性来自天授王权。直至成祖朝,类似说法仍可见于明朝官方文献。永乐四年(1406),明朝遣使致书鞑靼可汗鬼力赤,其中说道:"昔者天命宋主天下,历十余世,天厌其德,命元世祖皇帝代之,元数世之后,天又厌之,命我太祖皇帝君主天下。此皆天命,岂人力之所能也。"③鬼力赤于建文四年(1402)取代北元,自立为鞑靼部可汗。明朝写给他的这封国书无非是想说明,自太祖朱元璋取代蒙元以后,天命即已转移到明朝一方;同时也明确指出,当初元世祖取代宋朝亦系天命之所归。——这与朱元璋在《谕中原檄》和《即位诏》中的说法简直如出一辙。另外,上文说到洪武六年以元世祖入祀历代帝王庙,也是明初承认元朝正统的一个明确信号。

明朝前期所修的两部元史,同样可以反映出当时朝野对元朝地位的肯定性评价。成书于洪武初年的官修《元史》,完全是将蒙元当作中国历史上的正统王朝来看待的,与后来《续资治通鉴纲目》《历代通鉴纂要》等编年体史书在南宋亡国以后始以元朝纪年所不同的是,《元史》一书将元朝历史上溯到了成吉思汗建立的大

①《太祖实录》卷二六吴元年十月丙寅,《明实录》第 1 册,第 401 页。
②《全明文》卷一,上海:上海古籍出版社,1992 年,第 2 页。
③《太宗实录》卷五二永乐四年三月辛丑,《明实录》第 7 册,第 778 页。

蒙古国,故首卷即为《太祖纪》。宋濂等人对于蒙元历史的这种处理办法,遭到了后人的严厉批评。嘉靖间,周复俊撰《元史弼违》二卷,即专以纠驳《元史》的书法义例为目的,指出"宋宁宗开禧二年(1206),史臣大书元太祖,与宋宁宗并称",因谓"是书也贱夏尊夷,乱名没实,蔑万古帝王之正统,紊万世是非之公议"①。由此可见,明人蒙元史观的前后差异竟是如此之大相径庭。明朝前期还有一部编年体的元史,这就是胡粹中的《元史续编》。该书撰成于永乐元年,所谓"续编",是指续陈桱《通鉴续编》,故记事始于元世祖至元十三年(1276),编年系月,大书分注,全仿《通鉴纲目》之例。此书秉承明初官方承认元朝正统地位的态度,坚持书顺帝年号直至至正二十八年(1368)而止。

这种蒙元史观亦体现在普及性的历史读物中。初刻于宣德七年(1432)的刘剡《资治通鉴节要续编》,是明朝前中期最为流行的一部历史教科书,屡次增修或重刻,至今尚能见到十余种翻刻本②。此书三十卷,卷一至二六为《宋纪》,卷二七至三〇为《元纪》。卷首宣德四年张光启序即表明了该书的正统观:"以宋为统,辽金分书之,元则直续宋统。"③其《凡例》更明确交代了此书的书法义例,一则说:"元灭金、夏,有中国,而犹分注其年,系于宋统之下者,明天命之未绝也。"另一则说:"元自世祖至元己卯灭宋

---

① 周复俊:《元史弼违》卷上,《丛书集成续编》,台北:新文丰出版公司,1989年,第277册,第97页。
② 参见钱茂伟:《明代史学编年考》,北京:中国文联出版公司,2000年,第10—122页。
③ 《增修附注资治通鉴节要续编大全》,北京大学图书馆藏明弘治十年杨氏清江书堂刻本,叶2b-3a。

方大书,承大统也。"①卷二七《元纪》自世祖至元十六年己卯（1279）大书元朝纪年,该卷卷首世祖皇帝标目下说："在位三十五年,承正统。"由此可见,此书主张元承宋统的正统谱系,明确承认元朝的正统地位,与明初官方的蒙元史观是完全吻合的。

明初正统论最看重的是"混一寰宇"之大一统,而明中叶以后的华夷之辨则强调的是正统之"正",这种思潮滥觞于方孝孺。早在明初,方孝孺就在《释统》一文中首倡"变统"之说:

> 天下有正统一,变统三。三代,正统也。如汉如唐如宋,虽不敢几乎三代,然其主皆有恤民之心,则亦圣人之徒也,附之以正统。……奚谓变统? 取之不以正,如晋、宋、齐、梁之君,使全有天下,亦不可为正矣;守之不以仁义,戕虐乎生民,如秦与隋,使传数百年,亦不可为正矣;夷狄而僭中国,女后而据天位,治如符坚,才如武氏,亦不可继统矣。②

此文撰于洪武七年,方氏时年十八③。这里说的"变统三",应是指取之不以正、守之不以仁义以及夷狄、女后继统者。后来他又更

---

① 《增修附注资治通鉴节要续编大全》,叶 4b。这里有一个误解需要澄清。左桂秋《明代通鉴学研究》（北京:中国海洋大学出版社,2009 年,第 109 页）认为,《资治通鉴节要续编》本以元朝直承宋统,成化二十年（1484）重刊本《凡例》称"元灭金、夏,有中国,而犹分注其年,系于宋统之下者,明天命之未绝也",可知已取消元的正统地位,将其系于宋统之下云云。按此《凡例》出自原作者之手,以元"系于宋统之下者",乃是指宋亡之前,并没有否定元朝正统的意思。
② 方孝孺:《释统上》,《逊志斋集》卷二,《四部丛刊》本,叶 3a。
③ 参见胡梦琪:《方孝孺年谱》,西安:陕西人民出版社,1988 年,第 19—20 页。

明确地将"变统"归纳为以下三类情况:"吾尝妄论之曰:有天下而不可比于正统者三,篡臣也、贼后也、夷狄也。"①方氏论正统,看重的是"正"而不是"统",尤其值得注意的是,这是明人最早强调华夷之防的正统论。但方氏的主张在当时显然并不受待见,他在《后正统论》一文后有跋云:"自予为此文,未尝出以示人,人之闻此言者,咸訾笑予以为狂,或阴诋诉之。其谓然者,独予师太史公(按指宋濂)与金华胡公翰而已。"②方氏"变统"说在明初之所以遭人"訾笑"和"诋诉",主要就是因为他在元朝正统问题上所持有的不同见解,他后来曾明确谈到这一点:"予尝论正统,以为有天下而不可为正统者三,篡臣、女主、夷狄也。篡臣、女主之不得与于正统,古已有之,惟夷狄之全有四海,创见于近世,故学者多疑焉。"③所谓"夷狄之全有四海,创见于近世"云云,即指元朝而言。正是因为元朝的正统地位在明初得到朝野内外的普遍肯定,所以方孝孺这种不合时宜的见解在当时还很难为人们所接受。

然而让方孝孺没有想到的是,当时过境迁之后,他提出的"变统"说却对后来明人的正统观念产生了十分深远的影响,以至于饶宗颐先生将其与欧阳修《正统论》相提并论:"方氏《释统》之作,足与欧阳修媲美,实为正统论之后殿。"④这一评价并不过分。

土木之变以后,明人民族情绪持续高涨,华夷之辨开始兴起,方孝孺的正统论在这种新的时代氛围下理所当然地成为明朝士人最倚重的思想资源。丘濬成化间所作《世史正纲》,代表着明人

①方孝孺:《后正统论》,《逊志斋集》卷二,叶 10a。
②《逊志斋集》卷二,叶 13a。
③方孝孺:《题桐庐二孙先生墓文后》,《逊志斋集》卷一八,叶 11b。
④见饶宗颐:《中国史学上之正统论》,上海:上海远东出版社,1996 年,第 58 页。

蒙元史观的一个重要变化。"是书本明方孝孺《释统》之意,专明正统"①,明确提出否定元朝正统的主张。丘濬曾参与官修《续资治通鉴纲目》一书的编纂,对该书仍然沿袭元朝正统的书法很不满意,于是退而私撰《世史正纲》。关于此书的著作旨趣,其门人费訚《世史正纲后序》说得很明白:"世道之大者,其要有三:曰世、曰国、曰家。世主华夷而言,要必华内而夷外;国主君臣而言,要必君令而臣共;家主父子而言,要必父传而子继。……而其极至,尤在于严内夏外夷之限,以为万世大防,故以《世史》为名。"②这是一部充满了华夷之辨的历史著作,而其正统观念则深受方孝孺的影响。如丘濬在解释朱子《通鉴纲目》对辽朝耶律德光"以死书之"的《春秋》笔法时,有一段值得注意的议论:"后人议元者,乃欲以其混一中国,而进之汉唐之间,何所见耶? 且忽必烈之于(耶律)德光,同一夷种也,但得中国地有广狭耳。徒以其得地广狭而高下之,是以功利论事也,岂《春秋》意哉?"③很显然,丘濬全盘接受了方孝孺重"正"而不重"统"的价值观念,并以之作为否定元朝正统地位的一个·重要理据。

不过,尽管方孝孺提出的"变统"说自成化以后已经得到许多士人的认同,但明朝中叶的某些官修史书仍在继续沿袭传统的蒙

---

① 《四库全书总目》卷四八史部四编年类存目《世史正纲》提要,北京:中华书局,1965 年,上册,第 433 页。
② 费訚:《世史正纲后序》,《四库全书存目丛书》史部第 6 册,第 633 页。明人正是在严夷夏大防这一点上对此书称誉之至,至有"《春秋》之后有朱氏,而《纲目》之后有丘氏也"的评价,见胡应麟《少室山房笔丛》卷一三《乙部史书占毕一》,北京:中华书局,1958 年,上册,第 179 页。
③ 丘濬:《世史正纲》卷二二《五季世史》,《四库全书存目丛书》史部第 6 册,第 488 页。

元史观。如成化间官修的《续资治通鉴纲目》就是一个典型的例子。成化九年,敕纂《宋元资治通鉴纲目》;十二年书成,更名《续资治通鉴纲目》。关于此书所持的正统观念,商辂《进续资治通鉴纲目表》有明确的表述:"若胡元之主中华,尤世运之丁极否。冠履倒置,天地晦冥,三纲既沦,九法亦斁。第已成混一之势,籾复延七八之传,故不得已大书其年,亦未尝无外夷之意。"①进书表虽对元朝多有指斥,但因其有"混一寰宇"之大一统天下,故仍不得不尊为正统。《凡例》也谈到此书的纂修义例:"凡夷狄干统,中国正统未绝,犹系之中国;及夷狄全有天下(原注:谓元世祖),中国统绝,然后以统系之。"②故该书卷二三自元世祖至元十七年(1280)始以元朝纪年。与明朝前期诸宋元史相比较,此书虽已有夷夏之防的意识,但仍以"夷狄全有天下"作为承认其政权合法性的基本依据。

另一个例子是正德二年(1507)李东阳等奉敕纂修的《历代通鉴纂要》。此书编纂之初,担任编修副总裁的国子祭酒谢铎曾致函李东阳,力主废去元之正统:"《纲目》于吕后、新莽之年,皆冠以甲子而分书之。当其时,天下之统未尝不合于一,特贼后、篡臣不可比于正统,故不得而不分书之耳。贼后、篡臣既不可为统,而夷狄如元,独可以为统乎?此《纲目》之所未书,正今日之所当正也。"③谢铎否定元朝正统的主要理论依据,依然是来自于方孝孺的"变统"说。有学者仅仅根据谢铎的这通书信,就得出"《历代

①商辂等:《续资治通鉴纲目》卷首《进续资治通鉴纲目表》,北京大学图书馆藏万历二十八年苏州朱燮元刻本,叶 8a—8b。
②商辂等:《续资治通鉴纲目》卷首《凡例》,叶 12b—13a。
③谢铎:《与李西涯论历代通鉴纂要》,《明文海》卷一七四,北京:中华书局,1987 年,第 2 册,第 1739 页。

通鉴纂要》是明代第一部将元排除在正统之外的官方史书"的结论①，未免有点造次。按此书《凡例》云："凡正统，书帝号于元年之上；其非正统及无统者，则分书于甲子之下。"②卷八九自元世祖至元十七年以下皆以元朝帝号书于年号之上，正与《凡例》所阐释的"正统"书法相吻合。又卷九二末有一段按语，谓所记元朝事"统系、书法则仍《续纲目》之旧云"③，意谓此书有关元朝正统的义例一仍商辂《续资治通鉴纲目》之旧。由此可知，谢铎的上述建议当时并未得到采纳，此书仍然维系了传统的元朝正统论。

明人蒙元史观的根本转变，元朝正统体系被彻底颠覆，乃是嘉靖以后的事情。成书于嘉靖二十五年的王洙《宋史质》，最能代表彼时士人竭力否定蒙元正统的强烈态度。此书本是明人重修《宋史》之一，但因作者主张"胡元者，赵宋之闰位"，④故亦附记元朝一代事。作者将两宋诸帝本纪列为《天王正纪》，而将元朝列为《天王闰纪》，末有作者按语曰："按《通鉴》及《续纲目》俱以宋元并称，祖宗号谥，视历代帝王无异。今《史质》削'大元'之号，而以闰纪名；去世祖皇帝等谥，而直书忽必烈等名；芟除其至元、大德等元，而概以一年、二年纪事。何哉？曰：所以辨人类而明天道也。"⑤这段话的针对性很明确，主要就是为了纠正《历代通鉴纂要》和《续资治通鉴纲目》两部官修史书尊元朝为正统的传统观

---

① 左桂秋：《明代通鉴学研究》，第110—111页。
② 《历代通鉴纂要》卷首《凡例》，《四库未收书辑刊》影印清光绪二十三年广雅书局刻本，北京：北京出版社，2000年，第4辑12册，第4页。
③ 《历代通鉴纂要》卷九二，《四库未收书辑刊》第4辑13册，第833页。
④ 王洙：《宋史质》卷首《史质叙略》，台北：大化书局影印嘉靖刻本，1977年，第3页。
⑤ 王洙：《宋史质》卷一三《天王闰纪》，第85页。

念。为了彻底否定蒙元正统，王洙甚至径以明统继宋，"于宋益王之末，即以明太祖之高祖追称德祖元皇帝者承宋统；大德三年，以太祖之曾祖追称懿祖恒皇帝者继之；延祐四年，以太祖之祖追称熙祖裕皇帝者继之；后至元五年，以太祖之父追称仁祖淳皇帝者继之；至正十一年，即以为明之元年"①。可以说，这是明人对元朝正统地位所给予的最彻底的否定。

自 15 世纪中叶以后，蒙元正统之辨已成为明代士人华夷观念的一种惯用表达方式，而对明初蒙元史观的批判和清算，则在这场正统之辨中主导了士人阶层的主流话语。由此我们不难理解，为何明朝中后期士人有关元明革命的记忆与历史真相相去甚远。

四、一切历史都是当代史：清末民初人眼中的元明革命

明代士人对元明革命的重新解读，奠定了后来历史书写的基本框架，而清末反满排满的时代思潮，则使元明嬗代呈现出愈益浓厚的民族革命色彩。清末革命党人从一开始就以"光复中华"相号召，故推翻蒙元政权的明太祖理所当然地成为他们的精神偶像。可想而知，将明朝的建立定性为一场"驱逐胡虏，恢复中华"的伟大民族革命，对他们来说有着多么重要的现实意义。

以孙中山为代表的清末革命党人，其反清口号的提出及革命

① 《四库全书总目》卷五〇史部别史类存目《宋史质》提要，上册，第454 页。

纲领的逐步形成,即是直接受到明太祖《谕中原檄》的启示。1893年,孙中山与陆皓东、郑士良等聚会于广州广雅书局内的南园抃风轩,首次提出要建立一个以"驱除鞑虏、恢复华夏"为宗旨的革命团体①;次年在檀香山创立兴中会,其誓词为"驱除鞑虏,恢复中华,创立合众政府";1903年,孙中山在日本东京创办青山军事学校时,又提出"驱除鞑虏,恢复中华,创立民国,平均地权"的口号②;1905年中国同盟会成立时,遂以此十六字口号作为同盟会誓词,形成中国资产阶级民族民主革命纲领;同年,在《民报》发刊词中将其归结为民族、民权、民生三民主义。关于三民主义中的民族主义,以上各个版本的表述虽有所不同,但显然都是《谕中原檄》"驱逐胡虏,恢复中华"一语之翻版。而辛亥革命之前,在三民主义所标举的民族革命、政治革命、社会革命三者之中,又始终是以民族革命为核心的。

　　清末革命党人对于明太祖《谕中原檄》的极力推崇,在刘成禺《太平天国战史》一书中表现得最为明显。此书在戊午年《真天命太平天国》檄文后,有一段作者的议论:"自明太祖传檄驱胡,汉遗民得重见汉官威仪者,传诵弗衰,几与六经媲。尊严汉族,光复武功之盛,即斯可见,而流风遗韵,沁渍于人心。读是檄者,每不胜低徊之情甚矣。高曾矩获,启迪后人者深也。"③刘成禺(1875—1952),字禺生,笔名汉公,早年加入兴中会,为辛亥革命元老。

---

① 冯自由:《中华民国开国前革命史》,桂林:广西师范大学出版社,2011年,第2页。
② 冯自由:《革命逸史》第3集"同盟会四大纲领及三民主义溯源",北京:中华书局,1987年,第198—201页。
③ 汉公(即刘成禺):《太平天国战史》,长沙:中华书局,1911年,后编第13页。

《太平天国战史》经孙中山提议编撰,成书于1903年,并由孙中山亲自作序。刘成禺在此书中借题发挥,对明太祖《谕中原檄》称颂之不遗余力,至以谓"几与六经媲"云云。其所以如此,无非是因为它首倡"驱逐胡虏,恢复中华"的民族革命口号,因而在清末革命党人的眼中具有极为重要的象征意义。

上文说过,《谕中原檄》作者不详,程敏政《皇明文衡》始署名为宋濂①。又张自烈《与宋潜溪论学禁书》有曰:"仆闻执事掌记注,司代言,备朝廷顾问。凡政事兴厘,制诏详略,宜竭诚匡拂,使行之当时而无弊,传之累叶而可久,然后称职胜任,足为后世法。近观《谕中原檄》,声明大义,遒迒服膺,虽文辞冗靡,小疵不足为执事玷……"②据文义判断,显然作者认定《谕中原檄》出自宋濂之手。按张自烈乃明末清初人,其《芑山诗文集》卷一、卷二的卷目分别题为《与古人书》之一、二,其致书对象包括自韩、柳至明初诸名贤,《与宋潜溪论学禁书》就是这样的一篇拟作。张自烈以宋濂为《谕中原檄》作者,其依据恐怕也无非是《皇明文衡》而已。然而自明初至清末,历代编刻的各种宋濂文集不下十余种,均无《谕中原檄》一文;惟宣统三年(1911)金华府学教授孙锵刻本《宋文宪公全集》始将该文补入,其文字与《明文衡》皆同,篇末注其出处为"明刻选本",盖即指程敏政《皇明文衡》③。后人亦多以为此

———————————

①除此之外,笔者所见明代文献中,黄训《皇明名臣经济录》及王锡爵、沈一贯辑《增定国朝馆课经世宏辞》所收此文亦题为宋濂,此二书皆取自《皇明文衡》。
②张自烈:《芑山诗文集》卷二,《豫章丛书》本,叶16a。
③今人重编的《宋濂全集》所收《谕中原檄》一文,即据《宋文宪公全集》辑补。见罗月霞主编:《宋濂全集》,杭州:浙江古籍出版社,1999年,第4册,第2216—2217页。

文出宋濂之手,如萧公权《中国政治思想史》说:"相传檄文作者为宋濂。方(孝孺)尝学于宋,其民族思想或得自师授。然檄不见今本《宋文宪全集》,集中亦鲜含有民族观念之文字。或均为四库馆臣删去欤。"①吴晗《朱元璋传》亦以为此文果为宋濂所作②。其实程敏政之署名宋濂是靠不住的。据孙锵《宋文宪公年谱》,宋濂于至正二十五年(1365)四月返金华乡居,直至洪武元年四月"复自潜溪还";其间至正二十五年八月丁父忧,二十七年冬"服阕"③。然据《太祖实录》,知《谕中原檄》发布于吴元年(即至正二十七年)十月丙寅,而此时宋濂并不在朱元璋幕中,因此这篇檄文显然不可能出自其手。笔者的关注点在于,尽管程敏政《皇明文衡》已将《谕中原檄》作者署名为宋濂,但明清人所编多种宋濂文集并未据以收入此文,直至清末刊刻的《宋文宪公全集》始将该文补入,恐怕不是出于偶然,我想这与《谕中原檄》在清末受到的高度关注是分不开的。

在清末排满运动中,元明鼎革的民族革命性质常常被人们刻意加以强调。1903 年,章太炎在为邹容《革命军》所作序中,对"革命"的概念进行辨析:"抑吾闻之:同族相代,谓之革命;异族攘窃,谓之灭亡。改制同族,谓之革命;驱逐异族,谓之光复。今中

---

① 萧公权:《中国政治思想史》,第 356 页。这里所称的《宋文宪全集》,当是指嘉庆十五年严刻本《宋文宪公全集》。按萧氏疑《谕中原檄》为四库馆臣所删,此说无据。《四库全书》所收《文宪集》系以嘉靖间韩叔阳刻《宋学士全集》为底本,此本亦无《谕中原檄》。
② 吴晗:《朱元璋传》,天津:百花文艺出版社,2000 年,第 139 页。
③ 孙锵:《宋文宪公年谱》,原附孙刻本《宋文宪公全集》后,见《宋濂全集》第 4 册,第 2708—2710 页。

国既灭亡于逆胡,所当谋者光复也,非革命云尔。"①后来他又在《民报》第 8 号上撰文重申"革命"与"光复"的区别:"吾所谓革命者,非革命也,曰光复也。光复中国之种族也,光复中国之州郡也,光复中国之政权也。"②在章太炎看来,"革命"一词不足以彰显"驱逐鞑虏、恢复中华"的民族革命性质,因此需要改用一个专门的词汇来加以指称,是即所谓"光复"者也。在当时革命党人的心目中,无论是元明鼎革还是清末排满运动,论其性质都属于光复而非革命。

孙中山也曾在各种不同场合多次强调明朝驱逐蒙元所具有的种族革命性质,如 1906 年在《中国同盟会革命方略》中指出:"前代革命如有明及太平天国,只以驱除光复自任。"③当谈及元明革命性质时,孙中山与章太炎的关键词完全相同,他笔下的"光复"也是专指种族革命而言。1913 年,孙中山《在东京中国留学生欢迎会的演说》中说道:"迨至明朝,驱逐元胡,创种族革命。"④值得注意的是这个"创"字,孙中山特别强调是明太祖"开创"了种族革命,这种观念给后人留下了根深蒂固的影响。1928 年,白崇禧在为《太平天国诗文钞》所作的序中还有这样的说法:"《易》曰:'汤武革命,顺乎天而应乎人。'此为中国革命之所自始。自秦汉以至明清,皆属政治革命,无所谓种族革命也,种族革命起于朱

_____

① 见邹容:《革命军》,北京:中华书局,1971 年,第 3 页。
② 章炳麟:《革命之道德》,原载东京《民报》第 8 号,1906 年 10 月;收入张枬、王忍之编:《辛亥革命前十年间时论选集》第 2 卷上册,北京:三联书店,1978 年,第 510 页。
③《孙中山全集》第 1 卷,第 296 页。
④《孙中山全集》第 3 卷,北京:中华书局,1984 年,第 23 页。

元璋。"①这里所称的政治革命与种族革命,即分别相当于章太炎所说的"革命"和"光复"。而"种族革命起于朱元璋"的说法,正是辛亥革命前后民族革命的鼓吹者们所具有的一种共识②。

早在孙中山创立兴中会以前,就已将朱元璋、洪秀全二人尊奉为历史上的民族革命英雄,而前者更因胜利达成了"驱逐胡虏,恢复中华"的伟大革命目标而受到格外的尊崇。孙中山说:"明太祖驱除蒙古,恢复中国,民族革命已经做成。"③对于以推翻满清政权为首要目标的革命派来说,明太祖不啻为他们提供了一个强大的精神支柱。1906 年,《民报》第五号卷首同时刊载朱元璋、洪秀全、孙中山三人像,题为"中国大民族革命伟人肖像"④。这当然是为了表明孙中山民族主义的历史渊源及其与朱、洪二人一脉相承的关系⑤,同时

① 罗邕、沈祖基辑:《太平天国诗文钞》,台北:文海出版社影印本,1971年,上册,第 9 页。此书卷首有蒋介石、于右任、白崇禧三序,皆着力强调元明嬗代及太平天国的种族革命性质,而尤以白序最为典型。
② 清末革命党人有关元明革命的民族主义想象,在当时的民间社会也引起了很大反响。陈学霖先生指出,清末民初民间盛传"八月十五杀鞑子"的故事,其实并无史实根据,乃是当时排满思潮下人们附会出来的推翻蒙元政权的传说。参见氏著《刘伯温与"八月十五杀鞑子"故事考溯》,原载《"中研院"近代史研究所集刊》第 46 期,2004 年 12 月,第1—51 页;收入《明初的人物、史事与传说》,北京:北京大学出版社,2010 年,第 144—182 页。
③ 孙中山:《在东京〈民报〉创刊周年庆祝大会的演说》,《孙中山全集》第1 卷,第 325 页。
④ 见东京《民报》第五号,1906 年 6 月 26 日。
⑤ 对于辛亥革命的民族革命传统,直至半个多世纪以后,简又文先生还有这样的阐释:"朱明之覆元复国,太平天国之讨满兴汉,与国父倡导的国民革命之打倒满清而建立民国,是六百年来我国一脉相承之民族革命运动。其间虽有成有败,而革命的意义与性质之重要则同一。"(《再论太平天国与民族主义》,《大陆杂志》39 卷 3 期,1969 年 8 月,第 11 页)

也说明朱元璋已经成为革命党人顶礼膜拜的对象。有一个故事很能说明问题。据说袁世凯民国初年"尝得明太祖画像一幅,悬之密室,朔望顶礼,并私祝太祖在天之灵,祐其平定天下,复兴汉业,意至诚恳"[1]。可见在清末民初的政治家心目中,明太祖几乎已经到了被神化的地步。

清末资产阶级革命家对明太祖在精神上的顶礼膜拜,最具有象征意义的一件事情,莫过于孙中山在辛亥革命胜利后的拜谒明陵。1912年2月15日,孙中山在清帝宣布退位后三天,携南京临时政府官员公祭明孝陵,并以他个人的名义发表了两个文告,一是《祭明太祖文》,一是《谒明太祖陵文》。谒陵文说:"维有明失祀之二百六十有七年,中华民国始建。越四十有二日,清帝退位,共和巩立,民国统一,永无僭乱。越三日,国民公仆、临时大总统孙文,谨率国务卿士、文武将吏祇谒大明太祖高皇帝之陵而祝以文。"[2]两篇文告的内容大同小异,都是以明太祖民族革命事业的继承者身份,向太祖高皇帝在天之灵报告"光复中华"已大功告成的消息。我们知道,三民主义中的民族主义是连接孙中山与明太祖之间的精神纽带,而今这个他为之奋斗多年的目标终因辛亥革命的胜利而得以实现;在他看来,清帝退位、民国建立与明太祖"驱逐胡虏,恢复中华"的民族革命的成功,其性质毫无二致,其意义可以相提并论,是以特意昭告于明太祖陵前。

---

① 刘成禺:《洪宪纪事诗本事簿注》卷一,见《洪宪纪事诗三种》,上海:上海古籍出版社,1983年,第106页。
② 孙中山:《谒明太祖陵文》,《孙中山全集》第2卷,北京:中华书局,1982年,第96页。《祭明太祖文》见本卷第94—95页。有关此次拜谒明陵的详情,可看居正:《祭明孝陵》,见《居正文集·梅川日记》,武汉:华中师范大学出版社,1989年,第84—85页。

清末革命党人对明太祖民族英雄形象的塑造,其影响一直延续到 20 世纪三四十年代。1935 年 3 月,国民政府为"提高民族意识",规定每年清明日为"民族扫墓节",由国府派员前往祭扫中华民族始祖黄帝陵①。次年 4 月,经邵元冲、于右任、戴传贤三人提议,国民政府决定将明太祖陵列入民族扫墓节祭扫范围。1936 年 4 月 3 日发布的国民政府训令第 319 号,转引了邵元冲等人的提议内容:

> 明太祖为民族光复之伟人,功勋灿然,故总理于中华民国元年元旦政府成立之日,亲率文武官吏及本党同志恭谒明陵,举行建国告成典礼,示民以光复之大义,意至深远。今孝陵近在京市,毗连总理陵墓,当此中央提倡民族复兴之际,所有春季孝陵祭典,似亦应决定由中央及国府两方面一并派遣代表敬谨举行,并以大禹劳身为民史实,及明太祖光复伟迹,广事宣传,于提倡勤劳风气、振作民族精神者,关系至大。②

在国难深重的 30 年代,祭扫明太祖陵自然有其特殊的寄寓与象征。提议者希望借此来达到"振作民族精神"的目的,不仅是考虑到明太祖的民族英雄形象久已深入人心,同时还因为孙中山当年

---

①参见郭辉:《抗战时期民族扫墓节与民族精神的建构》,《史学月刊》2012 年第 4 期,第 57 页。
②1936 年 4 月 3 日《国民政府训令第 319 号》"中央政治委员会函为关于民族扫墓典礼应列入祭谒禹陵及明太祖陵一案决议办法令仰转饬遵照由",见《国民政府公报》第 2014 号,1936 年 4 月 6 日,国民政府文官处印铸局印行,第 3 页。

拜谒明陵留给后人的历史记忆更强化了明太祖陵所具有的民族象征意义。

1936年4月5日，国民政府举行了隆重的祭谒明孝陵典礼，由国民政府主席林森主祭，时任行政院院长蒋介石、军事委员会副委员长冯玉祥等陪祭[1]。林森《祭明孝陵文》曰："惟帝天授智勇，奄奠寰区，奋民族之威灵，复黄炎之疆域。"[2]其主调依然是颂扬明太祖"驱逐胡虏，恢复中华"的民族革命胜利，以因应当时力倡民族复兴、凝聚民族精神的现实需要。

抗日战争时期，在救亡的时代主题下，明太祖再次引起人们的关注。方觉慧1940年所撰《明太祖革命武功记》，对朱元璋的民族革命胜利给予了极高的评价："太祖奋起淮甸，兴师北伐，驱逐胡虏，卒能恢复中华，蔚成大业。夫汤武以诸侯而革君主之命，太祖以匹夫而革胡元之命，其武功不在汤武下矣。"[3]将元明革命与汤武革命相提并论，主要是看重它所具有的种族革命开创之功。蒋介石为该书作序，也极力表彰明太祖光复华夏的伟业："明祖崛起草莱，志期匡复，收揽豪俊，剪刈群雄，十五年间，遂成光复华夏之大业。"方觉慧是早期同盟会会员，一生出入军政两界，他为何要在此时撰写这部《明太祖革命武功记》呢？卷首《编纂经过》对此做了详细解释："溯自九一八事变以还，忠志之士，每引宋明致亡之轶事，警惕国人，以期精诚团结，共赴国难，挽救危亡，其用心可谓良苦矣。然此不过一时之激励，徒供嗟叹恸哭而已。何

---

① 有关此次祭典的报道见《民族扫墓节国府致祭明孝陵》，《申报》1936年4月6日。

② 《林公子超遗集》，台北："国史馆"，1966年，第476页。

③ 方觉慧：《明太祖革命武功记》卷首《编纂义例》，重庆：国学书局，1940年，叶1a-1b。

若将明太祖革命武功,及其恢复中华之史实,详加阐扬,俾得以提高国民自尊自信之决心……此余编纂《明太祖革命武功记》之动机也。"①方觉慧之所以要在抗战时期撰写此书,无非是想借助明太祖的民族英雄形象来激励国人,以"提高国民自尊自信之决心"。在抗日战争这样一个特殊的历史时期,明太祖又一次充当了国人的精神偶像。

有一个误解颇能说明明太祖在国人心目中所具有的民族主义符号意味。抗战时期,曾有不少人撰文讨论战后应建都何地的问题。1943 年,朱文长提出建都兰州的主张,他在文中推测孙中山当初主张建都南京的理由,谓南京"是扫灭胡元、克复汉土的民族英雄朱元璋复国的根据地,巍巍的明孝陵正象征着民族魂",认为这可能是民初建都南京的一个重要原因②。这是一个没有根据的猜测。其实在辛亥革命前孙中山比较倾向于建都武昌,并不主张建都南京,民国初之所以主张定都南京或武昌,主要是基于反对袁世凯定都北京的考虑③。虽然朱文长的说法只是后人一种想当然的解释,但笔者感兴趣的是这种想当然背后的观念预设,由此可以看出清末革命党人对明太祖民族英雄形象的塑造是何等的成功,明孝陵已经被上升到了"民族魂"的高度!

①方觉慧:《明太祖革命武功记》,叶 7b。
②朱文长:《战后应建都兰州》,《东方杂志》39 卷 16 号,1943 年 10 月 30 日,第 50 页。美国学者芮玛丽(Mary Clabaugh Wright)亦称"民国定都南京是明朝合法性的证明"(见芮玛丽著,房德邻等译:《同治中兴:中国保守主义的最后抵抗(1862—1874)》,北京:中国社会科学出版社,2002 年,第 379 页),可见这是一个很普遍的误解。
③参见苏全有:《孙中山与建都设置问题》,《天府新论》2004 年第 2 期,第 98—100 页。

一切历史都是当代史,有关元明革命的民族主义想象以及明太祖民族英雄形象的塑造,再次向我们诠释了这一命题。

原载《中国史研究》2014 年第 3 期

"倒错"的夷夏观?

——乾嘉时代思想史的另一种面相

　　乾嘉时代在中国学术史尤其是经学史上的地位一向为人瞩目,但在思想史上的地位却十分低落。本文所揭示的汉族士人与清朝统治者看似彼此"倒错"的夷夏观念,为我们呈现了乾嘉时代思想史的另一种面相,并将有助于解答这样一个疑问:在 18 世纪的中国,思想与学术的分裂究竟是如何产生的?

一、"异端"的正统论:以扬州学派诸士人为例

　　自章太炎、梁启超以来,治清学者通常将乾嘉汉学分为以惠栋为首的吴派和以戴震为首的皖派,而扬州学派的主要代表人物多被归入后者。较早将扬州学派作为乾嘉汉学的一个独立学术流派来进行专门研究的是张舜徽①。自 20 世纪 80 年代以后,这

①参见张舜徽:《清代扬州学记》,上海:上海人民出版社,1962 年。此书是根据作者 20 世纪 40 年代在兰州大学的讲义整理而成的。

种观点已得到学术界的普遍认同。一般认为,扬州学派的主要代表人物有汪中、王念孙、焦循、阮元、凌廷堪、王引之、刘文淇等。

扬州学派的学术贡献主要体现在经学方面,而对于史学则几无建树可言。不过,扬州学派中的某些人物所表现出来的那种与众不同的史学观念——尤其是其"异端"的正统论,却值得我们做一番认真的探究。其中最为典型者,自非凌廷堪莫属。

凌廷堪(1755—1809),字次仲,安徽歙县人,乾隆五十五年(1790)进士。凌氏早年主要活动于扬州,以经学名家,尤精于《仪礼》,被视为扬州学派的代表人物之一。凌氏一生没有史学著作传世,但据与其交谊甚笃的江藩说:"君读书破万卷……于史,则无史不习,大事本末,名臣行业,谈论时若瓶泻水,纤悉不误。地理沿革,官制变置,《元史》姓氏,有诘者,从容应答,如数家珍焉。"[1]他的史学观念主要散见其诗文中,因此很少引起后人注意,直至钱穆《中国近三百年学术史》论及其史观,并以"反民族观念之历史论"为之定性,此后凌氏异端的正统论始广为人知。

在凌氏《校礼堂文集》中,有多篇文字显示了他对宋、金双方的政治倾向。如《金衍庆宫功臣赞并序》《书金史太宗纪后》两文,就完全是站在金朝的立场上,对女真君臣极尽溢美之辞,对南宋则屡加贬斥,并为金太宗天会六年(1128)不用宗翰之言,遣师南伐而停止对陕西用兵,坐失灭宋一统之机深感惋惜[2]。凡涉及宋金和战问题时,凌氏总是一味地主和反战。如宋孝宗隆兴初张

---

①江藩:《汉学师承记(外二种)》卷七"凌廷堪",北京:三联书店,1998年,第121页。
②凌廷堪:《校礼堂文集》卷一二《金衍庆宫功臣赞并序》,北京:中华书局,王文锦点校,1998年,第96—102页;同书卷三一《书金史太宗纪后》,第276—277页。

浚锐意北伐,遭到丞相史浩阻挠,明张时泰《续资治通鉴纲目广义》因称史浩为南渡大奸,凌氏对此不以为然,认为隆兴北伐之失败不可避免,"幸而金世宗厌兵息战,仅以称侄纳币得免。否则,光尧(高宗)、寿皇(孝宗)不为昏德(徽宗)、重昏(钦宗)之续者几希矣"[1]。其主旨是为主和派史浩辩解。在《读宋史》一文中,凌廷堪甚至有这样的高论:"靖康之时,不幸而用李伯纪(纲)之言,而东都旋亡;绍兴之际,幸而不用胡邦衡(铨)之言,而南渡仅存。"[2]即认为北宋之亡国是李纲坚持抗战的结果,而南宋能够幸存则是因为没有采纳胡铨反对绍兴和议的主张。显而易见,这是在替秦桧翻案。对于元、明两朝,凌廷堪所表现出来的政治倾向也极为明显,他慨叹元顺帝不能重用扩廓帖木儿,"遂令明祖坐大而有天下也"[3]。看这口气,分明是偏向元朝的立场。

最能明确反映凌氏夷夏正统观念的文献,是他作于乾隆五十年(1785)的一首《学古诗》:

> 史以载治乱,学者资考究。胡为攀麟经,师心失所守。拘拘论正统,脱口即纰缪。拓跋起北方,征诛剪群寇。干戈定中夏,岂曰无授受?蕞尔江介人,弑篡等禽兽。荒淫无一可,反居魏之右。金源有天下,四海尽稽首。世宗三十年,德共汉文懋。南渡小朝廷,北面表臣构。奈何纪宋元,坐令大

①《校礼堂文集》卷三一《书宋史史浩传后》,第 278 页。
②《校礼堂文集》卷五《读宋史》,第 40 页。
③《校礼堂文集》卷三一《书元史陈祖仁传后》,第 278—280 页。扩廓帖木儿本名王保保,其父为汉人,母为蒙古人,后为其舅父察罕帖木儿收为养子,元末仕至左丞相。元朝亡国后,随顺帝北走,并屡次拒绝明朝劝降。

纲覆？兔园迂老生，永被见闻囿。安得如椽笔，一洗贱儒陋。①

这首诗意欲全盘颠覆传统的夷夏正统观，凌氏所针对者是在中国史学上极具争议性的两个问题：第一，南北朝正统之辨。自东晋南北朝以来的南北正闰之争，在不同的历史语境下成为历代士人华夷观念的一种表达方式，而是否承认北魏王朝的国家法统，乃是南北正闰之争的焦点所在。凌廷堪一反前人的夷夏正统观，强调拓跋魏授受有自，力主北朝正统论②。第二，宋金正统之争。南宋与女真王朝的正统性之争，自始就是与种族问题纠缠在一起的，因此成为元明清时代反复讨论的一个热门话题，虽然历来颇多争议，但无非是独尊宋统说和南北朝说两种观点的分歧而已。而凌廷堪则主张独尊金统，他举出宋高宗曾向金朝称臣一事，以否定南宋政权的政治合法性。

凌廷堪的这些诡异论调，大概平日在朋辈间早就有所表露，故就在他写出这首《学古诗》的前一年，阮元为他离开扬州而作的一首送别诗中，对他的正统观已有这样的评价："读史魏金进，论统晋宋削。"③即指凌氏进北魏、金朝于正统而斥东晋、南宋为偏闰，这与《学古诗》的夷夏正统观恰好可以相互印证。阮元与凌廷

①《学古诗》二十首之一八，《校礼堂诗集》卷五"乙巳"。见《凌廷堪全集》第4册，合肥：黄山书社，2009年，第67页。此诗系年于乙巳，即乾隆五十年。

②参见本书所收《南北朝的历史遗产与隋唐时代的正统论》。

③见《校礼堂诗集》卷五《甲辰去扬州阮伯元赋诗见送作此答之》后所附阮元《元作》，《凌廷堪全集》第4册，第61页。甲辰即乾隆四十九年。按此诗阮元《揅经室集》失收。

堪结交于乾隆四十七年,两人很快成为过从甚密的挚友①。阮元在这首诗中对凌廷堪表现出十分赞赏的态度,且有"具识无差池,持论少连遝"之语,似乎表明两人的见解很接近——这是一个值得注意的迹象,因为阮元也是扬州学派的一位重要人物。

在凌廷堪为数不多的史论作品中,倒有不少涉及夷夏正统观的内容。看得出来,他所关注的重点主要是汉族政权与异族政权相对峙的历史时期,而他的政治倾向和文化立场则总是偏向异族王朝,难怪乎被钱穆称为"反民族观念之历史论"。

无独有偶,在扬州学派另一位代表人物焦循的笔下,也可以看到类似于凌廷堪的异端正统论。焦循(1763—1820),字里堂,甘泉(今江苏扬州)人,嘉庆六年(1801)举人。乾隆六十年秋,焦循赴金陵参加乡试时,时为山西布政使谢启昆幕宾的胡虔赠给他一部《西魏书》,此书题为谢启昆撰,实出于胡虔之手。成书于北齐时代的魏收《魏书》,以东魏为正而西魏为伪,故不载西魏事,《西魏书》即由此而作。但当时有人对此书的义例提出批评:"正统之传,自汉、魏而晋、宋、齐、梁,以至于陈。作《西魏书》,是无梁、陈也。"这种意见代表了自宋以后已成主流的南朝正统论。然而焦循对此却颇不以为然,遂作《西魏书论》予以辩驳:"夫魏,自晋世开基,历年永久,与有河洛,视梁、陈以篡窃得国,短促偏安,有以过之,岂梁、陈所得而统之乎? 亦犹辽之承于唐,传金及元,非宋所得而统也。"②焦循强调北魏王朝的正统地位,倾向于北朝正统论的态度,与凌廷堪的观点可谓吻合无间。

不仅如此,焦循对辽朝的正统体系也提出了不同于前人的看

①参见张鉴等撰:《阮元年谱》,北京:中华书局,1995年,第6页。
②焦循:《雕菰集》卷八《西魏书论》,《丛书集成初编》本,第122页。

法。在他晚年的一部笔记《易余籥录》中,就此做了更详细的阐释:"辽太祖以春正月即皇帝位,是年夏四月丁未,朱全忠废其主自立为帝,是天以辽继唐也。与其以朱温继唐,不若以辽继唐。"①根据《辽史》的记载,太祖耶律阿保机于唐天祐四年(907)正月称帝建国②,而同年四月朱温废唐自立。在焦循看来,如此巧合,岂非天意? 可知辽之于唐乃系一脉相承。这就是他提出的"以辽继唐"说的理据所在。按照这一逻辑,自然会得出"辽之承于唐,传金及元"的结论,于是宋朝的正统地位就这样被一笔抹杀了。反观前代,金朝虽以异族入主中原,却自认其正统源之于宋而非辽;元初的金朝遗民虽有意偏袒辽金,也充其量不过是把两宋和辽金视为南北朝而已③。"以辽继唐,传金及元"的正统体系,唯独出现在乾嘉时代。可见焦循夷夏正统观的基本倾向,与凌廷堪并无二致。

乾嘉时代最为极端的异端正统论,大概无能出乎黄文旸之右者。黄文旸(1736—?),字时若,号秋平,江苏甘泉人。工诗词,通声律之学,尤精于词曲,曾任扬州词曲馆总校,辑有《曲海》二十卷。因其主要贡献和影响均在戏曲领域,不以经学见长,故不入乾嘉汉学家之流,也从未有人将他列入扬州学派。不过考虑到黄氏身为扬州人,且与扬州学派中的许多重要人物皆有师友之谊,其学术旨趣也比较接近,故不妨将他与扬州学派诸士人视为

---

① 焦循:《易余籥录》卷八,见《丛书集成续编》,台北:新文丰出版公司,1989年,第29册,第326页。
② 实际上阿保机在907年仅仅是取代遥辇氏可汗成为契丹部落联盟长,至916年才正式称帝建国。参见刘浦江:《契丹开国年代问题:立足于史源学的考察》,《中华文史论丛》2009年第4期,第245—272页。
③ 参见本书所收《德运之争与辽金王朝的正统性问题》。

同道。

黄氏著作今存于世者，仅有《扫垢山房诗钞》十二卷，但值得注意的是，他曾撰有《通史发凡》一书。乾隆四十六、七年间，两淮巡盐御史伊龄阿奉旨于扬州设词曲馆，检校词曲中字句违碍者，黄文旸被聘为扬州词曲馆总校，凌廷堪任分校，两人曾在一起共事两年①。黄氏《通史发凡》大约就作于此时，凌廷堪《书黄氏〈通史发凡〉后》介绍了此书的情况："《通史发凡》四卷，甘泉黄君秋平撰。黄君将为通史，属草未竟，此其例目也，秘不示人。乾隆辛丑夏，余在扬州，借而读之。"②此文写于乾隆四十六年，当时《通史发凡》尚未完稿，凌廷堪看到的是一个仅有四卷的"例目"。后来嘉庆七年阮元为黄文旸《扫垢山房诗钞》所作序中也提到此书："谈者谓秋平为诗人，不知秋平者也。秋平研穷六经，融贯诸史……尝苦古来正统之说纷然莫定，撰《正统通志》若干卷，吾友凌次仲好之而为之叙。"③很显然，此处所谓《正统通志》就是指《通史发凡》，书名之异则可能是阮元记忆有误。据成书于乾隆六十年的李斗《扬州画舫录》说，黄文旸著有"《通史发凡》三十卷"④，所记最为确凿。

《通史发凡》一书今已不存，但根据凌廷堪的介绍，可以对此书的义例及内容有一个大致的了解。它是一部编年体史书，专为

①李斗:《扬州画舫录》卷五"新城北录下"，扬州:江苏广陵古籍刻印社，1984年，第103—107页。参见黄强:《乾隆庚子扬州设局删改曲剧始末》，《扬州师院学报》1987年第3期，第170—172、179页。
②《校礼堂文集》卷三一《书黄氏〈通史发凡〉后》，第284页。
③见黄文旸《扫垢山房诗钞》卷首阮元序，《续修四库全书》影印嘉庆七年孔宪增刻本，上海:上海古籍出版社，2002年，第1459册，第2页。
④《扬州画舫录》卷九"小秦淮录"，第204页。

改造历代正统体系而作。该书以汉、曹魏、西晋、后魏（即北魏）、北周、隋、唐、辽、金、元为正统，"凡十代，以正统系之，外此诸国，悉目之为僭盗"。如蜀则曰益州盗刘备，吴则曰江南盗孙权，皆附于《魏纪》后；东晋则曰江南盗司马睿，宋、齐、梁则曰江南盗刘裕、萧道成、萧衍，皆附于《后魏纪》后；陈则曰江南盗陈霸先，附于《周纪》后；北宋则曰汴州盗赵匡胤，附于《辽纪》后；南宋则曰降将赵构，附于《金纪》后。黄氏独创的这一正统体系，就连凌廷堪看了之后都觉得有些过分："世固有矫枉过正如是者乎！……自宋人正统之论兴，有明袭之，率以私意，独尊一国，其余则妄加贬削，不以帝制予之。黄氏矫其弊可也，乃于昔人所推尊者，皆斥之为僭盗，为降将，岂非过正乎？"[1]

乾嘉时代士人的上述种种堪称诡异的正统论，在当时人眼中也许不以为奇，但在后人看来却不免有怵目惊心的感觉。凌廷堪、焦循、黄文旸等人身为汉族文士，为何会持有那样一种近乎偏执的文化立场和历史观念？究竟应当如何理解这些论调背后的心态和动机？道光以降，人们对此提出了各种见仁见智的解释。归纳起来，大致有汉宋之争说、反民族观念说、取媚时君说和注重绩效说。

（一）汉宋之争说

此说是道光初由反汉学的桐城派人士提出来的。方东树《汉学商兑》卷下有一段攻击汉学家的文字："举凡前人所有成说定论，尽翻弃曰，荡然一改，悉还汉唐旧规，祧宋而去之，使永远万世，有宋不得为代，程朱不得为人，然后为快足于心。"[2]《汉学商

①《校礼堂文集》卷三一《书黄氏〈通史发凡〉后》，第284—285页。
②江藩：《汉学师承记（外二种）》，第385页。

兑》初梓于道光六年（1826），卷端汇集了几段为之喝彩助威的题辞，其中朱雅的题辞中有这样一段话：

> 吾始读植之（按方东树字植之）书，有曰："今之言汉学者，诋毁程朱，欲使有宋不得为代，程朱不得为人。"甚讶其言之过。后见黄文旸所著《通史发凡》，以汉及曹魏、西晋、后魏、北周、隋、唐、辽、金、元十代，系以正统。于北宋书"汴州盗赵匡允（按此系避雍正讳）"，与"汴州盗朱温、广州盗刘隐"并附于《辽纪》之后；于南宋书"降将赵构"，与"降将刘豫、张邦昌"并附于《金纪》之后。由其恶程朱，而并及其代，其肆妄如此。然后信植之之言非虚构也。①

上面所引方东树语，并未明指其批评对象，却被朱雅坐实为黄文旸。据我估计，方东树的本意当是针对凌廷堪而言。《汉学商兑》的攻击矛头主要指向戴震一系的汉学阵营，尤其扬州学派更是首当其冲，凌廷堪就两次被方东树点名批评。而黄文旸则未入汉学家之流，在方东树眼中可能根本就算不上一个值得攻击的对象，故《汉学商兑》从未提到过他的名字。虽然方东树和朱雅的具体目标指向不同，但他们都一致认为凌廷堪、黄文旸等人所持异端正统论实际上是针对宋学而发，其目的是"欲使有宋不得为代"，把宋朝排除在正统王朝之外，故将之归结为汉宋之争。

汉宋之争的解释虽不足凭信，但后人仍不乏误信其说者。清末民初山西名耆郭象升为《扬州画舫录》所作题跋云："《通史发

---

① 见江藩：《汉学师承记（外二种）》，第413页。朱雅字介生，乾隆五十九年举人，也是桐城派中人。

凡》书赵宋太祖为盗,方东树曰:'此由汉学派人恶程朱,并其一代君臣而尽恶之也。'"①郭氏显然是受了朱雅的误导,误以为方东树之言是针对黄文旸《通史发凡》而发。内藤湖南氏也接受了桐城派的上述解释,他据朱雅《汉学商兑》题辞转引黄文旸之说,并加以评价说:"这是出于憎恶朱子学,而对宋朝天子也要给予恶评的观点。"②

在汉宋两大阵营彼此攻讦不休的嘉道时期,将扬州学派诸人所倡异端正统论的出发点归结为汉宋之争,这是很容易理解的。但必须指出,这种解释乃是桐城派出于汉宋门户之见的一种臆断。方东树《汉学商兑》攻讦汉学不遗余力,谩骂丑诋,无所不至,对乾嘉汉学缺乏客观公正的态度,故颇遭后人诟病。就方氏等人提出的汉宋之争说而言,至少存在着下面两个很明显的漏洞。

首先,扬州学派诸人的异端正统论显然并非专门针对宋朝。如上所述,从凌廷堪、焦循、黄文旸等人整体的历史观念来看,都无一例外地偏向于异族政权。譬如对于南北朝正统之辨,他们均主张北朝正统论,强调北魏王朝的政治合法性。对于元、明两朝,凌廷堪所表现出来的政治倾向也极为明显。至于黄文旸《通史发凡》所创立的正统体系,更是刻意要以历代异族政权来取代中原王朝的正统地位,以至于被内藤湖南称之为"戏谈"③。由此可见,扬州学派诸人的上述论调所针对的实际上是夷夏正统观问题,而

---

① 《郭象升藏书题跋》,王开学辑校,太原:山西古籍出版社,2007 年,第 318 页。
② 内藤湖南:《中国史学史》,马彪译,上海:上海古籍出版社,2008 年,第 176—177 页。此书是根据作者 1914—1925 年间在京都大学讲授"中国史学史"的课堂讲义整理而成的。
③ 内藤湖南:《中国史学史》,第 177 页。

不只是要把宋朝排除在正统王朝之外,因此无法用汉宋之争来解释其动因。

其次,扬州学派并无固守汉宋门户之陋习。张舜徽对扬州学派有这样的评价:"余尝考论清代学术,以为吴学最专,徽学最精,扬州之学最通。无吴、皖之专精,则清学不能盛;无扬州之通学,则清学不能大。然吴学专宗汉师遗说,屏弃其它不足数,其失也固。徽学实事求是,视夫固泥者有间矣,而但致详于名物度数,不及称举大义,其失也偏。扬州诸儒,承二派以起,始由专精汇为通学,中正无弊,最为近之。"①这段话十分准确地概括了乾嘉汉学各派的学术特征,可谓深得扬州学派之旨趣。在乾嘉汉学阵营中,严守汉宋门户之见的主要是吴派,而扬州学派则以会通为其特点,已开后来兼采汉、宋之先声。即以凌廷堪为例,凌氏对宋学和汉学都有很严厉的批评,如他在《与胡敬仲书》中批评当时宗汉学者"不明千古学术之源流,而但以讥弹宋儒为能事"②,可见并非是一味的扬汉抑宋。焦循主张对汉学、宋学兼收并蓄的态度更能说明问题:"朱子之徒,道学为门户,尽屏古学,非也;近世考据之家,惟汉儒是师,宋元说经弃之如粪土,亦非也。……惟自经论经,自汉论汉,自宋论宋……各得其意,而以我之精神血气临之,斯可也,何考据云乎哉!"③焦循的态度是不问汉宋,只论是非,最能代表扬州学派的学术主张。可见将凌廷堪、焦循、黄文旸等人的异端正统论指责为对宋学的挑衅行为,不过是反汉学的桐城派人士

①张舜徽:《清代扬州学记》,第 2 页。
②《校礼堂文集》卷二三,第 206 页。
③焦循:《里堂家训》卷下,见《丛书集成续编》,台北:新文丰出版公司,1989 年,第 60 册,第 672 页。

以己之心、度人之腹的揣测之词罢了。

（二）反民族观念说

此说最早出自钱穆《中国近三百年学术史》。钱穆在谈及凌廷堪的史学观念时，有"反民族观念之历史论"的评价，且谓"其治史之意，所为深异于船山、亭林、梨洲诸老而适成其为乾嘉之学者，则又深心治史之士所当引以猛省深惕者也"[1]。凌廷堪本不以史学著称，晚清以来，他的那种不合时宜的夷夏正统观几乎已经不为人知，经钱穆揭出后，方引起学界的广泛关注。蔡尚思对凌廷堪的史学观念也有类似的评价："就主观与情感方面来看，固未免太没有民族国家的观念！"[2]直至近年，王文锦在《校礼堂文集》的点校前言中仍然表达了同样的看法："凌氏当汉族饱受欺压奴役之时，读书论古，每每为异族统治者着想，是非颇谬于人民，诚可谓无民族观念者矣。然民族观念淡薄乃乾嘉学者之通病，又不独凌廷堪一人而已。"[3]

严格说来，反民族观念说只是后人对凌氏异端正统论的一种评价，并没有对产生这种观念的原因进行解释。在钱穆等人看来，凌廷堪的那些诡异论调反映出他缺乏民族观念的一面，这种看法当然是有道理的。但乾嘉时代士人为何民族观念淡薄？却是一个需要认真回答的问题。

---

[1] 钱穆：《中国近三百年学术史》第十章《焦里堂阮芸台凌次仲》"次仲之史学"，北京：商务印书馆，1997 年，下册，第 563—565 页。"反民族观念之历史论"一语见于所引凌廷堪《学古诗》的天头上。
[2] 蔡尚思：《中国历史新研究法》，上海：中华书局，1940 年，第 91 页。
[3]《校礼堂文集》，第 5 页。

（三）取媚时君说

这种说法最早出现于抗战时期。萧公权在其名著《中国政治思想史》中对凌廷堪的史学观念有如下一段评述：

> 凌氏于异族政权每加拥护，异族功臣每加赞许，而六朝以后之汉族政权一致加以蔑视诋毁。如五胡十六国之"汉奸"张宾、王猛均受赞许，南宋主和之秦桧、史浩悉为翻案。惜金不灭宋，叹元亡于明。凡此惊人之贱华贵夷论，清世宗《大义觉迷录》对之当犹有逊色。……纵非有心取媚满洲，而"认贼作父"，究为其学识之一玷。夫以一时名家如凌氏者犹不能脱清廷奴化政策摧抑士气之影响，则专制政府之压力诚深远可畏。①

此书 1945 年由商务印书馆出版，据作者自述，知其成稿于 1940 年。不难想象，在当时那种特殊的时代氛围下，对于凌廷堪辈一味左袒异族政权的种种论调，人们会是一种什么样的忿激态度。萧公权斥凌氏"认贼作父"，认为他有"取媚满洲"之嫌，都是可以理解的。然而，这种情绪化的阐释模式后来却并没有因为时代的变迁而遭到摒弃，反倒越来越成为某种习惯性的结论。简又文在谈到清代民族主义思潮源流时，对凌廷堪加以痛斥："更有伪儒辈，不惜曲学阿世，取媚时君……若乾嘉间之凌廷堪，其始作俑者乎！"最为其深恶痛绝者，仍是凌氏之异端正统论："其论史则讥宋儒之主严辨正统者为'贱儒'，及盛倡贵夷贱华、外夏内夷，一反

①萧公权：《中国政治思想史》，北京：新星出版社，2005 年，第 436 页。

《春秋》大义之说。……其最为颠倒是非、荒谬绝伦而遗臭后代者,则为其所作之《学古诗》。"[1]这是今人对凌氏最严厉的批判,并将其反传统的夷夏正统观明确指向"取媚时君"的动机。

这种解释不仅仅针对凌廷堪一人,同时也被推及于其他乾嘉士人。如台湾学者何泽恒在分析焦循主张"以辽继唐"说的动机时,就曾推测"里堂(焦循字)之于辽金元,岂亦有任公所谓'为时君计'之意存焉乎?"[2]是亦以为焦循有"取媚时君"之意。又如朱维铮对钱大昕有这样的评议:"据说他是为考证而考证的典型。……但翻开《潜研堂文集》,见到他所谓秦桧非汉奸辨的文章,却不由得吃一大惊,难道他竟然把考据作为迎合清统治者心意的手段么?"[3]所谓"秦桧非汉奸辨的文章",是指钱大昕《十驾斋养新录》卷八"宋季耻议和"条,此乃朱氏记忆偶误。不过值得注意的是,他的说法与前人的"取媚时君"说显然也是同一种思路。

在历来有关扬州学派异端正统论的种种动机阐释中,"取媚时君"说是影响较大的一种说法。但在笔者看来,它只不过是一个简单化和情绪化的揣测而已。这一推论不但无法说明为何乾嘉时代士人民族观念普遍淡薄的问题,也不能解释凌廷堪、焦循、黄文旸等人的真实心态。凌廷堪的那些诡异论调,大多发表于乾

---

[1]简又文:《再论太平天国与民族主义》,《大陆杂志》39卷3期,1969年8月。

[2]何泽恒:《略论焦循之史学》,《台湾大学文史哲学报》第37期,1989年12月;又见同氏《焦循研究》,台北:大安出版社,1990年,第303—304页。"为时君计"一语出自梁启超《新史学·论正统》,谓历代正统之辨"盖未有非为时君计者也"。

[3]朱维铮:《匪夷所思——世纪更替中间的哲人怪想》,《走出中世纪(增订本)》,上海:复旦大学出版社,2007年,第59页。

隆四十六年至五十年之间,此时他尚未中举,还是一个社会地位很低的普通士子。焦循嘉庆六年中举后,翌年应礼部试不第,终身未入仕途,主要靠设馆授徒、充任幕宾和替官府编修方志维持生活。黄文旸更是穷困潦倒一生,阮元称其"屡不第,家贫,以馆谷自给",以至其妻"常典簪珥以为炊"[1]。以这样的社会地位和身份,他们的言论根本就没有上达庙堂的可能,若用"取媚时君"来猜度其所倡异端正统论的动机,未免冤枉了他们。

(四)注重绩效说

此说出自台湾学者张寿安。张氏曾有专文讨论凌廷堪的正统观,所得出的结论是:凌氏"特别看重政治之功绩和君主之才能,廷堪之所以黜晋宋、进魏金,主要立论点就在审度国势之强弱和君主之才干与担当"[2]。这一见解可以称之为"注重绩效"说。此说显然无法解释凌廷堪的异端正统论,上文说过,凡是涉及汉族政权与异族政权相对峙的历史时期,凌氏的政治倾向和文化立场必定偏向于异族王朝,这怎么能归结为"注重绩效"的价值判断呢?

综上所述,对于凌廷堪、焦循、黄文旸等乾嘉士人所倡异端正统论的心态和动机,前人提出的各种解释可谓众说纷纭,但上述说法都不能圆满地回答这个问题所带来的疑问。究竟应当如何理解乾嘉时代汉族士人的这些诡异论调?可能需要我们对那

---

① 阮元《揅经室二集》卷六《净因道人传》,见《揅经室集》上册,北京:中华书局,1993年,第531页。

② 张寿安:《凌廷堪的正统观》,见《第二届清代学术研讨会论文集》,高雄:台湾中山大学,1991年,第190页。

个时代的思想世界有一个新的认识,本文第三节将专门讨论这个问题。

二、满洲统治者的文化立场:以清高宗为例

历史的复杂性并不仅止于此。有趣的是,与乾嘉时代汉族士人似乎有悖常情的异端正统论形成鲜明对比的,却是清朝统治者坚持华夏正统的文化立场,清高宗在这一点上表现得尤为突出。长期以来,人们对清朝统治者正统观念的变化过程缺乏深入的了解,总是想当然地以为他们的立场始终是倾向于历史上的异族政权。如陈垣指出,主张北朝正统论的王通《元经》实为宋人阮逸之伪作,因谓"清人勇于辨伪,而《四库》编年类特著录《元经》,即以其进元魏为中国,可以悦时主耳"云云①。又如金毓黻谓《四库全书》之所以将明代王洙《宋史质》和柯维骐《宋史新编》列入存目,乃是因为这两部书"尊宋统,抑辽金,大触清廷之忌,意甚显然"②。直至 20 世纪末,有学者在研究清高宗的史学思想时,仍然因袭前人陈说,称高宗之正统论重在纠正传统史学中贬抑异族政权的倾向以及"抬高辽、金地位"云云③。这些似是而非的说法,都是因为不了解高宗的文化立场而造成的误解。实际上,史料中所见诸多证据恰恰指向了相反的结论:高宗才是华夏正统最坚定的捍卫者。下面提供的两个典型例证,清楚地表明了在涉及夷夏正统观

---

① 陈垣:《中国佛教史籍概论》卷一,北京:中华书局,1962 年,第 7 页。
② 金毓黻:《中国史学史》,北京:商务印书馆,1957 年,第 140 页。
③ 乔治忠:《清朝官方史学研究》,台北:文津出版社,1994 年,第 277 页。

的问题上,高宗与同时代的汉族士人之间存在着多么显著的立场"错位"。

例证之一:有关宋金和战及岳飞、秦桧的评价问题。

乾嘉史家对于宋金和战的评议,以钱大昕、赵翼二人的观点最具代表性。钱大昕曾论及绍兴和议之得失:"宋与金仇也,义不当和,而绍兴君臣主和议甚力,为后世诟病。厥后张浚、韩侂胄志在恢复,讫无成功。及金人为蒙古所困,真西山奏请绝其岁币,嗣是金人索岁币,连岁犯边。以垂毙之金与宋决战,宋犹未能得志,其国势积弱可知矣。然则从前之主和,以时势论之,未为失算也。"①这段话的主旨是认为绍兴和议"义不当和"而不得不和,意谓权衡宋金双方国力,和议实为上策。民国以后,钱氏的这一观点颇遭史家非议。柴德赓质问道:若照钱大昕的说法,岂非主张抗金的岳飞乃是不识时务者,而秦桧等人倒是有先见之明了?②王锺翰则称钱说"为后世抗战必亡的投降派论调之先声"③。朱维铮甚至怀疑钱大昕"替秦桧翻案"是在刻意迎合清朝统治者。

赵翼对宋金和战的看法,与钱大昕的上述观点完全同调且犹有过之,《廿二史劄记》卷二六"和议"条云:

> 义理之说与时势之论往往不能相符,则有不可全执义理者,盖义理必参之以时势,乃为真义理也。……自胡铨一疏,

① 《十驾斋养新录》卷八"宋季耻议和"条,南京:江苏古籍出版社,2000年,第164页。
② 柴德赓:《王西庄与钱竹汀》,《史学丛考》,北京:中华书局,1982年,第276页。
③ 王锺翰:《四库禁毁书与清代思想文化》,《王锺翰清史论集》,北京:中华书局,2004年,第3册,第1464页。

以屈己求和为大辱,其议论既恺切动人,其文字又愤激作气,天下之谈义理者,遂群相附和,万口一词,牢不可破矣。然试令铨身任国事,能必成恢复之功乎,不能也。即专任韩、岳诸人,能必成恢复之功乎,亦未必能也。故知身在局外者易为空言,身在局中者难措实事。秦桧谓诸君争取大名以去,如桧但欲了国家事耳。斯言也,正不能以人而废言也。……是宋之为国,始终以和议而存,不和议而亡。①

这里所谓"义理之说"是指主战派的见解,"时势之论"则代表主和派的意见。赵翼比钱大昕说得更为直白,他认为当时反对和议者乃是"知义理而不知时势"之辈,徒然空言误国,而只有与金朝议和才是保全南宋政权的唯一正确选择。这样的言论自然更不能为后人所接受,故王树民谓此说无异于为民族败类张目②,以至于有学者将赵翼的这段史论痛斥为"汉奸哲学"③。需要指出的是,钱、赵二人的史学观念与凌廷堪辈一味倾向北族王朝的异端正统论固然有很大区别,但显而易见,他们在讨论宋金和战问题时是没有什么民族观念可言的,这就是他们的上述言论招致后人批评的原因。

关于宋金和战及岳飞、秦桧的评价问题,明代丘濬就曾提出过一个颇有争议的说法。明王鏊《守溪长语》"丘濬阁老"条曰:

---

①王树民:《廿二史劄记校证》,北京:中华书局,1984 年,下册,第 552—553 页。同书卷三五"明末书生误国"条也有类似的论调。
②王树民:《廿二史劄记》,见仓修良主编:《中国史学名著评介》第 3 卷,济南:山东教育出版社,2006 年,第 54 页。
③陶懋炳:《中国古代史学史略》,长沙:湖南人民出版社,1987 年,第 483 页。

濬，琼州人，学于子史，无所不闻，而尤熟于国家典故，议论高奇。人所共贤，必矫以为非；人所共否，必矫以为是。能以辩博济其说，亦自恃其才，故对人语滚滚不休，人无敢难者。其论秦桧曰：宋家至是，亦不得不与和亲①，南宋再造，桧之力也。论范文正则以为生事，论岳飞则以为亦未必能恢复。其最得者，黜元不与正统，许衡不当仕于元，亦前人所未发也。②

丘濬的这些言论见于明代中后期的多种史乘笔记，如雷礼《国朝列卿纪》卷一二、焦竑《国朝献征录》卷一四、李贽《续藏书》卷一一、张岱《石匮书》卷一二二、郎瑛《七修类稿·续稿》卷三、胡应麟《少室山房笔丛》卷七等等。推究其史源，大抵皆出自王鏊《守溪长语》或《震泽纪闻》，似不见于丘濬本人著述，故后人或有对其真实性提出质疑者。清末琼山王国宪在其所撰丘濬年谱末附有一大段辩诬文字，称"史言公论好矫激，讥范仲淹多事，谓岳飞未必能恢复，秦桧有功再造。以公诗文证之，亦当时诬公者之言"云云③。近年又有学者以丘濬《世史正纲》为证，指出丘濬对岳飞甚为推崇，而对秦桧则大张挞伐，由此断言有关丘濬的那些奇谈怪

---

① 按宋金双方从无和亲之事，此句《震泽纪闻》卷下"丘濬"条作"宋家至是，亦不得不与虏和"，当是。

② 见《中国野史集成续编》，成都：巴蜀书社，2000 年，第 26 册，第 285—286 页。王鏊《震泽纪闻》卷下"丘濬"条（《丛书集成初编》本，第 26 页）也有这段记载，惟文字有所出入。

③ 王国栋（即王国宪）：《邱文庄公年谱》，见《北京图书馆藏珍本年谱丛刊》，北京：北京图书馆出版社影印光绪二十四年琼山翠经书院刻本，1999 年，第 39 册，第 713—714 页。

论均属误传①。

其实早在明代中期，已有人就上述记载的真伪问题进行过辨析。骆问礼《震泽长语论丘文庄》一文指出，《世史正纲》谓韩世忠、岳飞等虽极一时之选，然"藉此诸人，制虏人之死命，长驱中原，以复祖宗之境土，恐亦未必能也"，据此可知"武穆未必能恢复之说，是诚有之"；又谓"论范文正则以为生事"句，"其所谓多事，或专指一事，则人非尧舜，安能每事尽善"云云②。另外，"黜元不与正统，许衡不当仕于元"之说，亦见于丘濬青年时代所作《许文正公论》③。如此看来，王鏊的上述记载大抵都是有据可查的。按王鏊系成化十一年（1475）进士，而丘濬恰为是年会试副总裁，两人实有师生之谊。考虑到他们之间的这种关系，丘濬的上述言论，即便不见于其个人著述，也有可能是平日私下的议论，而不大可能是王鏊道听途说得来的无稽之谈。

针对丘濬的上述言论，清高宗曾写下一段史评文字予以驳斥，见于《评鉴阐要》卷一一：

> 论古贵有特识，固不当剿说雷同，亦岂可独徇偏见。丘濬谓岳飞之未必能恢复，论虽未当，尚从南渡时势立言。若

---

① 李焯然：《丘濬评传》，南京：南京大学出版社，2005 年，第 236—238 页。
② 骆问礼：《万一楼集》卷四八《震泽长语论丘文庄》，《四库禁毁书丛刊》影印清嘉庆活字本，北京：北京出版社，1997 年，集部第 174 册，第 588—589 页。所引《世史正纲》语，见于该书卷二七《宋世史·高宗皇帝》。
③ 丘濬：《琼台诗文会稿》卷八《许文正公论》，见《丛书集成三编》，台北：新文丰出版公司，1997 年，第 39 册，第 157—161 页。此文作于正统七年（1442），丘濬时年 22 岁。

范仲淹处置西夏,苟且许和,其失在于畏事,而并非多事。所见殊为枘凿。至于秦桧误国之罪,妇孺咸知,而忽许其有再造功,颠倒是非,实足骇人闻听。濬学问尚称淹贯,所补《大学衍义》,自诩其可见施行,何评骘之谬,不近人情,乃至于此!苏轼称荀卿好为放言高论而不顾,如濬者,殆更荀之不如者耳。[1]

乾隆三十六年编成的《评鉴阐要》一书,是将高宗历年为《历代通鉴辑览》所写的御批汇集而成的。"始馆臣恭纂《辑览》时,分卷属稿,排日进呈,皇上乙夜亲披,丹毫评骘,随条发论"[2],后来收入《评鉴阐要》的御批多达七百九十八则。今检《历代通鉴辑览》卷一〇六弘治八年二月乙卯"武英殿大学士邱濬卒"条下有小注云:"(丘濬)性褊隘,著书议论亦多偏激。尝讥范仲淹多事,谓岳飞未必能恢复,秦桧有再造功。闻者无不骇其言。"[3]上面所引高宗御批显然就是针对这条注文而写的。可能正是在看到高宗的这条御批之后,四库馆臣在为《大学衍义补》所撰提要中,对丘濬的上述言论进行了批评:"濬闻见甚富,议论不能甚醇。故王鏊《震泽纪闻》称其学问该洽,尤熟于国家掌故,议论高奇,务于矫俗,能以

<hr>

[1]《评鉴阐要》卷一一"丘濬议论多偏激,尝讥范仲淹多事、岳飞未必能恢复、秦桧有再造功注"条,台湾商务印书馆影印文渊阁《四库全书》本,第694册,第568页。

[2]《四库全书总目》卷八八史部史评类《御制评鉴阐要》提要,北京:中华书局,1965年,上册,第756页。

[3]台湾商务印书馆影印文渊阁《四库全书》本,第339册,第406页。按邱濬本名丘濬,清雍正三年因避孔子讳,改"丘"为"邱"。本文所引清代文献,若原文作"邱"则一仍其旧,引明代文献及其明以后版本,则一律回改为"丘"。

辨博济其说。如讥范仲淹多事,秦桧有再造功。评骘皆乖正理。"①

　　对于丘濬的这些与众不同的言论,自明以后,"士人有信有訾"②,虽以批评者居多,但像清高宗这样对之大张挞伐者却是前所未有的。最不能为高宗所容忍的,是秦桧于南宋有再造之功的说法,故斥之为"颠倒是非,实足骇人闻听",其文化立场是何等的鲜明!反观乾嘉史家对于宋金和战以及岳飞、秦桧诸人的评价,其间表现出来的巨大反差令人印象深刻③。这里有一点必须说明,钱大昕、赵翼等乾嘉史家与丘濬的情况是不可类比的。丘濬实际上是一位激进的民族主义者,力倡"严万世夷夏之防",其狭隘的华夷观念在《世史正纲》一书中表现得淋漓尽致④,故后人对他那些诡异论调的真实性表示怀疑也是事出有因的。如果说丘濬所发的那些议论是其素好标新立异的个性使然,而钱、赵等人的言论则反映了其真实的历史观念。惟其如此,愈发使我们相信,乾嘉时代汉族士人与清朝统治者之间确实存在着显著的文化立场差异。

　　例证之二:由元代杨维桢《正统辨》一文引起的夷夏正统

①《四库全书总目》卷九三子部儒家类三《大学衍义补》提要,下册,第790—791 页。

②熊赐履:《学统》卷四二上"邱濬"条,《丛书集成初编》本,第 517 页。

③赵翼在《廿二史劄记》卷二六"和议"条后有小注云:"明邱濬曾有宋南渡后不得不和之论,为世儒所讪笑,今此论毋乃嚆其烬乎,然通观古今者必见及此也。"亦明确表示了赞同丘说的态度。

④丘濬在《世史正纲》序中即明确说明了此书宗旨所在:"愚所以作书之意……其宏纲大旨果何在哉?曰:在严华夷之分。……华不华,夷不夷,则人类淆,世不可以不正也。"(《四库全书存目丛书》影印明嘉靖四十二年孙氏刻本,史部第 6 册,第 152 页上栏—下栏)

之辨。

　　乾隆四十六年(1781)，在编纂《四库全书》的过程中，围绕着杨维桢《正统辨》的评价问题，曾发生过一场意味深长的争论。元至正间所修宋辽金三史，采取了"三国各与正统"的纂修义例，《正统辨》就是专门针对这一问题而作的。按照杨维桢的主张，宋辽金三史理应取《晋书》之义例，"挈大宋之编年，包辽金之纪载"。元人论宋辽金正统者往往会涉及一个敏感的问题，即蒙元王朝的正统性究竟是来自宋还是辽金？这实际上是承中原王朝之统还是承北族王朝之统的问题。杨维桢力主独尊宋统，倡言"论我元之大一统者，当在平宋而不在平辽与金之日"。《正统辨》在当时是一篇很有影响的文章，被陶宗仪收入《辍耕录》，并对此文给予高度评价："可谓一洗天下纷纭之论，公万世而为心者也。惜三史已成，其言终不见用。后之秉史笔而续《通鉴纲目》者，必以是为本矣。"①四库馆臣对《正统辨》谈及如此敏感的问题颇感忌讳，故乾隆四十六年正月抄讫的文渊阁本《辍耕录》一度将此文删去，并在书前提要中对杨维桢的正统论予以批驳："第三卷中载杨维桢《正统辨》二千六百余言，大旨欲以元承南宋之统，而排斥辽金。考隋先代周，继乃平陈，未闻唐宋诸儒谓隋承陈不承周也。持论殊为纰缪。……今删除此条，用昭公义焉。"②恰巧高宗在抽查文渊阁本《辍耕录》时看到了这篇提要，他对四库馆臣的正统论大不

①见陶宗仪：《南村辍耕录》卷三"正统辨"条，北京：中华书局，1997年，第32页。
②台湾商务印书馆影印文渊阁《四库全书》本，第1040册，第411页。成书较晚的文溯阁本书前提要以及《四库全书总目》均已遵从高宗旨意删去此段文字，但文渊阁本和文津阁本书前提要却一仍其旧，想是馆臣疏忽所致。

以为然，于是便专门写了一篇上谕来理论这个问题。

高宗的这篇上谕主要针对四库馆臣的正统论阐发了他的两点意见，其中之一是有关南北朝正统归属问题的：

> 夫正统者，继前统受新命也。东晋以后，宋、齐、梁、陈，虽江左偏安，而所承者晋之正统。其时若拓跋魏氏，地大势强，北齐、北周继之，亦较南朝为盛，而中华正统不得不属之宋、齐、梁、陈者，其所承之统正也。至隋则平陈以后，混一区宇，始得为大一统。

南北朝正闰之争关乎隋唐王朝的政权合法性来源，以魏（北魏、西魏）、周、隋、唐一脉相承的北朝正统论，是隋唐时代的主流意识形态，这是由周隋禅代、隋唐相承的历史大势所决定的。尽管也有不少汉族士人坚持传统的南朝正统论，但值得注意的是，他们所主张的正统王朝谱系均为东晋、宋、齐、梁、周、隋、唐①。持南朝正统论者之所以要将陈排斥于正统王朝之外，不外乎两个原因：其一，通向隋唐帝国的"出口"毕竟在北而不在南，闰陈而正周，才能将南朝统系与隋唐统一王朝衔接在一起；其二，侯景之乱以后，北方士人对衰乱已极的南朝已经不抱任何希望，南北正闰的传统理念随之开始发生转变，而后杨氏代周，政权转入汉人之手，更坚定了北方士人认同周、隋正统的信念。与前人相比，清高宗捍卫"中华正统"的立场竟是如此之坚定：就连隋唐时代力主南朝正统论的汉族士人也从未将南朝之陈视为正统，而高宗居然认为南朝正

---

① 参见费长房《历代三宝记》卷三、皇甫湜《东晋元魏正闰论》（见《唐文粹》卷三四）。

统一脉相承以至于陈,直至文帝灭陈之后,正统始归于隋。

这篇上谕重点阐发的另一个问题,便是杨维桢《正统辨》所讨论的宋辽金正统之辨:

> (杨维桢)欲以元继南宋为正统,而不及辽金,持论颇正,不得谓之纰缪。……即唐之末季,藩镇扰乱,自朱温以讫郭威等,或起自寇窃,或身为叛臣,五十余年之间,更易数姓,甚且称臣称侄于契丹。然中国统绪相承,宋以前亦不得不以正统属之梁、唐、晋、汉、周也。至于宋南渡后偏处临安,其时辽、金、元相继起于北边,奄有河北,宋虽称侄于金,而其所承者究仍北宋之正统,辽、金不得攘而有之也。①

由元修三史而引起的宋辽金正统之辨,其实主要是两种针锋相对的观点:究竟应当将两宋与辽金视为南北朝呢?还是应当独尊宋为正统呢?杨维桢《正统辨》就代表着后一种主张。对于这两种明显带有华夷文化立场的观点,清高宗旗帜鲜明地支持后者。在他看来,南宋虽曾向金朝称臣称侄,但作为北宋法统的继承者,其正统地位是无可置疑的;甚至就连早已被宋儒列入“绝统”或“无统”的五代,也被高宗尊为正统,其理由是:五代诸国虽曾有向契丹称臣甚且称儿皇帝者,但因其继承了中原王朝的法统,故也不能不以正统视之。需要补充说明的一点是,在宋辽金正统之辨这

---

① 《命馆臣录存杨维桢〈正统辨〉谕》,见文渊阁《四库全书》本《辍耕录》卷首,并收入高宗《御制文二集》卷八。此上谕末署“乾隆辛丑孟春”,即乾隆四十六年正月,《高宗实录》卷一一四二不知何故误系于乾隆四十六年十月甲申。

个问题上,独尊宋统乃是高宗始终一贯的主张。早在乾隆三十八年,他就对此发表过明确见解:"夫宋虽南迁,正统自宜归之宋。至元而宋始亡,辽金固未可当正统也。"①乾隆四十七年四月,高宗在为《辽金元三史国语解》所作的序中,再次明确否定辽金王朝的正统性:"夫辽、金虽称帝,究属偏安。"②可以说,这种主张反映了他坚持华夏正统的基本文化立场。

由杨维桢《正统辨》引起的这场有关夷夏正统之辨的争论,最后以这样一种方式收场:高宗谕令馆臣,不但《辍耕录》中所载杨维桢《正统辨》不必删除,而且还应将此文补入杨氏《东维子集》,并让馆臣把他的这篇上谕分别冠于《辍耕录》和《东维子集》卷首,"以昭天命人心之正,以存《春秋》《纲目》之义"。

作为满洲统治者的清高宗,在涉及夷夏正统观的问题上,为何总是极力否定北族王朝之法统,坚持华夏正统的文化立场呢?其实高宗在乾隆四十六年正月的上谕中已经正面回答了这个问题:"我朝为明复仇讨贼,定鼎中原,合一海宇,为自古得天下最正。……然馆臣之删杨维桢《正统辨》者,其意盖以金为满洲,欲令承辽之统,故曲为之说耳。不知辽、金皆自起北方,本无所承继,非若宋、元之相承递及,为中华之主也。"③高宗非常清楚四库馆臣所忌讳的是什么,可他并不讳言本朝的异族出身,因为他对清王朝的正统性另有说法。显然,到了乾隆时代,清朝统治者的正统观念已经发生蜕变,他们从北方民族王朝的立场彻底转向了

---

①清高宗:《御制诗四集》卷一四《题〈大金德运图说〉》诗序,台湾商务印书馆影印文渊阁《四库全书》本,第 1307 册,第 483 页。
②《高宗实录》卷一一五四,乾隆四十七年四月辛巳,《清实录》,北京:中华书局,1986 年,第 23 册,第 465 页。
③见上引《命馆臣录存杨维桢〈正统辨〉谕》。

中国大一统王朝的立场;所以在高宗看来,清朝与辽、金这些北族王朝之间既没有任何传承关系,也没有任何共同点,清王朝的政治合法性乃是来自中原王朝。正因为如此,高宗才会旗帜鲜明地坚持华夏正统的文化立场。

清高宗捍卫"中华正统"的坚定姿态与凌廷堪、焦循、黄文旸等乾嘉士人所倡异端正统论,可以说处于夷夏正统观的两个极端。他们之间竟存在着如此强烈的立场反差,不能不令人感到惊异:作为满洲统治者的清高宗,却是华夏正统最坚定的捍卫者;而作为汉族士人的凌廷堪诸辈,反倒一味地偏袒历代异族政权。这种看似相互"倒错"的夷夏观念,为我们呈现了乾嘉时代思想史的复杂面相。

三、盛世的背后:乾嘉时代士林世界的"集体无意识"

在思想家和哲学家的眼中,乾嘉时代是一个只有学术、没有思想,只有学者、没有思想家的时代。徐复观曾从经学史的角度谈到这一现象:"先汉、两汉断乎没有无思想的经学家。无思想的经学家,乃出现于清乾嘉时代。"①新儒家的代表人物牟宗三亦有类似看法,且其观点更趋极端,他的《中国哲学十九讲》只讲到明代王学就打住了,最后有这样一个解释:"我们这个课程只讲到这里,明亡以后,经过乾嘉年间,一直到民国以来的思潮,处处令人

①徐复观:《中国经学史的基础》,见《徐复观论经学史二种》,上海:上海书店出版社,2005 年,第 47 页。

丧气,因为中国哲学早已消失了。"牟宗三的这种看法不单是针对乾嘉时代的,他甚至将整个清朝一代在中国思想史上的地位也全盘否定了:"我们讲中国的学问,讲到明朝以后,就毫无兴趣了。这三百年间的学问我们简直不愿讲,看了令人讨厌。"①不可否认,这一评价中显然掺杂有某些学理之外的因素。但应当看到,牟氏对清代思想史的极度反感,主要还是由缺失独立哲学精神的乾嘉时代引起的——他这里所说的"学问",其实是专指中国哲学而言。朱维铮对于乾嘉时代思想界的状况也有这样的评价:"在清代经史诸子考证的大师辈出的时期,特别在十八世纪中叶到十九世纪初叶的乾嘉时期,思想界的沉闷也曾达于极致。"朱氏虽无意否定乾嘉汉学在中国文化史上的价值,但他特别想强调的一点是:"在清代思想与学问的确存在着分裂,……学问精湛而思想媚俗。"②不错,这正是乾嘉时代思想史的基本特征。

　　一部中国思想文化史告诉我们,乱世多出思想家,盛世多出学问家,似乎是一种带有规律性的现象。尤其值得注意的是,学术文化的高峰期,也许恰好是思想史的低谷,这种情形在历史上并不罕见——盛唐时代就是一个典型的例子。葛兆光曾用"盛世的平庸"来概括盛唐时代的思想世界,并注意到这样一个有趣的现象:"后代人多说'盛唐气象'如何如何,其实,从生活的富庶程度上来说是不错的,从诗赋的精彩意义上来说也是不错的,从人们接受各种文明的豁达心态上来说也是不错的,但从思想的深刻

---

①牟宗三:《中国哲学十九讲》,台北:学生书局,1983 年,第 418、447 页。
②朱维铮:《清学史:学者与思想家》,原载《光明日报》1999 年 3 月 26 日第 7 版,收入《走出中世纪二集》,上海:复旦大学出版社,2008 年,第74—75 页。

方面来说却恰恰相反。"①盛唐时代与乾嘉时代在思想史上所具有的一个共性,就是两者都表现为思想与学术文化的分裂。不过,虽然同是"盛世的平庸",其具体成因却各不相同,需要从不同的时代背景或思想史发展的内在理路去求得解释。

那么,乾嘉时代何以会出现思想与学术的分裂?这就牵涉到清代朴学思潮的成因问题。自章太炎、梁启超、钱穆以来,人们通常认为,乾嘉考据学风的形成,主要是由于清朝实行的思想钳制和文化高压政策,迫使士人不得不将对现实的关怀转向对古典的追求,从现实回到书斋去的结果。梁启超说得最清楚:"凡当主权者喜欢干涉人民思想的时代,学者的聪明才力,只有全部用去注释古典。欧洲罗马教皇权力最盛时,就是这种现象。……雍、乾学者专务注释古典,也许是被这种环境所构成。"②钱穆之所见略同:"清儒自有明遗老外,即尟谈政治。何者?朝廷以雷霆万钧之力,严压横摧于上,出口差分寸,即得奇祸,习于积威,遂莫敢谈。不徒莫之谈,盖亦莫之思。精神意气,一注于古经籍,本非得已,而习焉忘之,即亦不悟其所以然。此乾嘉经学之所由·趋于训诂考索也。"③两人的见解大体相同,但强调的重点却有所区别:梁说重在阐释乾嘉考据学风的成因,而钱说则已触及问题的另一个方面,即乾嘉时代思想贫乏之根源所在。

---

① 参见葛兆光:《中国思想史》第 2 卷《七世纪至十九世纪中国的知识、思想与信仰》,《导言》第一节《无画处皆是画》及第一编第一节《盛世的平庸:八世纪上半叶的知识与思想状况》,上海:复旦大学出版社,2000年。此处引文见第 115 页。
② 梁启超:《中国近三百年学术史》,北京:东方出版社,1996 年,第 22 页。
③ 钱穆:《中国近三百年学术史》第十一章《龚定菴》"定菴之论政",下册,第 591—592 页。

20世纪70年代以后,对于清代朴学思潮的成因开始出现不同的解释。余英时认为,清末民初以来,人们将乾嘉考据学风的形成归之于清朝文化专制的直接后果,显然与当时的反满意识有关,这种看法虽不无道理,但肯定没有揭示出乾嘉学风转换的全部原因;若从思想史的内在理路来解释,16世纪以后,儒学从"尊德性"转向"道问学"的发展阶段,而乾嘉汉学兴盛正是这一转向的结果①。也许是受到这一新思路的启迪,80年代以后,大陆学者也不再满足于传统的外缘说,而更倾向于各种形式的内在理路说。

不过需要注意的是,考据学何以会在18世纪形成为时代思潮是问题的一个方面,而乾嘉时代为何出现思想与学术的分裂,产生"盛世的平庸",则是问题的另一个方面。上述不同见解的分歧主要涉及的是前者,至于说到乾嘉时代思想世界的沉闷与贫乏,与清朝实行的文化专制主义之间无疑存在着更为直接的因果关系,钱穆所谓"学术流变,与时消息",表达的就是这一层意思②。

正是这种特殊的时代氛围营造了乾嘉士人复杂的内心世界。要想了解乾嘉时代汉族士人民族观念普遍淡薄的现象究竟是如何形成的,不能不提到康、雍、乾时期的文字狱。众所周知,在顺治及康熙前期,清政府主要忙于对各种反清力量进行武力镇压,而思想文化上的控制可以说是相对宽松的。康熙中叶以后,随着清朝统治趋于稳定,文化专制政策开始发生威力,尤其是日益严

①余英时:《清代思想史的一个新解释》,见《余英时文集》第2卷《中国思想传统及其现代变迁》,桂林:广西师范大学出版社,2004年,第185—210页。该文写于1975年。
②见钱穆:《中国近三百年学术史》第一章《引论》,上册,第20页。

苛的文字狱更使汉族士人的民族意识受到极大的摧残和压抑。1903年,章太炎在为邹容《革命军》所作的序中指出了乾隆前后汉族士人政治态度的一个重要变化:"夫中国吞噬于逆胡已二百六十年矣,宰割之酷,诈暴之工,人人所身受,当无不昌言革命。然自乾隆以往,尚有吕留良、曾静、齐周华等持正义以振聋俗,自尔遂寂泊无所闻。"①令章太炎深感痛心的,便是乾嘉以降汉族士人民族意识的消沉,应该说他的观察是基本准确的,这就是康、雍、乾时期实行文化专制政策的效果。亦如钱穆所说:"康、雍以来,清廷益以高压锄反侧,文字之狱屡兴。学者乃以论政为大戒,钳口不敢吐一辞。重足叠迹,群趋于乡愿之一途。"②这段话一针见血地指出了文字狱所造成的乾嘉士人心态的变化。龚自珍《咏史》诗所云"避席畏闻文字狱,著书都为稻粱谋"③,更是对康、雍、乾以来文字狱的影响所做的一个经典性概括。

清代文禁之森严苛刻,时人有详尽的记述。高宗即位之初,山东道监察御史曹一士于雍正十三年(1735)十一月所上奏折,对康熙、雍正两朝的文字狱案提出了如下批评:

> 比年以来,闾巷细人不识两朝所以诛殛大憝之故,往往挟睚眦之怨,借影响之词,攻讦私书,指摘字句。有司见事生风,多方穷鞫,或致波累师生,株连亲族,破家亡命,甚可悯也。臣愚以为井田封建,不过迂儒之常谈,不可以为生今反古;述怀咏史,不过词人之习态,不可以为援古刺今;即有序

---

①见邹容:《革命军》,北京:中华书局,1971年,第2页。
②钱穆:《中国近三百年学术史》第一章《引论》,上册,第20页。
③《龚自珍全集》,上海:上海古籍出版社,1999年,第471页。

跋偶遗纪年,亦或草茅一时失检,使其果怀悖逆,岂敢明布篇章?若此类悉皆比附妖言,罪当不赦,将使天下告讦不休,士子以文为戒,殊非国家义以正法、仁以包蒙之至意也。①

这段文字直言不讳地揭露了清代文字狱背后的真相。由于康熙以后清朝统治者有意加强对士人的思想钳制,导致告讦之风盛行,读书人往往因言获罪,以致人人自危。曹一士直陈其弊,并建议"嗣后凡有举首诗文书札悖逆讥刺者,审无的确形迹,即以所告本人之罪,依律反坐,以为挟仇诬告者戒,庶文章之株累悉蠲,告讦之刁风可息"。该奏折呈上后,有旨命"交部议"。有记载表明,次年二月,高宗采纳了他的意见,似有改弦更张之意②。然而清朝统治者并没有真正放弃其文化专制政策,自乾隆十六年以后,高宗又开始大兴文字狱③,且愈发变本加厉,其文网之严密,罗织之苛细,较之康、雍两朝有过之而无不及。清代文字狱最频繁的时期是在乾隆晚年,乾嘉之际的王芑孙对此有很深切的感受:"自朝廷开《四库全书》馆,天下秘书稍稍出见,而书禁亦严,告讦频起。士民葸慎,凡天文、地理、言兵、言数之书,有一于家,惟恐召祸,无

---

①《宫中档雍正朝奏折》雍正十三年十一月二十七日,台北故宫博物院,1979 年,第 25 辑,第 444—445 页。该书卷首目录中有编者所拟篇题,与文义不合。按此奏折收入曹一士《四焉斋文集》卷二,题为《请查宽比附妖言之狱兼禁挟仇诬告诗文》,见《四库全书存目丛书》影印乾隆刻本,济南:齐鲁书社,1996 年,集部第 275 册,第 454 页。
②见《高宗实录》卷一三乾隆元年二月辛巳,《清实录》,第 9 册,第 378 页。
③《清代文字狱档》(上海:上海书店出版社,2007 年)共收入乾隆朝文字狱计 69 宗,除乾隆六年谢济世著书案外,其他均在乾隆十六年以后。

问禁与不禁,往往拉杂摧烧之。"①森严的文字狱让汉族士人和普通百姓变得如此谨小慎微,清朝文化专制主义之功效于此可见一斑。

龚自珍在抨击康乾盛世禁锢思想、摧残人心的专制主义制度时,有所谓"戮心"之说:"戮之非刀、非锯、非水火;文亦戮之,名亦戮之,声音笑貌亦戮之。……其法亦不及要领,徒戮其心,戮其能忧心、能愤心、能思虑心、能作为心、能有廉耻心、能无渣滓心。又非一日而戮之,乃以渐,或三岁而戮之,十年而戮之,百年而戮之。"②朱维铮引用贾凫西《木皮散人鼓词》"几年价,软刀子割头不觉死"来为"戮心"说做注脚,实在是再贴切不过了③。康、雍、乾以来长期实行的文化专制主义政策对世道人心的深刻影响,正可以用"戮心"说来加以比况,同时它也有助于我们理解造成乾嘉时代思想世界沉闷与贫乏的时代背景。

清朝的文字狱究竟如何消解了 18 世纪汉族士人的民族意识甚至改变了他们的内心世界? 乾嘉时代的学风乃至世风到底是如何形成的? 有关这些问题,在当时人的笔下可以看到极富启发性的论述。李祖陶《与杨蓉渚明府书》对清代文风的转换过程有一段很精彩的分析:

> 夫文者,所以明道,亦所以论事也。朝廷之上有直言极谏之臣,故贾谊、陆贽之徒往往痛哭流涕于章疏;草野之间有

---

① 王芑孙:《渊雅堂全集·惕甫未定稿》卷三《洴澼百金方序》,《续修四库全书》影印嘉庆刻本,第 1480 册,第 656 页。

② 《乙丙之际箸议第九》,见《龚自珍全集》,第 6—7 页。"乙丙之际"指嘉庆二十年乙亥至二十一年丙子。

③ 参见朱维铮:《戮心的盛世》,《走出中世纪(增订本)》,第 234—236 页。

盱衡抵掌之士，故苏明允、陈同父、唐荆川、艾千子辈，或指时政之阙失，或伤学术之偏颇，或痛文运之迁流，亦往往举其抑塞磊落者，确凿指陈于论策书札序记之间。其大者可为万世著龟，其小者足为一时药石。延至康熙中叶，此风未尝少衰，此古人之文之所以盛也。今则伣伣忱忱如在云雾之中，始而朝廷之上避之，继而草野之间亦避之；始而章疏之文避之，继而序记碑志之文亦避之。其初由一二公之忌克，借语言文字以倾人；其后遂积为千万人之心传，各思敛笔惜墨以避祸。士之负聪明才力者，无以发抒，遂各爬梳经义，将古人成说已定者仍复颠之倒之，甚至旁引博征，说曰若稽古至三万字，而应酬之文不可，无以塞白，遂各骈四俪六以相夸。吾观近人文集，惟全谢山无所鲠避，能畅其所欲言。其他如恽子居之胸中，刘寄庵之笔下，皆有许多轮囷结蚃，未尝尽吐。此今日文之所以衰也。盖古人之文，一涉笔必有关系于天下国家；今人之文，一涉笔惟恐触碍于天下国家。此非功令实然，皆人情望风觇景，畏避太甚，见鳝而以为蛇，遇鼠而以为虎，消刚正之气，长柔媚之风。此于世道人心，实有关系。①

李祖陶（1776—1858），字钦之，号迈堂，江西上高人，嘉庆十三年举人②。李氏是嘉道时期著名的选家，编有《国朝文录》及《国朝文录续编》等，故对清朝一代文风的变化可谓了若指掌。此文专论清代文风之盛衰，可贵的是，作者以其独特的视角让我们看到

---

① 李祖陶：《迈堂文略》卷一，同治七年刻本，叶26b-27b。
② 参见《清史列传》卷七三《文苑四·李祖陶传》，北京：中华书局，1987年，第19册，第6012页。

了清代士人心态的微妙变化,甚至这种变化的"动态"与"过程"。文中指出,清代文风由盛而衰的转换大致是在康熙中叶以后,这与康、雍、乾时期文网渐密的历史背景是完全吻合的,其间的因果关系自可一目了然。不过也有学者对这段文字的分析不以为然,张舜徽谓李氏"不悟清自康、雍、乾大兴文字狱后,士皆缄口结舌,不敢谈天下事,时势使然,无足怪者。祖陶必持此以衡文之优劣,乃不论世之过也"云云①,此说显然未得要领。李祖陶在论及清代文风盛衰之因时明确指出:"此于世道人心,实有关系。"实已点出问题要害之所在,其结论明确指向康、雍、乾时期的文字狱,怎能责之为"不论世之过"呢? 如果我们换一种眼光去看这段文字,与其说它是在谈文风之盛衰,毋宁说是论世道之变迁,此文给予我们的启迪意义就在于此。

乾嘉士人因文禁森严而形成的"畏避"心态,在当时人的记载中不乏生动的描述。乾隆四十五年,朝鲜使者朴明源来贺清高宗七十寿辰,此行历时三月有余,随团来华的朴趾源在此期间结识了许多清朝士人,并将他的交游及观感详细记录在《热河日记》一书中。据他观察说:"观人文字,虽寻常数行之札,必铺张列朝之功德、感激当世之恩泽者,皆汉人之文也。盖自以中国之遗民,常怀疢疾之忧,不胜嫌疑之戒。所以开口称颂,举笔谀佞,益见其自外于当世也。汉人之为心亦已苦矣。与人语,虽寻常酬答之事,语后即焚,不留片纸。"②自明清鼎革之后,朝鲜就不再将清朝视为中华帝国,直至乾嘉年间,朝鲜士人对清朝仍然怀有强烈的华夷

①张舜徽:《清人文集别录》卷一四,北京:中华书局,1980年,下册,第386页。
②朴趾源:《热河日记》卷三《黄教问答》,朱瑞平校点,上海:上海书店出版社,1997年,第165页。

之见①。基于这样一种文化立场，故朝鲜使者往往特别关注清朝治下汉族人士的政治态度和民族观念，这一点在保存至今的各种《燕行录》中表现得都很明显。朴趾源自然也不例外，虽然此行滞留时间有限，但他对当时汉族士人复杂的心曲可以说有相当深入的了解，作为一个来自域外的旁观者，他的观察自有其特殊的价值。

清朝汉族士人给朴趾源留下的一个深刻印象，便是他们动辄"开口称颂，举笔谀佞"的下意识习惯，《热河日记》对此多有描述。朴趾源在热河期间结识了一位游学承德的江苏举人王民皞，两人交往甚密，因朴趾源不善汉语，他们主要是通过笔谈进行交流。朴趾源在《鹄汀笔谈》(王民皞号鹄汀)中记录了他们之间的一段对话："余方细书'四海遗黎'，鹄汀遽曰：'本朝得国之正，无憾于天地。创业者莫不为仇于革命之际，国朝还有大恩于定鼎之初，为前朝报雠，惟我朝是已。'"②看看这段说辞，简直是如同条件反射般的标准口径——王民皞有关清王朝政治合法性的解释，与顺治以来历朝皇帝反复强调的正统论是完全吻合的。如果说这是因为朴趾源提到了前朝遗民这样敏感的话题，才使得他急于表白自己的政治态度的话，那么下面这条史料可能更能说明问题。章学诚《丙辰札记》中有一段值得注意的文字："自唐虞三代以还，得天下之正者，未有如我大清。魏、晋、唐、宋之禅让，固无论矣。即汉与元，皆是征诛而得天下，然汉自灭秦，而元自灭宋，虽未尝不正，而鼎革相接，则新朝史官之视胜国，犹不能无仇敌之嫌。惟

---

① 参见葛兆光：《从朝天到燕行——17世纪中叶后东亚文化共同体的解体》，《中华文史论丛》2006年第1期，第29—58页。
② 朴趾源：《热河日记》卷四《鹄汀笔谈》，第234页。

我朝以讨贼入关,继绝兴废,褒忠录义,天与人归。而于故明但有存恤之德,毫无鼎革之嫌。"①丙辰即嘉庆元年(1796),这是章学诚晚年留下的一部札记。与上文所引王民皞的那段话相比较,虽然两者的语境迥然不同,但所表达的主旨却是完全一致的。如果是在奏章中和公开颂圣时说这些话,那是另一回事,但这是写在学者私人的札记中,其意义自然不可等闲视之。这只能说明,此类不自觉的习惯性表态似乎已经成为那个时代汉族士人的某种下意识行为,这就是被长期的文化专制主义政策"戮心"而自然形成的结果。

说到乾嘉士人政治上谨小慎微的性格和心态,不妨再举出一个典型的例子。今天津图书馆藏有一部残存七十卷的《四库全书总目》稿本,其中有若干删改之处。如卷一一九子部杂家类三《丹铅余录》提要原作:"疏舛虽多,而精华亦复不少……在明三百年间,固铁中铮铮者矣。"四库馆臣将"在明三百年间"句改为"其在有明"②。又如卷一九〇集部总集类五《钦定四书文》提要原作:"有明三百年间,自洪、永以迄化、治,风气初开,文多简朴。"馆臣又将"有明三百年间"句改为"有明二百余年"③。很显然,这两处

---

①见章学诚《乙卯札记·丙辰札记·知非日札》,北京:中华书局,1986年,第67页。

②《纪晓岚删定〈四库全书总目〉稿本》,北京:国家图书馆出版社影印,2011年,第4册,第566页。按李国庆《影印纪晓岚删定本〈四库全书总目〉稿本前言》断定此稿本中的删改文字出自总纂官纪昀之手,但并未提供任何证据。从稿本删改情况来看,似非出自一人之手,无法确定究竟是哪位四库馆臣的手笔。

③《纪晓岚删定〈四库全书总目〉稿本》,第9册,第38页。以上两处浙本、殿本《总目》皆已据此改正,但文渊阁本书前提要仍与稿本原文相同,显系漏改。

皆因讳称明朝"三百年"而遭删改。这里的忌讳主要与南明有关。明自洪武元年（1368）至崇祯十七年（1644）凡277年，但若是承认南明正统，以南明桂王永历十五年（1661）为明朝亡国之下限，则前后共计294年，可概称为三百年。我们知道，自康熙末年戴名世《南山集》案之后，南明政权就变成了一个非常犯忌的话题，四库馆臣之所以忌言明朝"三百年"，正是因为这个缘故。不过有意思的是，我们发现乾隆皇帝本人其实并不避讳明朝"三百年"的说法。乾隆间奉敕编纂的《御定资治通鉴纲目三编》，卷首载有高宗《御制明史纲目书成有述》诗若干首，其诗序云："书成，既亲序以冠简端，复为此诗以见意，并识有明三百年兴亡之概焉。"[1]清高宗在其诗文中公然称"有明三百年"，并未觉得有何不妥。然而身为汉人的四库馆臣却没有这么淡定，毕竟他们见识过太多的文字狱，如李祖陶所言，"见鳝而以为蛇，遇鼠而以为虎"，讳称明朝"三百年"无非是他们自我揣摩的结果罢了。从上面那些不免过于谨慎的删改文字中，分明可以看到乾嘉士人心头那层挥之不去的阴霾。

在对18世纪思想世界被笼罩于其中的时代氛围有了如上认识之后，让我们回到本文第一节所提出的疑问：究竟应当如何理解乾嘉时代汉族士人的那些诡异论调？我以为，不应以简单化和情绪化的思维去揣测凌廷堪诸人"曲学阿世、取媚时君"的个人动机，不妨从乾嘉士人民族观念普遍淡薄这一无意识的群体心理现象去考虑这个问题。荣格认为，无意识有两个层次，即个人无意识和集体无意识，以研究心理学史著称的美国学者舒尔茨对此有

---

[1] 台湾商务印书馆影印文渊阁《四库全书》本，第340册，第4页。又见高宗《御制诗初集》卷三一，卷首题"丙寅三"，知作于乾隆十一年（1746）。

一个很形象的譬喻:"高出水面的一些小岛代表一些人的个体意识的觉醒部分。由于潮汐运动才露出来的那些水面下的陆地部分代表个体的个人无意识。所有的岛最终以为基地的海床,就是集体无意识。"①如果说民族观念淡薄构成了乾嘉时代汉族士人的"集体无意识",那么凌廷堪辈所鼓倡的异端正统论就大致相当于"个人无意识"层面的东西。康、雍、乾以来长期实行的思想钳制和文化高压政策,导致汉族士人和一般百姓普遍存在无端的自我压抑倾向,因此不难理解,麻木不仁的民族意识是乾嘉士人的一种心理常态;而凌廷堪等少数士人所持的异端正统论,则可以说是身处这种特殊的时代氛围之中,由于长期的自我压抑而形成的某种心理变态的产物。不过,即便是这样一种看似有悖常情的夷夏正统观,又何尝不可理解为那个时代汉族士人特殊心态的曲折反映?

　　知人论世,难矣乎哉。章学诚对此深有感慨:"不知古人之世,不可妄论古人文辞也。知其世矣,不知古人之身处,亦不可以遽论其文也。身之所处,固有荣辱隐显、屈伸忧乐之不齐,而言之有所为而言者,虽有子不知夫子之所谓,况生千古以后乎?"②对于乾嘉时代汉族士人的异端正统论,本文力求从 18 世纪的历史背景和时代氛围去探究其背后的心态及动因,至于具体说到"古人

---

①杜·舒尔茨(Duane P. Schultz)著,沈德灿等译:《现代心理学史》,北京:人民教育出版社,1981 年,第 360 页。集体无意识是荣格分析心理学最重要的理论基石,其理论内涵可参见《荣格文集》第 5 卷《原型与集体无意识》,徐德林译,北京:国际文化出版公司,2011 年,第 5—45 页。
②叶瑛:《文史通义校注》卷三《内篇三·文德》,北京:中华书局,1985 年,上册,第 278—279 页。

之身处"的问题,尚有几点可以补充说明。

我们发现,鼓倡异端正统论的扬州学派诸士人,至少具有如下一些共同的特征:第一,凌廷堪、焦循、黄文旸等人都是社会地位不高的读书人,发起议论来可能较为随意。上文说过,焦循、黄文旸都终生未第,凌廷堪虽及进士之第,也仅得补授宁国府教授,一生困顿不堪。关于他的个性,钱泳有这样的描述:"乾隆戊申岁,余往汴梁,遇于毕秋帆中丞幕中,两眼若漆,奇谈怪论,咸视为异物,无一人与言者。"①这也许在一定程度上有助于我们理解他的那些诡异论调。第二,他们三人对史学都没有专门的研究,评论历史难免缺乏严谨的态度。凌廷堪和焦循以经学名家,黄文旸以曲学见长,他们鼓倡的异端正统论多见之于诗文或通俗性史书,不宜与乾嘉史家的历史观念等量齐观。第三,扬州学派诸人之间的相互影响,也是一个需要考虑的因素。凌廷堪和焦循都是扬州学派的重要代表人物,黄文旸与扬州学派也有很深的渊源,尤其对青年时代的凌廷堪发挥过重要的影响。郭象升谓凌廷堪"曾与黄同事曲局,故染其恶习","其一生奇诡之论多由黄文旸来耳"②。此言大致属实。总之,以上这些因素对于我们了解凌廷堪诸人之"身处"或许不无帮助。

当然,即便是在乾嘉时代,像凌廷堪、焦循、黄文旸等人那样极端的夷夏正统观也肯定是没有代表性的,只能被视为一种"异端"。然而真正值得注意的是,对于这种近乎偏执的历史观念,同时代的汉族士人却不以为意,并未表现出任何惊诧和愤慨,这种

---

① 钱泳:《履园丛话》卷六"仲子教授"条,北京:中华书局,1979 年,上册,第 161 页。
② 见《郭象升藏书题跋》,第 316、319 页。

现象究竟说明了什么问题？说到底，还是反映了乾嘉士人民族观念淡薄的"集体无意识"，而凌廷堪等人的异端正统论则可以说就是植根于这片海床之上的暗礁。

太平天国史观的历史语境解构

——兼论国民党与洪杨、曾胡之间的复杂纠葛

晚清以来,太平天国可能是评价最为纷歧、是非变幻最多的一段历史。在清朝统治者眼里,太平军是"粤匪"、"发逆";在清末革命党看来,太平天国是一场伟大的民族革命运动。民国以后,太平天国民族革命史观得以确立,孙中山领导的国民革命与太平天国之间一脉相承的关系也得到普遍承认。然而,自 20 世纪 30 年代初以降,在清末民初被革命党目为"汉奸"的曾国藩,又开始受到人们的追捧。研究者据此认为,南京政府建立以后,国民党主流意识形态对太平天国的评价经历了一个从肯定到否定的转变过程①。本文的研究结果表明,历史的真相远非如此简单,国民党对于洪、杨与曾、胡的态度,其实是颇为微妙而暧昧的,其中还纠结着国共之间的意识形态冲突。至于国民党有意淡化它

---

① 参见施泰格(Brunhild Staiger):《民族主义者对太平天国的看法》,《太平天国学刊》第 5 辑,北京:中华书局,1987 年,第 62—71 页;方之光、袁蓉:《国民党对太平天国评价转变的历史启示》,《南京大学学报》2010 年第 1 期,第 73—78 页。

的民族革命传统与太平天国之间的渊源关系,则已是1949年以后的事情。所谓"学术流变,与时消息",太平天国史观之嬗变,包含着十分丰富的历史信息,不乏深入发掘研究的价值,通过对它赖以生成的历史语境加以解构,可望澄清某些似是而非的认识。

一、太平天国的"民族革命"想象

太平天国的民族革命性质,经清末革命党人的大力阐扬,并经由三民主义的广泛传播而得以深入人心。谈到太平天国的民族革命,自然要牵涉到三民主义的渊源问题,有学者认为,孙中山的民族主义首先来自朱元璋,其次才是洪秀全①。但从清末革命思潮的肇始过程来看,显然主要还是受到太平天国的直接影响。

宫崎寅藏曾经问过孙中山这样一个问题:"先生中国革命思想胚胎于何时?"孙回答说:"革命思想之成熟,固予长大后事。然革命之最初动机,则予在幼年时代与乡关宿老谈话时已起。宿老者谁?太平天国军中残败之老英雄是也。"②据宫崎寅藏说,青年时代的孙中山已自命为"洪秀全第二"。与孙中山在香港西医书院同学的陈少白后来也回忆说,孙中山在该校读书时,即有"洪秀

①参见张正明、张乃华:《论孙中山的民族主义》,《纪念辛亥革命七十周年学术讨论会论文集》下册,北京:中华书局,1983年,第1796—1797页。
②宫崎滔天(即宫崎寅藏):《孙逸仙传》,南京《建国月刊》5卷4期,1931年8月,第10页。据《孙中山全集》编者考订,此次谈话当在1897—1900年间(见广东省社会科学院历史研究室等编《孙中山全集》第1卷,北京:中华书局,1981年,第583页题注)。

全"的绰号①。黄兴走上革命道路的经历也与之大体相似。1912
年,黄兴曾对人谈道:"我革命的动机,是在少时阅读太平天国杂
史而起。"②像孙中山、黄兴这样的第一代革命家,其所处的时代既
与太平天国相去不远,其生长的地域又皆为太平军的主要活动地
区,因此不难理解,他们民族革命思想的最初来源当然就是太平
天国。虽然同盟会誓词中"驱除鞑虏,恢复中华"的口号取自于朱
元璋的《谕中原檄》,但其民族主义的基本要素却是以太平天国革
命为依托的。

　　大约在 1903 年前后,革命党人开始大肆宣传太平天国的民
族革命传统。是年,孙中山在《支那保全分割合论》中倡言:"夫汉
人失国二百六十年于兹矣,图恢复之举不止一次,最彰彰在人耳
目者莫如洪秀全之事。"③明确指出太平天国革命性质为汉人的复
国运动。1906 年,章太炎在东京举行的《民报》创刊纪念会上发
表祝辞,为《民报》创刊周年昭告"皇祖轩辕,烈祖金天、高阳、高
辛、陶唐、有虞、夏、商、周、秦、汉、新、魏、晋、宋、齐、梁、陈、隋、唐、
梁、周、宋、明、延平、太平之明王圣帝"④。值得注意的是,在章氏
列出的这一中国历史谱系中,排除了所有的异族政权,而太平天
国被列入其中,无非也意在强调它是一场汉族的复国运动。同年
出版的《民报》第五号,在卷首同时刊载朱元璋、洪秀全、孙中山三

①陈少白:《兴中会革命史要》,台北:"中央"文物供应社,1956 年,第 4 页。
②黄兴:《与李贻燕等的谈话》,湖南省社会科学院编《黄兴集》,北京:中
　华书局,1981 年,第 211 页。
③《孙中山全集》第 1 卷,第 222 页。
④章太炎:《民报一周年纪念会祝辞》,汤志钧编《章太炎政论选集》,北
　京:中华书局,1977 年,上册,第 326 页。

人像,题为"中国大民族革命伟人肖像"①,最清楚不过地表明了孙中山民族主义的历史渊源及其与朱、洪二人一脉相承的关系。

因太平天国革命的性质被认定为民族革命,故清末革命党人多利用太平天国来进行反满宣传。最典型的例子莫过于辛亥元老刘成禺的《太平天国战史》。据作者晚年回忆说,此书是1902年在日本横滨由孙中山提议撰写的。孙中山谓"太平天国一朝,为吾国民族大革命之辉煌史",建议他"搜罗遗闻,撰著成书……发扬先烈,用昭信史,为今日吾党宣传排满好资料"②。次年成书后,并由孙中山亲自为之作序③。简又文先生对此书评价甚高,称"以科学方法及历史眼光叙述太平史者,先生实开其端"云云④。其实此书只可当作反满宣传读物来看,书中的许多内容都经不起考究,哪里谈得上什么"科学方法"和"历史眼光"? 姑举一例。据《清史稿·洪秀全传》记载,咸丰三年(1853)洪秀全攻入金陵后,"称明代后嗣,首谒明太祖陵,举行祀典"⑤。太平天国史研究者对这一记载大都不肯轻信⑥,但却不清楚其史源出自何处。今

① 东京《民报》第五号,1906年6月26日。
② 刘成禺:《先总理旧德录》,见尚明轩等编《孙中山生平事业追忆录》,北京:人民出版社,1986年,第673页。此文写于1936年。
③ 孙中山:《〈太平天国战史〉序》,《孙中山全集》第1卷,第258—259页。
④ 简又文、谢兴尧:《洪宪纪事诗本事簿注·弁言》,见《洪宪纪事诗本事簿注》,太原:山西古籍出版社,1997年,第4页。按简氏是一位坚定的太平天国民族革命论者,直至晚年仍坚持这一主张,他对此书有如此高的评价,与此不无关系。
⑤ 《清史稿》卷四七五《洪秀全传》,北京:中华书局,2003年,第42册,第12867页。
⑥ 如郭廷以《太平天国史事日志》就说:"或云天王曾谒明太祖陵,举行祀典,恐不可信。"(上海:商务印书馆,1946年,上册,第236页)

查《太平天国战史》亦有同样的记载：

> 时天王已据金陵……建号太平天国,称明代世嗣。首谒
> 明太祖陵墓,举行大祀典仪式。其祝词曰:"不肖孙子洪秀
> 全,得光复我大明先帝南部疆土,登极南京,规模一遵洪武初
> 年祖制。"……立洪武木主,每月率百官将士一祭。①

很明显,这就是《清史稿》上述记载的来历。这个故事一看即知不
可靠,我们知道,洪秀全一向不赞成天地会反清复明的主张,岂有
自称明代世嗣、拜谒明太祖陵的道理? 不过,这一故事并非完全
出自刘成禺的杜撰,早在咸丰三年天地会伪托洪秀全所作《奉天
承运皇帝诏》中,已有"朕太祖高皇帝以布衣取天下,削平祸乱,统
一寰区。……朕以天潢嫡派,为中外所推,招集忠良后裔,起事粤
西。……兹以二月朔日抵南京应天府,祗谒祖陵"的说法②。因清
末革命党人将朱元璋、洪秀全视为其民族革命的两大先驱,自然
很乐于相信洪秀全拜谒明太祖陵的故事,刘成禺遂据此敷衍
成文。

黄世仲(小配)《洪秀全演义》也是革命党人利用太平天国进

---

① 汉公(即刘成禺):《太平天国战史》,长沙:中华书局,1911 年,前编第
  21 页。按此书原为 16 卷,其前两卷 1904 年初版于东京,笔者所见此本
  仅分为前编、后编,不分卷,大概就是该书前两卷的内容,疑为辛亥革命
  后的翻印本。参见傅德元:《刘成禺主要著述史实考订》,《历史研究》
  2006 年第 3 期,第 181—185 页。
② 见佚名:《粤匪杂录》,中国国家图书馆藏民国抄本,第 1 册,叶 49a-b。
  原题《金陵伪诏》,此诏首云"奉天承运皇帝诏曰",今据以改题。按《粤
  匪杂录》之成书当在咸丰三年八月以后,其中收录有多篇天地会伪托
  太平天国发布的文告。

行反满宣传的一个成功个案。此书创作于1906年,旨在以小说鼓吹反满革命,作者自称其书"皆洪氏一朝之实录,即以传汉族之光荣"①。章炳麟为之序,且对其宣传革命的功效抱有很高期待。果不出章氏所料,此书"出版后风行海内外,南洋、美洲各地华侨几于家喻户晓,且有编作戏剧者,其发挥种族观念之影响,可谓至深且巨"②。阿英也说:"书中竭力宣扬民族思想,并有章太炎的叙文;与史实尽多不符,在当时却是很重要的政治宣传读物。"③关于此书的社会影响,不妨举两个例子。如《翼王石达开布告天下檄》在清末民初被广为传诵,其中"忍令上国衣冠,沦于夷狄;相率中原豪杰,还我河山"两句,尤为脍炙人口。罗尔纲先生指出,"此檄见于清朝末年反清党人黄世仲著的《洪秀全演义》,大约就是黄世仲伪造来鼓吹反清革命的"④。指责黄世仲"伪造"此檄未必恰当,《洪秀全演义》本是文学作品,自然是允许虚构的,而后人竟信以为真,可见此书影响之大。又如《太平天国诗文钞》录有一篇洪秀全《祭明太祖陵寝文》⑤,后王焕镳据以收入《明孝陵志》⑥,今人

①黄世仲:《洪秀全演义》"自序",北京:人民文学出版社,1999年,第4页。
②冯自由:《革命逸史》第2集《〈洪秀全演义〉作者黄世仲》,北京:中华书局,1981年,第42页。
③阿英:《晚清文学丛钞·小说三种》"叙例",北京:中华书局,1960年,上册,第1页。
④罗尔纲:《太平天国的文书》,《太平天国史丛考甲集》,北京:三联书店,1981年,第202—203页。
⑤罗邕、沈祖基辑:《太平天国诗文钞》,上海:商务印书馆,1931年,上册,叶4a-b。1934年修订本已删去此文。
⑥王焕镳:《明孝陵志》,南京:南京出版社,2006年,第132—133页。此书初版于1934年,由南京钟山书局刊行。

尚有信以为真者。今考此文亦出于《洪秀全演义》①,当为黄世仲所杜撰。由上两例,足以看出此书对于反满宣传的效果如何。

更有甚者,则是为了宣传反满思想而有意伪造太平天国文献,罗尔纲先生在这方面做过很多辨伪工作。如南社诗人高旭(天梅)伪撰石达开诗作二十首,并刊行《石达开遗诗》一书,一时广为流布。另一位南社成员胡怀琛亦托名太平天国黄公俊作诗多首,后来胡本人承认黄公俊其人其诗皆系他一手捏造,目的就是为了鼓吹反满革命②。这些革命宣传的效果,直至很多年后还能看出端倪。1929 年,有人撰文指出,从石达开诗中可以看到两种主义,一是太平天国绝对的坚持民族主义,二是太平天国绝对的表现英雄主义③。半个多世纪以后,简又文先生仍然坚定地宣称:"翼王石达开为最彻底之民族革命者。"④石达开的民族主义之所以给他们留下如此深刻的印象,自然应该归功于《石达开遗诗》以及《翼王石达开布告天下檄》的宣传作用。

经过清末革命党人的竭力鼓吹,辛亥革命后,人们对于太平天国的民族革命性质逐渐形成了共识。在后来很长一个时期里,这种认识一直代表着国民党人的主流观点。下面这个例子很能说明问题。在国民党执政后的 1928 年,罗邕、沈祖基将其所辑

---

① 见黄世仲《洪秀全演义》第二十五回《李秀成平定南康城,杨秀清败走武昌府》,第 230 页。

② 参见罗尔纲:《石达开假诗考》《〈太平天国诗文钞〉订伪》,《太平天国史料辨伪集》,北京:三联书店,1985 年,第 117—138 页。

③ 朝华:《石达开诗中所表现的太平天国底两种主义》,上海《复旦》第 3期,1929 年 6 月,第 78—79 页。

④ 简又文:《太平天国与中国文化》(上),《大陆杂志》35 卷 1 期,1967 年 7月,第 3 页。

《太平天国诗文钞》送请国府要人作序题词,蒋介石、于右任、白崇禧三序及于右任、李济深题诗均对太平天国民族革命给予高度肯定和评价,蒋介石序说:"往者洪杨诸先民,崛起东南,以抗满清,虽志业未究,遽尔败亡,而其民族思想之发皇,轰轰烈烈,在历史上足以留一重大之纪念焉。"于右任序谓此书可"拟之'铁函井底《心史》'",也旨在强调太平天国的民族革命性质①。从这些作序、题诗者的身份及其倾向不难看出,当时国民党内对于太平天国的评价问题具有高度的共识。

自三民主义提出之日起,太平天国革命就被认为是其民族主义的主要来源之一。民国以后,这一观点得到人们的普遍认同。如李大钊评价孙中山在中国民族革命史上的地位时,便称"他承接了太平天国民族革命的系统"②。1930 年出版的杜冰坡《中华民族革命史》,上起 1850 年金田起义,下至 1925 年孙中山逝世,"前后约八十年,纯以民族革命为主眼",其基本结论是:"中国之种族革命,洪杨革命种其因,辛亥革命收其果。"③将辛亥革命与太平天国视为一脉相承的关系。1943 年,萧一山为简又文《太平天国全史》所作序中有这样一段文字:"太平军为我国近代民族革命之壮澜,行动思想,均有源流可寻,事之不成,盖由时代使

---

① 罗邕、沈祖基辑:《太平天国诗文钞》,台北:文海出版社影印商务印书馆 1934 年修订本,1971 年,上册,第 5、8 页。蒋序作于 1928 年 6 月,于序作于 1929 年 5 月。

② 李大钊:《孙中山先生在中国民族革命史上之位置》,原载《国民新报·孙中山先生逝世周年纪念特刊》,见北京市委党校中共党史教研室编《李大钊文集》下册,北京:人民出版社,1984 年,第 848 页。

③ 杜冰坡:《中华民族革命史》,上海:北新书局,1930 年,见《凡例》第 1 页、正文第 1—2 页。

然。……然一线相承之民族主义，一瞥所见之民权、民生主义，均足以启后圣而开新运，为国民革命之先河。"①照他这个说法，则不仅是民族主义，就连民权、民生主义，都可以从太平天国找到其思想渊源。直至 60 年代末，简又文先生还在撰文重申这一观点："朱明之覆元复国，太平天国之讨满兴汉，与国父倡导的国民革命之打倒满清而建立民国，是六百年来我国一脉相承之民族革命运动。其间虽有成有败，而革命的意义与性质之重要则同一。"②这种表述与孙中山在同盟会时期所倡导的民族主义是完全吻合的。

不过，就在清末革命党人大肆鼓倡太平天国民族革命说的同时，持异议者也不乏其人。1903 年，梁启超在《新民丛报》上发表《新民说·论私德》，对当时盛行的太平天国民族革命论就颇有几分不以为然："吾见世之论者以革命热之太盛，乃至神圣洪秀全而英雄张献忠者有焉矣，吾亦知其为有为而发之言也，然此等蘖因可多造乎！……即如洪秀全，或以其所标旗帜有合于民族主义也，而相与颂扬之，究竟洪秀全果为民族主义而动否，虽论者亦不敢为作保证人也。"②值得注意的是，持这种论调者并不仅限于维新派，就连蔡元培这样的革命派也发表过类似的见解："洪杨之事，应和之者率出于子女玉帛之嗜好；其所残害，无所谓满汉之界；而出死力以抵抗破坏之者，乃实在大多数之汉族。是亦足以

①简又文：《太平天国全史》"萧序"，香港：猛进书屋，1962 年，上册，第7—8 页。
②简又文：《再论太平天国与民族主义》，《大陆杂志》39 卷 3 期，1969 年 8月，第 11 页。
③见张品兴主编《梁启超全集》第 2 册，北京：北京出版社，1999 年，第720 页。

证其种族之见之薄弱也。"①此时的蔡元培虽已倾向于革命,但他与那些职业革命家毕竟有所不同,在主张反满排满的同时仍保持着一份难得的理性,故对太平天国民族革命说亦不肯苟同。民国以后,在太平天国民族革命说几乎已成定论的情况下,仍有少数学者对此提出质疑,其中最具代表性者便是钱穆。钱穆《国史大纲》指出,太平天国起事之初,虽以种族观念相号召,但"似乎只可谓利用此种民间心理,而非纯由此发动"②。后因《国史大纲》出版审查遇阻,他在回应审查意见时,又对太平天国民族革命论给予明确否定:"洪杨起事,尊耶稣为天兄,洪秀全自居为天弟,创建政府称为太平天国,又所至焚毁孔子庙,此断与民族革命不同。"③钱穆的这种见解,代表着历史学家的一种纯学术判断,在20世纪30年代能够有如此认识,亦属难能可贵。

那么,自清末以来主张太平天国民族革命论者,究竟是基于什么理由来判定这场革命的性质呢?仔细考究起来,除去革命党人伪造的太平天国文献以及出自文学作品中的某些诗文之外,真正靠得住的,其实只有起事之初以杨秀清、萧朝贵二人名义发布的《奉天讨胡檄》④。后人往往将这篇檄文与朱元璋《谕中原檄》相提并论,视为太平天国民族革命的一个重要象征。如萧公权谓

---

①蔡元培:《释"仇满"》,连载于1903年4月11、12日《苏报》,见高平叔编《蔡元培全集》第1卷,北京:中华书局,1984年,第172页。末句"亦"原误作"无",则语义正相反,今据张枬、王忍之编《辛亥革命前十年间时论选集》第1卷下册(北京:三联书店,1978年)第679页校订。
②钱穆:《国史大纲》,北京:商务印书馆,1996年,下册,第874页。
③钱穆:《师友杂忆》,北京:三联书店,2005年,第222页。
④太平天国刊《颁行诏书》,见太平天国历史博物馆编《太平天国印书》,南京:江苏人民出版社,1979年,上册,第108—110页。

此文"以较朱元璋之谕中原,词气激扬,殆无逊色。吾人如谓朱檄为中华民族革命之第一声,此足为其铿鈜之嗣响"①。萧一山亦称此檄文"重在排满,未多倡教,用语颇类明太祖之讨元檄文,可见太平起义,仍以民族主义为号召,与天地会之反清革命,如出一辙也"②。直至近年,还有学者称此文为"太平天国反满的纲领性文件"③。但无论对此文有多么高的估价,它毕竟只是"揭举出种族革命的旗号"(钱穆语)而已④,其象征意义远大于实际意义,能够说明的问题十分有限,单凭这篇檄文去断定太平天国的民族革命性质,结论未免太过牵强。

太平天国的革命性质向来是一个极富争议的话题,本文无意对这个问题展开讨论,而仅以揭示民族革命论产生的时代背景为目的。今天看来,无论是太平天国革命还是元明革命,都没有太多的民族革命内涵,它们浓厚的民族革命色彩主要是由后人涂抹上去的。元明革命的民族主义想象始于明中叶以后,在长期面临"北虏"之患的时代背景下,元明鼎革的历史记忆被重新唤起,并且自然而然地被解读为一场"驱逐胡虏,恢复中华"的民族革命,而清末反满排满的时代氛围,使元明嬗代呈现出愈益浓厚的民族革命色彩⑤。至于太平天国的民族革命标签,则可以说是清末革命党人一手打造的。孙中山领导的国民革命揭橥民族主义的大

①萧公权:《中国政治思想史》,北京:新星出版社,2010年,第440页。此书成稿于1940年。
②萧一山:《清代通史》,北京:中华书局,1986年,第3册,第73页。
③姜涛:《关于太平天国的反满问题》,《清史研究》2011年第1期,第90页。
④钱穆:《国史大纲》,下册,第874页。
⑤参见本书所收《元明革命的民族主义想象》。

旗,并将其思想渊源追溯到太平天国及元明革命。但元明革命过于遥远,且除了一篇朱元璋的《谕中原檄》之外,也实在没有什么文章好做,而刚刚过去的太平天国运动则耳目相接,并且所针对的革命对象又是同一个满清政权,故太平天国便理所当然地成为可堪利用的最佳历史资源。太平天国的"民族革命"想象由此而产生,一种新的太平天国史观被成功地塑造出来,并伴随着三民主义的广泛传播而逐渐融入社会主流意识形态。

二、一九三〇年代的"曾国藩热"

辛亥革命后,太平天国民族革命的历史观念得到广泛认同,如上所述,直至南京国民政府建立之初,国民党内对于太平天国的评价仍具有高度共识。然而,1930 年代初以后,情况似乎发生了变化。

作为太平天国革命的对立面,曾、胡、李、左等所谓中兴名臣在清末民初受到人们的猛烈抨击,时人谓"清末士人,昌言革命,詈曾左如盗贼,以神圣颂洪杨"[1],正是当时的真实写照。孰料时移世变,从 1930 年代初开始,一股"曾国藩热"在不经意间悄然兴起。世风之转换,其实早在 1920 年代末已有征兆。1929 年,有人注意到这种现象:"自洪秀全覆灭,国人莫不乐道曾、胡。清末革命党以排满相号召,乃于曾、胡辈无怨词。近岁,则党国要人始复以曾、胡相勖励,并引为治军、训属之范则。……凡此之属,屡见

---

[1] 何贻焜:《曾国藩评传》附录一《李肖聃先生来书》(作于 1933 年 3 月 18 日),上海:正中书局,1937 年,第 622 页。

于报纸记载,不遑备举。"①如果说当时对曾、胡的推崇主要还只限于"党国要人"的话,那么从 1931—1932 年以后,曾国藩就开始受到整个社会尤其是知识阶层的追捧,各种书刊中充斥着曾文正公的事功、言论和思想,曾国藩再度成为内圣外王的完人。

对于 1930 年代"曾国藩热"的成因,美国学者芮玛丽(Mary Clabaugh Wright)有这样一个解释:"国民党于 1927—1928 年的掌权标志着革命旋律在党纲中占支配地位时代的结束……如果说国民党在其革命的年代里还曾把自己看成是伟大的太平军起义的后继者,那么掌权后的国民党则认同清代帝国政府。"②也就是说,曾国藩的价值之所以被重新发现和承认,主要是由于南京国民政府建立之后,国民党从革命党向执政党的立场转变造成的——因为这一转型在意识形态上主要表现为有意识地继承同治中兴的遗产③。这一看法颇有见地,但仅凭这一点恐怕还不能对当时整个社会的"曾国藩热"做出圆满的解释。笔者更为关注的是,1930 年代的文化保守主义思潮与"曾国藩热"之间究竟存在着什么样的关系?不妨通过 1934 年开始的新生活运动和 1935 年的中西文化论战来解读产生曾国藩现象的时代氛围及历史语境。

---

① 徐凌霄、徐一士:《曾胡谭荟》序,天津《国闻周报》6 卷 26 期,1929 年 7 月 7 日,第 1 页。此文作于 1929 年 5 月 10 日。

② 芮玛丽著,房德邻等译:《同治中兴:中国保守主义的最后抵抗(1862—1874)》,北京:中国社会科学出版社,2002 年,第 377—378 页。此书英文版最初于 1957 年由斯坦福大学出版社出版。

③ 关于国民党掌权后由革命党向执政党的转型,已有学者着眼于其社会阶级基础的变化加以分析(参见王奇生:《党员、党权与党争:1924—1949 年中国国民党的组织形态》第五章《蜕变:革命党向执政党转型》,北京:华文出版社,2010 年,第 142—170 页),芮玛丽则主要是从意识形态的角度去关注这一转型。

（一）新生活运动：重建传统的努力

蒋介石于 1934 年在南昌发起的新生活运动，从表面上看是一场改良国民素质的社会运动，但它的出发点是要重建传统，主张以儒家文化的"四维八德"来进行价值与道德的重构，故被国民党人定位为"文化复兴运动"。

在新生活运动的倡导者们看来，五四运动是传统文化的破坏运动，而新生活运动则是传统文化的建设运动。1934 年 4 月 16 日，陈立夫在南京市政府扩大纪念周会上的演讲中说道："吾国自五四运动以来，所有文化工作……大部分均系破坏工作，以致吾国固有之文化摧毁无余。"①次年，他在《新生活运动发微》一文中阐释这项运动的主旨时说，以前的革命主要在于破坏，"现在大破坏的时期已属过去，大建设的时期方在开始。在如此伟大的递进阶段中，不能不有一种大刀阔斧普及深入的运动，将破坏期中遗留的恶习惯举行总清算，一举而廓清之。否则不足以创造新的时代，开始新的生命。新生活运动者，即本乎此种适要而产生之大运动也"②。按他这种说法，新生活运动的一个主要目的，就是要彻底清算过去革命时期养成的破坏"恶习"。

力行社是新生活运动的重要推动力量，力行社骨干贺衷寒在一场名为"新生活运动之意义"的演讲中明确指出，这场运动是对五四新文化运动的反动："五四的新文化运动，是把外国的东西搬

---

①陈立夫：《文化建设之前夜》，《南京市政府公报》第 140 期，1934 年 4 月 30 日，第 90 页。
②陈立夫：《新生活运动发微》，《东方杂志》32 卷 1 号，1935 年 1 月 1 日，第 26 页。

到中国来,把中国固有的东西都摧毁了。我们今天的新生活运动,是要把中国固有的东西来发扬,所以五四的新文化运动与今天的新生活运动,完全是那样绝对不同的东西。"因此他宣称"新生活运动惟一的目的,就是要把五四的新文化运动底破坏运动,改变成一个建设运动……因为破坏是目前所不需要的,建设才是目前所需要的"①。

新生活运动是 1930 年代中国文化保守主义的一个重要表征,通过上面这些有代表性的言论不难看出它的旨趣所在。回归传统,从五四以来的"破坏"主旋律回到"建设"的轨道上去,是新生活运动的主要诉求之一。这种价值取向反映了国民党在成为执政党之后,从破坏者向建设者的立场转变。新生活运动所代表的文化保守主义思潮,是曾国藩的价值被重新发现和认识的重要时代背景:在以前的"破坏时期",曾国藩代表着民族革命的镇压者和旧传统的卫道者;而在如今的"建设时期",曾国藩则成为抵御洋教、捍卫中国文化的一面旗帜。

过去大陆学者习惯于用意识形态思维去评价新生活运动,认为它是为配合围剿共产党的军事行动而开展的一场社会文化运动。近年有学者从"重建合法性"的角度对新生活运动进行重新诠释,姜义华先生认为:"新生活运动,可以说,就是蒋介石试图依靠韦伯所说的'传统型权威'来树立自身'魅力型权威',从而构建其统治合法性的努力。"②近代以来,最有资格代表"传统型权

①贺衷寒:《新生活运动之意义》,上海:《中国革命》3 卷 9 期,1934 年 3 月 10 日,第 19—20 页。
②见温波:《重建合法性——南昌市新生活运动研究(1934—1935)》,姜义华序,北京:学苑出版社,2006 年,第 1—2 页。

威"的人物无疑就是曾国藩,若从这个角度来考虑,也不难理解新生活运动重建传统的追求与"曾国藩热"之间的逻辑关系。

（二）中西文化论战：以传统文化抵御外来文化的主张

1935 年的中西文化论战是由王新命、何炳松、陶希圣等十教授联名发表的《中国本位的文化建设宣言》(又称"一十宣言")引起的,该宣言反复强调"中国空间时间的特殊性"、"中国此时此地的需要"①,代表文化保守主义的立场,因此被全盘西化派讥为"中体西用"论的翻版。尽管本位文化派的政治立场和文化取向不尽一致,但谁也不否认"一十宣言"具有明显的官方背景,而在这场中西文化论战中,最能反映国民党当局文化意识形态的,就是以传统文化抵御外来文化的主张。

本位文化派既反对英美资本主义,也反对苏俄社会主义,那么,究竟什么才是"中国此时此地的需要"呢? 对此有各种不同答案,其中一种说法是:"三民主义的实行是此时此地的需要。"②本位文化派中的一个活跃人物李绍哲说得更明白:"近来剿匪胜利的事实,是告诉我们共产主张与三民主义何者足以适应中国需要,而证明共产主义的文化是不能建设得起来的。"③CC 系的蒋建白也有类似的论调:"外来文化亦未必能完全适宜于此时此地之需要……如共产主义,为现代苏俄之国家文化,若以之移植中国,

---

①王新命等:《中国本位的文化建设宣言》,上海:《文化建设》1 卷 4 期,1935 年 1 月 10 日,第 1—5 页。
②翁率平:《论中国文化运动》,南京:《正论》第 22 期,1935 年 4 月,第 5 页。
③李绍哲:《论存在即合理与把握现实》,原载 1935 年 5 月 29 日上海《晨报》,转载于上海《文化建设》1 卷 11 期,1935 年 8 月 10 日,第 164 页。

势必殃国祸民,故必须加以排除。"①在他们看来,只有源自中国传统的三民主义才符合"中国空间时间的特殊性",才能顺应"中国此时此地的需要",而像共产主义这样的外来文化并不适合中国国情。虽然这种观点未必能够代表本位文化派的主流价值观,但确实表达了官方意识形态的真实诉求。

对于本位文化派的文化立场,中共方面具有高度的意识形态敏感。1940年1月5日,张闻天在延安举行的陕甘宁边区文化界救亡协会第一次代表大会上所做的报告中,对此进行了针锋相对的批判:

> 中华民族的新文化,也决不像"中学为体,西学为用"的"中国本位文化"论者那样,只吸收外国的自然科学的技术,来发展中国的物质文明。它要吸收外国文化的一切优良成果,不论是自然科学的、社会科学的、哲学的、文艺的。而"中国本位文化"论者,却正在以中国的陈旧的、保守的、落后的思想,反对外国先进的、革命的思想。②

张闻天将矛头直指本位文化派的文化保守主义立场,认为他们的文化主张与"中体西用"论毫无二致,其目的就是要用腐朽落后的传统文化来抵制革命的、先进的外来文化。半个多世纪以后,冯

①蒋建白:《教育救国论与国难教育论》,上海:《文化建设》2卷9期,1936年6月10日,第89页。
②张闻天:《抗战以来中华民族的新文化运动与今后任务》,张闻天选集传记组编《张闻天文集》第3卷,北京:中共党史出版社,1994年,第43页。原载中共中央机关刊物《解放》第103期,1940年4月10日,第10页,署名"洛甫"。

友兰先生在评价"一十宣言"时说得更为直截了当:"这个'宣言'是国民党授意作的。一篇洋洋大文,实际所要说的,只有三个字:'不盲从'。不盲从什么呢?不要盲从马克思列宁主义,不能'以俄为师'。"①虽然"一十宣言"提出的文化建设宗旨是"不守旧,不盲从",但本位文化派大抵都是围绕着"不盲从"三字做文章,这是无可否认的事实。在过去很长一个时期里,大陆学者普遍将这场中西文化论战视为国民党文化统制政策的产物,20世纪90年代以后有一种去意识形态化的倾向,多从现代化研究的视角去发掘它的文化意义,这恐怕只能视为本位文化派的当代解读,不免有矫枉过正之嫌。

文化保守主义以传统文化抵御外来文化的主张,也可以为1930年代"曾国藩热"的成因提供一个合理的解释。让我们来看看当时人的说法。1935年,蒋星德在为《曾国藩之生平及事业》一书所作的自序中说道:"自从民族革命的高潮侵入中国以后,一般人对于曾国藩,具有深切的反感。……因为'共匪'的骚扰,和国民道德的低落,最近的风气似乎改变了,被遗忘的曾国藩,最近又似乎慢慢引起国人的注意了。"②这段话解释了曾国藩被重新发现的时代背景:"因为'共匪'的骚扰",所以要仿效曾国藩用传统文化来抵御外来的苏俄文化,于是久被遗忘的曾国藩又再次引起国人关注。李朴生说得更为直白:"曾国藩时代可以捧出孔子号召群伦,征讨'发逆',我们要如法炮制,对付'共匪',便给实验主

---

① 冯友兰:《中国哲学史新编》第7册,《三松堂全集》第10卷,郑州:河南人民出版社,2000年,第581页。

② 蒋星德:《曾国藩之生平及事业》"编者叙言",上海:商务印书馆,1947年第6版,第6—7页。按此书初版于1935年,《编者叙言》写于1935年4月15日。

义的信徒讥为太不替孙中山先生争气了！"①这里表达的是同一个意思：为了"对付'共匪'"，需要像曾国藩那样祭出传统文化大旗来作为号召，于是尊孔读经、追捧曾国藩便成为时尚。从时人的这些言论中，可以清楚地看出 1930 年代的文化保守主义思潮与"曾国藩热"之间的因果关系。

然而，曾国藩的回归面临着一个很棘手的问题：自清末以来，曾国藩一直被人们视为镇压太平天国革命的"元凶"，甚至被革命党称为"汉奸"②，而太平天国则被公认为是孙中山民族主义的一面旗帜。因此，要想重新肯定曾国藩的价值，就有一个如何为他正名的问题。

1914 年，日本学者稻叶君山在《清朝全史》一书中对曾国藩镇压太平天国的性质提出了不同看法，他认为湘军与太平军之间实为一场宗教战争："湘军非勤王之师……意在维持名教，其最终之目的，即恢复异宗教之南京是也。是故湘军可称为一种宗教军。"③这个说法颠覆了过去的传统认识。稻叶君山指出，曾国藩并非是为维护清王朝统治而战，而是为捍卫中国传统文化而战，

---

① 李朴生：《曾国藩的用人方法》，南京：《行政效率》半月刊 1 卷 7 号，1934 年 10 月 1 日，第 296 页。据作者自注，知其最后一句话是针对胡适《写在孔子诞辰纪念之后》一文反对尊孔的主张而发。

② 章太炎《检论》卷八《杂志》曰："曾国藩者，誉之则为'圣相'，谳之则为'元凶'。"（《章太炎全集》第 3 卷，上海：上海人民出版社，1984 年，第 583 页）又章太炎《逐满歌》有云："地狱沉沉二百年，忽遇天王洪秀全。满人逃往热河边，曾国藩来做汉奸。"（汤志钧编：《章太炎年谱长编》，北京：中华书局，1979 年，上册，第 222 页）

③ 稻叶君山著，但焘译：《清朝全史》，北京：中国社会科学出版社，2008 年，下卷，第 682、684—685 页。此书日文本问世于 1914 年，同年但焘中译本由上海中华书局出版。

因此维持名教的湘军与信奉洋教的太平军之间就不是民族冲突而是文化冲突。

《清朝全史》中译本出版后风靡一时,但稻叶君山的上述观点在很长一个时期里并未引起什么反响①。直至1930年代初,曾国藩的价值被重新发现和认识,于是稻叶君山的宗教战争说便因此受到人们的格外青睐。1930年,陈训慈在《太平天国之宗教政治》一文中对此说大加发挥:

> 近人既推太平军为种族革命,因而遂有责曾氏甘为满洲之奴隶者,此盖未明曾氏出兵之意义。彼之文告,对太平军之民族主义绝无指摘,即于清政之坏亦未尝为之辩护。惟伦常破坏,且使孔孟之传统精神扫地,则彼所认为较外族统治更为严重,不能不并力以争。由是以论,曾之理想,殆为人伦名教而战,而非徒为清室而战。湘军亦非一姓之军,而有如主义之军矣。②

陈文认为,太平天国之所以能够立国达十四年之久,其统治基础在于宗教政治而非种族思想,太平天国以宗教而兴,亦以宗教而败,其宗教观念与中国传统文化大相径庭,这是太平天国失败的主要原因。按照他的解释,曾国藩与太平天国之间不是一个民族矛盾的问题,而是一种深层次的文化冲突,因此过去人们指责曾

---

①据笔者所见,此说在1930年代前少有应和者,成书于1923年的柳诒徵《中国文化史》虽曾引述稻叶君山之说(上海:上海三联书店,2007年,下册,第762—763页),但未作任何引申和发挥。

②陈训慈:《太平天国之宗教政治》(下),南京:《史学杂志》2卷1期,1930年1月,第11页。

国藩效忠异族的说法就不攻自破了。

1930 年代以后，这种说法变得十分流行。如 1936 年出版的胡哲敷《曾国藩》一书，在谈到曾氏《讨粤匪檄》时发了这样一通议论："这是曾氏与太平军根本抵触的所在，简直可以说是一种宗教战争。所以他始终不懈，为的就是要保持名教，恐怕中国数千年礼义人伦、诗书典则，一旦扫地荡尽，这是曾氏的心迹。是故湘军初起之时，只在保卫乡土，后来便在保持名教。"①就连历来秉持太平天国民族革命史观的萧一山，在抗战期间写出的《曾国藩传》中亦有类似的说法："洪秀全虽不是纯粹的宗教革命，而曾国藩却是为宗教而战争，好像欧洲的十字军。"②替曾国藩翻案最彻底的要数王德亮，针对曾国藩"扶满抑汉"的问题，他甚至专门写了一部《曾国藩之民族思想》来为之辩解。该书第一章题为《组织湘军志在保卫乡里维持名教》，力辩湘军非勤王之师，而是为保卫中国传统文化而战，且极力表彰曾国藩重刻《船山遗书》、传播民族思想的功绩③。直至半个多世纪以后，冯友兰先生仍在老调重弹："曾国藩和太平天国的斗争，是中西两种文化、两种宗教的斗争，即有西方宗教斗争中所谓'圣战'的意义。这是曾国藩和太平天国斗争的历史意义。"④不过冯氏重拾此说主要是出于否定太平天国的目的，与三四十年代汲汲于为曾国藩开脱"汉奸"罪名的出发

---

① 胡哲敷：《曾国藩》，上海：中华书局，1936 年，第 27 页。
② 萧一山：《曾国藩传》，北京：东方出版社，2009 年，第 120 页。此书撰于 1938 年，1944 年由重庆胜利出版社出版。
③ 王德亮：《曾国藩之民族思想》，上海：商务印书馆，1946 年，第 1—14、52—55 页。此书初版于 1943 年。
④ 冯友兰：《中国哲学史新编》第 6 册，《三松堂全集》第 10 卷，第 358 页。

点有所不同。

值得注意的是,在 1930 年代以后力主湘军与太平军为宗教战争的言论中,除了替曾国藩辩白之外,还不难读出某些弦外之音。如 1937 年出版的何贻焜《曾国藩评传》,其结语中有这样一段文字:"观其所作檄文,兢兢以扶持名教是尚,更足见效忠异族,绝非曾公之本意。史家谓'湘军非勤王之师','湘军如宗教军',诚为笃论。……洪杨信奉耶教,不合国情,曾公崇尚儒教,深得民心,于军事之利钝,更有重大之关系,自极显然。"[1]这里的最后几句话明显是另有所指的,它很容易让我们联想起当时常见的一种说法:国民党要维护传统儒教文化,故深得民心,而中共信奉外来的马列主义,所以不适合中国国情。这样的影射在王德亮《曾国藩之民族思想》中看得尤为真切,作者在该书《后记》中写道:"三民主义,其所以能成为救中国之唯一主义者,即因其渊源于中国固有思想与民族精神。太平军历时十四载略地十七省,而终致失败者,则因其所持之主义,不适合中国之国情。此总理所以异于洪杨也! 此本书所以编著也!"[2]虽然只字未提"中共",但意思已经表达得很明白了。

上文谈到,在南京国民政府建立之后,由于国民党从革命党向执政党的立场转变而引起意识形态的相应变化,对于曾国藩的认同就是其理所当然的结果,曾、胡等中兴名臣也因此成为国民党人的精神楷模。早在北伐时期,已经有人拿蒋介石与曾国藩相类比,据《曾胡谭荟》说:"蒋介石、唐孟潇(即唐生智)之携手北伐也,谭组庵(即谭延闿)贻书唐氏,谓蒋为今之曾涤生,愿君以胡润

---

[1] 何贻焜:《曾国藩评传》,第 613 页。
[2] 王德亮:《曾国藩之民族思想》"后记",第 1 页。

芝为法,以收和衷共济之效。"①谭延闿时任国民革命军第二军军长,他将北伐军总指挥蒋介石及前敌总指挥唐生智分别比作曾国藩和胡林翼,似乎主要还是出于对曾、胡二人济世安邦雄略的推崇佩服,并没有什么复杂的政治寓意。1930 年代以后,随着"曾国藩热"的升温,这样的比拟便越来越带有浓厚的意识形态色彩。如王德亮将蒋介石与曾国藩相提并论,就有这样一段别有用意的发挥:"虽时代有先后,而其生平志业行谊,则颇相类似。总裁之黄埔建军,是犹曾氏之创立湘军也。而皆遭值事变,秉承中华固有之传统文化……力图自立自强,践履笃实,以诚为一世倡。其结果均能转移风气,安内攘外,立大功,建大业,炳耀寰宇。"②王德亮是一位职业报人,抗战前后长期供职于《中央日报》和《扫荡报》,政治立场右倾。不难看出,他的这段议论背后暗含玄机,意在表明国共双方对于"中国道路"的不同选择:国民党继承了曾国藩的文化立场,主张维护传统文化,故只有三民主义才能救中国;而共产党则信奉外来的主义,所以不适合中国国情。

另一方面,当抗战后期国共关系趋于恶化后,中共也开始拿曾国藩来影射蒋介石。在共产党人的笔下,曾国藩被贴上了更加鲜明的意识形态标签。1943 年 7 月,陈伯达在《评〈中国之命运〉》一文中明确表明了对于曾国藩的批判态度:

> 中国从来显然有两种文化传统思想:一种是民众的、革命的、光明的;一种是反民众的、反革命的、黑暗的。近代中

①徐凌霄、徐一士:《曾胡谭荟》序,天津:《国闻周报》6 卷 26 期,1929 年 7 月 7 日,第 1 页。
②王德亮:《曾国藩之民族思想》,第 78 页。

国一开始时候,太平天国与孙中山就是代表前者,曾国藩及现在中国的一切反共反人民分子就是代表后者。不管太平天国有外国的思想,却是真正代表中国人的思想,中国人的英雄;不管曾国藩满口旧中国的仁义道德,却仍是双重的奴才! 满奴才和洋奴才。中国共产党人继承中国从来以至洪秀全、孙中山一切优良的革命的传统,而一切反动派则继承曾国藩、叶德辉的传统。反动派想取消前一种传统,保留后一种传统,而我们则正相反。关于中国思想文化问题上的分别,就在这里。①

陈文将中国近代以来的文化传统划分为两个敌对的阵线,一是以太平天国和孙中山为代表的"革命传统",一是以曾国藩为代表的"反革命传统",共产党继承了前者的传统,而国民党继承了后者的传统。当然谁都明白,陈伯达的批判矛头其实是针对蒋介石的,曾国藩不过是一个虚设的靶子而已。看得出来,作为一个政治文化符号的曾国藩,在国共两党的意识形态纷争中具有极强的寓意作用。

中共方面对于曾国藩的批判,在 1944 年达到了高潮。范文澜《汉奸刽子手曾国藩的一生》是专借曾国藩来抨击蒋介石的一篇名作,被时人称作"理解古代和现代中国政治的'一柄钥匙'"②。此文最初连载于 1944 年 7 月 25、26 日延安《解放日报》,

①陈伯达:《评〈中国之命运〉》,中央档案馆编:《中共中央文件选集》第14 册(1943—1944),北京:中共中央党校出版社,1992 年,第 521 页。此文最初发表于 1943 年 7 月 21 日延安《解放日报》。
②范文澜:《汉奸刽子手曾国藩的一生》卷首"出版者的话",延安:延安新华书店,1944 年,第 2 页。

同年延安新华书店、山东新华书店出版单行本,此后数年中,各解放区新华书店再版不下十次之多,其影响之大可想而知。此文虽以曾国藩为批判对象,但矛头处处指向蒋介石,如谓曾国藩"是鸦片战争后百年来一切对外投降对内屠杀的反革命的汉奸刽子手们的'安内攘外'路线的第一个大师",又称"孙中山先生自幼即以太平天国的继承者自许,并终于完成了太平天国推翻清朝的未竟之业,这正如他的叛徒们以曾国藩的继承者自许,并幻想完成曾国藩消灭中国革命的未竟之业一样,完全不是偶然的"云云①,所指皆极为明确。后来范文澜将此文收入《中国近代史》作为附录,并写下一段文字说明当时写作该文的背景:"《汉奸刽子手曾国藩的一生》是一九四四年我在延安时写的。曾国藩是近百年来反动派的开山祖师,而他的伪善乔装却在社会上有很大的影响。他的继承者人民公敌蒋介石把他推崇成'圣人',以为麻醉青年、欺蔽群众的偶像。为了澄清当时一些人的混乱思想,所以有揭穿曾国藩这个汉奸刽子手本来面目的必要。这篇文章便是在这种情况之下写出的。"②应该说,曾国藩的意识形态化是国共双方相互推波助澜的结果,中共方面之所以要拿曾国藩来影射蒋介石,与国民党以曾、胡继承者自居的立场有很大的关系。

谈到中共对曾国藩的态度,有一个问题是无法回避的,这就是早年毛泽东的"曾胡情结"。在 20 世纪 80 年代以前,这是太平天国史研究中的一个禁区;近三十年来,随着学术环境的日益

---

① 范文澜:《汉奸刽子手曾国藩的一生》,蔡美彪编:《范文澜集》,北京:中国社会科学出版社,2001 年,第 177、179 页。
② 范文澜:《中国近代史》"九版说明",北京:人民出版社,1955 年,上册,第 2 页。

宽松，人们开始对这个问题津津乐道，但又不免有过度解读之嫌。

1917年8月23日，毛泽东致黎锦熙信中的一段话，常被人们引用来说明青年毛泽东对于曾国藩的崇拜态度："今之论人者，称袁世凯、孙文、康有为而三。孙、袁吾不论，独康似略有本源矣。然细观之，其本源究不能指其实在何处。……愚于近人，独服曾文正，观其收拾洪杨一役，完满无缺。使以今人易其位，其能如彼之完满乎？"①1920年6月23日，毛泽东代湖南改造促成会草拟的致老同盟会员、上海报人曾毅的一封公开信，其中也有"曾、左吾之先民，黄、蔡邦之模范"这样的褒扬之词。② 据袁伟时先生统计，仅《毛泽东早期文稿》中赞扬曾氏或摘抄其格言者就有16处之多，表明"他曾是曾国藩最热烈的崇拜者"。③

而且，毛泽东对于曾国藩的迷恋似乎还不仅限于青年时代。1932年，在江西根据地反围剿时，毛泽东一度被"左倾"教条主义者剥夺了军事指挥权，那些人在根据地出版的军事政治理论刊物《革命与战争》上发表文章，对他的军事思想进行嘲讽："把古代的《三国演义》无条件地当作现代的战术；古时的《孙子兵法》无条件地当作现代的战略；更有些好博览的同志，拿半个世纪以前的曾国藩作为兵法之宝。……这些不合时代的东西——《孙子兵

---

① 毛泽东：《致黎锦熙信》，《毛泽东早期文稿》，长沙：湖南出版社，1990年，第85页。
② 毛泽东：《湖南改造促成会复曾毅书》，《毛泽东早期文稿》，第490页。
③ 袁伟时：《曾国藩·马克思·毛泽东》，原载《东方文化》1997年第2期，收入同氏《路标与灵魂的拷问》，广州：广东人民出版社，1998年，第35页。

法》,曾、胡、左治兵格言,只有让我们的敌人——蒋介石专有。"①
据说后来在延安时期,毛泽东还曾建议干部阅读《曾文正公家
书》②。1943年,就在陈伯达、范文澜等人对曾国藩大加挞伐的同
时,八路军《军政杂志》社翻印出版了《增补曾胡治兵语录白话句
解》③,专供中共军政干部学习。

青年时代的毛泽东,对于另一位同治中兴名臣胡林翼也颇为
崇拜,据说毛泽东的字"润芝"就是这一情结的产物。1945年重
庆谈判时,毛泽东曾与当时任《新民报》副刊编辑的张恨水谈起
"润芝"一名的来历:

> "润芝"一名,便是在湖南一师时,杨怀中(即杨昌济)先
> 生为我取的。有一次,我在给杨先生的信中署名"毛学任",
> 杨先生问我何故?我说学一学梁任公。杨先生便给了我一
> 部《胡文忠公全集》要我读。我反复阅读后,觉得胡林翼确实
> 值得学习,胡字"润芝",我就改为"学润"。杨先生对我说:
> "司马长卿崇尚蔺相如改名相如,你既然尊敬胡润芝,就干脆
> 改成润芝吧。"以后,师长和好友们多叫我"润芝"。④

---

① 转引自汪澍白:《毛泽东思想与中国文化传统》,厦门:厦门大学出版
　社,1987年,第34页。
② 李锐:《毛泽东早年读书生活》,沈阳:万卷出版公司,2005年,第192页。
③ 该书系以蔡锷辑录、蒋介石增补的《增补曾胡治兵语录》为底本,并增
　加白话注解而成,署"编译学校编译处编辑"。参见许保林:《中国兵书
　知见录》,北京:解放军出版社,1988年,第284页。
④ 魏茂恒:《毛泽东名号的由来及寓意考辨》,《历史教学》2002年第3期,
　第52—55页。此段对话流传甚广,但原始出处不详。

关于毛泽东对胡林翼的推崇，似乎只有这一个孤证，不过此事既然出自毛泽东本人的自述，想必应该是可信的。

那么，毛泽东早年对曾、胡的这种非同寻常的敬佩之情，究竟应当作何解释呢？我们知道，晚清以来的读书人，大都将曾国藩视为修齐治平的楷模、内圣外王的完人，尤其是湖南人，无不对之顶礼膜拜，毛泽东自然也不例外，因此他早年表现出来的"曾胡情结"实在是再正常不过的事情。而后来在江西根据地时期乃至延安时期，毛泽东仍然很看重曾国藩，则主要是看重他的治军能力——尤其是思想政治工作的能力，在毛泽东的军事生涯中，很多地方都能看到曾国藩的影响，譬如红军时期的"三大纪律八项注意"对曾国藩《爱民歌》的因袭，就是一个我们很熟悉的例子。不过需要注意的是，毛泽东个人对曾国藩的好恶并不能代表中共对曾国藩的态度。总之，无论是毛泽东还是蒋介石，他们早年对曾国藩的敬仰，无非都是晚清以来传统价值观熏陶的结果，至于后来国共双方对曾国藩的"爱"和"恨"，则是国共分裂后两党意识形态纷争的产物，二者不可相提并论。

三、国民党与洪杨、曾胡之间的复杂纠葛

清末民初一度被打入另册的曾国藩，在 20 世纪 30 年代以后得到了重新承认，由此引出的一个问题是，此事对国民党传统的太平天国史观究竟造成了什么影响？

按照一般人的习惯思维，曾胡与洪杨是一对不可调和的矛盾，肯定一方则必然意味着否定另一方。冯友兰先生就曾说过这样的话："否定太平天国必然为曾国藩翻案，为曾国藩翻案必然否

定太平天国,可以说这是一个问题的两个方面。"①唐德刚先生在谈到国民党与洪杨、曾胡之间的关系时也说:"国民党人谈洪杨,始则是之,如孙中山先生和一些早期的革命党人;终则非之,转而崇拜曾、胡。"②不过他们两人并未对这个问题做过专门研究,这些说法只是凭印象得到的一种感觉。

最早对国民党执政后的太平天国史观进行深入研究的是美国学者芮玛丽,她主要是从南京国民政府建立后如何继承同治中兴遗产的角度去关注这个问题,其基本结论是:在国民党成为执政党之后,便不再承认自己是太平天国革命事业的继承者,而是以同治中兴名臣曾、胡的继承者自居③。20 世纪 80 年代,德国学者施泰格(Brunhild Staiger)又专门讨论了抗战前后国民党人太平天国史观的变化情况,认为在南京政府成立以后,尤其是抗战期间,否定太平天国的意见在国民党内已得到普遍赞同④。不过,她所举出的论据却全是时人为曾国藩翻案的言论,以及中共方面对曾进行的针锋相对批判,并没有提供国民党否定太平天国的直接证据。近年方之光、袁蓉发表的《国民党对太平天国评价转变的

---

①刘鄂培:《早春——访冯友兰教授》,《新观察》1989 年第 7 期,第 15 页。又冯友兰《中国哲学史新编》第 6 册《自序》说:"把洪秀全和太平天国贬低了,其自然的结果就是把它的对立面曾国藩抬高了。"(第 2 页)也是同样的逻辑。

②唐德刚:《晚清七十年》,长沙:岳麓书社,1999 年,第 115 页。

③参见芮玛丽:《同治中兴:中国保守主义的最后抵抗(1862—1874)》第十二章《中兴的遗产》,第 377—395 页。

④施泰格:《民族主义者对太平天国的看法》,《太平天国学刊》第 5 辑,第 62—71 页;《太平天国对早期国民党的影响》,广西太平天国史研究会、广东太平天国史研究会编:《太平天国史论文集》(续集),南宁:广西人民出版社、广州:广东人民出版社,1989 年,第 380—384 页。

历史启示》一文（以下简称"方文"），与施泰格的观点基本相同，其结论则更为明确，认为"对洪秀全与太平天国的评价，国民党主流意识经历了从肯定到否定的转变过程"，甚至十分肯定地说："1930年后，国民党对太平天国的评价来了一个180度大转变。"①但遗憾的是，方文未能提供相应的史料来支持这一结论，而惟一一条用来证明国民党否定太平天国的论据又是靠不住的（说详下文）。

上述研究成果存在的一个共同问题，就是试图以国民党为曾国藩翻案的事实来推导出它否定太平天国的结论，这个推理有一个预设前提，即"为曾国藩翻案必然否定太平天国"的习惯性思维。这样的结论自然是很难取信于人的。那么，究竟有没有什么直接证据可以说明国民党为曾国藩翻案导致了否定太平天国的结果呢？目前能够找到的只有三条"疑似"证据，首先需要对它们的真实性和适用性加以分析。

其一，关于国民党当局禁演话剧《李秀成之死》。

1944年，范文澜《汉奸刽子手曾国藩的一生》由延安新华书店出版时，卷首"出版者的话"中有这样一段文字："现在大后方的一切反动统治人物却以祖先崇拜的虔诚来供奉曾国藩，把曾国藩的著作大量翻印来作为他们训练干部麻醉青年的教材，对于太平天国的宣传则加以限制及禁止，譬如关于李秀成的戏剧即被禁演，并因此在四川綦江酿成过可惊的屠杀青年的血案。他们这种对于孙中山先生的公然的反叛，当然是他们整个地背叛革命三民

---

① 方之光、袁蓉:《国民党对太平天国评价转变的历史启示》，第73、74页。此文发表后引起了广泛的社会关注，2012年国内有多个省市高考模拟卷采用该文的观点，其影响可见一斑。

主义的逻辑结果。"①这里举出的"对于太平天国的宣传则加以限制及禁止"的例证，是指发生在 1939 年冬的"綦江惨案"。

据"綦江惨案"的一位当事人回忆，1939 年，在綦江的军事委员会战时工作干部训练团（即战干团）一团组织的忠诚剧团，因演出阳翰笙创作的历史剧《李秀成之死》，被特务密报教育长桂永清，称"此剧内容是宣传共产主义，并说该剧团中有共产党组织"，于是在该团中大肆清查共产党，先后杀害二百余人②。"綦江惨案"真相当时是由阳翰笙首先向重庆新闻界披露的，阳翰笙晚年在谈到此事经过时，称其起因是忠诚剧团的一些青年与文艺界的某些进步人士有接触，被怀疑与共产党有联系，却未说此事与《李秀成之死》有何牵连③。

阳翰笙是著名的左翼剧作家，《李秀成之死》被今天的研究者称为抗战初"最具现实政治寓意的名剧"，具有"浓重的借古讽今政治意图"④。因此，"綦江惨案"的起因即便与《李秀成之死》有什么牵连，也是针对其"借古讽今"的问题，或是被认为借历史剧来"宣传共产主义"，与国民党当局对待太平天国的态度毫无关系。况且无论是在"綦江惨案"发生之前还是发生之后，《李秀成

①范文澜：《汉奸刽子手曾国藩的一生》卷首"出版者的话"，第 1 页。
②周振强：《四川綦江战干团惨案回忆》，《文史资料选辑》第 5 辑，北京：中华书局，1960 年，第 143—146 页。
③《阳翰笙选集》第 2 卷《自序》，成都：四川人民出版社，1983 年，第 3 页。
④解志熙：《历史的悲剧与人性的悲剧——抗战时期的历史剧叙论》，《中国现代文学研究丛刊》2007 年第 2 期，第 63—64 页。《李秀成之死》创作于 1937 年七七事变前后，关于该剧的创作动机，可参见唐纳：《关于〈李秀成之死〉——与剧作者阳翰笙氏的谈话》，原载《抗战戏剧》半月刊 2 卷 4、5 期合刊，1938 年 7 月 25 日；收入《阳翰笙选集》第 4 卷，成都：四川文艺出版社，1989 年，第 253 页。

之死》从未被禁演过,根本不存在对太平天国的宣传"加以限制及禁止"的事情。

在抗战时期左翼剧作家创作的多种太平天国历史剧中,确实有一种曾遭到过禁演,这就是陈白尘的《大渡河》。此剧原系作者在抗战前创作的《石达开的末路》,1942年改编为《翼王石达开》,1943年春更名为《大渡河》后在重庆上演,结果被当局强行删削,并遭到禁演。禁演的原因,据陈白尘说,一是因为"一九四三年春河南正闹灾荒,我这写于一九四二年的剧本,在第一场中正有着一段天灾人祸,民不聊生,老百姓只好铤而走险的描写。真是我'预言'得罪!"二是因为该剧中有关杨秀清与韦昌辉关系的描写,被怀疑有影射之嫌①。这么看来,《大渡河》被禁演与国民党如何评价太平天国并不相干。

其二,关于叶青攻击毛泽东主义是"太平天国洪秀全的再版"。

这是方文提供的惟一一条表明国民党在1930年后否定太平天国的证据:早在国民党对中央苏区发起五次围剿时期,就将红军污蔑为"粤匪",国民党宣传部部长叶青在《抗战与文化》半月刊上发表文章,攻击毛泽东主义是"中国的农民主义"、是"太平天国洪秀全的再版"②。首先需要说明的是,叶青(任卓宣)公开投靠国民党已是在1940年代,他未曾担任国民党宣传部部长,仅在1949年短期出任过国民党中央宣传部副部长;而他撰文攻击"毛泽东主义"既不是在1930年代初国民党对中央苏区发起五次围剿时期,也不是在他正式加入国民党阵营之后,而是1930年代

①陈白尘:《〈大渡河〉校后记》,原载1946年8月3日《文汇报》,收入董健编:《陈白尘论剧》,北京:中国戏剧出版社,1987年,第130页。
②方之光、袁蓉:《国民党对太平天国评价转变的历史启示》,第76页。

末、1940 年代初的事情,不管他的政治倾向如何,此时他基本上还是一个文化人身份,不能代表国民党的态度。况且,叶青究竟是否曾将红军污蔑为"粤匪",是否说过毛泽东主义是"太平天国洪秀全的再版"这样的话,也是很有疑问的。

因为"毛泽东主义"的提法最初出自叶青笔下,故上面这一说法常为研究毛泽东思想史的学者所引用,但所据出处均为张如心1942 年 2 月 19 日发表在延安《解放日报》上的《学习和掌握毛泽东的理论和策略》一文,该文中有这样一段话:"中国反革命的托派'理论家'——叶青早在专门破坏抗战破坏文化的《抗战与文化》上极力污蔑毛泽东主义是'中国农民主义'、'太平天国洪秀全的再版'(??)。……毛泽东主义决不是什么农民主义、洪秀全主义,它是廿世纪的中国无产阶级的理论和策略。"[1]方文的上述说法想必即出于此。叶青当时常在《抗战与文化》上撰文攻击中共确是事实,但笔者却未能查到他说过这样的话。1938 年,他在《抗战与文化》上发表《中国共产党在抗日救国时代》,其中说道:"要在由封建到资本的阶段干社会革命,只能是张献忠主义和洪秀全主义。"[2]1941 年,他在《国防周报》上发表《与毛泽东论共产主义》,称中共"一点不像俄国底布尔塞维克,却十分类似中国底李自成张献忠,只见烧杀抢劫。……又有的人说,这简直连巴枯

---

[1] 张如心:《学习和掌握毛泽东的理论和策略》,连载于 1942 年 2 月 18、19 日延安《解放日报》,此处引文见 2 月 19 日第 3 版。"太平天国洪秀全的再版"这句话后的两个问号,大概是在强烈质疑国民党背叛了孙中山所继承的太平天国的革命传统。

[2] 叶青:《中国共产党在抗日救国时代》,西安:《抗战与文化》半月刊 2 卷 10 期,1938 年 11 月,第 13 页。

宁主义都配不上,只能说是毛泽东主义"①。我怀疑或许是张如心记忆有误,由叶青的上述言论推衍出毛泽东主义是"太平天国洪秀全的再版"这样的说法,以致后人以讹传讹。

其三,关于以中共比附"发匪"的说法。

1931年7月,《铲共半月刊》发表明志《曾文正公练军剿匪格言》一文,开篇就说:"今者赤祸滔天,有比之于发匪者,思仿曾文正公练军剿匪之成法以剿'赤匪',其意殊可嘉矣。"②此文作者署名"明志",即中国青年党骨干陈启天的笔名,《铲共半月刊》就是由他和左舜生等人在1930年创办的。由此推断,陈启天所谓有以中共"比之于发匪者",大概就是国家主义派的说法。因为青年党不像国民党那样与太平天国有千丝万缕的瓜葛,故可如此肆言无忌。

中国青年党虽然极端反共,但在1930年代中期以前,它与国民党也是水火不相容的。1930年8月发表的《中国青年党暨国家主义青年团第五次全国代表大会宣言》,仍表明了对国民党绝不妥协的政治立场:"本党同志为国家主义全民政治作战,对于一党专政的国民党,祸国殃民的新军阀蒋中正,誓死反对,毫无妥协的余地。"③因此,青年党人以中共比附"发匪"的说法,自然不能代表国民党对太平天国的评价。

---

① 叶青:《与毛泽东论共产主义》(下),桂林:《国防周报》1卷7期,1941年6月15日,第5页。

② 明志:《曾文正公练军剿匪格言》,上海:《铲共半月刊》17、18期合刊,1931年7月10日,第135页。

③《中国青年党暨国家主义青年团第五次全国代表大会宣言》(1930年8月15日),中国第二历史档案馆编:《中国青年党》,北京:档案出版社,1988年,第117页。

综上所述,从以上三条"疑似"证据中均不能得出国民党在20世纪30年代以后否定太平天国的结论:所谓国民党当局对太平天国的宣传"加以限制及禁止"的说法,实属中共的一面之辞;而叶青及国家主义派将中共与洪杨相比附的说法又不能代表国民党的立场,无法据此判断国民党人的太平天国史观。

看来要想准确解读太平天国史观的历史语境,并不是一件很容易的事情。国民党与洪杨、曾胡之间的纠葛,其实是一个相当复杂的问题,并非人们所想象的那种非此即彼的关系。有证据表明,虽然国民党在成为执政党之后有意识地继承了曾、胡的文化立场,虽然曾国藩的价值在20世纪30年代以后得到了重新承认,但国民党对太平天国的评价非但没有因此发生"180度大转变",反而就在与此同时,以一种更明确的方式表达了对太平天国的肯定态度:1930年,由国民党官方出面为晚清以来饱受攻讦的太平天国进行了正式平反。

1930年7月16日,曾编辑过《太平天国诗文钞》的罗邕致函国民党中央党部宣传部,敦请政府明令禁止一切污蔑太平天国的言论:

> 太平天国一朝,迄今尚备受轻蔑,拟请明令禁止,以保民族革命之光荣。……先总理出而提倡国民革命,当时同志乃稍稍留心太平史实,或稍加以重视,然民间轻蔑之处依然如故也。降至晚近,各种记载,各地报张,以及编纂县志,遇太平事仍多沿用"粤贼"等轻蔑之称者;而对于清廷诸将,则又满纸曾文正、李文忠。一贬一褒,轻重显然。……特呈请钧部拟请转咨行政院通令各省市县,凡以前著作轻蔑太平军之处,事属既往,不必改动,以存其真。至嗣后如有记述太平事

实者,禁止沿用"粤贼"诸称,而代以"太平军"或相等之名称。①

罗邕的建议很快就有了结果。7月24日,中央党部宣传部就此事函请内政部、教育部参考酌办,并明确表示了支持的态度:"查洪杨事件为狭义之民族革命,自应加以承认,现今各地修志及报张纪载,仍沿旧习,加以轻蔑,殊于本党主义有背。该罗邕所称各节,不无见地,相应据情函达,即希予以考虑。"②8月9日,内政部按照宣传部的意见给各省市政府发函,要求遵照执行③。

需要说明的是,笔者从《国民政府公报》《行政院公报》和《内政公报》中均未能查到上述档案,好在罗邕已将这些档案全部作为附录收入《太平天国诗文钞》,其真实性是无可怀疑的。另外,从地方政府公报中也可了解到各地传达执行这项政令的情况。如1930年8月13日,江苏省政府分别向通志编纂委员会及民政厅、教育厅转发了内政部咨文,并请加以落实④;同年8月19日,广东省政府专函广东通志馆,明令今后修志时不得再有污蔑太平

---

①罗邕:《呈中央党部宣传部文》,见罗邕、沈祖基辑:《太平天国诗文钞》附录二《禁止轻蔑太平军案文件》,台北:文海出版社影印商务印书馆1934年修订本,1971年,下册,第419—420页。

②《中央党部宣传部致内政部、教育部公函》(中国国民党中央执行委员会宣传部公函第一七〇六号),1930年7月24日,见《太平天国诗文钞》,下册,第422页。

③《内政部咨各省市政府文》(国民政府行政院内政部咨,民字第一一〇六号),1930年8月9日,见《太平天国诗文钞》,下册,第422—423页。

④《部咨请禁诬蔑太平天国》,《江苏省政府公报》1930年第521期,第32—34页。

天国人物的字句①;同年 9 月 2 日,浙江省民政厅向各县县政府传达上述文件,要求"一体遵照"执行②。

虽然孙中山一向自认是太平天国革命事业的继承者,但自辛亥革命以来,以官方政令的形式正式为太平天国平反,这还是第一次! 尤其不同寻常的是,此次平反发生在国民党已经成为执政党、曾国藩的声誉正在蒸蒸日上的 1930 年,这就为我们深入认识国民党与洪杨、曾胡之间的复杂纠葛提供了更多的思考空间。对于罗邕提出的明令禁止污蔑太平天国言论的建议,国民党中央党部宣传部的态度十分明确,宣称太平天国的性质"为狭义之民族革命",轻蔑太平天国的言论"殊于本党主义有背",这立场是何等的鲜明,哪里有一点否定太平天国的意思?

从多年后发生的钱穆《国史大纲》出版风波,还能看出国民政府此次为太平天国平反所带来的影响。1939 年,钱穆《国史大纲》交付上海商务印书馆刊行,出版社将书稿送至重庆审查,结果审查未能通过,要求修改后方可出版。关于此事的原委,据钱穆后来回忆说:

> 读审查处批示。所命改定者,尽属洪杨之乱一章。批示需改洪杨之乱为太平天国。章中多条亦须重加改定。余作答云,孙中山先生以得闻洪杨故事,遂有志革命,此由中山先

① 《禁止诬蔑太平天国人物案》(广东省政府公函,文字第六二六号),《广东省政府公报》1930 年第 121 期,第 20—22 页。
② 《取缔修志记载沿用旧习诬蔑太平天国一朝人物事项通饬遵照令各县县政府》(浙江省民政厅训令,日字第一二二四号),《浙江民政月刊》1930 年第 35 期,第 235—237 页。以上地方政府公报中的相关信息承王奇生教授提示。

生亲言之。但中山先生排除满清政府,创建中华民国,始是
一项正式的民族革命。至于洪杨起事,尊耶稣为天兄,洪秀
全自居为天弟,创建政府称为太平天国,又所至焚毁孔子庙,
此断与民族革命不同。前后两事绝不当相提并论。凡本书
指示需改定语,可由审查处径加改定。原著作人当保存原
稿,俟抗战事定,再公之国人,以待国人之公评。审查处得余
函,乃批示可一照原稿印行。然已为此延迟近半年。①

这个故事的结局是,由于钱穆坚持己见,审查官最终让步了,后来
出版的《国史大纲》,有关太平天国的一节仍题为《洪杨之乱》。
但从这件事情可以清楚地看出,国民党对太平天国的评价一仍其
旧,"洪杨之乱"的说法不能为官方出版审查者所接受,这与1930
年国民政府为太平天国平反时的态度是完全一致的。

　　种种迹象表明,从1930年代直至抗战时期,国民党主流意识
形态仍然坚持其传统的太平天国史观,对于孙中山领导的国民革
命与太平天国之间一脉相承的关系,并没有否认或忌讳的意思。
1943年,蒋介石在《中国之命运》中说过这样一段话:"自太平天
国举义以来九十三年的历史证明:惟有我们国父倡导的国民革命
与三民主义为我民族复兴的惟一正确的路线。"②这里称太平天国
为"举义",不消说是明确肯定的态度,更重要的是,这句话实际上
表达了将国民革命的传统上溯至太平天国的一贯主张。

　　下面两个例证尤能说明问题。据钱穆说,抗战期间他在后方
各地常常见到悬挂于室内的孙中山画像,"注意到画像下附中山

---

① 钱穆:《师友杂忆》,第222页。
② 蒋介石:《中国之命运》,上海:正中书局,1946年,第39页。

先生年历,第一项即为洪杨起事年月,第二项始为中山先生之生年"①,这是一个颇堪玩味的细节。此画像下方附有孙中山生平大事年表,将"洪杨起事年月"列在首行,可能相当于年谱的谱前部分,意在表明画像主人的历史传统和思想渊源;画像所附年表想必非常简略,但即便是这么简略的年表也要标出太平天国起事年月,可见对孙中山与太平天国之间一脉相承的关系是如何的看重。无独有偶,在毛思诚编撰的《蒋介石年谱初稿》中,也能看到与此相似的观念表达。此谱始于光绪十三年(1887),在记述蒋介石诞生于是年后,即云:"是年,距太平天国之亡二十三年。"②毛思诚是蒋的启蒙老师,此书原名《蒋公介石年谱初稿》,后经蒋本人修订,改题为《民国十五年以前之蒋介石先生》,于1937年刊行。在这部经蒋介石亲自修改定稿的年谱中,于蒋生年下特意标明"是年,距太平天国之亡二十三年",这与钱穆见到的孙中山画像所附年表首先列出"洪杨起事年月"是同样的意思,无非意在强调蒋介石是太平天国革命事业的继承者而已。

对于国民党与洪杨、曾胡之间的复杂纠葛,陶希圣曾经有过一个解释。1943年初,王德亮《曾国藩之民族思想》一书完稿后,送请陶希圣审阅,陶给他复函说:"弟以为中国国民党于太平天国与曾文正,实两承之。其渊源实微妙而错综,且历史上亦颇有先例。弟稍缓当另函略论之,或可为兄订此稿之一助也。"③这段话

---

① 钱穆:《师友杂忆》,第222页。
② 毛思诚撰,中国第二历史档案馆校订:《蒋介石年谱初稿》,北京:档案出版社,1992年,第1页。
③ 王德亮:《曾国藩之民族思想》"附陶希圣先生复著者原函",第79页。此函写于1943年1月26日。按王德亮曾供职于《中央日报》,而陶希圣时为《中央日报》总主笔,故有此交谊。

关系到国民党对于其自身传统的理解和认识,然陶氏仅点到为止,语焉不详。王德亮在该书《后记》中对此有所回应:"洪杨发难于金田,以推翻满清统治,恢复汉族政权相号召;湘军崛起于岳麓,以保卫桑梓安宁,维持中华名教为职志。一则追念远祖丰功,一则不忘先民劳绩,名相反,实相成,而皆有裨于总理所倡导之辛亥革命,是亦殊途而同归也。"①很显然,这是在阐释陶氏上面那段话的意思,但作者的发挥有点不着边际,似乎并未明白陶氏之真义。

作为国民党的权威理论家,陶希圣的上述说法有助于我们理解这个棘手的问题。依笔者之见,所谓"两承之"者,对于太平天国,继承的是它的民族革命传统;对于曾国藩,继承的是他捍卫中国传统文化以抵御外来文化的立场。在国民党成为执政党之后,一方面有意识地继承曾、胡的文化立场,主张以传统文化来抵御英美自由主义和苏俄共产主义;另一方面仍以太平天国革命事业的继承者自居,认同孙中山民族主义的思想渊源,坚持其传统的太平天国史观。

国民党与洪杨、曾胡之间这种"微妙而错综"的关系,似乎很难为人们所理解。在当时的中国共产党人看来,以太平天国和孙中山为代表的"革命传统"与以曾国藩为代表的"反革命传统"是截然对立的,故屡屡指责国民党背叛了孙中山的革命立场。如陈伯达称"中国共产党人继承中国从来以至洪秀全、孙中山一切优良的革命的传统,而一切反动派则继承曾国藩、叶德辉的传统"(《评〈中国之命运〉》),范文澜谓"孙中山先生自幼即以太平天国的继承者自许",而"他的叛徒们以曾国藩的继承者自许"(《汉奸

---

① 王德亮:《曾国藩之民族思想》"后记",第1页。

刽子手曾国藩的一生》),都是针对 1930 年代以后国民党师法曾、
胡的政治立场而进行的批判。在今天的研究者看来,为曾国藩翻
案必然意味着对太平天国的否定,则是由于对这段历史的隔膜而
得出的一个想当然的结论。

原载《近代史研究》2014 年第 2 期

附　录

《四库全书初次进呈存目》再探

——兼谈《四库全书总目》的早期编纂史

　　《四库全书总目》之编纂始于乾隆三十八年(1773),至乾隆六十年殿本、浙本先后刊行,历时二十余年之久。此书之纂修牵涉甚广,是四库学的一个重要研究课题。自 20 世纪 80 年代以后,分藏于上海图书馆和中国国家博物馆的两种同源的《总目》残稿最早引起人们注意,并有学者分别撰文加以介绍和研究①,使人们对乾隆四十六年正式进呈的《总目》有了一个初步的认识。近年来,藏于中国国家图书馆的一部乾隆末年《总目》残稿也开始受到学者关注②,而藏于天津图书馆的另一种《总目》残稿更是有幸得到

---

① 参见沈津:《校理〈四库全书总目提要〉残稿的一点新发现》,《中华文史论丛》1982 年第 1 辑,第 133—177 页;黄燕生:《校理〈四库全书总目〉残稿的再发现》,《中华文史论丛》第 48 辑,1991 年,第 199—219 页。根据各种迹象判断,这两部残稿原本应是出自同一书稿。
② 参见王菡:《国家图书馆所藏〈四库全书总目〉稿本述略》,《文学遗产》2006 年第 2 期,第 121—128 页。

影印出版①，从而使学界对《总目》的后期修订过程有了更多的了解。然而，从乾隆三十八年四库馆正式开馆，至乾隆四十六年《总目》的正式进呈，其间八年的编纂过程，除了部分纂修官留下的若干提要分纂稿之外，迄今对《总目》的前期编纂情况还所知甚少。幸运的是，近年影印出版的《四库全书初次进呈存目》（以下简称"《进呈存目》"）②，为了解《总目》的早期编纂史提供了至关重要的新资料。关于此书内容及其成稿年代，台湾学者夏长朴教授已有初步研究③，但若仔细考究起来，仍有许多问题值得进一步商酌。本文拟重点讨论此书的来历和编纂成稿时间，以及它与提要分纂稿之间的关系，并在此基础上对提要稿的编纂成书过程做一初步探索。

一、《进呈存目》之来历及其成稿年代

《四库全书初次进呈存目》现藏台北"国家图书馆"，但长期以来却鲜为学界所知。此书为抄本，每半叶八行，每行二十一字。四周双边，单鱼尾，板心标明某部某类。不分卷，无页码，线装 48 册。其中经部 9 册，含提要 361 篇；史部 11 册，含提要 426 篇；子部 12 册，含提要 464 篇；集部 16 册，含提要 620 篇。全书共计

①《纪晓岚删定〈四库全书总目〉稿本》，北京：国家图书馆出版社，2011年。有关该稿本的情况，详见李国庆《影印纪晓岚删定本〈四库全书总目〉稿本前言》，第 1—21 页。
②《四库全书初次进呈存目》，台北：台湾商务印书馆影印本，2012 年。
③夏长朴：《〈四库全书初次进呈存目〉初探——编纂时间与文献价值》，《汉学研究》30 卷 2 期，2012 年 6 月，第 165—198 页。以下简称"夏文"。

1871篇提要。各册封面均有书签,题"四库全书初次进呈存目",下注经、史、子、集各部及册次;四部首页书眉处皆粘有一浮签,题"初次进/呈抄录/经(史、子、集)部"①。

与殿本、浙本《总目》相比,《进呈存目》存在着某些很明显的特征:一是各书提要不分著录与存目,二是四部之下的类目与《总目》有若干出入,三是介绍各书作者时称谓不统一,四是错别字甚多,书名、人名都常有讹误。根据这些情况来判断,夏长朴认为此稿本很像是乾隆三十九年七月二十五日上谕中提到的《总目》初次进呈本,但在经过进一步研究后,他最终否定了这个结论。其原因在于,《进呈存目》一书中有少数几篇提要标注了版本来源,其中陈经《尚书详解》标注为"庶吉士汪如藻家藏本",汪如藻入翰林院为庶吉士是乾隆四十年五月进士登第以后的事情;又丁度《附释文互注礼部韵略》标注为"侍读纪昀家藏本",纪昀于乾隆三十八年八月任翰林院侍读,四十一年正月擢侍读学士。根据以上两条材料所提供的时间信息,夏文推断此稿本的编纂成书时间当在乾隆四十年五月至四十一年正月之间②。

这一结论需要重新斟酌,因为在《进呈存目》中不难找到明确的反证。乾隆三十九年十二月三日的一道上谕专门提出王士禛的名讳问题:"原任刑部尚书王士正之名,原因恭避庙讳而改。但所改'正'字与原名字音太不相近,恐流传日久,后世几不能复知为何人。所有王士正之名,着改为王士禛。凡各馆书籍记载,俱

①参见《四库全书初次进呈存目》影印本《凡例》,第1—2页;张子文:《四库缥缃万卷书——"国家图书馆"馆藏与〈四库全书〉相关善本叙录》,台北:台湾图书馆,2012年,第149—151页。
②夏长朴:《〈四库全书初次进呈存目〉初探——编纂时间与文献价值》,第183—187页。

一体照改。"①按王士禛卒于康熙五十年（1711），雍正即位后，因避"胤禛"名讳而改称王士正。乾隆三十九年，高宗又特地下诏改为王士禛。因王士禛更名事系高宗谕旨钦定，故当时执行颇为严格。经检索殿本《总目》，"王士禛"一名出现三百余次，却无一作"王士正"者，即可见一斑。乾隆四十六、四十七年间，因文渊阁全书有被查出"王士禛"误写为"王士正"的情况，还曾对相关责任人的总校官和分校官分别记过若干次②。然而，"王士正"一名在《进呈存目》中却屡见不一见。此书著录王士禛著作三种，即见于史部故事类的《国朝谥法考》（第4册，第921页）、集部别集类的《精华录》（第9册，第911页）、集部总集类的《古诗选》（第9册，第1231页），而此三书提要均称作者为"王士正"。又史部杂史类《梦粱录》提要也两次提及"王士正"（第3册，第154页）。据此判断，《进呈存目》之编纂成稿不应晚于乾隆三十九年十二月，这与夏文的上述结论恰相抵牾。

此稿本的年代之所以不易判定，自有其客观原因。与其他《总目》稿本所不同的是，《进呈存目》中并没有任何纂修官或总纂官的修改字迹，因此它所提供的时间信息十分有限，仅凭此书的内容来判断其成稿年代是很困难的。要想弄清它的来龙去脉，

---

① 《谕内阁所有王士正之名着改为王士禛各馆书籍一体照改》，军机处上谕档，中国第一历史档案馆编《纂修四库全书档案》，上海：上海古籍出版社，1997年，上册，第302页。

② 乾隆四十六年十月《全书处汇核七月至九月缮写全书讹错及总裁等记过清单》，军机处录副奏折，《纂修四库全书档案》下册，第1422—1423页；乾隆四十七年二月《全书处汇核上年十至十二月全书内缮写讹错并总裁等记过次数清单》，军机处录副奏折，《纂修四库全书档案》下册，第1488、1504页。

必须充分利用相关的四库档案文献进行分析。与《进呈存目》关系最大的一件档案，就是乾隆三十九年七月二十五日的上谕：

> 《四库全书》处进呈总目，于经、史、子、集内，分晰应刻、应钞及应存书目三项。各条下俱经撰有提要，将一书原委撮举大凡，并详著书人世次爵里，可以一览了然。较之《崇文总目》，蒐罗既广，体例加详，自应如此办理。第此次各省搜访书籍，有多至百种以上至六七百种者……今进到之书，于纂辑后仍须发还本家，而所撰总目若不载明系何人所藏，则阅者不能知其书所自来，亦无以彰各家珍弆资益之善。着通查各省进到之书，其一人而收藏百种以上者，可称为藏书之家，即应将其姓名附载于各书提要末；其在百种以下者，亦应将由某省督抚某人采访所得，附载于后。其官版刊刻及各处陈设库贮者，俱载内府所藏，使其眉目分明，更为详细。至现办《四库全书总目提要》，多至万余种，卷帙甚繁，将来钞刻成书，翻阅已颇为不易，自应于提要之外，另刊《简明书目》一编，只载某书若干卷，注某朝某人撰，则篇目不繁而检查较易。①

这道上谕因被列入《总目》卷首，故向为人们所熟知。一般认为，这是《总目》初稿的首次进呈，说明此时已经完成所有著录与存目

---

① 见《四库全书总目》卷首"圣谕"，北京：中华书局影印浙本，1965年，第2页下栏。《纂修四库全书档案》题为《谕内阁着四库全书处总裁等将藏书人姓名附载于各书提要末并另编〈简明书目〉》（第228—229页），文字略有出入。

书的提要初稿。仔细分析此上谕内容,尤其值得注意的是以下两点:其一,据高宗说,此次进呈的《总目》,在经、史、子、集四部内分别列出应刻、应抄及应存书目三项。显然,这与后来定稿的《总目》仅分著录与存目的编纂体例并不是一回事。然而从《进呈存目》的内容来看,无论是四部的各个类目之下,还是各篇提要之内,均无应刻、应抄及应存之区别。那么,高宗的这段话究竟应当如何理解呢?这个问题留待下文再做详细讨论。其二,高宗要求各书提要末须附载其版本来源,说明此次进呈的《总目》还没有这项内容。就《进呈存目》的情况来看,在全部 1871 篇提要中,仅有七篇提要于书名下附注版本来源。这种情况似乎说明它确有可能是乾隆三十九年七月进呈的《总目》稿本,但那七篇标注版本来源的提要又当作何解释呢?

如上所述,这一上谕虽是涉及《进呈存目》成稿年代的一件颇为关键的档案材料,但单凭此文提供的信息,仍然很难判断《进呈存目》与乾隆三十九年七月进呈的《总目》稿本究竟是什么关系。所幸的是,《于文襄手札》为我们解读这道上谕的相关内容并进而弄清《进呈存目》的来历,提供了非常重要的线索。

《于文襄手札》收录于敏中与陆锡熊讨论有关《四库全书》事宜的信札计 56 通,据陈垣考释,这些信札皆作于热河行宫,时间在乾隆三十八年至四十一年间①。首先引起我注意的是第 29 函的这段文字:"遗书目录,六月底又可得千种,甚好。若办得即可寄来呈览,但须详对错字,勿似上次之复经指摘也。至每进目录一次,即将交到遗书点检清厘一次,此法极妥,不知前次所办之书

① 参见陈垣《书于文襄论四库全书手札后》,见《于文襄手札》,北平:国立北平图书馆影印本,1933 年。

曾归妥否？应刊各种自应交武英殿录副,其应抄各种亦应随时办理也。"①此函末署"初五日",陈垣编次《于文襄手札》列于乾隆三十九年,后经胡适考定为乾隆三十九年六月初五日,并说明其理由云:"原有日而无月。札云:'遗书目录,六月底又可得千种,甚好。'影本排在此,是也。"②不过这里只说明了排在六月的理由,却未说明系于三十九年的理由。按此札讨论的"外间通行之书"及"制义"等事,亦见于第 28 函,而后者作于乾隆三十九年五月二十三日,据此可推知此函之作年。

关于《于文襄手札》第 29 函所讨论的问题,需与第 40 函的内容结合起来考虑:"遗书《总目》续撰可得千种,甚好。但必须实系各纂修阅讫,一经呈览即可付刊、付缮方好,勿又似从前之耽搁也。"③此函末署"七月十三日",《于文襄手札》列在乾隆四十年,胡适系于乾隆四十年七月十三日,但均未说明其系年之理由④。徐庆丰认为此函当在"乾隆三十九年之后",理由是文中提及朱筠,而朱于三十八年九月方入四库馆⑤。其实,此函与上文所引第 29 函讨论的乃是同一个问题,故当作于乾隆二十九年七月十三日。

上述两封信札对于解读乾隆三十九年七月二十五日上谕具有重要意义。两函均提及陆锡熊来函中谈到的一个情况,作于三

---

① 《于文襄手札》,叶 28b-29a。该书原无页码,为便于引用,此页码系笔者自编。
② 胡适:《跋〈于文襄手札〉影印本》,《胡适全集》,合肥:安徽教育出版社,2003 年,第 13 卷,第 534 页。
③ 《于文襄手札》,叶 44b。
④ 胡适:《跋〈于文襄手札〉影印本》,第 539 页。
⑤ 徐庆丰:《〈于文襄手札〉考释——并论于敏中与〈四库全书〉纂修》,北京师范大学硕士学位论文,2005 年,第 16 页。

十九年六月五日的第 29 函称"遗书目录,六月底又可得千种,甚好",而作于同年七月十三日的第 40 函又称"遗书《总目》续撰可得千种,甚好",两者所指实为同一事。四库馆中习称各省进呈书为"遗书",也以之通称所有四库采办书籍,故"遗书目录"或"遗书《总目》"在这里都是指进呈的四库提要稿。据六月五日函可知,按照陆锡熊当时的估计,至六月底可以再进呈千种左右提要,而七月十三日函又再次提及陆锡熊报告的这一消息,说明原来预计的进呈时间稍有延迟。据我判断,这两封信札所称将要呈览的遗书《总目》千种,也就是乾隆三十九年七月二十五日上谕提到的当时刚刚进呈的《总目》稿本。

根据于敏中这两封信札所提供的信息,可以对乾隆三十九年七月二十五日上谕得出以下两点新的认识:第一,《总目》初稿是采取分次进呈的形式汇编成书的,其中乾隆三十九年七月仅进呈提要千种左右。《于文襄手札》称"遗书目录六月底又可得千种"、"遗书《总目》续撰可得千种",又称"至每进目录一次,即将交到遗书点检清厘一次",表明这既不是第一次进呈,也不是最后一次进呈。第二,《总目》初稿告成于乾隆三十九年七月的结论不能成立。前人因是年七月二十五日上谕有"现办《四库全书总目提要》多至万余种"的说法,往往以为此时进呈的即是《总目》全稿①。其实这里所谓的"万余种"是指当时正在办理的四库遗书总数,与乾隆三十八年五月一日上谕称四库遗书"计不下万余种"是同样的意思②。关于

---

① 参见郭伯恭:《四库全书纂修考》,上海:上海商务印书馆,1937 年,第 210—211 页;杜泽逊:《四库存目标注》"序论",上海:上海古籍出版社,2007 年,第 4 页。
②《谕内阁编四库全书荟要着于敏中王际华专司其事》,军机处上谕档,《纂修四库全书档案》上册,第 108 页。

《总目》初稿的编纂工作进度，身为总裁官的于敏中在四库开馆之初曾有过一个预估，《于文襄手札》第 26 函说："又蒙询及各种遗书分别应刊、应抄、应存，撰叙提要，约计何时可完，愚覆奏以约计后年当有眉目。"①此函作于乾隆三十八年八月二十一日，据于敏中当时对高宗的说法，《总目》之编纂可望于乾隆四十年完成初稿。照这个进度表来看，乾隆三十九年七月进呈的也不可能是《总目》全稿。

那么，流传至今的《进呈存目》与乾隆三十九年七月的提要进呈稿究竟是什么关系呢？《于文襄手札》可以为探讨这个问题提供更多的信息。第 44 函有这样一段文字：

> 进呈书目提要，此时自以叙时代为正，且俟办《总目》时，再分细类批阅，似较顺眼。其各书注藏书之家，莫若即分注首行大字下，更觉眉目一清（旁注小字：且省提要内附书之繁）。惟各家俱进之书，若尽取初者，似未平允，若俱载又觉太多，似须酌一妥式进呈，方可遵办耳。至《简明目录》此时且可不办，或再蒙询及，酌办一样进呈，亦无不可。②

此函末署"初九日"，《于文襄手札》误列于乾隆四十年，胡适改系于乾隆三十九年七月九日③，亦不确。从上面这段文字内容来看，

---

①《于文襄手札》，叶 25b。
②《于文襄手札》，叶 49b—50a。
③胡适：《跋〈于文襄手札〉影印本》，第 535 页。胡氏对《于文襄手札》系年之误有一解释："影本误编在乾隆四十年各札之后。误编之故，是因为自此以后各札均改用短笺，陈垣先生把短笺各札均编在四十年五月之后。"

分明是针对乾隆三十九年七月二十五日上谕所做的回应。上谕要求将进书人姓名"附载于各书提要末",于敏中则主张"莫若即分注首行大字下";上谕提出,除了编纂《总目》提要外,还应另编一部《简明目录》,于敏中的意见是"《简明目录》此时且可不办"。由此推断,此函当作于乾隆三十九年八月九日①,即在七月二十五日上谕发布之后。

笔者注意到,这封信札谈到的有关乾隆三十九年七月进呈提要稿的某些内容,与《进呈存目》可以相互吻合。如此函称"《太平寰宇记》与《元和郡县志》皆系必应刊行之书",作于同年八月十五日的第45函亦云"《元和郡县志》既在应刊之列,《太平寰宇记》似当画一办理"②,而此二书皆见于《进呈存目》史部地理类③。又如八月九日函谈到《容台集》的违碍删改问题,八月十五日函亦谓"如《容台集》之述而不作,只须删去有碍者数本"云云,而《进呈存目》集部别集类就著录有董其昌《容台文集》九卷、《诗集》四卷、《别集》四卷④。这些情况说明,乾隆三十九年七月所进呈的约千种提要稿,应该就是现存《进呈存目》的一部分内容。

综上所述,根据上文结合乾隆三十九年七月二十五日上谕和《于文襄手札》的相关内容所进行的考证分析,可以对《进呈存

①房兆楹于1945年7月24日致胡适函已有类似意见:"或此函是三十九年八月九日所写,陈先生误置四十年欤?"(见耿云志主编:《胡适遗稿及秘藏书信》,合肥:黄山书社影印本,1994年,第29册,第238页)但未被胡适采纳。
②《于文襄手札》,叶51b。陈垣将此函列于乾隆四十年,经胡适考定为乾隆三十九年八月十五日,见《跋〈于文襄手札〉影印本》第536页。
③《四库全书初次进呈存目》,第4册,第475—476、513—514页。
④《四库全书初次进呈存目》,第8册,第601页。

目》的来历及其成稿年代做出一个初步判断:第一,目前传世的《四库全书初次进呈存目》,并非乾隆三十九年七月告成的《总目》全稿之残本,而仅是截至三十九年七月为止已进呈提要的汇编本。该稿本现存提要1871篇,若每次进呈提要在千种左右,那么这很可能是前两次进呈的部分。第一次进呈时间当在乾隆三十八年底或三十九年初,第二次在三十九年七月。第二,《四库全书初次进呈存目》是《总目》早期编纂过程中历次进呈提要的一个总称。所谓"初次进呈",说明它是《总目》初稿的第一次汇纂成书;所谓"存目",意指列入存目以上的诸书提要,即包括应刊、应抄、应存目三类书,但不包括不拟存目的著作①。

但在得出以上结论之后,还有一个疑问需要解释。上文提到,《进呈存目》有七篇提要在书名下附注了版本来源:陈经《尚书详解》为"庶吉士汪如藻家藏本"(经部书类),朱公迁《诗经疏义》为"浙江范懋柱天一阁藏本"(经部诗类),王应电《周礼图说》为"浙江范懋柱家天一阁藏本"(经部礼类),丁度《附释文互注礼部韵略》为"侍读纪昀家藏本"(经部小学类),王谠《残本唐语林》为"内廷藏本"(子部小说家类),陈渊《默堂集》为"浙江鲍士恭家藏本"(集部别集类),陈栎《定宇集》为"浙江鲍士恭家藏本"(集部

---

①张子文将此"存目"与后来成书之《总目》存目视为同义词,因谓此书提要不限于存目之书,故疑《四库全书初次进呈存目》非其原名(见《四库缥缃万卷书——国家图书馆馆藏与〈四库全书〉相关善本叙录》,第151页);夏长朴因认定此稿本并非乾隆三十九年七月的初次进呈本,亦推断其书名系收藏者补题(见《〈四库全书初次进呈存目〉初探——编纂时间与文献价值》,第186—187页)。以上两说皆系误解。

别集类)①。既然乾隆三十九年七月二十五日上谕才提出各书提要须标注版本来源的要求，如果今存《进呈存目》是截至三十九年七月已进呈提要的汇编本，怎么会有这些标注版本来源的提要呢？更大的疑点是，正如夏长朴所指出的那样，汪如藻是乙未科吴锡龄榜进士，他任翰林院庶吉士已在乾隆四十年五月以后，《尚书详解》提要既称"庶吉士汪如藻家藏本"，则此条提要之撰成显然不可能早于乾隆四十年五月。

根据四库档案资料及现存提要分纂稿来看，最初撰写的提要均无版本信息一项内容。高宗在乾隆三十九年七月二十五日上谕中首先提出应将版本来源"附载于各书提要末"，同年八月九日，于敏中在致陆锡熊函中谈及此事，建议"莫若即分注首行大字下"，后来的《总目》提要就是按照这个办法来处理的②。因此，凡乾隆三十九年七月以后进呈的提要稿，皆应标注版本信息，而在《进呈存目》现存1871篇提要中，标注版本来源者仅七篇而已，其比例是如此的微不足道，这也是笔者推断此书成稿于乾隆三十九年七月的一个重要原因。至于那七篇标注了版本来源的提要，则应是三十九年七月以后陆续进呈的，其中标注为"庶吉士汪如藻家藏本"的《尚书详解》提要，肯定已晚至四十年五月以后。目前所见《进呈存目》是一个既无卷数亦无页码的本子，各册封面题签所注经史子集各部及册次多有淆乱，提要类目或篇页颠倒错乱的

---

① 夏文称仅有五篇提要标注了版本来源(见《〈四库全书初次进呈存目〉初探——编纂时间与文献价值》，第184—185页)，不确。
② 不过需要说明的是，《进呈存目》中七篇标注版本来源的提要，均是以单行小字标注于首行书名下，与乾隆四十六年以后的《总目》以双行小字标注版本来源的体例有所不同。

情况也比比皆是,"恐不下二三百处"①,想必是经收藏者重新装订过的。考虑到这种情况,恐怕不能排除如下可能性:那七篇与众不同的提要,或许是后人重新装订时掺入其中的。今《进呈存目》首页有"抱经楼"白文长方印,知为四明卢址抱经楼旧藏,但最初的收藏者或许是某位四库馆臣,因此这个稿本中若掺入几篇乾隆三十九年七月以后进呈的提要,也并非没有可能。若果真如此,有关《进呈存目》成稿时间的疑问就将不复存在。

二、《进呈存目》与提要分纂稿的关系

作为最早汇纂成书的《总目》稿本,《进呈存目》的内容与提要分纂稿的源流关系,自然是一个值得关注的问题。以往学界对分纂稿与诸阁本书前提要以及《总目》提要之间的异同做过不少比较研究,但由于书前提要一般抄成较晚,殿本、浙本《总目》更是只能反映乾隆末年最终定本的面貌,因此分纂稿与后来的提要文本往往差异颇大,且无从得知其间的变化缘由。而通过考察《进呈存目》与分纂稿的关系,可以在一定程度上填补这一未知的环节,有助于了解《总目》的早期编纂情况。

在《进呈存目》的一千八百余篇提要中,与今存诸家提要分纂稿相关而可资比对者不下数百篇,本文选择其中三个比较有代表性的例子进行个案分析,希望能够知其然及其所以然,对《进呈存目》与提要分纂稿的关系有较为深入的了解和认识。

---

① 参见张子文:《四库缥缃万卷书——国家图书馆馆藏与〈四库全书〉相关善本叙录》,第 150 页。

(一)《元典章》

此书见于《进呈存目》史部故事类,提要分纂稿出自姚鼐之手,现将两个文本并列于表一,以资比较:

表一

姚鼐分纂稿	《进呈存目》提要
《大元圣政典章》,前集所载,自世祖即位及延祐七年英宗初政。其纲凡十,曰诏令、曰圣政、曰朝纲、曰台纲、曰吏部、曰户部、曰礼部、曰兵部、曰刑部、曰工部。其目自"世祖诏令"至"工部弓手",凡三百七十有三,其条格之细凡有数千。又《新集》条例,其纲目略仿前集,其条格亦几及千,续载英宗至治元二年事也。前集六十卷,《新集》未分卷,今酌分为十二卷,合为七十二卷。史载"至治二年,金带御史季端言,世祖以来所定制度,宜著为令,使吏不得为奸,治狱有所遵守。英宗从之。书成,名曰《大元通制》,颁行天下,凡二千五百三十九条"。计其时,与此《元典章》之成正同时也。然此书条例较为繁多,意其出于胥吏所初辑,而《通制》稍加删定欤。此书载案牍之文,未免细碎猥杂。又元时陈奏诏令直用当时俗语,转经钞写,或有舛误,至今多有不可通晓者矣。然一朝制度之详,史所不书者,此略备之。又其书尤详于刑律,世谓元时用法颇慈仁者,于此尤可见也。①	《元典章》前集六十卷,《新集》未分卷,元英宗时官撰。前集载世祖即位至延祐七年英宗初政。其纲凡十,曰诏令、曰圣政、曰朝纲、曰台纲、曰吏部、曰户部、曰礼部、曰兵部、曰刑部、曰工部。其目凡三百七十有三。每目之中,又各分条格。《新集》体例略仿前集,皆续载英宗至治元二年事。此书始末,《元史》不载。惟载至治二年金带御史李端言:世祖以来以(当为"所"之误)定制度,宜著为令,使吏(原误作"史")不得为奸,治狱有所遵守。英宗从之。书成,名曰《大元通制》,颁行天下,凡二千五百三十九条。计其时代,正与此书相同。而二千五百三十九条之数,则与此书不相应。卷首所载中书省劄,亦不相合。盖各为一编,非《通制》也。所载皆案牍之文,兼杂方言俗语。观省劄中有"置簿编写"之语,知此书乃吏胥钞记之条格,冗杂特甚,盖有由矣。②

① 姚鼐:《惜抱轩书录》卷二《史录》,光绪五年刻本,叶 5a—6a。
② 《四库全书初次进呈存目》史部故事类,第 4 册,第 893—894 页。

虽然这两个文本从内容到文字都颇有差异，但仍不难看出《进呈存目》是在姚稿的基础之上修改而成的①。两者之间最大的不同，一是关于此书是否收入《四库全书》的分歧，二是《新集》是否分卷的区别。

有证据显示，《元典章》一书原拟收入《四库全书》，后来才改为存目。此书今见《总目》史部政书类存目，其提要明确说道："此书于当年法令，分门胪载，采掇颇详，故宜存备一朝之故事。然所载皆案牍之文，兼杂方言俗语，浮词妨要者十之七八。又体例瞀乱，漫无端绪。观省劄中有'置簿编写'之语，知此乃吏胥钞记之条格，不足以资考证。故初拟缮录，而终存其目焉。"②然而无论是姚氏分纂稿还是《进呈存目》，均未提及此书究竟是应抄还是应存目。这是因为收入《惜抱轩书录》的姚稿已非其原貌，不像翁方纲提要稿末均有"应抄存之"或"应存其目"之类的结论性意见③；至于《进呈存目》，如上文所言，其提要中皆无此项内容，这是由它的体例所决定的。

尽管如此，如果认真对读上述两篇《元典章》提要，还是能够看出其中的某些端倪。要知道，对于应刊、应抄、应存目三类不同书籍，在提要的写法上是有一些讲究的，于敏中在写给陆锡熊的一封信中曾谈到这个问题："愚见以为提要宜加核实，其拟刊者则

①需要说明的是，此书通称《元典章》，全名《大元圣政国朝典章》，姚稿作《大元圣政典章》，不确。按姚氏《惜抱轩书录》所收提要分纂稿，著录书名每多歧异，固不足为奇。

②《四库全书总目》卷八三史部政书类存目一，上册，第714页上栏。

③上海图书馆藏万历刻本《经籍异同》，其卷首所载姚鼐提要有"其书应不必抄"一语（见杜泽逊《读新见姚鼐一篇四库提要拟稿》，《中国典籍与文化》1999年第3期，第42—44页），可见姚氏分纂稿原本亦应有此项内容，大概是后来结集时被删去的。

有褒无贬,拟抄者则褒贬互见,存目者有贬无褒,方足以彰直笔而示传信。"①知道这个不成文的规矩,对于我们理解《元典章》提要所隐含的倾向性意见很有帮助。姚稿对此书的评价是:"此书载案牍之文,未免细碎猥杂。……然一朝制度之详,史所不书者,此略备之。"而《进呈存目》则是另一种说法:"所载皆案牍之文,兼杂方言俗语。观省劄中有'置簿编写'之语,知此书乃吏胥钞记之条格,冗杂特甚,盖有由矣。"两者的区别很明显,前者可谓"褒贬互见",后者显然是"有贬无褒"了。如此看来,姚鼐原本是将此书列入拟抄书目的,后来大概根据某位总裁官的意见将其改为存目,这应该是乾隆三十九年七月以前的事情。

《新集》是否分卷,是两篇提要的另一个重要差异。据姚稿说:"前集六十卷,《新集》未分卷,今酌分为十二卷,合为七十二卷。"而《进呈存目》则仅称"《元典章》前集六十卷,《新集》未分卷",与后来《总目》存目的著录是一致的。据《总目》标注,知列入存目的本子为"内府藏本",一般认为就是后来在斋宫发现的元刻本。至于姚氏所据底本,则很可能是另一个抄本。据《四库采进书目》,此书仅有一浙江巡抚进呈本,见《浙江省第九次呈送书目》②。《浙江采集遗书总录》著录为抄本"《元典章》六十卷"及"《元典章》新集二册"③,但具体版本情况不详。姚氏提要分纂稿所依据的应该就是这个本子④。

---

①《于文襄手札》第35函,叶37b。此函末署"五月廿九日",陈垣、胡适皆列于乾隆四十年。
②《四库采进书目》,吴慰祖校订,北京:商务印书馆,1960年,第130页。
③《浙江采集遗书总录》丁集史部掌故类,乾隆四十年刻本,叶54a-b。
④按《浙江省第九次呈送书目》一百五十六种进呈于乾隆三十九年四月,《元典章》即在其中。据此推断,该书提要应是三十九年七月所进千种提要之一。

此抄本《新集》原来也是不分卷的,姚鼐之所以要将其"酌分为十二卷",正是因为当时打算将此书收入《四库全书》的缘故。这种做法实际上反映了四库馆早期的一种成例,告成于乾隆四十三年的《四库全书荟要》,其《凡例》中就有这样一条:"旧本有未分卷次者,并加编定,以符体例。其旧本虽分卷而篇页过多者,今亦厘为子卷,用便检阅。"①可见姚鼐将《新集》分为十二卷,完全符合当时四库馆办理全书的通例。因此书后来被改为存目,于是遂以内府藏本著录,是以《进呈存目》删去姚稿"今酌分为十二卷,合为七十二卷"一语。

(二)《识遗》

罗璧《识遗》见于《进呈存目》子部杂家类,提要分纂稿出自翁方纲之手。但问题的复杂性在于,翁氏所撰此书提要稿有两篇,为何会出现这种情况?且《进呈存目》与这两篇提要稿之间究竟是什么关系呢?兹将三种文本并列于表二,以资比较(加下划线部分为《进呈存目》与翁稿内容相同或相近的文字):

表二

翁方纲分纂稿一	翁方纲分纂稿二	《进呈存目》提要
谨按:《识遗》十卷,宋罗璧子苍著。后有明隆庆三年吴岫跋,谓其考据精而论断审。	谨按:《识遗》十卷,宋古罗罗璧子苍著。后有明隆庆三年姑苏吴岫跋,谓其考据确而精,论断审而正。	《识遗》十卷,宋罗璧撰。璧字子苍。是书前后序跋皆不著璧为何时人,《宋史》亦无其传。

① 《景印摛藻堂四库全书荟要》"凡例",台北:世界书局,1988年,第1册,第91页下栏。

翁方纲分纂稿一	翁方纲分纂稿二	《进呈存目》提要
今观其引经述史，颇有订证，在说部家为稍有实际者，应抄录存之。此抄本内讹脱极多，前后序跋皆不著璧为宋何时人，《宋史》亦无其传。卷内论及宋末事，盖系宋人入元者，其书当成于宋亡之后。岫跋语谓"宋元著述家多引之"，第弗深考尔。①	盖此书杂论经史古事，亦时自出议论辩证。其第二卷辨子夏、子思二子事，岁月始末甚详；第四卷内辨孔子生年一条，亦有考据。然其中如辨"改朔不改月"一条，究非定论。而在说部中则为稍有实际者，应抄录存之。此抄本内讹脱极多，前后序跋皆不著罗璧为宋何时人，《宋史》亦无之。卷内论及宋末之事，盖系宋人而入元者，其书当成于宋亡之后。吴岫跋语谓"宋元著述家多引之"，亦未深考耳。②	明隆庆三年吴岫跋，谓其考据精而论断审。今观其引经述史，颇有订正。但若论养老之制，直谓《礼记》祖而割牲，执酱而馈，执爵而酳数语，为委巷之谈，殊属无稽。又谓班史原于刘歆，引葛洪《西京杂记》后叙。不知洪叙谓刘子骏有《汉书》一百卷，证之刘歆本传，并无其据。凡此征引伪书，亦失别择。然在宋人杂说中，犹为言有根柢者也。③

在《翁方纲纂四库提要稿》中，有摘录《识遗》若干内容的札记数页，显然是为撰写提要所做的前期准备工作。提要先后写过两稿，前一篇较略，后一篇较详，且前者与札记连书，版心有"罗璧《识遗》"字样，后者书于另纸，版心无标识，当是后来的改写稿④。

《识遗》亦见于《纂修翁第一次分书二十四种》，这是乾隆三十八年翁方纲向总裁官提交的一份图书校阅清单（说详下文）。值得注意的是，该校阅单罗璧《识遗》条上有一翁氏眉注："六月十

---

① 《翁方纲纂四库提要稿》，上海：上海科学技术文献出版社影印本，2000年，第3册，叶170a-b。
② 《翁方纲纂四库提要稿》，第3册，叶171a-b。
③ 《四库全书初次进呈存目》子部杂家类，第6册，第569—570页。
④ 参见《翁方纲纂四库提要稿》，第3册，叶162a-171b。

二日总裁刘取阅。"①四库馆总裁有两位刘姓者,一为刘统勋,一为刘纶,皆于乾隆三十八年闰三月出任正总裁②,此"总裁刘"当即二者之一。据翁氏眉注可知,这位总裁曾于乾隆三十八年六月十二日调阅《识遗》一书,或许是在此次调阅时对提要初稿提出了什么修改意见,故翁方纲又重新改写了一稿。改写稿与初稿的不同之处,除了调整文字顺序外,主要是增加了有关该书经史考证的一段评述。

既然如此,照说后来进呈的《识遗》提要理应是在翁氏改写稿的基础之上修改而成的,但拿《进呈存目》与翁方纲两篇提要稿的内容做一对比,就会发现实际情况可能并非这么简单。因为《进呈存目》中的部分内容虽同时见于翁氏初稿及改写稿,但有两点值得注意,一是"今观其引经述史,颇有订正"句只见于初稿,二是整篇提要中并没有仅见于改写稿而不见于初稿的文字。这种情况说明,《进呈存目》似是以翁氏初稿为蓝本修改而成的,看不出它曾参考过翁氏改写稿。

如上所述,经翁方纲重新改写的《识遗》提要稿不知何故未被《进呈存目》采用,但笔者发现的另一个线索,似乎与此结论不无矛盾。检核后来屡经修订的诸阁本书前提要及《总目》,可知《识遗》提要大致是在《进呈存目》的基础上进行补充修改的,但其中的一句话很值得注意:"征据旧文,尚颇可采,不独钱曾《读书敏求

---

① 《翁方纲纂四库提要稿》,吴格整理,上海:上海科学技术文献出版社,2005 年,第 1206 页。此书与影印本《翁方纲纂四库提要稿》同名,极易混淆,为加以区别,以下称"《翁方纲纂四库提要稿》(整理本)"。
② 见乾隆三十八年闰三月十一日《谕着刘统勋等为四库全书处正总裁张若溎等为副总裁》,军机处上谕档,《纂修四库全书档案》上册,第 73 页。

记》所举孔子生卒年月一条,为足资考证也。"①我怀疑这句话是从翁氏改写稿"第四卷内辨孔子生年一条,亦有考据"一语衍生出来的。因为它既不见于翁氏初稿,也不见于《进呈存目》,所以不能不让人感到困惑:既然《进呈存目》中已经看不到翁氏改写稿的痕迹,那么时间更晚的书前提要和《总目》提要怎么可能参考这个文本呢?据我估计,抄成于乾隆四十二年八月的文渊阁本书前提要,也许正是由翁方纲本人重新改定的,并参考过他在乾隆三十八年撰写的两篇提要分纂稿。若果真如此,上述疑问便可得到一个合理的解释。

(三)《周易旁注前图》

朱升《周易旁注前图》见于《进呈存目》经部易类,提要分纂稿为姚鼐所作。关于此书《总目》提要之渊源,学界有不同看法,需要在此加以讨论。故将三种文本并列于表三,以便于比较:

表三

姚鼐分纂稿	《进呈存目》提要	《总目》提要
《周易旁注》,明朱允升著。允升,休宁人。明太祖时官翰林侍讲学士。于诸经皆有《旁注》,而《易》为最详。其书本十卷,首列"河图洛书合一图第一"至"三十六宫图说第八",谓之《旁注前图》,在十卷之外。万	《周易旁注前图》二卷,明朱允升撰。允升,休宁人。明太祖时官翰林侍讲学士。于诸经皆有《旁注》,前人称其于《易》最祥(详)。其书本十卷,冠以《前图》上、下二篇。上篇自"河图洛书合一图说"至"三十六宫图说",凡八	《周易旁注图说》二卷(山东巡抚采进本),明朱升撰。升字允升,休宁人。元至正乙酉举于乡,授池州路学正,秩满归里。丁酉,太祖兵至徽州,以升从军。吴元年,拜侍讲学士。洪武中,官至翰林学士。

①《四库全书总目》卷一一八子部杂家类二,上册,第1024页下栏。文渊阁、文溯阁及文津阁本书前提要与此略同。

姚鼐分纂稿	《进呈存目》提要	《总目》提要
历中,姚文蔚易其注于旁者于经之下。此本又尽佚其经注,而独存其全图上、下二篇。下篇内载元萧汉中《读易考原》,允升记云:"汉中字景元,泰和人,书成于泰定年间。"今按汉中为人别无可考,其书赖附允升此图以传,而允升本书反残缺矣。萧氏所解卦序实多精义,允升极推之,非妄也。①	图。下篇则全录元萧汉中《读易考原》之文。万历中,姚文蔚易其旁注,列于经文之下,已非其旧。此本又尽佚其注,独存《前图》上、下二篇。允升记云:"汉中字景元,泰和人,书成于泰定年间。"其人别无可考,惟附允升以传,今允升本书残缺,而汉中书反完。其解《易卦》序,实多精义,允升盛推之,非妄也。②	事迹具《明史》本传。是书原本十卷,冠以《图说》上、下二篇。上篇凡八图,下篇则全录元萧汉中《读易考原》之文。万历中,姚文蔚易其旁注,列于经文之下,已非其旧。此本又尽佚其注,独存此《图说》二篇。汉中书已别著录,余此八图,仅敷衍陈抟之学,盖无可取矣。③

首先需要对此书书名做一点解释。朱升所撰《周易旁注》十卷,冠以《前图》上、下二篇,而这里所著录的本子皆仅有《前图》二卷,故称《周易旁注前图》(一作《周易旁注图说》)。姚鼐分纂稿虽称《周易旁注》,但文中谓"此本又尽佚其经注,而独存其全图上、下二篇",可见仍是指《周易旁注前图》。

日本学者泷野邦雄在研究翁方纲四库提要稿时,称翁方纲、姚鼐二人皆撰有此书提要④,这个说法不够准确。翁方纲提要稿是这么说的:"谨按:《周易旁注》十卷、《前图》二卷,明朱升

①姚鼐:《惜抱轩书录》卷一《经录》,叶3b-4a。
②《四库全书初次进呈存目》经部易类,第1册,第151—152页。
③《四库全书总目》卷七经部易类存目一,上册,第50页中栏。
④泷野邦雄:《翁方纲之〈四库全书提要稿〉》,朱诚如主编:《清史论集——庆贺王锺翰教授九十华诞》,北京:紫禁城出版社,2003年,第362—363页。

著。……《旁注》十卷,初用《注疏》本,其后程应明更定从《本义》本,于是上、下经与十翼分卷。此本即程应明所更定者也。"①很显然,翁方纲所见是包括《周易旁注》十卷和《前图》二卷在内的全本,而姚鼐则只是为《周易旁注前图》撰写的提要,《进呈存目》及《总目》提要也都是如此,两者不可混为一谈。

从《四库采进书目》也可以看出各个提要所据底本的区别。《浙江省第四次吴玉墀家呈送书目》有"《周易旁注》十卷"②,《浙江采集遗书总录》则著录为"《周易旁注》十卷、《前图》一卷"③,两者系同一本子,前者漏记了《前图》二卷,后者"一卷"当为"二卷"之误。这就是翁方纲所见的本子。又《两淮盐政李续呈送书目》有"《周易旁注前图》二卷……二本",《山东巡抚呈送第一次书目》有"《周易旁注图说》二卷……四本"④,此二种皆仅有图二卷而无《旁注》十卷,所不同者,惟书名小异耳。《进呈存目》提要书名作《周易旁注前图》,姚鼐分纂稿亦称《旁注前图》,当是据两淮盐政进呈本著录;《总目》提要书名作《周易旁注图说》,且明确标注为"山东巡抚采进本",与《山东巡抚呈送第一次书目》恰相吻合。

由此可知,四库馆当时采进的各省遗书中,既有包括《周易旁注》十卷和《前图》二卷在内的全本,也有《前图》二卷单行的本子,两者分别由翁方纲和姚鼐撰写了提要稿。但不知什么缘故,最后《总目》著录的却是后者⑤。不过,这里还有一个小小的疑问。

---

① 《翁方纲纂四库提要稿》(整理本),第 25 页。
② 《四库采进书目》,第 84 页。
③ 《浙江采集遗书总录》甲集经部易类,叶 9a。
④ 《四库采进书目》,第 60、150 页。
⑤ 崔富章曾据《浙江采集遗书总录》指出《总目》著录不当,参见《四库提要补正》,杭州:杭州大学出版社,1990 年,第 40—41 页。

《总目》卷一九一集部总集类存目一著录的朱升编《风林类选小诗》，其提要称"升有《周易旁注》，已著录"，似乎《总目》曾一度著录过《周易旁注》，抑或这里所称的《周易旁注》实际上就是指《周易旁注图说》？

关于《周易旁注图说》一书《总目》提要之来源，泷野邦雄氏曾提出一个大胆的推测。他指出，虽然翁方纲、姚鼐二人皆撰有此书提要稿，但从《总目》提要的内容却完全看不出曾采用过翁稿和姚稿的迹象，根据此书共有三部进呈本这一点来判断，很可能还有第三份提要分纂稿，《总目》提要即来源于此[①]。

这是一个亟需澄清的误解。上文说过，翁方纲所撰写的是《周易旁注》附《前图》提要稿，而《总目》所著录的却是《周易旁注图说》，自然与翁稿没有什么干系。但《总目》提要与姚鼐提要稿究竟有无渊源关系呢？如果直接拿《总目》与姚稿进行比较，确实很难看出它们之间有什么瓜葛，但若是将它们与《进呈存目》放到一起来比较，问题就很清楚了。显而易见的是，《进呈存目》出自姚稿，无论是文字还是内容都很接近。再看《总目》与《进呈存目》，其间的亲缘关系也十分清楚，其中"是书原本十卷，冠以《图说》上、下二篇。上篇凡八图，下篇则全录元萧汉中《读易考原》之文。万历中，姚文蔚易其旁注，列于经文之下，已非其旧。此本又尽佚其注，独存此《图说》二篇"云云，这一大段文字基本上是照抄《进呈存目》原文。因此，借助于《进呈存目》提供的重要线索，可以判定《总目》提要就来源于姚鼐提要稿。

从这个例子可以看出，《进呈存目》对于研究《总目》编纂史确实具有十分重要的文献价值。由于今天能够看到的诸阁本书

①泷野邦雄：《翁方纲之〈四库全书提要稿〉》，第362—363页。

前提要及《总目》提要的形成时间都相对较晚，其间历经多次修改，往往难以判断它们与提要分纂稿之间的源流关系。至于《总目》中的存目提要，因为缺少书前提要这一中间环节，欲追溯其源流就更为困难。收入《总目》存目的《周易旁注图说》提要，目前能够看到的最早的本子，是藏于天津图书馆的《总目》残稿①。据笔者考订，该稿本抄成于乾隆五十一年②。但因其《周易旁注图说》提要与浙本《总目》一字不差，仍然无助于判断它与姚鼐提要稿之间的关系。只有通过《进呈存目》所保留的提要文本，才得以最终厘清这篇四库提要的来龙去脉。

三、四库提要编纂成书过程中的若干问题

以往学界对《总目》早期编纂情况的了解，主要得自于翁方纲、姚鼐、邵晋涵、余集、陈昌图等人的提要分纂稿，而今《进呈存目》的影印出版，终于使我们得以一识《总目》初稿的庐山真面目。那么，从提要分纂稿到《进呈存目》究竟是如何编纂成书的呢？四库应刊、应抄、应存目书以及不存目书究竟是如何确定的呢？这就是本节试图探讨的问题。

目前能够看到的提要分纂稿，大都只能通过与《进呈存目》的比较发现它们在内容上的彼此差异，而无法了解发生在分纂稿到《进呈存目》之间的"过程"。幸运的是，保存于四库进呈本上的两份提要稿，向我们呈现了它们在这个过程中的某种真实状态。

①见《纪晓岚删定〈四库全书总目〉稿本》，第 1 册，第 630—631 页。
②参见本书附录《关于天津图书馆藏〈四库全书总目〉残稿的若干问题》。

下面以《南夷书》和《笔史》为例,对四库提要编纂成书过程中的若干问题进行探讨。

(一)程晋芳所撰《南夷书》提要稿

明张洪《南夷书》一卷,明抄本,今藏中国国家图书馆。书衣有一长方进书木记:"乾隆三十八年十一月浙江巡抚三宝送到范懋柱家藏《南夷书》壹部,计书壹本。"(按:印文正楷,加下划线者系墨笔填写)扉页书名上下方各有一戳记:"总办处阅定,拟存目。"书名下方又有"臣昀臣锡熊恭阅"长方印。首页正上方钤"翰林院印"满汉文大官印。此皆系四库进呈本标志。卷末抄有提要一篇,末署"纂修官程晋芳",后钤"存目"木记①。现将程晋芳提要稿抄引如下:

> 谨按:《南夷书》一卷,明张洪撰。考明永乐四年,缅甸宣慰使那罗塔劫杀孟养宣慰使刀木旦(此二字原连写为"查",旁有小字校改为"木旦")及思栾发而据其地。洪时为行人,奉诏赍敕宣(原误写为"德",校改为"宣")谕,因撰是书。所载皆洪武初至永乐四年平云南各土司事,略而不详。其于云南郡建置始末,如南诏为蒙氏改都阐府,历郑、赵、杨三姓,始至大理段氏,而书中遗之。孟养、麓川各有土司,而叙次未

①参见杜泽逊:《读新见程晋芳一篇四库提要分撰稿》,《图书馆建设》1999 年第 5 期,第 70—71 页;王叔武:《〈南夷书〉笺注并考异》,《云南民族学院学报》2001 年第 3 期,第 58—72 页。最早关注此抄本的是云南腾冲张荣庭,今云南图书馆藏有一部张氏抄本,系 1939 年据北平图书馆藏本转抄者,末有张氏跋,称四库进呈本有"纪文达题笺一纸",大概是将程晋芳所撰提要误认为纪昀题跋了。

详。唯载梁王拒守及杨苴乘隙诸事,史所未载。澜沧之作兰沧,思栾发之作思鸾发,与史互异,亦足资(原误写为"盗",校改为"资")考证之一二也。洪字宗海,常熟人。洪熙(原误写为"熙",校改为"熙")初,召入翰林,官修撰。纂修官程晋芳。①

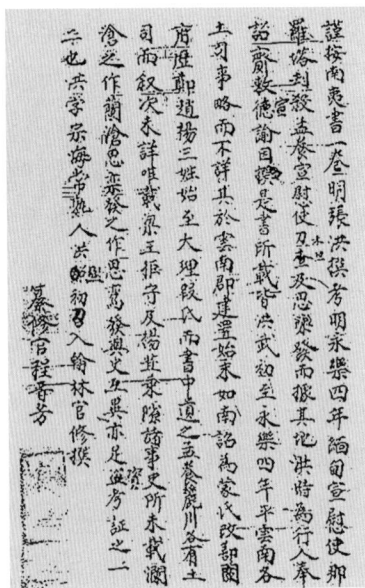

图一　《南夷书》提要稿书影　　图二　《笔史》提要稿书影

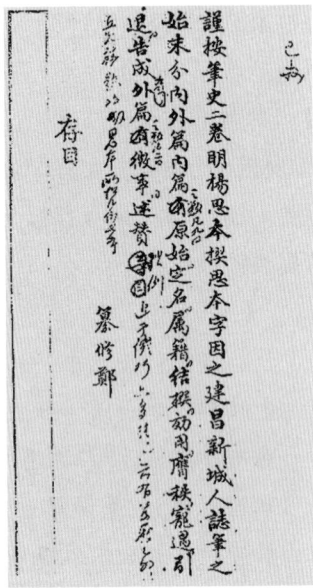

值得注意的是,这篇提要抄写时颇多误字,甚至连"宣谕"、"洪熙"、"足资考证"这样简单的字句都抄错了,想必不会出自程晋芳

---

① 见《四库全书存目丛书》影印北京图书馆藏明抄本《南夷书》,济南:齐鲁书社,1996年,史部第255册,第203页上栏。

之手,可能是负责替他誊录的"助校"所为①。抄完后有人校改过一遍,墨笔校改的笔迹与原文不同,大概这才是程晋芳的亲笔(见图一)。

《南夷书》提要亦见于《进呈存目》史部地理类(第 4 册,第 573—574 页),拿它与程晋芳提要稿做一对比,可知是在程稿基础上修改而成的。其中有两处异文值得认真分析,从中可以大致了解从提要分纂稿到形成《进呈存目》过程中的某些修订细节。

程稿"其于云南郡建置始末,如南诏为蒙氏改鄯阐府,历郑、赵、杨三姓,始至大理段氏,<u>而书中遗之</u>。孟养、麓川各有土司,<u>而叙次未详</u>"一段,《进呈存目》改作"其于云南郡建置始末,<u>亦未能叙述明晰</u>。如南诏为蒙氏改鄯阐府,历郑、赵、杨三姓,始至大理段氏,孟养、麓川各有土司,<u>书中皆遗之</u>"(加下划线部分系两者不同之处)。乍看起来,修改稿的文字叙述似乎更为简洁明了,其实这是一处明显的误改。按程晋芳的原意,该书漏记云南郡建置始末,是指从南诏改鄯阐府到大埋段氏这一段历史,而孟养、麓川二土司只是"叙次未详"而已——因为原书其实是记有孟养土司的,被漏载的只有麓川土司。经修改之后的文本,则以为孟养、麓川二土司"书中皆遗之",与原书内容不符。由这个例子不难判断,收入《进呈存目》的本子显然不是经程晋芳本人修改的,而是某位

---

① 张升认为,为纂修官誊录提要稿的人,应是各位纂修官自己聘请的助校,而不是四库馆中供事的誊录,因为这是纂修官的私事,而非四库馆誊录的本职工作。参见氏著《翁方纲纂四库提要稿的构成与写作》,《文献》2009 年第 1 期,第 166 页。

没有看过原书的总纂官想当然地妄下雌黄①。

另一处有趣的异文是，程稿"孟养宣慰使刀木旦"中的"刀木旦"一名，在《进呈存目》中被误写为"刀查"。这一错误不仅为后来的殿本、浙本《总目》所沿袭，且更有甚焉，最终竟变成了"刁查"。值得注意的是，《南夷书》卷末抄写的提要稿就曾误将"木旦"二字连写为"查"，虽已由程晋芳做过校改，而收入《进呈存目》的修改稿却再次出现同样的错误，这说明了什么问题呢？只有一种可能性，总纂官是直接在程晋芳的手稿上进行修改的，改定后由四库馆誊录按照统一格式誊写清本并编入《进呈存目》。估计是程稿将"木旦"二字写得过于紧凑了，易被误认为"查"，故一误再误。

（二）郑际唐所撰《笔史》提要稿

明杨思本《笔史》二卷，清抄本，今藏中国国家图书馆。此书亦为四库进呈本，首页钤"翰林院印"满汉文大官印，书后附有一纸提要，系另纸书写，粘贴于卷末。提要左方钤"存目"木记，右方书"已办"二字（见图二）。提要后署"纂修郑"，已有学者指出即郑际唐②，此说是也。按郑际唐于乾隆三十八年闰三月入四库馆为纂修官③，浙本《总目》卷首《职名表》列入"校办各省送到遗书

---

① 又如程稿"澜沧之作兰沧"句，后殿本、浙本《总目》皆改作"澜沧江作兰沧江"，也是与之类似的错误。按原书"兰沧"指"兰沧卫"而非澜沧江，此亦总纂官之想当然耳。
② 参见杜泽逊：《读新见郑际唐一篇四库提要分撰稿》，《中国典籍与文化》1998年第3期，第37—38页。
③ 参见乾隆三十八年闰三月十一日《办理四库全书处奏遵旨酌议排纂四库全书应行事宜折》，军机处上谕档，《纂修四库全书档案》上册，第76—77页。

纂修官"。查四库馆臣中郑姓者,仅纂修官郑际唐和分校官郑爔二人,而分校官并不撰写提要稿,故"纂修郑"当为郑际唐无疑。

《笔史》提要内有多处删改墨迹,对原稿改动颇大,现将原稿和修改稿并列于表四,以资比较:

表四

郑际唐原稿	总纂官修改稿
谨按:《笔史》二卷,明杨思本撰。思本,字因之,建昌新城人。志笔之始末,分内外篇。内篇有原始、定名、属籍、结撰、效用、膺秩、宠遇、引退、告成。外篇有征事、述赞等目。纂修郑。	谨按:《笔史》二卷,明杨思本撰。思本,字因之,建昌新城人。志笔之始末,分内外篇。内篇之类凡九,曰原始、曰定名、曰属籍、曰结撰、曰效用、曰膺秩、曰宠遇、曰引退、曰告成。外篇之类凡二,曰征事、曰述赞。体例近于纤巧,亦多挂漏。前有万历乙卯丘兆麟题辞及思本所撰凡例七条。纂修郑。①

笔者注意到,《笔史》提要的修订方式与《南夷书》似乎有所不同。《南夷书》提要稿上只有校改误字的痕迹,而《笔史》则是直接在附于书末的提要稿上进行文字修订。为何会采取这种不同的操作方式呢? 大概是因为前者的提要直接抄在原书卷末副页上,而后者的提要则是粘贴在书上的浮签,便于取下誊录的缘故。从《笔史》提要修订者的笔迹来看,与原稿抄写者显非一人,想是出自总纂官之手。提要右上方所书"已办"二字,与修订者笔迹相同,当然也是总纂官所写,意谓此篇提要已改定也。

然而出人意料的是,见于《进呈存目》子部小说家类的《笔史》提要,却又是另一副面貌:"《笔史》二卷,明杨忍本撰。忍本,

---

① 见《四库全书存目丛书》影印北京图书馆藏清抄本《笔史》,子部第 253 册,第 721 页下栏。

字因之,江西建昌人。其书内编一卷,分原始、定名、属籍、结撰、效用、膺秩、宠遇、引退、考成九门。外编一卷,分征事上、下及述赞三门。大旨由韩愈《毛颖传》而推衍之,杂引典故,抄撮为书,不以著作论也。"①在这个文本中,虽然多少还能看出一点郑际唐原稿的影子,但却完全看不出它吸收了修改稿的成果。由此推断,收入《进呈存目》的本子可能是某位总纂官根据郑氏底稿重新改定的,而保留在《笔史》书末的修改稿不知何故没有被采用。这个最后改定进呈的文本,有两点值得注意:一方面是对郑氏原稿及修改稿中某些不够准确的地方进行了订正,如将内篇、外篇改称为内编、外编,又如称外编"分征事上、下及述赞三门",也比原稿和修改稿都更为详确;另一方面是新出现了几处文字讹误,作者杨思本均被误抄为"杨忍本",又将告成门误为"考成",而这些错误都被后来的《总目》继承了下来。

以上所述《南夷书》和《笔史》提要稿,一定程度上反映了《四库全书》编纂过程中提要分纂稿的某种真实状态。与这种"状态"相关的两个问题,还需要略加说明。

一是早期提要稿的书写格式问题。与保存于姚鼐、邵晋涵、余集、陈昌图等人文集中的提要分纂稿不同,《南夷书》《笔史》提要稿仍保存了原来的书写格式,即前有"谨按"字样,后有纂修官题名。不过这两篇提要的纂修官题名都不够规范,前者题为"纂修官程晋芳",后者更是简称为"纂修郑"。最规范的纂修官题名,应该是像翁方纲在《周易注并略例》提要稿末所署的那样:"纂修官编修翁方纲恭校。"②又翁方纲《天台续集》提要稿眉端有批语

---

① 《四库全书初次进呈存目》,第6册,第891页。
② 《翁方纲纂四库提要稿》(整理本),第1页。

云:"前不写'谨按',后不写'恭校'。"①这是因为此部《天台续集》并非全本,不拟存目,故翁氏特意交代誊录者抄写时不写"谨按"和"恭校"。这条眉批恰恰说明,凡应刊、应抄、应存目之书,其提要前写"谨按",后署"纂修官××恭校",是当时撰写提要分纂稿的统一格式和要求②。后来办理两分《荟要》和七阁全书时,其书前提要的书写格式均为前写"臣等谨案",后写"乾隆×年×月恭校上",与早期提要稿的书写格式不同。

二是提要分纂稿的抄写位置问题。乾隆三十八年二月六日上谕对办理四库提要曾提出如下设想:"应俟移取各省购书全到时,即令承办各员将书中要指櫽括,总叙厓略,黏贴开卷副页右方,用便观览。"③后来的武英殿聚珍本、两分《荟要》及七阁全书,确实都是将提要置于书前的。但目前看到的提要分纂稿,既有置于书前,也有置于书后的。如上海图书馆藏明万历刻本陈禹谟《经籍异同》,有姚鼐提要稿一篇,即在卷首④。又如邵晋涵所撰《洪范统一》《敷文郑氏书说》提要稿,均称"编次如左"云云,显然也是置于书前的。但像《南夷书》和《笔史》这样将提要置于书后的情况似乎更为常见,如现存余集七篇提要稿,有四篇开首均称"右";陈昌图《南屏山房集》卷二一所载十二篇《大典》本提要稿,

①《翁方纲纂四库提要稿》(整理本),第 1074 页。
②前引王叔武《〈南夷书〉笺注并考异》将程晋芳为《南夷书》撰写的提要称为"四库馆臣按语",就是因为不了解提要分纂稿的书写格式而产生的误解。
③《谕着派军机大臣为总裁官校核〈永乐大典〉》,军机处上谕档,《纂修四库全书档案》上册,第 56 页。
④杜泽逊:《读新见姚鼐一篇四库提要拟稿》,第 42—44 页。

有十一篇开首称"右",可见原来都是置于书后的①。有学者提出一种推测意见，认为或许是有关规定前后发生过变化②。我觉得，在办理《四库全书》的过程中对于这一点未必有什么严格的要求，而只是到正式刊刻或抄写时才统一规定将提要置于书前。

从最初的提要分纂稿到形成《进呈存目》的过程中，如何确定应刊、应抄、应存目书以及不存目书，也是一个值得探讨的问题。前面曾经谈到，乾隆三十九年七月二十五日上谕谓"《四库全书》处进呈总目，于经、史、子、集内，分晰应刻、应抄及应存书目三项"云云，然而从现存《进呈存目》来看，无论是四部的各个类目之下，还是各篇提要之内，均无应刻、应抄及应存书之区别。既然我们认定今本《进呈存目》是包括三十九年七月所进呈千种提要在内的《总目》初稿的一部分，那就必须对高宗的这段话有一个合理的解释。上文指出，《总目》初稿是采取分次进呈的形式汇编成书的，我们有理由相信，在每次进呈提要时，当会同时进呈一份目录，按照经史子集四部分别开列应刊、应抄、应存目书目，高宗所说的可能就是这样一个目录。

这个目录实际上来源于各位纂修官所提交的"校阅单"。校阅单是纂修官在对自己负责校阅的书籍进行初步处理并拟出提要草稿后，向总裁官提交的包括应刊、应抄、应存目几类书的分类清单，总裁据此书目及提要稿加以审核，以确定取舍。翁方纲四库提要稿中就保留了两份这样的校阅单，一份是《纂修翁第一次

---

① 参见张升：《新发现的〈四库全书〉提要稿》，《文献》2006 年第 3 期，第 151—156 页。陈昌图所撰 12 篇提要稿被收录于《南屏山房集》题跋中，也能说明这个问题。
② 李祚唐：《余集〈四库全书〉提要稿研究价值浅论》，《学术月刊》2001 年第 1 期，第 79—81 页。

分书二十四种》,分别列出"拟先进呈者一种"、"备刻三种"、"拟抄者十九种"以及"仅存名目者一种"(见图三)①。另一份名为《纂修翁第二次分书三十四种》,包括"备刻者二种"、"拟抄者十二种"、"备抄者八种"和"仅存名目者十二种"(见图四)②。两份校阅单还在部分书目下用双行小字按语简要说明列为应刊、应抄或应存目的理由,如第一份校阅单"拟抄者十九种"下有林表民《赤城集》,小注云:"编类台州文字,于台州掌故足备采核。"又"仅存名目者一种"下有佚名《宋名臣献寿集》,小注云:"所载皆一时公卿大夫相与献寿之文,盖当时偶抄备用者,且编次亦无体例。毋庸抄录。"第二份校阅单"备刻者二种"下有张萱《汇雅》,小注云:"外间雕本久亡。"又有朱谋㙔《骈雅》,小注云:"外间传本亦少。此以上二书皆应刊刻,以广小学。"又"备抄者八种"下有周汝登《圣学宗传》,小注云:"皆先儒诸书中已见之言,重加摘辑而成书者,但以其所记皆先贤行诣,或可备抄。"不过这两份校阅单上并没有审阅者的墨迹,只有翁方纲过录总裁意见的小注,说明它们应该是校阅单的底稿。

从这两份校阅单来看,总裁官对于纂修官提交的应刊、应抄、应存书目,有时会提出不同处理意见。如第一份校阅单中的吴自牧《梦粱录》,原列入"拟抄者十九种",上有翁氏眉注云:"六月十二日总裁李于小序签上删去数句,谓应存目。"《梦粱录》提要稿上亦有同样内容的眉注:"六月十二日总裁李于此序删去数句,改云'应存其目'。今且不细校。"③据翁方纲《四库全书纂校事略》记

①《翁方纲纂四库提要稿》,第9册,叶729a—730b。
②《翁方纲纂四库提要稿》,第9册,叶731a—733b。
③《翁方纲纂四库提要稿》(整理本),第352页。

载,乾隆三十八年五月初八日"于宝善亭分看外省遗书,每人分廿四部"①,《纂修翁第一次分书二十四种》显然就是此次分到的校阅书籍,可知翁氏眉注中所称"六月十二日"即是乾隆三十八年。"总裁李"指四库馆副总裁李友棠,因四库馆历任正副总裁中仅此一李姓者也。《于文襄手札》第3函谓"前蒙询及馆中现办应刊应抄各种系何人专办,中因举李阁学以对"云云②,此"李阁学"即李友棠。该札约作于乾隆三十八年六月,知当时李友棠在四库馆中

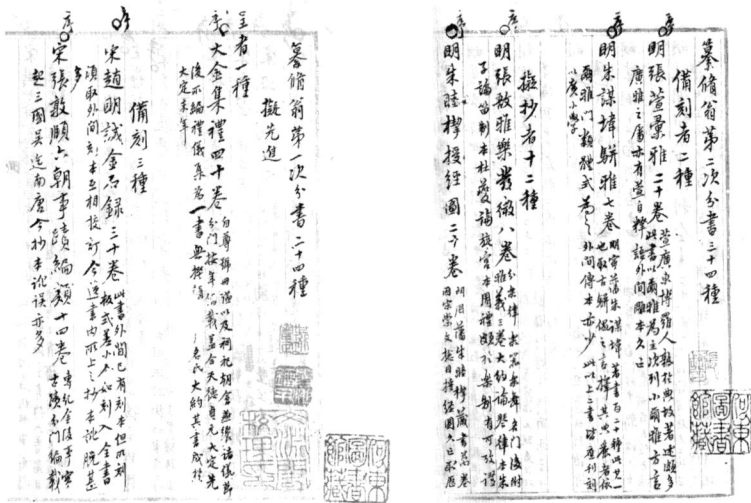

图三 《纂修翁第一次分书二十四种》 图四 《纂修翁第二次分书三十四种》

①翁方纲:《四库全书纂校事略》,南京图书馆藏稿本,不分卷,第1册,叶1b。按中国国家图书馆藏有此书胶卷,全2册,第1册题为《四库全书纂校事略》,第2册题为《苏斋纂校四库全书事略(下)》,疑为收藏者所题,故前后两册题名不一。宝善亭在翰林院内,是当时校勘各省进呈遗书的地方。
②《于文襄手札》,叶3b。

专门负责审核应刊、应抄书事宜。在翁方纲提交的这份校阅单中,《梦粱录》原在应抄之列,但李友棠主张改为存目,翁氏在校阅单和提要稿上所写的两条眉注即是过录李友棠的审核意见。所谓"小序签"和"此序"都是指《梦粱录》提要稿,翁方纲习惯于将提要稿称为"序"或"小序","小序签"大概是指粘贴在书前或书后的提要,说明李友棠可能是直接在原书提要稿上进行修改的。

除了《梦粱录》外,第一份校阅单中还有另外三种书也按照总裁意见做了调整。其一是《宋绍兴十八年登科录》,原列入"拟抄者十九种",眉端有翁氏小注"改刊"二字,说明总裁的意见是将此书由应抄改为应刊;此书提要稿亦云"应校正重刊,以备故事"①,可见这是采纳总裁意见后重拟的提要。其二是俞松《兰亭续考》,原列入"拟抄者十九种",亦有翁氏小注"改刊"二字。其三是周密《武林旧事》,原列入"备刻三种",虽然校阅单上并未注明总裁有何不同意见,但此书提要前有翁氏小注"《武林旧事》已改,应抄",提要末亦云"应订定抄存之"②。知此书原拟刊刻,后经总裁改为抄存。第二份校阅单中也有两种书由总裁进行过调整,一是张敔《雅乐发微》,原列入"拟抄者十二种",提要稿亦云"应抄录",但旁有朱批"总裁李阅",称"亦是老生常谈,存其目而已"③。知李友棠的意见是将此书由拟抄改为存目。二是朱睦㮮《授经图》,原列入"拟抄者十二种",提要稿又云"应抄存之",然亦有朱批"总裁李阅",批语称"无所发明,存目可也"④。此书亦由拟抄

①《翁方纲纂四库提要稿》(整理本),第 268—269 页。该书提要书名作《宋绍兴十八年同年小录》,校阅单所列书名不确。
②《翁方纲纂四库提要稿》(整理本),第 352、355 页。
③《翁方纲纂四库提要稿》(整理本),第 1238 页。
④《翁方纲纂四库提要稿》(整理本),第 437 页。

改为存目①。

从翁方纲的两份校阅单可以看出，只有应刊、应抄、应存目三类书才会列入校阅单，而不拟存目书是不入校阅单的。关于这一点，我们在翁方纲所撰提要稿中能够找到更为明确的证据。《宋徽宗宫词》提要谓此书"非全书也，不应入校阅单内，毋庸记戳"②。《诚斋诗抄》条云："此系吴孟举《宋诗抄》内之一种，不应入进书单内。毋庸另存其目，亦毋庸印戳记。"③这里说的"进书单"就是校阅单。又茅元仪《澄水帛》《六月谭》条说："此二种系在茅元仪所著各种内，不必存目，并不应入校阅单内，亦毋庸印戳记，不列衔名。"④屡屡提到不存目书不应入校阅单内，且谓"毋庸记戳"、"毋庸印戳记"云云，这里说的"戳"或"戳记"，就是指《南夷书》和《笔史》进呈本上那样的"存目"木记。因为此等书"不但不应校办，而且应发还原进之人"⑤，所以按规定不应在书上留下任何印记。不过，不存目书虽然不入校阅单，但照样需要撰写提要。《莆阳全书》提要说："此书不应入于校阅之单内。不特不应抄而已，并毋庸印戳记。"旁有翁氏批语："如照此序写下，止写'纂修官某人'，不写'恭校'。此序且缓交，至各书俱完时交之。"⑥后

---

①不过需要说明的是，在《四库全书》的长期编纂过程中，抄录或存目书目曾经过反复的调整，因此后来成书的《总目》未必与李友棠的意见一致，如《雅乐发微》后入经部乐类存目，而《授经图》仍被收入四库，见史部目录类一。

②《翁方纲纂四库提要稿》（整理本），第 677 页。

③《翁方纲纂四库提要稿》（整理本），第 727 页。

④《翁方纲纂四库提要稿》（整理本），第 1185 页。

⑤《镜山庵集》提要，《翁方纲纂四库提要稿》（整理本）第 957 页。

⑥《翁方纲纂四库提要稿》（整理本），第 1150 页。

面这段批语是向誊录者交代缮写提要(即所谓"序")的注意事项,说明不存目书的提要后只署纂修官名氏而不写"恭校"。可见即便像这种不入校阅单的书,提要还是要交的。

对于校阅单的性质和作用,过去学界有一些误解。有人以为校阅单是总裁向纂修官分派校阅任务时的清单,其中一些书未被列入校阅单,"尚未经校阅即被剔除"①。还有人说,翁方纲校阅之书"均由四库馆据校阅单颁下,颁发之时已有'备刻'、'拟钞'、'备钞'、'仅存名目'之初步归类","校阅单对所校之书已有初步处理意见"②。这些说法都是将纂修官向总裁官提交的校阅单当成了总裁官向纂修官派发的任务清单。试想,各省进呈的大量图书在尚未经纂修官校阅之前,总裁官怎么可能就已经有了按"备刻"、"拟钞"、"备钞"、"仅存名目"等项归类的初步处理意见呢?且未经校阅之书又如何判断该不该剔除呢?根据上文谈到的情况来看,可以肯定校阅单的性质是汇总校阅结果的"进书单",而不是分派校阅任务的"派书单"。

如上所述,在《四库全书》纂修过程中,如何确定各种书籍应刊、应抄、应存目或不存目,大致是这样一种程序:首先由各位纂修官对图书进行校阅,提出初步处理意见并拟好提要稿,然后将应刊、应抄、应存目三类书汇总为校阅单,经总裁官审核后确定取舍;最后将各位纂修官提交的校阅单汇总到一起,按照经史子集四部分别列出应刊、应抄、应存目书单,与四库提要同时进呈——

---

① 潘继安:《翁方纲〈四库提要稿〉述略》,《中华文史论丛》1983 年第 1 辑,第 216 页。
② 吴格:《四库提要分纂稿》"前言",上海:上海书店出版社,2006 年,第 9—10 页;《翁方纲纂四库提要稿》(整理本)"前言",第 9 页。

乾隆三十九年七月二十五日上谕所称"《四库全书》处进呈总目，于经、史、子、集内，分晰应刻、应抄及应存书目三项"，就是指的这样一个目录，只是这份目录未能保存下来而已。

以往的《四库全书总目》研究主要偏重于对各种不同版本的提要内容进行比对，而有关四库提要的编纂成书过程则始终是一个薄弱环节。今天，随着多种《总目》稿本及提要分纂稿的陆续发现和披露，有必要也有可能将《总目》的研究进一步引向深入，本文的努力就是这样一个初步尝试。

《中华文史论丛》2014 年第 3 期

关于天津图书馆藏《四库全书总目》
残稿的若干问题

一、现存的几种《四库全书总目》稿本

　　《四库全书总目》之编纂始于乾隆三十八年(1773)，至乾隆六十年殿本、浙本先后刊行，历时二十余年之久。此书的纂修过程及其版本源流是一个相当复杂的问题，自清末以来，人们普遍以为刊刻于乾隆六十年的浙本是以早于它若干年问世的殿本为底本的，直至近二十年来，这一误解才得以澄清。崔富章先生的研究表明，殿本、浙本几乎是同时刊行的，它们之间并不存在直接的源流关系①。但就《四库全书总目》版本问题之复杂性而言，毋宁说这只是相关研究的一个开端。

　　《总目》的正式刊行虽然很晚，但早在它问世前若干年，就先

①参见崔富章：《〈四库全书总目〉版本考辨》，《文史》第 35 辑，1992 年，第 159—173 页；《〈四库全书总目〉武英殿本刊竣年月考实——"浙本翻刻殿本"论批判》，《浙江大学学报》2006 年第 1 期，第 104—108 页。

后出现过随《四库全书》入藏七阁的多种写本,其中北四阁写本最初可能入藏于乾隆四十八年,后来由于《总目》内容的变化又更换过新的写本,南三阁写本大概是在乾隆五十五年前后陆续入藏的。此类写本今天仍能看到两部残本,一是浙江图书馆所藏文澜阁写本,今存二十七卷(其余各卷为光绪间丁丙补抄);一是天津图书馆所藏文溯阁写本,今存一百四十三卷。这两种残本内容十分近似,据我估计,应该都是乾隆五十五年左右的抄本。崔富章先生用文澜阁写本与浙本、殿本分别做了比较,认为它才是浙本真正的底本①。然而夏长朴先生的研究成果对这一结论提出了新的挑战,他举出许多浙本与殿本相同,而与文澜阁或文溯阁抄本不同的例证——尤其能够说明问题的是,浙本和殿本有五种提要不见于文澜阁和文溯阁抄本,而后面两种四库抄本则有十种提要不见于浙本和殿本。基于这一发现,他认为文澜阁与文溯阁抄本应源自同一底本,而浙本和殿本则属于同一版本系统。尽管如此,他仍倾向于认为浙本可能是以文澜阁抄本为底本,但在刊刻时可能还根据乾隆五十八年以后四库馆臣的某一传抄本进行过校订②。文澜阁抄本与浙本之间存在的重大差异,无疑是夏文最有价值的一个发现,但遗憾的是,最终他仍止步于前人的结论。

　　如果说文澜阁写本和文溯阁写本主要有助于探讨《总目》的版本源流的话,那么现存的多种《总目》稿本则对于我们研究此书的编纂过程具有重要的文献价值。因为前者毕竟只能反映《总

---

①崔富章:《文澜阁〈四库全书总目〉残卷之文献价值》,《文献》2005 年第 1 期,第 152—159 页。
②夏长朴:《〈四库全书总目〉"浙本出于殿本"说的再检讨》,《台大中文学报》第 40 期,2013 年 3 月,第 249—290 页。

目》某一阶段的版本面貌,而后者却可以将馆臣的修订过程及细节真实地呈现出来。近三十年来,收藏于海内外各图书馆的若干种《总目》稿本逐渐引起人们的关注,已成为四库学中一个新的研究分支,尤其是近年天津图书馆所藏《总目》残稿本和台北"国家图书馆"所藏《四库全书初次进呈存目》的影印出版,更是为学界提供了十分有利的研究条件。目前已知的稿本共有五种,就稿本年代而言,几乎覆盖了从乾隆三十九年至乾隆末年《总目》编纂的各个阶段。通过研究这些稿本,我们可以对《总目》长达二十余年的编纂过程有更加深入的了解和认识。下面首先对这五种稿本的基本情况及其已有研究成果做一梳理和回顾。

（一）台北"国家图书馆"藏《四库全书初次进呈存目》

这是一部长期以来罕为人知的《总目》早期稿本。现存四十八册,共计一七九〇篇提要。封面题"四库全书初次进呈存目",各部首册首页分别贴有"初次进呈抄录经（史、子、集）部"的笺条。版心标明某部某类,各书全按时代排序,未分别著录与存目,亦不分卷,且无页码。提要体例很不统一,颇多误字、讹字,与后来成书的《总目》以及诸阁本书前提要均有明显区别。

该稿本已于近年由台湾商务印书馆影印出版①,并由台湾大学中文系夏长朴教授对它进行了较为系统的研究。夏氏先是根据稿本的内容判断这有可能是乾隆三十九年七月的初次进呈本,继而又根据陈经《尚书详解》条下标注的"庶吉士汪如藻家藏本",以及丁度《附释文互注礼部韵略》条下标注的"侍读纪昀家藏本",认为此稿本的编纂时间当在乾隆四十年五月至四十一年

---

① 《四库全书初次进呈存目》,台北:台湾商务印书馆,2012年。

正月之间,而似非三十九年七月的初次进呈本①。虽然对于该稿本的具体编纂时间目前还难以得出一个明确的结论,但可以肯定它确实反映了《总目》早期稿本的基本面貌,其内容最接近于提要分纂稿。

(二)上海图书馆藏《四库全书总目》残稿

这是《总目》初稿完成前后形成的一部稿本。今存一百二十三卷,线装二十四册,其中经部四册、史部四册、子部十册、集部六册。卷端题"钦定四库全书总目",工楷誊写,字体不一,当为数人所抄。提要中多有馆臣删改之处,或墨笔,或朱笔,从笔迹来看,亦非出一人之手,除纪昀外,可能还有陆锡熊、张羲年等人。该稿本页码多不连续,根据页数的颠倒、脱漏等情况来判断,似乎原稿曾被拆散,后又被人重新整理装订成册,书脑中原先已有的穿线洞眼亦可证实这一判断。

最早研究此稿本的是沈津先生,但他对稿本年代并没有给出一个明确的结论,只是笼统地说,"可以肯定,此残稿非最初的稿本,也非后来之定稿,而是不断修改中的一部分稿本"②。后来崔富章先生对此稿本的年代进行了进一步考订,指出稿本中收录有五种尹会一的著作提要(均有墨笔标注"毁"、"删"等字样),乾隆四十六年三月,因尹嘉铨为其父会一请谥而引起的一桩文字狱,导致尹氏父子的所有著述均被列为禁书,由此判断,此稿本当是

①夏长朴:《〈四库全书初次进呈存目〉初探——编纂时间与文献价值》,《汉学研究》30卷2期,2012年6月,第165—198页。
②以上皆见沈津:《校理〈四库全书总目提要〉残稿的一点新发现》,《中华文史论丛》1982年第1辑,第133—177页。

是年二月成书进呈的《总目》初稿或其副本;至于稿本的修订时间,崔氏认为当在乾隆四十七年至五十三年间,其理由是:稿本中的某些提要修改稿与乾隆四十七年抄讫的文溯阁本书前提要相同,又周亮工《闽小纪》于乾隆五十三年十月被列入禁毁书目,而此稿本中的《闽小纪》提要并未批"删"、"毁"等字样①。崔氏关于此稿本抄写年代的考订结论应该问题不大,但其修订时间可能还需要进一步研究。

(三)中国国家博物馆藏《四库全书总目》残稿

这部稿本的年代与上图残稿相同,反映了初稿完成前后的《总目》面貌。今存十六卷,线装三册,均属史部。此残稿系 1961 年从北京琉璃厂一书贾处购得。书款格式与上海图书馆所藏《总目》残稿完全相同,而国博所藏卷次恰为上图残稿所缺,且两个稿本的天头部分都被切去一部分,以致部分眉批已失全貌。从这些迹象来看,这两部残稿原本应该是出自同一部书稿。

黄燕生先生首先向学界介绍了这部残稿的情况,并对其文献价值进行评估。关于稿本的抄成年代,据他判断,应在乾隆三十九年七月第一次进呈之后,四十六年二月第二次进呈之前。其理由有二:第一,各书皆已注明版本来源,其中有若干种书注明为浙江巡抚三宝、江西巡抚海成、江苏巡抚萨载等采进本(后来的《总目》通行本均已删去这些人名),此三人的就职时间最晚在乾隆四十年十月,去职时间最早在四十一年三月,由此推断,这部分残稿当抄成于乾隆四十年秋至四十一年春;第二,《尚史》一书注明为"内阁学士纪昀家藏本",后出的殿本则作"兵部侍郎纪昀家藏

----

① 参见崔富章:《〈四库全书总目〉版本考辨》,第 159—166 页。

本"，纪昀于乾隆四十四年擢内阁学士兼礼部侍郎，四十七年改兵部侍郎，可知这条提要的抄写时间当在四十四年至四十六年之间①。这一考订结论似可斟酌。首先，《总目》稿本的抄写时间与各条提要的撰写时间是两个不同的概念，不宜混为一谈；其次，注明"浙江巡抚三宝采进本"只能说明此书是三宝任浙江巡抚时所进呈，并不表明撰写提要时三宝仍在浙江巡抚任上。根据此稿本与上图残稿的关系来判断，它也应该是乾隆四十六年二月的进呈本。

另外，辽宁图书馆亦藏有《总目》残稿一卷（卷一〇三），据称可能也是与上图残稿出自同一部书稿②。

(四)中国国家图书馆藏《四库全书总目》残稿

这是《总目》编纂后期留下的一部稿本。今存六十三卷，线装四十八册。其中经部十三册凡十八卷，史部十七册凡二十四卷，子部五册凡七卷，集部十三册凡十四卷。无卷首、目录、凡例。首尾无钤印，行间多修改字迹③。

一般认为，此残稿反映了《总目》编纂后期的面貌，与殿本之间具有密切的源流关系。崔富章先生明确指出，此系乾隆五十七年后四库馆的修订稿本，其底本与文澜阁写本相同，修订部分则与武英殿刻本相同，并进而推断此稿本实际上就是乾隆六十年刊

---

① 黄燕生：《校理〈四库全书总目〉残稿的再发现》，《中华文史论丛》第 48 辑，1991 年，第 199—219 页。
② 参见崔富章：《〈四库全书总目〉版本考辨》，第 160 页。
③ 王菡：《国家图书馆所藏〈四库全书总目〉稿本述略》，《文学遗产》2006 年第 2 期，第 121—128 页。

刻殿本时所采用的底本①。但根据王菡教授将稿本中的修订文字逐一与浙本进行比对的结果，发现其中约有 77% 已为浙本所吸收，而另外 23% 的修订文字基本与殿本相同，浙本则仍沿用其底本文字②。这种情况说明，浙本和殿本的底本都脱胎于这一稿本，只不过在浙本的底本入藏文澜阁之后，这一稿本仍在继续修改之中，因此惟有乾隆六十年付刊的殿本才能反映《总目》的最终修订结果。

（五）天津图书馆藏《四库全书总目》残稿

这是近年刊布的一部《总目》稿本，版本年代尚有待研究。此稿本线装六十册，存七十九卷，其中正文七十卷：包括经部十七卷，史部九卷，子部十七卷，集部二十七卷；另有卷首圣谕、御制诗文七卷，凡例一卷，目录一卷。每半叶九行，行二十一字。四周双边，朱丝栏，单鱼尾。上书口镌"钦定四库全书总目"，鱼尾下依次为部类名及卷次、页码。版框尺寸：高 21.7cm，宽 15.5cm。行间及眉端有不少墨笔涂改文字，还有一些裁割粘贴的书页。此稿本原为清宫旧物，1977 年 7 月 28 日由故宫博物院划拨给当时的天津市人民图书馆（即今天津图书馆），但长期以来却鲜为人知，直至近年有机会影印出版，才开始引起人们关注③。

天津图书馆历史文献部主任李国庆先生为此书影印本所写的前言，主要就这部稿本中所见馆臣修订文字及其文献价值做了

---

① 参见崔富章：《〈四库全书总目〉版本考辨》，第 161 页。
② 参见王菡：《国家图书馆所藏〈四库全书总目〉稿本述略》，第 126 页。
③《纪晓岚删定〈四库全书总目〉稿本》，北京：国家图书馆出版社，2011年。有关该稿本的介绍详见李国庆《影印纪晓岚删定本〈四库全书总目〉稿本前言》，第 1—21 页。

十分详尽的介绍和分析,认为稿本中的修订墨迹皆出自纪晓岚之手,并据此将影印本命名为《纪晓岚删定〈四库全书总目〉稿本》。这种说法可能还值得斟酌。稿本中确有部分涂改墨迹似乎是纪晓岚的手迹,但也不难发现一些笔迹迥异的批注文字,据此判断,可能曾有不止一位四库总纂官参与了此稿本的修订工作。

关于这部稿本的抄写时间及修订年代,影印本前言中并没有涉及。其实对于这个问题,前人早已有所关注。早在 20 世纪 30 年代,陈垣先生曾提到他见过的一种《总目》写本:"民国十年秋,余得四库馆精缮提要底本六十册,不全,中有纪昀涂改笔迹,所改多与今本同,而凡遇周亮工名,必行涂去,审为乾隆五十二年以后删改之底本。"①今以陈文所引该稿本与天图稿本相比勘,知其所见即为此残稿,且称该稿本六十册,亦与天图稿本相吻合。周亮工文字狱案起于乾隆五十二年八月,故陈垣先生因该稿本中屡见讳改周亮工名字的墨迹,遂断定它是乾隆五十二年以后进行修订的稿本。近来台湾学者夏长朴先生则根据类似的理由对它的抄成时间有一个初步判断,他在《〈四库全书总目〉"浙本出于殿本"说的再检讨》的一条注文中谈及天图稿本的年代问题,认为此稿本形成的确切年代尚待研究,但从其底本有周亮工《书影》《赖古堂诗集》,以及馆臣屡以墨笔删除李清、周亮工等人文字的迹象来看,稿本的抄成时间应在乾隆五十二年三月李清文字狱案发生以前②。

---

① 陈垣:《四库提要中之周亮工》,原载故宫博物院《文献论丛》,1936 年 10 月;收入《陈垣学术论文集》第二集,北京:中华书局,1982 年,第 49—58 页。
② 夏长朴:《〈四库全书总目〉"浙本出于殿本"说的再检讨》,第 263 页。

对于研究《四库全书总目》的纂修过程来说,天图稿本无疑具有十分丰富的文献信息和重要的史料价值,而目前对它的版本由来以及修订年代都缺乏足够的了解。本文将在此稿本所提供的文献信息的基础之上,参考有关纂修《四库全书》的档案资料以及《总目》其他稿本、刻本的内容,力图弄清这一稿本的来龙去脉。

二、天津图书馆藏《总目》残稿的抄写年代

在讨论天图稿本的抄写年代之前,有一个与此相关的问题需要加以解释。笔者发现,此稿本今存正文七十卷中,有四卷显系其他抄本阑入,即卷七七史部三十三(地理类存目六)、卷一三六子部四十六类书类二、卷一三七子部四十七类书类存目一、卷一五一集部四别集类四。此四卷与其他各卷之间的差异十分明显:一是行格、版心、页码皆无;二是笔迹迥然有别;三是抄写多有错漏,如卷七七史部二十三下一行即漏抄了"地理类存目六";四是除了抄写错漏处径行涂改外,未见有任何修改墨迹。

笔者将以上四卷提要与殿本进行了比勘,结果发现两者之间内容高度吻合。惟有卷七七的情况较为特殊,此卷共收入七十九篇存目提要,包括地理类古迹之属三十七部三百七十二卷,地理类杂记之属四十二部一百七十六卷。天图稿本该卷各书书名、作者、卷数以及各书所注版本,皆与殿本完全吻合,但中间部分的排列顺序却出现了严重的颠倒错位,导致古迹之属和杂记之属互舛。根据殿本各书的序次,可以看出天图稿本是如何错乱的:自429页《江心志》至438页《鹅湖讲学会编》应接在406页《崇恩志略》之后,自417页《豫章今古记》至422页《秦录》应接在438页

《鹅湖讲学会编》之后，自 407 页《晋录》至 416 页《帝京景物略》应接在 422 页《秦录》之后，自 424 页《山左笔谈》至 428 页《山东考古录》应接在 416 页《帝京景物略》之后，自 423 页《京东考古录》至 424 页《天府广记》应接在 428 页《山东考古录》之后①。之所以会出现这种颠倒错乱的现象，猜想是由于此卷原无页码，故极有可能是收藏者装订时出现错页造成的。

　　根据上述情况，我们可以大致判断出这四卷抄本的来历，估计它们本是乾隆末年某位馆臣或藏书家据殿本之底本私下转录的一个本子，后来不知何故被掺入天图稿本之中。在乾隆六十年殿本、浙本刊行之前，这类抄本颇为流行。如胡虔乾隆五十八年据《总目》抄本刊行《钦定四库全书附存目录》十卷，在为此书所作的跋中说道："辛亥（即乾隆五十六年）三月，虔在武昌节署得恭读《钦定四库全书提要》，书凡二百卷……力不能缮写，又正目已有知不足斋刻本，乃录其存目校而藏之。其尚有钞胥字画之误，壬子在江宁，与凌仲子廷堪复详校之，并厘为十卷云。"②周中孚为此书所作提要亦云："曾见《存目》旧钞本，系照馆中初编之稿录出，与是本无异，知雒君（按即胡虔字）即据初稿本编定付刊，故与沈提要刊本不同。"③可见胡虔所据为底本的《总目》，就是当时在社会上流传的一个抄本。

<hr />

①见《纪晓岚删定〈四库全书总目〉稿本》卷七七，第 4 册，第 387—458 页。因天图稿本此卷原无页码，故此处所标注者皆为影印本页码。
②胡虔：《钦定四库全书附存目录》跋，光绪十年学海堂刊本，叶 1a—b。按"正目已有知不足斋刻本"云云，系指乾隆四十九年鲍氏知不足斋所刻《四库全书简明目录》。
③周中孚：《郑堂读书记》卷三二，《钦定四库全书附存目录》提要，北京：中华书局，1993 年，第 150 页。

如上所述,既然判定上述四卷提要本不属于天图稿本的内容,下文讨论该稿本的抄写年代及文献价值时,自然要将它们排除在外。

关于天图稿本的抄写年代,首先需要明确它的时间上限和下限。前面提到,陈垣先生根据稿本中涂改周亮工名字的墨迹断定它是乾隆五十二年以后的修订本,夏长朴先生则以类似的理由推断它的抄写年代当不晚于乾隆五十二年三月。由于乾隆五十二年发生的李清、周亮工文字狱所提供的线索,使得我们比较容易判断该稿本抄写的时间下限。最明显的一个证据是,天图稿本卷五〇史部别史类有李清《南北史合注》,馆臣对这篇提要先后做过两次处理。该书卷数,底本原作"一百五卷",后被墨笔涂改为"一百九十一卷";提要中"礼部尚书思诚之孙,大学士春芳之元孙"一句被删去。这是第一次修改留下的痕迹。另外,在此条提要上端又贴有一浮签,上有墨笔批注:"《南北史合注》已撤去,此提要应删。存查。"这显然是第二次的修改意见①。

李清文字狱案发生于乾隆五十二年三月,纂修《四库全书》档案资料对此事原委有详细记载:

> 乾隆五十二年三月十九日内阁奉上谕:四库全书处进呈续缮三分书,李清所撰《诸史同异录》书内,称我朝世祖章皇帝与明崇祯四事相同,妄诞不经,阅之殊堪骇异。李清系明

① 该书虽已于乾隆五十二年被撤出《四库全书》,但其底本仍留存于故宫,中华书局影印浙本《总目》时,将该书书前提要辑入《四库撤毁书提要》。提要中仍有"礼部尚书思诚之孙,大学士春芳之元孙"一句,与天图稿本底本相同,而卷数则已改为一百九十一卷。见《四库全书总目》,北京:中华书局,1965年,下册,第1839页上栏。

季职官,当明社沦亡,不能捐躯殉节,在本朝食毛践土,已阅多年,乃敢妄逞臆说,任意比拟。……所有四阁陈设之本及续办三分书内,俱着掣出销毁,其《总目提要》,亦着一体查删。①

此事之起因,是高宗在抽查四库馆所进呈的南三阁库书时,发现李清《诸史同异录》以顺治皇帝与崇祯皇帝妄加比拟的问题,由此引发了一场牵连甚广的文字狱,李清的所有著作均遭禁毁。同年四月二日《军机大臣奏遵旨销毁李清书四种应行补函商酌办理情形片》透露了此中的消息:"此次所毁李清书四种,其《南北史合注》一种,系在史部别史类中;《诸史同异录》及《不知姓名录》二种,系在子部类书类中。此二类备抄之书尚多,均可按其时代另检别种,约计卷数多寡,依次补入,不见抽换之迹。惟《南唐书合订》一种,系在史部载记类中,此类书籍甚少,现在别无备抄之书,无可补入。"②天图稿本中的《南北史合注》提要被馆臣贴签删除,就是此后发生的事情。不过既然该稿本底本中尚有《南北史合注》③,那就说明此稿本的抄写时间不应晚于乾隆五十二年三月;

① 《谕内阁将〈诸史同异录〉从全书内掣出销毁并将总纂等交部议处》,军机处上谕档,见中国第一历史档案馆编:《纂修四库全书档案》,上海:上海古籍出版社,1997 年,下册,第 1991—1992 页。
② 《军机大臣奏遵旨销毁李清书四种应行补函商酌办理情形片》,军机处上谕档,见《纂修四库全书档案》,下册,第 1997—1998 页。
③ 按天图残稿中所见李清著作仅有此书,《南唐书合订》当在卷六六史部载记类中,但此卷今已不存;《诸史同异录》和《不知姓名录》当在卷一三六子部类书类二中,天图稿本虽有此卷,然系其他抄本阑入,故亦未见此二书提要。这种情况也可进一步证实笔者上文的判断,即那四卷未见修订墨迹的抄本应该出自乾隆末年。

如考虑到此篇提要在李清文字狱案发之前已经做过第一遍文字修改,则其抄写时间似应更早。

天图稿本的抄写年代上限是一个比较复杂的问题,其中卷首和《凡例》有一些看上去相互矛盾的关键性信息,将会给我们判断其生成年代造成很大困扰,因此需要做一番认真的考索。

此稿本除了凡例和目录之外,还有卷首凡七卷。其中卷首之一为"圣谕",共收入二十四篇上谕,时间自乾隆三十七年正月至四十六年十一月,仅比浙本少一篇乾隆五十五年六月一日上谕;卷首之二至之六为"御制诗"五卷(影印本目录将卷首之六"御制诗"误为"御制文"),各诗作年自乾隆三十八年至四十四年;卷首之七为"御制文"一卷,作年自乾隆三十九年至四十六年[①]。值得注意的是,这六卷御制诗文仅见于天图稿本卷首,而不见于晚出的殿本和浙本,不免令人感到蹊跷。

那么,天图稿本卷首所载御制诗文究竟给我们提供了什么有用的信息呢?纂修《四库全书》档案可以帮助我们解答这个问题。当《总目》初稿于乾隆四十六年二月进呈后,高宗曾就此书的编纂体例提出如下修订意见:

> 乾隆四十六年二月十三日内阁奉上谕:据四库全书总裁奏进所办《总目提要》内,请于经、史、子、集各部,冠以圣义、圣谟等六门,恭载列圣钦定诸书及朕御制、御批各种。所拟殊属纷繁。……朕意如列圣御纂诸经列于各本经诸家之前,

---

[①] 此卷"御制文"最后一篇是《命馆臣录存杨维桢〈正统辨〉谕》,按文渊阁《四库全书》本《东维子集》卷首所载此谕,末题"乾隆辛丑孟春",知作于乾隆四十六年正月。

《御批通鉴纲目》等书列于各家编年诸书之前,五朝圣训、朱批谕旨、方略等书列于诏令诸门之前,《御注道德经》列于各家所注《道德经》之前,其它以类仿照编次,俾尊崇之义,与编纂之体并行不悖。至阅其《总目》,特载朕前后修书谕旨及御题四库诸书诗文为卷首,所办未为尽协。……所有历次所降谕旨,列之《总目》首卷以当序,事属可行。且官撰诸书,亦有以谕旨代弁言者,自不得不如此办理。至朕题四库诸书诗文,若亦另编卷首,将来排列,转在列朝钦定诸书之前,心尤未安。虽纂校诸臣尊君之意,然竟似《四库全书》之辑,端为朕诗文而设者,然朕不为也。着将所进诗文六卷撤出,仍分列入朕御制诗文集内,俾各为卷首,则编排在列朝钦定诸书之后,而四库书内朕所题各书诗文,列在本集首卷,庶眉目清而开帙了然。将此谕令馆臣遵照办理。①

高宗的这篇上谕主要针对《总目》的编纂体例提出了两点修改意见:其一,不同意将本朝诸帝御撰、钦定之书冠于经、史、子、集各部之首的做法,主张改置于各门类之前;其二,不同意将他本人历年来为修《四库全书》所降谕旨以及御题四库诸书诗文均冠于全书之首,要求将卷首的六卷御制诗文撤出,列入集部的御制诗文集内,并分别冠之于所题各书之首,而《总目》卷首只保留历年修书谕旨以代弁言。

然而对于上述修订方案,高宗经反复考虑后,觉得仍有不妥,

①《谕内阁着将列朝御纂各书分列各家著撰之前并将御题四库诸书诗文从总目卷首撤出》,军机处上谕档,见《纂修四库全书档案》,下册,第1289—1290页。

于是两天以后他又针对《总目》的编纂体例颁降了第二道御旨：

> 乾隆四十六年二月十五日内阁奉上谕：……朕一再思
> 维，《四库全书》之辑，广搜博采，汇萃群书，用以昭垂久远，公
> 之天下万世。如经部易类，以《子夏易传》冠首，实为说易家
> 最古之书，允宜弁冕羲经。若以钦定诸书列于各代之前，虽
> 为纂修诸臣尊崇本朝起见，而于编排体例，究属未协。况经、
> 史、子、集各部内，尚有前代帝王论著，以本朝钦定各书冠之，
> 亦有未合。……所有《四库全书》经、史、子、集各部，俱着各
> 按撰述人代先后，依次编纂。至我朝钦定各书，仍各按门目，
> 分冠本朝著录诸家之上，则体例精严，而名义亦秩然不紊，称
> 朕折衷详慎之至意。将此谕令馆臣遵照办理。①

在这篇上谕中，高宗对他此前提出的第一点意见进行了修正，认
为本朝诸帝钦定各书不但不应冠于经、史、子、集各部之首，也不
宜列于各门类之首，所有收入《四库全书》的著作均应以作者时代
先后为序，钦定各书可置于各门类本朝著述之前，这样才能使名
义"秩然不紊"，可以"昭垂久远，公之天下万世"。

　　遵照高宗的旨意，四库馆臣对《总目》初稿从编纂体例到提要
内容进行了全面修订，并于乾隆四十七年七月进呈定本，是月十
九日永瑢等人的一封奏折谈到了《总目》的修订情况："《总目提
要》业于上年办竣进呈，荷蒙圣训指示，令将列圣钦定诸书及御
制、御批各种，均按门类分冠本朝著录各书之上，毋庸概列部首。

---

① 《谕内阁所有四库全书各部俱各按撰述人先后依次编纂》，军机处上谕
　档，见《纂修四库全书档案》，下册，第 1290—1291 页。

现在亦已将体例尊奉改正,另行排次,仍编成二百卷,装作二十函,谨一并覆进。"①这封奏折明确指出,此次进呈的《总目》已按照高宗的要求调整编纂体例,御撰、钦定诸书均按其所属门类分置于本朝著述之前,但未说明《总目》卷首的六卷御制诗文是否也已删去。

前面谈到,天图稿本卷首恰恰就有六卷御制诗文,包括御制诗五卷及御制文一卷。根据上文所引档案材料得知,高宗在乾隆四十六年二月十三日的上谕中曾明确要求将《总目》卷首的六卷御制诗文撤出,照理说乾隆四十七年以后的修订本就不应再有这些内容。如此看来,似乎只能得出这样一个结论,天图稿本正是乾隆四十六年二月进呈的《总目》初稿。

然而问题却比我们所想象的要更为复杂,请看天图稿本《凡例》第二条的说法:

> 列朝圣制、皇上御撰,揆以古例,当弁冕全书。而我皇上道秉大公,义求至当,以四库所录,包括古今,义在衡鉴千秋,非徒取尊崇昭代,特命各从门目,弁于国朝著述之前。此尤圣裁独断,义惬理精,非馆臣所能仰赞一词者矣。②

这段话的意思表达得很清楚,即《总目》已经遵从高宗的旨意调整了编纂体例,原冠四部之首的御撰、钦定诸书,已被改置于各相关

---

①《质郡王永瑢等奏〈四库全书简明目录〉等书告竣呈览请旨陈设刊行折》,军机处原折,见《纂修四库全书档案》,下册,第1602—1603页。
②《纪晓岚删定〈四库全书总目〉稿本》"凡例",第1册,第278—279页。殿本、浙本亦同。

门类本朝著述之前。天图稿本各书提要的排序也完全可以证实这一点：如卷一二经部书类二将康熙御定《日讲书经解义》等两种著作置于明人书之后、本朝书之前；卷四九史部纪事本末类将《亲征朔漠方略》等六种乾隆间奉敕修纂的官书皆列于明人书之后、本朝书之前；卷一九〇集部总集类五将《御选古文渊鉴》等十三种钦定著作皆置于明人书之后、本朝书之前。只有卷五五史部诏令奏议类是个例外，乃是将《太祖高皇帝圣训》等本朝诸帝诏令谕旨八种置于诏令奏议类之首，后面才是《唐大诏令集》等前朝诏令。对于这一排序原则，在本朝诏令八种之后有一段馆臣按语做了解释："列圣御制及官撰诸书，并恪遵圣谕，冠于国朝著作之首。惟诏令奏议一门，例以专集居前，总集居后，而所录汉、唐诏令皆总集之属，不应在专集之前，是以恭录圣训、圣谕弁冕此门，前代诏令列后焉。"①可见这种情况属于特例，与高宗的要求并不相悖。上述事实说明，天图稿本确实已按照高宗的要求调整了编纂体例，因此它显然不可能是乾隆四十六年二月的进呈初稿。

除此之外，还有若干证据也有助于说明这个问题：其一，天图稿本卷首之一的"圣谕"，不仅已收入上文所引乾隆四十六年二月十三日和十五日的两篇上谕，还有三篇是时间更晚的，最后一篇已晚至乾隆四十六年十一月六日，这些上谕自然不可能被收入是年二月的进呈初稿中。其二，天图稿本《凡例》开首称："谨恭录御题诗文，分冠诸书之首。"②即已将高宗御题四库诸书诗文分别冠之于所题各书之首，这显然是对乾隆四十六年二月十三日上谕的

①《纪晓岚删定〈四库全书总目〉稿本》卷五五，第 4 册，第 165—166 页。
②《纪晓岚删定〈四库全书总目〉稿本》"凡例"，第 1 册，第 277 页。从这句话里看不出《总目》卷首的六卷御制诗文是否已经撤出。

一个回应,说明此《凡例》应是四十七年七月以后的修订本。其三,上文提到,上海图书馆所藏《总目》残稿极有可能是乾隆四十六年二月的进呈本,此稿本中收录有五种尹会一的著作提要,其中四种因天图稿本的相关卷次皆已不存,无从比对;惟上图残稿卷一八五集部别集类存目一二有尹会一《健余诗草》三卷,[1]可取与天图稿本相比勘,然而却发现后者已无此条提要。尹会一的文字遭到禁毁是乾隆四十六年三月以后的事情,天图稿本既已不收他的著作,可见也不应该是乾隆四十六年二月的进呈本。

如上所述,天图稿本《凡例》及卷首所载御制诗文所提供给我们的信息似乎是相互矛盾的:一方面,此稿本卷首仍有六卷御制诗文,照此看来,它理应是乾隆四十六年二月的进呈初稿;另一方面,天图稿本《凡例》又明确表示它已遵从高宗旨意对涉及御撰、钦定诸书的编纂体例进行了重新调整,且从各卷提要的排序来看,也全都符合这一原则,说明此稿本绝不可能是乾隆四十六年二月的进呈初稿!那么,究竟应当如何解释这一矛盾呢?剩下的只有这样一种可能性:虽然高宗在《总目》初稿进呈之初,曾以上谕的形式明确要求撤下卷首的六卷御制诗文,但令人难以置信的是,乾隆四十七年以后的修订本居然没有采纳这个意见![2]据我估计,这六卷御制诗文被撤出《总目》卷首,大概已是乾隆五十五

---

① 参见沈津:《校理〈四库全书总目提要〉残稿的一点新发现》,第 176—177 页。
② 之所以会出现这种匪夷所思的情况,似可理解为四库馆臣之曲意尊君。其实类似的现象并非孤例,早在四库开馆之初,高宗就要求御纂诸书"入于各类,不必冠之部首"(见陆锡熊《初拟办理〈四库全书〉条例》),而乾隆四十六年进呈的《总目》却仍以御纂、钦定诸书冠于四部之首。与此情况极为相似。

年以后的事情了。

以上讨论旨在厘清天图稿本给我们提供的某些"似是而非"的信息，以说明它并非乾隆四十六年二月的《总目》进呈初稿。在弄清楚这个棘手的问题之后，仍需重新探讨此稿本的抄写年代上限。

天图稿本的某些提要内容，向我们提示了一些初步的线索。卷一四八集部楚辞类："《钦定补绘离骚全图》二卷，国朝萧云从原图，乾隆四十七年奉敕补绘。"①但何时成书时间不详，检文渊阁、文溯阁、文津阁本书前提要，皆署"乾隆四十九年十一月恭校上"。据此推断，此条提要的撰写时间当在乾隆四十七年以后，四十九年十一月之前。又卷五〇史部别史类《契丹国志》提要云：

> 惟其体例参差，书法颇舛，忽而内宋，则或称辽帝，或称国主；忽而内辽，则以宋帝年号分注辽帝年号之下，既自相矛盾。又书为奉宋孝宗敕所撰，而所引胡安国说，乃称安国之谥，于君前臣名之义，亦复有乖。至杨承勋劫父叛君，蔑伦伤教，而取胡安国之谬说，以为变不失正，尤为无所别裁。今并仰遵圣训，改正其讹，用以昭千古之大公，垂史册之定论焉。"②

这篇提要的内容与高宗乾隆四十六年的一首上谕有直接关系。乾隆四十六年十月，当第一份《四库全书》文渊阁本即将全部抄缮

①《纪晓岚删定〈四库全书总目〉稿本》卷一四八，第 6 册，第 273 页。
②《纪晓岚删定〈四库全书总目〉稿本》卷五〇，第 3 册，第 606—607 页。此段文字天图稿本多有涂乙，笔者所引系其底本原文。

完毕之际,高宗抽阅《契丹国志》时发现了许多他认为非同小可的问题,其一是"体例混淆,书法诡舛",以宋帝年号分注辽帝年号之下;其二是"失君臣之体",妄称胡安国之谥;其三是所谓"华夷之见",称五代时劫父叛君的杨承勋为"变不失正"。于是馆臣遂请撤出此书,但高宗不同意采取这种简单的处置办法,遂于是年十月十六日下旨,要求重新改编《契丹国志》,"着总纂纪昀等详加校勘,依例改纂"①。很显然,天图稿本的《契丹国志》提要已经是根据高宗上谕重新撰写的文本,那么这篇提要又写于何时呢? 这要结合《契丹国志》改纂成书的时间表来考虑。据乾隆四十八年二月二日的一件军机处上谕档记载说:"《契丹国志》改纂已竣,现在缮写正本进呈。"②这是改纂成书的时间。又据四十九年七月二十日的一件军机处上谕档说:"遵查《契丹国志》于四十六年奉旨改纂,四十八年二月办竣进呈。谨将四库馆写出正本呈览。"③这是正本抄缮完毕进呈御览的时间。而文溯阁、文津阁、文渊阁本书前提要则分别题为乾隆四十八年三月、四十九年三月和四十九年十一月,这是诸阁库书抄缮完毕的时间。据此判断,《契丹国志》提要的重新撰写应在乾隆四十八年二月"办竣进呈"前后,撤换《总目》原提要、抄入天图稿本当然更是在这之后的事情了。

根据以上论证,可将天图稿本的抄写时间上限大致划定在乾隆四十八、九年,其下限最迟不会晚于乾隆五十二年三月。当然,

---

① 参见《谕内阁〈契丹国志〉体例书法讹谬着纪昀等依例改纂》,军机处上谕档,见《纂修四库全书档案》,下册,第1417—1419页。

② 《军机大臣奏各馆纂办未竣各书分晰开单呈览片》附《各馆纂办书籍清单》,军机处上谕档,见《纂修四库全书档案》,下册,第1709页。

③ 《军机大臣奏遵查〈契丹国志〉办竣情形并将正本呈览片》,军机处上谕档,见《纂修四库全书档案》,下册,第1790页。

这只是根据上文的考订结果提出的一个初步时间框架,并非本文的最终结论。

三、天图稿本与乾隆五十一年刻本的关系

那么,有没有可能找到更为明确的证据,对于天图稿本的生成年代给出一个更加准确的结论呢？幸运的是,这个稿本上留下的某些四库总纂官批语给我们提供了重要的线索。

其一,天图稿本卷一三四子部杂家类存目十一,在《赖古堂藏书》提要处有一浮签,上有批注云："《赖古堂藏书》,周亮工编。宋字刻本已删,底本亦应勾去,以归画一。"[①]

其二,天图稿本卷二七经部春秋类二有崔子方《春秋经解》《春秋本例》《春秋例要》三书提要,《春秋经解》提要眉端有馆臣批语："照此本改刻四页即合缝。"其后又有笔迹相同的小字批语："刻本不知谁所改,将一段履历割属二篇,而又颠倒之。天地之大,何所不有！"(见图一)此篇提要末有墨笔增补十六字,上端有批语"（勾）出一行"；下一篇《春秋本例》提要多有修改,上批"勾出一行"；再下一篇《春秋例要》提要先是被墨笔勾去,后又有三角恢复符号,此篇提要亦多有修改,眉端批"勾出一行",其后又有小字眉批："共成四页零二行,与刻板合缝。只消挖板心一卷,不必全刻矣。"(见图二)[②]

---

① 见《纪晓岚删定〈四库全书总目〉稿本》,第 5 册,第 552 页。
② 以上皆见卷二七叶 1a-叶 4b,《纪晓岚删定〈四库全书总目〉稿本》,第 3 册,第 67—74 页。

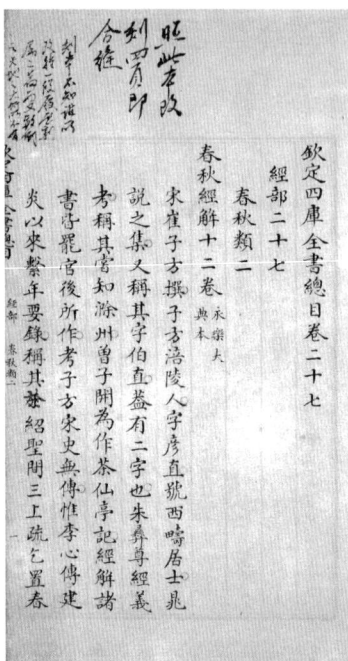

图一 《春秋经解》提要眉批　　　图二 《春秋例要》提要眉批

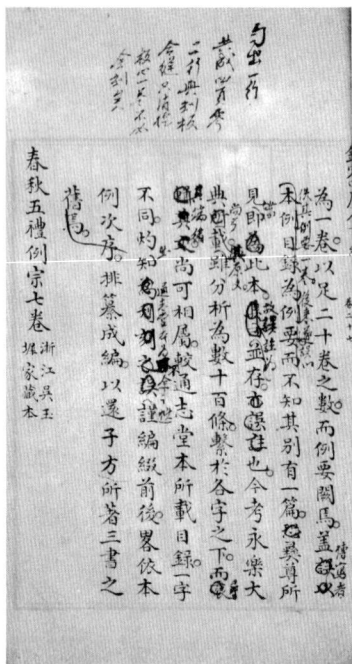

以上馆臣批语对于弄清天图稿本的来历至关重要。首先引起我注意的是馆臣批语中提到的"刻本"、"宋字刻本"等说法，上文说到，《总目》最早的刻本——殿本、浙本的刊行都已晚至乾隆六十年，故此处所谓的"刻本"，显然与殿本、浙本无关。不过有证据表明，在殿本、浙本问世之前，《总目》曾一度付梓，后又因故中辍。乾隆六十年十一月，在殿本《总目》刊刻完工之际，《四库全书》馆副总裁曹文埴曾给高宗上过一封奏折，其中说道：

　　臣曹文埴谨奏，为刊刻《四库全书总目》竣工，敬谨刷印装潢，恭呈御览事。窃臣于乾隆五十一年奏请刊刻《四库全书总目》，仰蒙俞允，并缮写式样，呈览在案。续因纪昀等奉旨查办四阁之书，其中提要有须更改之处，是以停工未刻。①

另外，曹文埴之子曹振镛在为其父所作的行状中也说到，乾隆六十年十一月，"《四库全书总目》刊刻竣工，进呈御览。先是，先公于丙午年（按即乾隆五十一年）奏请刊刻，仰荷俞允，后因提要有更改处停工未刻"。② 这一记载亦可从当时的档案材料中得到证实，乾隆五十二年四月二日，军机大臣在奏报禁毁李清著作事宜时提到："现在刊刻《总目》，应一并查明改正。"③说明此时《总目》正在刊刻之中，恰好可以印证曹文埴的上述说法。

据曹文埴说，他曾于乾隆五十一年奏请刊刻《四库全书总目》，并得到高宗允准，后因纪昀等奉旨覆校北四阁书，其中提要多有需要修改之处，"是以停工未刻"——这应是乾隆五十二年四月以后的事情。据我判断，天图稿本所见馆臣批语中提到的"刻本"或"宋字刻本"④，应该就是指这一刻本。

那么，天图稿本与乾隆五十一年的《总目》刻本究竟是什么关系呢？要想弄清这个问题，就需要对前述天图稿本卷二七的馆臣批语做一认真分析。上文提到，该卷《春秋经解》提要眉批称"刻

①乾隆六十年十一月十六日《原户部尚书曹文埴奏刊刻〈四库全书总目〉竣工刷印装潢呈览折》，宫中朱批奏折，《纂修四库全书档案》下册，第2374页。

②曹振镛：《先文敏公行状》，见曹文埴《石鼓砚斋文钞》卷末，《清代诗文集汇编》，上海：上海古籍出版社影印嘉庆五年刻本，2010年，第387册，第197页下栏。

③《军机大臣奏遵旨销毁李清书四种应行补函商酌办理情形片》，军机处上谕档，《纂修四库全书档案》下册，第1998页。

④所谓"宋字刻本"，在这里应理解为对刻本的一种泛称。

本不知谁所改,将一段履历割属二篇,而又颠倒之"云云,这里说的"履历"显然是指提要所述该书作者崔子方生平。《春秋经解》提要开端有一大段文字考证崔子方的履历:

> 《春秋经解》十二卷(永乐大典本),宋崔子方撰。子方,涪陵人,字彦直,号西畴居士。晁说之集又称其字伯直,盖有二字也。朱彝尊《经义考》称其尝知滁州,曾子开为作《茶仙亭记》,《经解》诸书皆罢官后所作。考子方《宋史》无传,惟李心传《建炎以来系年要录》称其于绍圣间三上疏,乞置《春秋》博士,不报;乃隐居真州六合县,杜门著书者三十余年。陈振孙《书录解题》所载大略相同。朱震进书札子亦称为东川布衣。彝尊之说,不知何据。惟《永乐大典》引《仪真志》一条云:"子方与苏、黄游,尝为知滁州曾子开作《茶仙亭记》,刻石醉翁亭侧,黄庭坚称为六合佳士。"殆彝尊误记是事,故云然欤。

需要说明的是,天图稿本卷二七所载崔子方《春秋经解》《春秋本例》《春秋例要》三书提要,浙本《总目》与天图稿本底本相同,殿本《总目》则与天图稿本之修改稿皆同,而无论是天图稿本的底本还是修改稿,都仅有《春秋经解》提要谈及崔子方履历,后二篇提要则不再重复介绍作者生平,这与《总目》一书的体例是完全吻合的。

然而,若将此三书提要与诸阁本书前提要做一比较,就会发现它们之间存在的两点差异。首先是《春秋本例》的提要内容,两者明显不同。天图稿本《春秋本例》提要云:"《春秋本例》二十卷(内府藏本),宋崔子方撰。是书大旨以为,圣人之书编年以为体,举时以为名,著日月以为例,而日月之例又其本,故曰《本例》。"而文渊阁、文津阁和文溯阁本书前提要皆曰:"《春秋本例》二十卷,宋崔子方撰。子方字彦直,涪陵人。为人介而有守,黄庭坚极称其贤。绍圣中,罢《春秋》取士,子方三上书乞复之,不报。其为是书也,大旨谓圣人之书编年以为体,举时以为名,著日月以为例,而日月之例又其本。乃列一十六门,皆以日、月、时例之。"①值得注意的是,尽管《春秋经解》提要已对作者履历做过详细考证,但《春秋本例》一书的诸阁本书前提要仍然有一段介绍崔子方履历的文字,想必这应该反映了提要初稿的面貌②,而《总目》编纂过程中因对体例做过整齐划一的工作,故已将《春秋本例》提要中有关作者履历的文字删去。

其次是崔氏《春秋》三书的排列顺序,诸阁本与《总目》各不相同。《总目》的先后顺序是《春秋经解》《春秋本例》《春秋例要》,文渊阁本的顺序是《春秋经解》(附录《春秋例要》一卷)、《春秋本例》,文津阁本的顺序是《春秋本例》、《春秋经解》(附录《春秋例要》),文溯阁本的顺序是《春秋本例》《春秋例要》《春秋经解》。需要附带说明的是,由于文渊阁本和文津阁本皆将《春秋例要》作为《春秋经解》的附录,曾经引起过某些误会。乾隆五十三

---

① 见台湾商务印书馆影印文渊阁《四库全书》,第 148 册,第 345 页下栏;《文津阁四库全书提要汇编》,北京:商务印书馆影印本,2006 年,第 1 册,第 353 页上栏;金毓黻辑录:《金毓黻手定本文溯阁四库全书提要》,北京:中华全国图书馆文献缩微复制中心影印本,1999 年,上册,第 127 页上栏。

② 关于这一点,我们可以提供一个确切的证据:《春秋本例》诸阁本书前提要与《四库全书初次进呈存目》几乎是完全相同的,惟"大旨谓"三字,文溯阁本与《进呈存目》作"以为"而已(见《四库全书初次进呈存目》经部第 2 册,第 431—432 页)。

年正月二十七日，纪昀在向高宗奏报覆校文津阁全书结果时，提到发现的诸多问题，包括"遗失《永乐大典》书三部"，其中一部即为《春秋例要》，谓"此书宋崔子方撰，乃子方《春秋》三书之一。通志堂所刻经解，仅有两书，佚此一种，久无传本，主事杨昌霖从《永乐大典》辑出补完。今架上未收"云云①，就是因为《春秋例要》被附于《春秋经解》一书后，以致覆校时误以为此书辑本已经遗失。上文提到，天图稿本《春秋例要》提要先是被墨笔勾去，后又有三角恢复符号。大概也是因为馆臣在修订《总目》时，曾与文渊阁本或文津阁本进行核对，发现库书并无《春秋例要》一书，故一度打算将该书提要径行删去。

根据上文谈到的馆臣批语，同时考虑到崔氏《春秋》三书诸阁本书前提要与《总目》之间存在的这些差异，可以对天图稿本与乾隆五十一年刻本的关系做出如下推断：这个稿本应该是乾隆五十一年为刊刻《总目》而抄缮的一个清本。当时可能同时抄了两部清本，一部用于刻板，另一部用于总纂官最后审定，而天图稿本就是后一个本子。估计当时的工作程序，应是一边刻板，一边刷出校样来供总纂官审定，天图稿本上留下的那些批语，正是总纂官纪昀等人针对校样中发现的问题而提出的修改意见。

按照以上分析，我们可以对天图稿本卷二七的馆臣批语做出合理的解读。最关键的一段文字仍是见于《春秋经解》提要的那

---

① 《左都御史纪昀奏文渊阁书籍校勘完竣并进呈舛漏清单折》附《遗漏抵换各书清单》，《纂修四库全书档案》下册，第 2274 页。按该书误将此《清单》附于乾隆五十六年十二月九日奏折后，其实原本应附于《礼部尚书纪昀奏来热勘书完竣并查明阙失颠舛各书设法办理折》（见《纂修四库全书档案》下册，第 2114—2115 页）之后，乃是乾隆五十三年正月覆校文津阁全书的结果。

条眉批:"刻本不知谁所改,将一段履历割属二篇,而又颠倒之。天地之大,何所不有!"据我估计,可能在该卷雕板之时,某位馆臣发现《春秋本例》提要没有介绍作者崔子方其人,也没有"子方有《春秋经解》,已著录"之类的话,而竟未注意到前一篇《春秋经解》其实已有作者履历,于是便用翰林院底本或某一阁本的书前提要替换了该书提要,并对《春秋经解》《春秋本例》两篇提要的先后顺序进行了调整①。这样一来,《春秋经解》和《春秋本例》两篇提要遂重复出现作者履历,且两书先后顺序也与《总目》底本不同,故总纂官在天图稿本《春秋经解》提要眉端写下"将一段履历割属二篇,而又颠倒之"的批语,就是针对此事而发。

从天图稿本卷二七所见其他几段馆臣批语中,也可以看出它与乾隆五十一年刻本的关系。上文指出,《春秋经解》《春秋本例》《春秋例要》三篇提要均有若干增补修改的内容,且提要上方又都有"匀出一行"的眉批,《春秋经解》提要眉批要求"照此本改刻四页即合缝",《春秋例要》提要眉批又称"共成四页零二行,与刻板合缝。只消挖板心一卷,不必全刻矣"。这些眉批所表达的是同一个意思,即要求将这三篇提要增补修改之后多出的两行文字挤进此四页(即卷二七叶 1a-叶 4b)之内,这样只需重刻四页即可,而不必整卷都重刻②。

综上所述,根据笔者对天图稿本所见馆臣批语所做出的上述分析,可以判断该稿本的来历,它很可能是乾隆五十一年为刊刻

①根据上文谈到的文津阁本和文溯阁本的情况来判断,翰林院底本的顺序可能也是《春秋本例》在前而《春秋经解》在后。
②这些眉批中,惟"只消挖板心一卷"句颇为费解。或许是因《春秋例要》提要曾一度被删去,批注者以为少此一页,则该卷后面各页板心页码均需挖改,故云。

《总目》而抄缮的一个清本,是专供纪昀等总纂官根据它来审读刻本清样时使用的,故上面留下了若干针对刻本而提出的校订意见。根据这一结论,我们可以将天图稿本的抄写年代确定为乾隆五十一年。

四、天图稿本所见两类不同性质的修订文字

不过,在对天图稿本的数百处修订文字及眉批进行逐一梳理之后,笔者发现它们并不都是针对乾隆五十一年刻本而提出的校订意见。实际上,天图稿本的修改内容及修订过程是相当复杂的,有迹象表明,即便在乾隆五十一年刻本因故中辍之后,四库总纂官仍继续在这个稿本上进行《总目》的修订工作,且时间长达数年之久。因此,究竟哪些内容是总纂官审定五十一年刻本清样时进行的校改?哪些内容是后来做的进一步修订?这是两类不同性质的修订文字,需要加以仔细辨析。由于这个问题与《总目》初刻本的刊刻时间直接相关,所以我们首先需要弄清的是,从乾隆五十一年开始刊刻的《总目》,到底是什么时候被终止的?

上文提到,乾隆五十二年四月二日军机大臣在向高宗禀报禁毁李清著作的情况时曾透露:"现在刊刻《总目》,应一并查明改正。"①说明是时《总目》尚在刊刻中。又天图稿本卷一三四子部杂家类存目十一《赖古堂藏书》提要旁有批注云:"《赖古堂藏

---

① 《军机大臣奏遵旨销毁李清书四种应行补函商酌办理情形片》,军机处上谕档,《纂修四库全书档案》下册,第 1998 页。

书》，周亮工编。宋字刻本已删，底本亦应勾去，以归画一。"①这里说的"宋字刻本"即是指乾隆五十一年刻本，而周亮工著作遭到禁毁是乾隆五十二年八月以后的事情②，馆臣批注既称"宋字刻本已删"，说明此卷雕板已在乾隆五十二年八月以后，故此条提要被删去未刻。这么看来，从乾隆五十一年开始刊刻的《总目》，直至五十二年八月尚未中止，且至少已经刻完一百三十四卷。

据曹文埴说，乾隆五十一年的《总目》刻本最后被叫停，是因为"纪昀等奉旨查办四阁之书，其中提要有须更改之处，是以停工未刻"③。所谓"奉旨查办四阁之书"，是指乾隆五十二年内廷四阁全书的第一次覆校。是年五月，因高宗发现文津阁《四库全书》"讹谬甚多"，下令对北四阁全书进行全面覆校。其中问题最严重的文津阁《四库全书》，系由纪昀亲自带队前往热河覆校，始于乾隆五十二年十月，至次年正月才结束④。据我估计，《总目》的刊刻之所以半途而废，大概就是在乾隆五十二年十月文津阁《四库全书》覆校工作开始以后，纪昀发现提要中的错误太多，必须再做进一步修订，于是才不得不决定放弃这个已经刻完一多半的本子。

---

① 见《纪晓岚删定〈四库全书总目〉稿本》，第 5 册，第 552 页。
② 见乾隆五十二年八月十一日《谕内阁签出〈读画录〉等书违碍字句之详校官着交部议叙》，军机处上谕档，《纂修四库全书档案》下册，第 2057 页。
③ 乾隆六十年十一月十六日《原户部尚书曹文埴奏刊刻〈四库全书总目〉竣工刷印装潢呈览折》，宫中朱批奏折，《纂修四库全书档案》下册，第 2374 页。
④ 参见黄爱平：《四库全书纂修研究》，北京：中国人民大学出版社，1989年，第 200—210 页。

如上所述，《总目》之刊刻大约终止于乾隆五十二年冬，根据这一时间线索，大致可以将天图稿本中的修订内容分为两类：一类是乾隆五十一、二年间纪昀等总纂官根据底本审定刻本清样时提出的校订意见，另一类是乾隆五十三年以后总纂官在该稿本上所做的后续修订。下面拟选取典型例证，分别对这两类不同性质的修订文字加以区别和说明。

第一类修订内容主要是四库总纂官审定乾隆五十一年刻本清样时提出的校订意见，除了上一节谈到的馆臣批语之外，还有不少是直接对提要进行增删的文字。如见于天图稿本卷一三八子部类书类存目二的明祝彦《祝氏事偶》提要，就是一个很明显的例子①。此篇提要中的一段文字，在天图稿本底本和修改稿，以及后来的《总目》浙本和殿本中都各不相同（详见表一），从中可以看出《四库全书总目》历经多次修订的痕迹：

表一　《祝氏事偶》提要异文对照表

天图稿本底本	天图稿本修改稿	浙本	殿本
后来李清之《诸史同异》、周亮工之《同书》，其体实权舆于此。然（祝）彦采摘疏略，既不能及李、周二书之精密……	大致与后来周亮工之《同书》约略相似，而不能及周书之精密。	大致与后来方中德《古事比》约略相似，而不及其精密。	大致与同时陈禹谟之《骈志》约略相似，而不能及陈书之精密。

因李清、周亮工文字狱案皆发生于乾隆五十二年，故抄成于乾隆五十一年的天图稿本尚无任何避忌，以《祝氏事偶》与李清《诸史同异》、周亮工《同书》相提并论；但天图稿本中有墨笔删改

────────────

①见《纪晓岚删定〈四库全书总目〉稿本》，第6册，第160页。

的字迹，经总纂官修改后的相关段落已将提及李清的内容予以删除，只保留"周亮工之《同书》"一句，可见此处之删改当是在乾隆五十二年三月李清文字狱案之后、同年八月周亮工著作遭到禁毁之前；后来浙本又改称方中德《古事比》，显然是忌讳周亮工的缘故；而殿本最终改作陈禹谟《骈志》，并非有何违碍，可能是觉得以方中德《古事比》加以比拟似有不妥①。《总目》对方中德《古事比》的评价并不高："其书以古事之相类者排比成编，然征引虽博，挂漏实多。"②而对陈禹谟《骈志》的评价则胜过前者："大抵简核不及赵崇绚之《鸡肋》，而博赡则胜方中德之《古事比》也。"③这样看来，浙本称《祝氏事偶》"大致与后来方中德《古事比》约略相似，而不及其精密"云云，确实是不大合适的。《祝氏事偶》提要的这段异文能够说明很多问题，仅就天图稿本的删改内容来看，可以肯定是四库总纂官审定乾隆五十一年刻本清样时所为。

因牵涉周亮工文字狱而进行的删改，在天图稿本中屡见不鲜。该稿本底本中有周亮工著作提要三种，其中见于卷一二二子部杂家类的《书影》，见于卷一八一集部别集类存目八的《赖古堂诗集》，均被总纂官用墨笔勾去；见于卷一三四子部杂家类存目十一的《赖古堂藏书》，有批语谓"宋字刻本已删，底本亦应勾去，以

---

① 按浙本之刊行虽稍晚于殿本，但它所依据的底本却早于殿本之底本，故一般将殿本视为《总目》的最终定稿。知浙本称方中德《古事比》在前，殿本称陈禹谟《骈志》在后。
② 《四库全书总目》卷一三九子部类书类存目三，下册，第1179页下栏。
③ 《四库全书总目》卷一三六子部类书类二，下册，第1156页上—中栏。从《骈志》被收入四库而《古事比》仅入存目，亦可看出四库馆臣对两书评价之高下。

归画一"云云。周亮工著作遭到禁毁是乾隆五十二年八月的事情,是时《总目》仍在继续刊刻中,由此判断,这些提要也应该是总纂官审读刻本清样时所作的删改。

第二类修订内容是乾隆五十三年以后纪昀等总纂官在天图稿本上所做的进一步修改。上文指出,《总目》的刊刻工程至迟到乾隆五十二年冬已经终止,但有确切证据表明,直至乾隆五十五年,该稿本仍在继续进行修订。

天图稿本卷四九史部纪事本末类卷末,补入了一篇另纸抄写的《钦定台湾纪略》提要,书眉上批注:"此篇补在《石峰堡纪略》之后,《绥寇纪略》之前。"其提要原稿曰:"《钦定台湾纪略》:臣等谨案《台湾纪略》□□□(此处留有三字空格)卷,乾隆五十三年奉敕撰。……乾隆五十四年四月恭校。"后用墨笔补写卷数,作"《钦定台湾纪略》七十卷",末句曾被墨笔涂改为"乾隆五十五年七月恭校上",后又删去此句(见图三、图四)①。李国庆先生认为,"此篇文字用另纸重新抄写,盖改动较大故也"②。这一解释恐怕还值得斟酌。上文已经指出,天图稿本抄成于乾隆五十一年,而《钦定台湾纪略》系乾隆五十三年奉敕所撰,该书提要自然不会见于天图稿本底本,只能是后来补入的,并非因为改动较多而不得不重新抄写。至于此篇提要究竟补抄于何时,以及修改于何时,还需要花费笔墨做一点考释。

---

① 见《纪晓岚删定〈四库全书总目〉稿本》,第 3 册,第 559—563 页。此书书名,文渊阁本、文津阁本及文溯阁本皆作《钦定平定台湾纪略》。
② 李国庆:《影印纪晓岚删定本〈四库全书总目〉稿本前言》,《纪晓岚删定〈四库全书总目〉稿本》第 6 页。

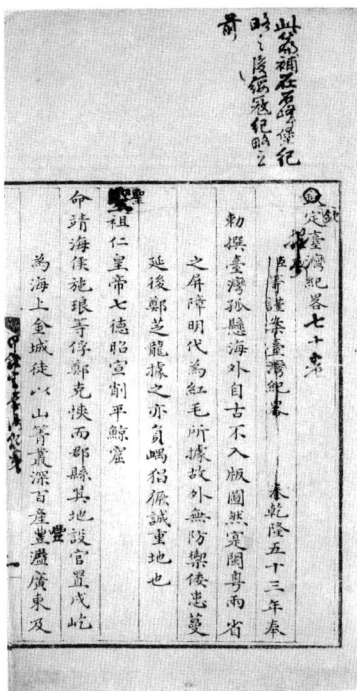

图三　《钦定台湾纪略》提要首页　　图四　《钦定台湾纪略》提要末页

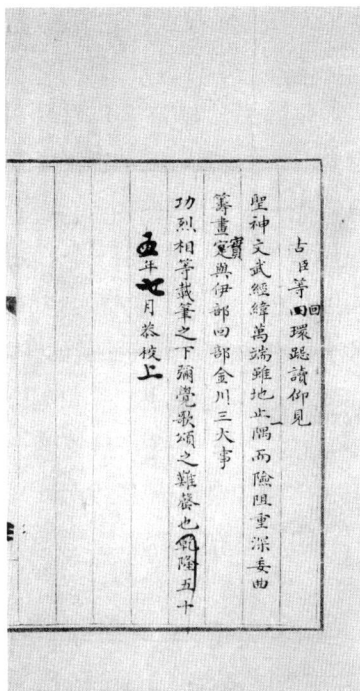

要弄清这个问题,首先应考虑《钦定台湾纪略》的成书时间。乾隆五十六年十二月八日,军机大臣阿桂等因《南巡盛典》告成而奏请议叙纂修人员,其中提道:"查方略馆于乾隆五十四年纂办《平定台湾纪略》告竣,臣等于进书折内声明,俟《安南纪略》《南巡盛典》告成后,再将纂修、誊录、供事人等奏请赏给议叙。"①检文渊阁、文津阁及文溯阁本《钦定台湾纪略》书前提要,均称"乾隆五

①《军机大臣阿桂等奏〈南巡盛典〉告成并请议叙纂修人员折》,军机处录副奏折,《纂修四库全书档案》下册,第2270页。

十四年四月恭校上”,这应该就是此书的纂成进呈时间①。

天图稿本补抄的《钦定台湾纪略》提要,原本也题为“乾隆五十四年四月恭校”,且篇首称“臣等谨案”云云,这显然不是《总目》提要的格式,而是库书书前提要的格式。这种情况应当作何解释呢? 中国国家图书馆藏有一部题名为《四库全书总目提要》的抄本,线装八册,不分卷。每半叶八行,行廿一字。红格白口,四周双边。全书无通贯页码,每篇提要页码自为起讫,其实是以若干篇书前提要汇编而成的。今存提要一百五篇,包括经、子、集部各若干种,独缺史部②。值得注意的是,这些提要都是严格按照四库书前提要的格式抄写的,末句一律为“乾隆　年　月恭校上”,年月皆留空待填。据我判断,这是由翰林院按照统一格式抄写的四库书前提要底本,每篇提要至少应抄录七份,供七阁全书采用,当每种书抄校完毕后,只需将这些业已按照统一格式抄好的书前提要填上年月即可。补入天图稿本的《钦定台湾纪略》提要,想必就是这么个来历。不过,与其他书前提要底本皆空缺年月未填的情况有所不同,因此书为四库官修书,修成后即同时抄入内廷四阁全书,故翰林院抄写的书前提要底本已按照该书的纂成进呈时间填写了年月。

那么,为何这篇提要原来所题的“乾隆五十四年四月”,又被墨笔涂改为“乾隆五十五年七月”呢? 我估计这篇提要被补入天图稿本的时间,正是在乾隆五十五年七月左右。大概当时某位誊

---

① 据乾隆四十九年五月六日《军机大臣奏遵查发下四库全书提要填写年月缘由片》称:“向来缮校各书,所写年分均系按照各呈进年分填写,从前进过一、二、三分书均系如此办理。”(见《纂修四库全书档案》下册,第 1774 页)
② 该抄本目前尚不为学界所了解,此承苗润博君相告。

录监生按照总纂官的要求找来一份翰林院抄写的书前提要补入其中，但因此书书前提要底本卷数留空未填，于是又根据另一种书前提要补入卷数。而这"另一种书前提要"，估计是出自当时刚完成覆校的南三阁全书。南三阁全书的覆校工作始于乾隆五十二年七月，至五十五年六月才基本完成①，当时南三阁书仍贮存于武英殿内，取校最为方便。根据《纂修四库全书档案》可以知道，成书较晚的四库官修书，大都是在此次覆校时才被补抄入南三阁的，《钦定台湾纪略》可能就是如此，因此"乾隆五十五年七月"应该是它抄入南三阁的时间。补入天图稿本的《钦定台湾纪略》提要，想必就是根据某种南三阁书前提要增补卷数，并将提要底本的"乾隆五十四年四月"依书前提要涂改为"乾隆五十五年七月"。然而因为这不符合《总目》提要的体例，所以后来又被总纂官删去此句。

通过以上考证和分析可知，《钦定台湾纪略》提要是在乾隆五十五年七月左右补入天图稿本的，而总纂官对这篇提要所做的删改，当然更是在此之后了。天图稿本中日前可以考知的修订内容，这是时间最晚的一条。

《四库全书总目》早在乾隆四十六年二月即已纂成初稿，并于四十七年七月进呈定本，但此后仍经历了长达十余年的修订过程。天津图书馆所藏《总目》残稿，使学界得以了解此书后期修订过程的若干关键环节，对于进一步探索殿本、浙本的版本源流也不无参考价值，值得我们给予足够重视。

原载《文史》2014 年第 4 辑

①参见黄爱平：《四库全书纂修研究》，第 222—225 页。

四库提要源流管窥

——以陈思《小字录》为例

　　《四库全书总目》之编纂始于乾隆三十八年(1773)，至乾隆四十七年正式进呈，后又屡经修订，直至乾隆六十年殿本刊行，才算是最后定稿。从最初的提要稿到最终的《总目》提要，其间历经反复修改和订补，形成了多种内容差异很大的文本，包括提要分纂稿、诸阁本书前提要以及《总目》的多个稿本等等。自20世纪80年代以来，不少学者对《总目》提要与若干分纂稿或书前提要之间的异同进行过研究，但多局限于文本内容的比较分析，而很少与四库学的相关问题联系起来加以考虑，因此往往只能看到各个文本之间的表面差异，而无法了解其背后的复杂衍变过程。

　　本文拟以陈思《小字录》为例，对四库提要之源流做一个案研究。之所以选择《小字录》，主要是因为它材料丰富而具备作为样本分析的典型意义。目前能够看到的《小字录》的各种提要文本，包括七种《总目》稿本(含底本及修订本)和定本，以及四种阁本书前提要，不同的提要文本多达十种以上。除了分纂稿未能保存下来，其他各个阶段、各种形态的提要文本可谓应有尽有，这种情况在四库提要中恐怕是绝无仅有的。因此，《小字录》其书本身虽无足道，但此书提要却无疑是研究《四库全书总目》乃至四库学的一个绝佳标本。

一、《小字录》四库提要之源流

流传至今的翁方纲、姚鼐、邵晋涵、余集、陈昌图等人的分纂稿，是四库提要的最初形态。不过《小字录》的提要分纂稿今已无从查寻，不知出自哪位纂修官之手。目前能够看到的《小字录》一书最早的提要稿，见于《四库全书初次进呈存目》子部杂艺类："《小字录》一卷《补录》六卷，宋成忠郎、缉熙殿国史实录院秘书省搜访陈思辑。思，理宗时临安书贾，《宝刻丛编》《书苑菁华》皆所辑也。是书取史传所载小字集为一编，较陆龟蒙《侍儿小名录》捃摭稍广。其《补录》六卷，则明万历中沈宏正撰。宏正字公路，嘉定人。"[1]

《四库全书初次进呈存目》（以下简称"《进呈存目》"）现藏台北"国家图书馆"，是《四库全书总目》的最初稿本。此书长期以来鲜为学界所知，直至近年有幸影印出版，才开始引起学界关注。台湾学者夏长朴教授首先撰文对此稿本进行了初步研究，推断它的编纂成书时间当在乾隆四十年五月至四十一年正月之间[2]。不过，由于该稿本中并没有任何纂修官的修改文字或批语，因此它

---

[1]《四库全书初次进呈存目》，台北：台湾商务印书馆影印本，2012 年，第 5 册，第 367 页。
[2] 夏长朴：《〈四库全书初次进呈存目〉初探——编纂时间与文献价值》，《汉学研究》30 卷 2 期，2012 年 6 月，第 165—198 页。

本身能够提供的时间信息十分有限,夏文的这个结论仅仅是根据两篇标注了版本来源的提要得出的,其说服力明显不足。笔者根据四库档案文献所提供的线索,指出《总目》初稿是采取分次进呈的形式汇纂成书的,而该稿本则是截至乾隆三十九年七月已进呈部分提要的汇编本①。

与后来的《总目》提要相比较,收入《进呈存目》的各篇提要,其内容普遍显得较为简陋,体例也很不规范,更接近于提要分纂稿的面貌。《小字录》的提要也是如此,全文不足百字,内容未免草草。需要注意的是,与陈思《小字录》一卷同时列入这篇提要的还有沈宏正《小字录补》六卷(提要称《补录》,不确),由于《进呈存目》中的各书提要不像后来《总目》那样分为著录与存目,因此从该提要稿中无从判断此二书当时究竟是被列为"应抄"还是"应存目"。而今天我们所见到的《总目》则仅有见于子部类书类的陈思《小字录》一卷,《小字录补》并未收入《四库全书》,亦不见于存目。关于这中间的变故,容下文再做解释。

《小字录》提要的第二个版本见于上海图书馆藏《四库全书总目》残稿,列入卷一三五子部四五类书类一。这个稿本上有许多涂乙删改,为便于讨论,先将其底稿转录如下:

> 《小字录》一卷《补录》六卷(两淮盐政采进本),宋陈思撰。思有《宝刻丛编》,已著录。案思本理宗时临安书估,而此书卷首题其官为成忠郎、缉熙殿国史实录院秘书省蒐访,

---

① 参见本书附录《〈四库全书初次进呈存目〉再探——兼谈〈四库全书总目〉的早期编纂史》,第 309 页。

不知何以授此职,亦不知其真与伪也①。是书乃仿陆龟蒙《侍儿小名录》之例,稍加推广,集史传所载小字以为一编。明万历间,松江沈宏正公路又以思原本未备,续事增辑,为《小字录补》六卷,合刊行之。思以龟蒙之书丛杂无法,故矫其失。先列帝王,而自汉以后诸臣则按代分系其下。然如北周晋公护之小字萨保,见于本传,而此顾遗之,则亦不免于漏略。至宏正所编,虽较详悉,而征引又失之太繁,中间如辽、金、元诸臣所载小字,皆不知音译,往往附合割裂,尤多舛误。特以原本相传既久,采缀颇勤,以备检寻,尚足供獭祭之用,故考古者亦不得而遽废焉。②

在讨论这篇提要的内容之前,首先需要明确上图稿本的抄写年代。最早研究此稿本的是沈津先生,但他对稿本年代并没有给出一个明确的结论,只是笼统地说,"可以肯定,此残稿非最初的稿本,也非后来之定稿,而是不断修改中的一部分稿本"③。后来崔富章先生对此稿本的年代进行了进一步考订,指出稿本中收录有五种尹会一的著作提要(均有墨笔标注"毁"、"删"等字样),乾隆四十六年三月,因尹嘉铨为其父会一请谥而引起的一桩文字狱,导致尹氏父子的所有著述均被列为禁书,由此判断,此稿本当

---

① 按彭元瑞等《天禄琳琅书目后编》卷五对此有一个解释:"《书苑菁华》,宋陈思撰。思,临安人。著《小字录》,前自署成忠郎、缉熙殿国史实录院秘书省蒐访,盖坊肆书贾系衔散局者。"(北京:中华书局影印本,1995 年,第 298 页下栏)
② 转录自沈津《校理〈四库全书总目提要〉残稿的一点新发现》,《中华文史论丛》1982 年第 1 辑,第 146 页;沈文第 134 页载此提要书影。
③ 沈津:《校理〈四库全书总目提要〉残稿的一点新发现》,第 137 页。

是是年二月成书进呈的《总目》初稿①。根据纂修《四库全书》档案的记载,《总目》全稿第一次成书进呈是在乾隆四十六年二月,后又遵照高宗旨意对编纂体例和相关内容进行了全面修订,于次年七月进呈定本。从上图稿本的底本内容来看,符合乾隆四十六年二月进呈本的特征,故崔氏对于其抄写年代的判定是可以信赖的。

从乾隆三十九年的《进呈存目》到乾隆四十六年的上图稿本,《小字录》提要发生了非常大的变化。若非仔细比对,几乎难以看出后者是在前者的基础上改写而成的,其内容之翔实,体例之整饬,与此前那篇简陋的提要稿简直不可同日而语。除了内容上的差异之外,上图稿本提要还为我们提供了以下三个重要信息:其一,从这篇提要所属的卷次类目可以得知,《小字录》及《小字录补》当时均已确定收入《四库全书》;其二,该书提要的门类重新做了调整,《进呈存目》列入子部杂艺类,而上图稿本改入子部类书类,后来各本《总目》皆从之。需要补充说明的是,杂艺类是四库馆早期拟定的一个子部类目,除了见于《进呈存目》外,还见于乾隆四十三年成书的《四库全书荟要》②,但在乾隆四十六年以后的《总目》稿本中已无此类。其三,上图稿本提要标注其版本来源为"两淮盐政采进本",而此前的《进呈存目》尚无此项内容。不过,据《两淮盐政李续呈送书目》可知,两淮盐政李质颖所进呈者仅为《小字录》一卷本③,似是弘治十七年活字本,并不包括沈宏正《小

①崔富章:《〈四库全书总目〉版本考辨》,《文史》第 35 辑,1992 年,第 159—166 页。
②参见江庆柏等整理:《四库全书荟要总目提要》,北京:人民文学出版社,2009 年,第 340—342 页。
③见《四库采进书目》,吴慰祖校订,北京:商务印书馆,1960 年,第 59 页。

字录补》六卷。这么看来,上图稿本所标注的版本信息可能有误,致与提要内容不符。这是因为四库馆早期撰写的提要稿皆不载其版本来源,经高宗乾隆三十九年七月二十五日上谕提出这一要求后,才统一在书名下标注版本。《小字录》提要稿的版本信息因是后来增补的,标注不确可以理解。

上面谈到的是上图稿本《小字录》提要的底本情况,这篇提要上有许多墨笔涂乙之处,使我们得以了解乾隆四十六年二月以后的修订情况。下面将经馆臣删订后的提要转录于此,以供比较(凡修改处皆加下划线予以标识):

> 《小字录》一卷《补录》六卷(两淮盐政采进本):<u>《小字</u><u>录》,宋陈思撰。《补录》,明沈宏正撰。思有《宝刻丛编》,已</u>著录。<u>宏正字公路,松江人。</u>思书因陆龟蒙《侍儿小名录》<u>稍</u><u>加推广</u>,集史传所载小字以为一编。<u>宏正又以思原本未备,</u><u>续为增辑,与思书合刊行之</u>。思<u>病</u>龟蒙之书丛杂无绪,故条分缕析,先列<u>历代</u>帝王,而自汉以后诸臣则<u>按代胪载</u>,较龟蒙书为有条理。然如北周晋公<u>宇</u>文护,小字萨保,见于本传,而此顾遗之,则亦不免于漏略。至宏正所编,虽较详悉,而征引又失之太繁,中间如辽、金、元诸臣所载小字,皆不知音译,<u>踵</u><u>谬沿讹,亦多不足依据</u>。特以二人相续蒐罗,旧籍所陈,十得<u>七八,亦足以备检寻。故并录存之,为识小之一助焉</u>。①

上文指出,上图稿本应是乾隆四十六年二月的进呈本,其抄

---

① 转录自沈津《校理〈四库全书总目提要〉残稿的一点新发现》,第146—147页;参见第134页所载此篇提要书影。

写年代已有较为明确的结论,但关于它的修订时间仍是一个有待解决的问题。崔富章先生对该稿本的修订时间上、下限提出过一个推论,认为当在乾隆四十七年至五十三年间。其理由是:其中所载《小字录》提要底本与乾隆四十七年十月文溯阁本书前提要同,而其修订稿则与浙本、殿本《总目》同,表明其修订的时间上限当在乾隆四十七年十月左右;又周亮工《闽小纪》于乾隆五十三年十月被列入禁毁书目,而此稿本中的《闽小纪》提要并未批"删"、"毁"等字样,说明修订的时间下限是在乾隆五十三年十月以前①。这个结论还需要仔细斟酌。首先,《小字录》的文溯阁本书前提要虽然源自上图稿本底本,但二者内容其实已有很大差异,至于浙本、殿本与上图稿本修订稿之间更是存在本质区别;况且文溯阁本书前提要没有吸收上图稿本修订稿的内容,乃是因为它另有来源,并非出自《总目》提要系统的缘故(说详下文),不能据此判断上图稿本的修订时间。其次,根据《闽小纪》提要将修订的时间下限暂定在乾隆五十三年十月以前,这个结论未免过于疏阔。

据我判断,上图稿本的修订时间当在乾隆四十六年二月全四十七年七月之间。因为就在乾隆四十六年二月《总目》进呈之后,高宗便接连发出两道上谕,对此书的编纂体例提出重要修正意见②,《总目》的修订工作当即始于此时;遵照高宗的旨意,四库馆臣对《总目》初稿从编纂体例到提要内容进行了全面修订,并于乾

---

① 参见崔富章:《〈四库全书总目〉版本考辨》,第 159—166 页。
② 见乾隆四十六年二月十三日《谕内阁着将列朝御纂各书分列各家著撰之前并将御题四库诸书诗文从总目卷首撤出》、乾隆四十六年二月十五日《谕内阁所有四库全书各部俱各按撰述人先后依次编纂》,中国第一历史档案馆编:《纂修四库全书档案》,上海:上海古籍出版社,1997年,下册,第 1289—1291 页。

隆四十七年七月进呈定本,这应该视为该稿本修订的时间下限,因为此后的进一步修订理应是以四十七年七月的进呈本为底本,而不可能仍在四十六年二月的进呈本上进行。弄清楚上图稿本修订工作的大致时间范围,对于下文讨论《小字录》诸阁本书前提要的不同来源十分重要。

四库馆臣对上图稿本的《小字录》提要做了大幅度的文字修改,删去了一些冗杂的内容,使得条理更为清晰,表述更为明白。虽然这两个文本除了文字上的明显差异之外,内容上并没有什么本质的区别,但它却给我们带来了一个意想不到的重要线索。笔者发现,若以修改前后的两个文本作为参照物,可以看出后来的《小字录》提要明显存在两个分支,一是《总目》提要系统,出自上图稿本修订稿;一是书前提要系统,疑似源自上图稿本底本。

近年刊布的天津图书馆藏《四库全书总目》残稿,其《小字录》提要就直接继承了上图稿本修订稿的内容。将这两个文本做一比较,除了仅有的一个讹字外,最重要的一处差异是,上图稿本的"两淮盐政采进本",在天图稿本中作"江苏巡抚采进本"①。上文提到,两淮盐政采进本实为陈思《小字录》单刻本,并不包括沈宏正《小字录补》,与提要内容不相吻合。而江苏巡抚采进本系万历四十七年沈宏正畅阁刻本,包括《小字录》一卷及《小字录补》六卷②,应该就是纂修官最初撰写提要稿时所依据的本子,是以天图稿本订正为"江苏巡抚采进本"。

---

① 《纪晓岚删定〈四库全书总目〉稿本》卷一三五子部四五类书类一,北京:国家图书馆出版社影印本,2011年,第5册,第645—646页。

② 据黄烈《江苏采辑遗书目录》史部谱牒类:"《小字录》,宋成忠郎陈思辑。按此书录史传中小字一卷,明沈宏正补六卷,共七卷。刊本。"归安姚氏咫进斋抄本,史部叶29a。

关于天图稿本的来龙去脉,可以参看笔者的研究成果。根据该稿本的某些修订内容以及馆臣眉批来分析,它很可能是乾隆五十一年为刊刻《总目》而抄缮的一个清本,是专供纪昀等总纂官根据它来审读刻本清样时使用的;后来《总目》的刊刻因故中辍,但四库总纂官仍继续在这个稿本上进行修订工作,目前可考的修订内容,至少已晚至乾隆五十五年七月①。

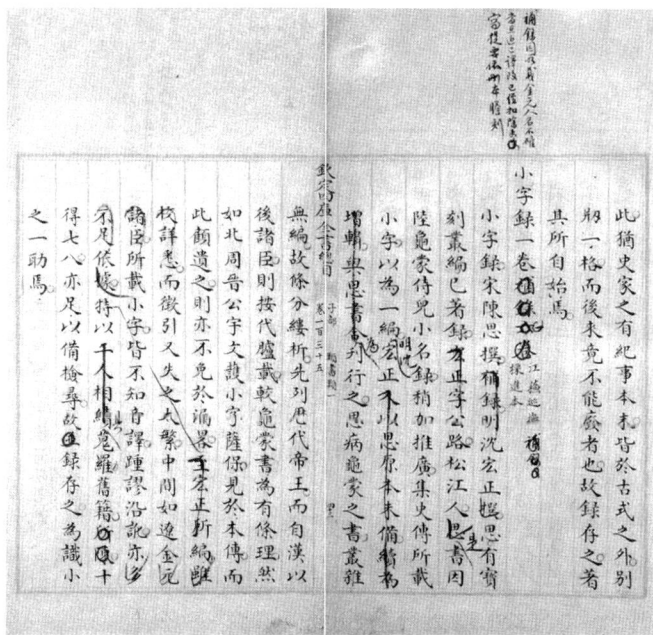

图一　天图稿本《小字录》提要书影

如上所述,见于天图稿本的《小字录》提要,其底本与上图稿本修订稿基本相同。但在乾隆五十一年以后,又经纪昀等人对它

①参见本书附录《关于天津图书馆藏〈四库全书总目〉残稿的若干问题》。

做了重大修改(见图一),现将修订本过录如下:

> 《小字录》一卷(江苏巡抚采进本):《小字录》,宋陈思撰。思有《宝刻丛编》,已著录。是书因陆龟蒙《侍儿小名录》稍加推广,集史传所载小字以为一编。明沈宏正为刊行之。思病龟蒙之书丛杂无编(绪),故条分缕析,先列历代帝王,而自汉以后诸臣则按代胪载,较龟蒙书为有条理。然如北周晋公宇文护,小字萨保,见于本传,而此顾遗之,则亦不免于漏略。特以其搜罗旧籍,十得七八,亦足以备检寻,故录存之,为识小之一助焉。

经过此番修改后的天图稿本《小字录》提要,与此前的提要文本的最大不同之处,就是删去了沈宏正《小字录补》,并将提要中与之相关的内容全部加以删改。此篇提要眉端有一段总纂官批语,对删除《小字录补》做了如下解释:"《补录》因所载金、元人名不确当,且近已译改,已经扣除未写。提要依删本誊刻。"所谓"已经扣除未写"者,是指《小字录补》最终并未收入《四库全书》,这就是天图稿本提要删去此书的原因所在。

前面说过,早在乾隆三十九年的《进呈存目》中,这篇提要就包括陈思《小字录》和沈宏正《小字录补》两书的内容,进呈于乾隆四十六年二月的上图稿本亦将两书皆列入子部类书类,说明直至此时还是打算将它们一并收入《四库全书》的。那么后来究竟发生了什么变故呢? 从文渊阁本书前提要中可以大致了解事情的原委:

> 臣等谨案:《小字录》一卷,宋陈思撰。思有《宝刻丛

编》,已著录。是书因陆龟蒙《侍儿小名录》所载未广,思复为推衍,集史传所载小字以为一编。龟蒙之书丛杂无绪,思故条分缕析,先列历代帝王,而自汉以后诸臣则按代胪载,较原书为有条理。然如北周晋公宇文护,小字萨保,见于本传,而此顾遗之,则亦不免于漏略矣。原本尚有明沈宏正《补录》一卷①,以思原本未备,续为增辑,与思书合刊行之。较思虽似详悉,而征引讹谬,不一而足。中间如辽、金、元诸臣所载小字,皆不知音译,随意牵引,颇不足依据。兹删汰宏正所补录,专录存思书,为识小之助焉。乾隆四十六年十二月恭校上。②

由此可知,在乾隆四十六年十二月抄成进呈的第一份《四库全书》文渊阁本中,实际上就没有收入《小字录补》。馆臣之所以要删汰此书,主要是因为它记有许多辽、金、元三朝非汉族人的小名,此时《钦定辽金元三史国语解》的编纂工作已接近尾声③,按照当时四库馆的要求,这些人名都需要根据《三史国语解》来加以改译,馆臣为省却麻烦,于是干脆就把《小字录补》一书拿掉了。天图稿本《小字录》提要上的那段眉批,称"《补录》因所载金、元人名不确当,且近已译改,已经扣除未写"云云,就是说的这段因由。

---

① 按此处《补录》"一卷"为"六卷"之误,后诸家著录多有称《补录》一卷者,皆系辗转相沿此误。
② 台湾商务印书馆影印文渊阁《四库全书》,第 948 册,第 701 页下栏。
③《三史国语解》纂成于乾隆四十七年二月,参见王重民辑:《办理四库全书档案》,北平:国立北平图书馆排印本,1934 年,上册,第 82—83 页。

关于《小字录》文渊阁本书前提要的源流，还需要做一点说明。这篇提要写成于乾隆四十六年十二月，晚于同年二月进呈的上图稿本，将它与上图稿本的《小字录》提要底本和修订本分别做一比较，即可看出它的来源。文渊阁本书前提要中的某些语句，如"故条分缕析"、"按代胪载，较原书为有条理"、"为识小之助焉"等等，皆不见于上图稿本底本而仅见于其修订本，说明它是在后者的基础上修改而成的。但目前所见四种阁本书前提要，却并非都是出自上图稿本修订稿，这个问题比较复杂，且待下文再做解释。至于文渊阁本书前提要与天图稿本之间的源流关系，从上文谈到的删除《小字录补》的情况可以看得很清楚。天图稿本的《小字录》提要底本系直接取自上图稿本修订稿，与文渊阁本书前提要本无任何关系，但后来总纂官正是根据文渊阁本提要对它进行了重要修订，删去《小字录补》及其相关内容。如此说来，天图稿本《小字录》提要的改定稿实际上有两个源头，它的底本源自上图稿本修订稿，后来又吸收了文渊阁本书前提要的内容。

乾隆六十年先后刊行的殿本和浙本，被视为《总目》的最终定本。这两个刻本的《小字录》提要均源自天图稿本修订稿，只有少许出入：殿本"是书因陆龟蒙《侍儿小名录》而稍加推广，集历代史传所载小字以为一编"句，"而"、"历代"三字系新增；又"龟蒙之书丛杂无绪"句，"绪"原误"编"，殿本已作改正①。浙本最大的一个变化，是将天图稿本的"江苏巡抚采进本"改为"两淮盐政采进本"②。这一改动不免有些令人费解。上文指出，乾隆四十六年的

---

① 殿本《四库全书总目》，见台湾商务印书馆影印文渊阁《四库全书》，第3册，第870页上—下栏。
② 《四库全书总目》，北京：中华书局，1965年，下册，第1150页中栏。

上图稿本原作"两淮盐政采进本",所标注的版本信息与提要内容不相吻合,至乾隆五十一年的天图稿本已改为"江苏巡抚采进本",浙本之回改,不知是出于什么考虑。

以上所述《小字录》提要的源流,从乾隆三十九年的《进呈存目》,到乾隆六十年的殿本和浙本,都属于《总目》提要的系统;文渊阁本书前提要吸收了上图稿本修订本的内容,亦可纳入这一系统。这是此书四库提要变迁的一条主线。

二、诸阁本书前提要的两个不同来源

以乾隆四十六年的上图稿本为分水岭,《小字录》提要的演变明显形成了两个分支,除了《总目》提要系统之外,还有一个不大为人注意的书前提要系统。上文已经指出,《小字录》的文渊阁本书前提要是在上图稿本修订本的基础之上改纂而成的,后来又成为大图稿本修订本的一个源头,因此我将它归入《总目》提要系统。然而笔者意外地发现,目前可见的文渊阁、文溯阁、文津阁和文澜阁本四种《小字录》书前提要,内容存在很大差异,明显来自两个不同的源头。先看乾隆四十七年十月的文溯阁本书前提要是怎么说的:

> 臣等谨案:《小字录》一卷,宋陈思撰。思有《宝刻丛编》,已著录。案思本理宗时临安书贾,而此书卷首题其官为成忠郎、缉熙殿国史实录院秘书省蒐访,不知何以授此职,未知其真与伪也。是书乃仿陆龟蒙《侍儿小名录》之例,稍加推广,集史传所载小字以为一编。以龟蒙之书丛杂无法,故矫

其失。先列帝王,而自汉以后诸臣则按代分系其下。然如北周晋公护之小字萨保,见于本传,而此顾遗之,则亦不免于漏略。特以相传既久,采缀颇勤,以备检寻,尚足供獭祭之用,故考古者每不得而遽废焉。乾隆四十七年十月恭校上。①

文溯阁本《小字录》的抄成进呈晚于文渊阁本几近一年,虽然这篇提要也同样删去了《小字录补》及其相关内容,但显而易见的是,它与上图稿本底本的内容最为接近,仅仅将有关《小字录补》的内容删去罢了,其他文字几乎一仍其旧。看来这位分校官并未见过上图稿本修订本,而且似乎也不曾参考过文渊阁本书前提要。

更加出人意料的是乾隆四十九年十一月的文津阁本书前提要,读来简直让人瞠目结舌:

> 臣等谨案:《小字录》一卷,宋陈思撰。思有《宝刻丛编》,已著录。案思本理宗时临安书贾,而此书卷首题其官为成忠郎、缉熙殿国史实录院秘书省搜访,不知何以授此职,未知其真与伪也。是书乃仿陆龟蒙《侍儿小名录》之例,稍加推广,集史传所载小字以为一编。明万历间,松江沈宏正公路又以思原本未备,续事增辑,为《小字录补》六卷,合刊行之。思以龟蒙之书丛杂无法,故矫其失。先列帝王,而自汉以后诸臣则按代分系其下。然如北周晋公护之小字萨保,见于本传,而此顾遗之,则亦不免于漏略。至宏正所编,虽较详悉,而征引又失之太繁,中间如辽、金、元诸臣所载小字,皆不知

① 金毓黻辑录:《金毓黻手定本文溯阁四库全书提要》,北京:中华全国图书馆文献缩微复制中心影印本,1999 年,上册,第 598 页下栏。

音译,往往附合割裂,尤多舛误。特以原本相传既久,采缀颇勤,以备检寻,尚足供獭祭之用,故考古者亦不得而遽废焉。乾隆四十九年十一月恭校上。①

与文渊阁本和文溯阁本的情况类似,文津阁本也同样没有收入《小字录补》,但有意思的是,其书前提要仅仅在开首处删去《小字录补》的书名,而整篇提要却与上图稿本底本并无二致。如谓"明万历间,松江沈宏正公路又以思原本未备,续事增辑,为《小字录补》六卷,合刊行之",以及"至宏正所编,虽较详悉,而征引又失之太繁,中间如辽、金、元诸臣所载小字,皆不知音译,往往附合割裂,尤多舛误"等等,这些评介《小字录补》的文字竟全都一仍其旧!这篇提要出自分校官罗修源之手,他连提要内容都没有认真读一遍,就这样敷衍了事,导致书前提要所述与其篇名以及文津阁实际收录情况皆不相符。

还有一种《小字录》书前提要,就是南三阁中仅存的文澜阁本,但它与文溯阁本和文津阁本的情况大不相同。今文澜阁本《小字录》仍为四库原物,书前提要末署"乾隆五十二年二月恭校上",其内容则完全照抄文渊阁本书前提要,两者仅有一处文字上的差异,即文澜阁本将"复为推衍"句误抄为"复为推行"而已②。

---

①见商务印书馆影印文津阁《四库全书》,2005 年,第 951 册,第 711 页下栏—712 页上栏。
②笔者所见文澜阁本《小字录》书前提要,系由吴铮强、贺瑞先生代为查阅,顺致谢忱。

如上所述，目前可见的文渊阁、文溯阁、文津阁和文澜阁本四种《小字录》书前提要，其内容存在明显差异，可以看出它们有两个不同的来源。其中乾隆四十六年十二月的文渊阁本书前提要，是在上图稿本修订本的基础之上改纂而成的，因分校官决定不收入《小字录补》，故对书前提要做了相应修改，乾隆五十二年二月的文澜阁本书前提要则完全照抄文渊阁本，因此这两种本子应属同一系统。而乾隆四十七年十月抄成的文溯阁本和乾隆四十九年十一月抄成的文津阁本，虽然也没有收录《小字录补》，然而其书前提要却都与上图稿本底本具有很高的吻合度，完全没有吸收上图稿本修订本的内容，因此这两种本子显然应属于另一系统。

那么，《小字录》的诸阁本书前提要为何会存在着上述两个不同系统呢？为什么抄成在前的文渊阁本书前提要已经吸收了上图稿本修订本的内容，而抄成在后的文溯阁本和文津阁本书前提要反倒像是直接出自上图稿本底本，竟似没有见过其修订稿呢？这个问题比较复杂，需要结合《四库全书》以及《总目》的编纂过程来加以分析。如果对《总目》的早期编纂过程做一简单概括，大致可以表述为这样一个程序：各位纂修官撰成分纂稿后，将抄好的提要稿黏贴于四库底本的书前或书后，总纂官据此进行修订①，最后再将改定后的各书提要抄出汇为一编，并进行分类整理编纂，即形成《总目》。上图稿本的《小字录》提要也无非是这样一个来源——也就是说，《小字录》四库底本上所黏贴

---

① 如中国国家图书馆藏《南夷书》《笔史》《金氏文集》《文庄集》，上海图书馆藏《经籍异同》，辽宁图书馆藏《春秋年考》等，均系四库进呈本，其书前或书后都有黏贴的提要稿。

的那篇提要稿,与上图稿本的《小字录》提要底稿应该是同一个文本。但在乾隆四十六年二月《总目》成书进呈以后,总纂官又对上图稿本的《小字录》提要进行了若干修订,这些修订内容为此后的《总目》所继承,却无法反映在《小字录》底本的提要稿上。

目前所见《小字录》诸阁本书前提要的系统性差异,可以由此得到一个合理的解释。在七阁全书中,文渊阁本是办理最认真、也是质量最高的一部。乾隆四十六年十二月抄成的文渊阁本《小字录》,由分校官叶兰具体负责办理①,此书书前提要当即出于其手。他所撰写的书前提要,并非直接根据其底本所附提要稿加以改写,而是同时参考了是年二月成书的《总目》稿本——显然,上图稿本《小字录》提要的修订工作完成于乾隆四十六年十二月之前,于是叶兰决定以总纂官的最新修改稿作为蓝本加以改纂,并对删汰《小字录补》的原委做了说明。

此后分别抄成于乾隆四十七年和四十九年的文溯阁本、文津阁本《小字录》,则完全是另外一种情况。由于承办这两部抄本的分校官远不如叶兰那么尽心尽责,其书前提要都是直接根据底本所附提要稿简单改写而成的,就其内容来看,既没有参考过经总纂官修订后的《总目》稿本,也未曾取阅文渊阁本书前提要。不过,这里还有一个疑问需要略加解释。上文指出,从乾隆三十九年的《进呈存目》到乾隆四十六年的上图稿本,该书提要均包括陈思《小字录》和沈宏正《小字录补》两书内容,直至抄录文渊阁本时才决定删汰后者。既然如此,如果文溯阁本和文津阁本的分校

---

① 据台湾商务印书馆影印文渊阁本,知《小字录》一书总校官为缪琪,校对官为叶兰。校对官即分校官。

官没有见过文渊阁本书前提要的话,为何这两篇书前提要也都不约而同地删去了沈宏正《小字录补》呢?据我估计,叶兰当初办理文渊阁本时,既然决定不收入《小字录补》,应该在底本上写有"此下扣除不写"之类批语以提示誊录监生。后来文溯阁本和文津阁本的分校官大概正是见到了底本上的这一眉批,遂据此删去书前提要中的《小字录补》;前者还算有点责任心,顺便将提要中与《小字录补》相关的文字一并加以删改,而后者仅仅将篇题中的"《补录》六卷"一笔勾去,提要内容却一仍其旧。

最后,关于文澜阁本书前提要为何直接照抄文渊阁本一事,也需要给予一个合理的解释。南三阁全书从乾隆四十七年七月开始办理,至五十二年四月同时告成①。与内廷四阁全书的办理方式所不同的是,南三阁的每种书均是三份同时办理,"每一底本发出,即令书手全写三分,庶缮校尤得迅速"②。而且有迹象表明,南三阁全书的书前提要似乎也是"批量生产"的。中国国家图书馆藏有一部题为《四库全书总目提要》的抄本,线装八册,不分卷。全书无通贯页码,每篇提要页码自为起讫,其实是以若干篇书前提要汇编而成的。今存提要一百零五篇,包括经、子、集部各若干种,独缺史部(其中并无《小字录》提要)。值得注意的是,这些提要都是严格按照四库书前提要的格式抄写的,末句一律为"乾隆　年　月恭校上",年月皆留空待填。经与文渊阁本书前提要相比对,笔者发现,这些单篇提要一般与乾隆四十

---

①参见黄爱平:《四库全书纂修研究》,北京:中国人民大学出版社,1989年,第153—157页。
②乾隆四十七年八月二十日《多罗质郡王永瑢等奏遵旨酌定雇觅书手缮写全书章程折》,《纂修四库全书档案》,下册,第1616页。

五、四十六年抄成的文渊阁提要内容相同或相近，而与较早抄成的文渊阁提要则有较大出入。根据这些情况来判断，我估计这是乾隆四十七年以后，由翰林院按照统一格式抄写的四库书前提要底本，每篇提要至少一式抄录三份，专供办理南三阁全书采用，当每种书抄校完毕后，只需将这些业已按照统一格式抄好的书前提要填上年月即可。文澜阁本《小字录》抄成于乾隆五十二年二月，其内容与文渊阁本书前提要几乎一字不差，大约就是这个缘故。

通过以上有关《小字录》诸阁本书前提要系统性差异的成因分析，使得我们对四库提要各种文本的复杂衍变过程有了更加深入的认识。一般来说，北四阁全书的书前提要往往彼此差异较大，其中的原因是相当复杂的。就《小字录》的情况而言，与各阁分校官选择提要底本的随意性有很大关系。如上所述，文渊阁本分校官系以乾隆四十六年二月成书的《总目》稿本作为撰写书前提要的蓝本，并吸收了总纂官在这个稿本上所做的若干修订，故这篇书前提要与《总目》提要基本上属于同一系统；而文溯阁本和文津阁本分校官却都是直接因袭《小字录》底本所附提要稿，略加点窜以敷衍塞责而已，因此这两种书前提要与后来的《总目》提要差异明显。至于乾隆四十七年以后办理的南三阁全书，其书前提要很可能是由翰林院统一抄写的，内容主要依据文渊阁本书前提要——不过，这仅仅是笔者提出的一个推论，还需要更多的材料来加以证明。

根据本文的考述结果，现将《小字录》四库提要各个文本的源流关系图示如下：

《四库全书初次进呈存目》
|
四库底本所附提要稿
|
上图稿本底本　　　　　　文溯阁本　　文津阁本
|
上图稿本修订稿
|
天图稿本底本　　　文渊阁本
|
天图稿本修订稿————————————文澜阁本
|
殿本　　浙本

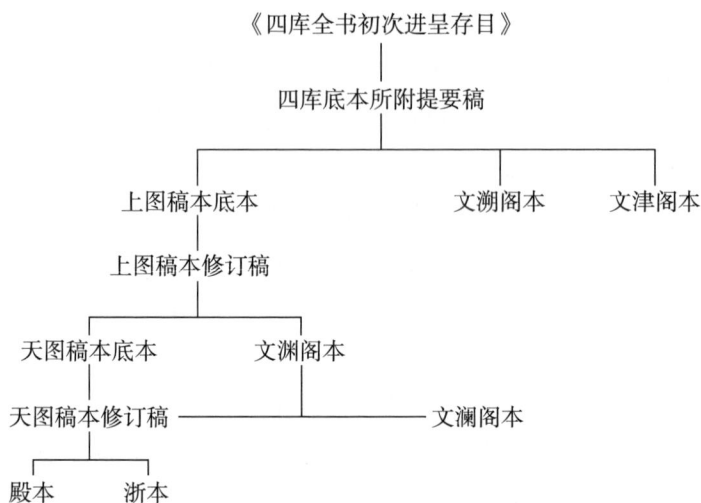

图二　《小字录》四库提要源流示意图

原载《文献》2014 年第 5 期

刘浦江学术论著目录

一、著　作

《辽金史论》,辽宁大学出版社,1999年。

《松漠之间:辽金契丹女真史研究》,中华书局,2008年。

《正统与华夷:中国传统政治文化研究》,中华书局,2017年。

《宋辽金史论集》,中华书局,2017年。

二、古籍整理

点校本二十四史《辽史》修订本(主持人),中华书局,2016年。

三、工具书

《二十世纪辽金史论著目录》,上海辞书出版社,2003年。

《契丹小字词汇索引》（与康鹏共同主编），中华书局，2014年。

四、论　文

《旧序新说》，《书林》1984年第6期。

《从〈春秋左传〉看春秋时代的城市》，《齐鲁学刊》1985年第1期。

《柳开生卒年辨正》，《中国史研究》1986年第4期。

《先秦诸子百家在中国历史上产生了什么影响》，《函授辅导》1987年第2期。

《中国古代的科学技术》，《函授辅导》1987年第5期。

《应劭字说》，《中国史研究》1988年第1期。

《〈史记〉中两司马喜非一人》，《古籍研究》1988年第1期。

《〈后汉书〉札记三则》，《史学月刊》1988年第5期。收入国务院古籍整理出版规划小组编《古籍点校疑误汇录》第6辑，中华书局，2002年。

《"春秋五霸"辨》，《齐鲁学刊》1988年第5期。

《校点本〈青箱杂记〉衍文发覆》，《古籍整理研究学刊》1988年第4期。

《李公麟〈古器图〉有著录可考》，《史学月刊》1989年第2期。收入金文明《语林拾得——咬文嚼字精选100篇》，复旦大学出版社，2001年。

《〈次柳氏旧闻〉无〈椑史〉之名》，《中华文史论丛》1989年第1期。

《尤袤生卒年辨证》,《中国史研究》1989 年第 3 期。

《〈清江三孔集跋〉作者考》,《文献》1989 年第 4 期。

《〈后汉书〉札记(明帝纪)》,《古籍整理研究学刊》1989 年第 4 期。

《辛稼轩〈美芹十论〉作年确考》,《古籍整理研究学刊》1990 年第 2 期。

《再论〈大金国志〉的真伪——兼评〈大金国志校证〉》,《文献》1990 年第 3 期。

《〈建康实录〉校点本訾议》,《古籍整理研究学刊》1991 年第 4 期。

《关于〈契丹国志〉的若干问题》,《史学史研究》1992 年第 2 期。

《汉冲帝永嘉年号辨》,《古籍整理研究学刊》1992 年第 4 期。

《书〈金史·施宜生传〉后》,《文史》总第 35 辑,1992 年 6 月。

《范成大〈揽辔录〉佚文真伪辨析——与赵克等同志商榷》,《北方论丛》1993 年第 5 期。

《〈契丹国志〉与〈大金国志〉关系试探》,《中国典籍与文化论丛》第 1 辑,中华书局,1993 年。

《金代户口研究》,《中国史研究》1994 年第 2 期。

《金代猛安谋克人口状况研究》,《民族研究》1994 年第 2 期。

《邓广铭先生与古籍整理研究工作》,《古籍整理出版情况简报》1994 年第 11 期。

《"博学于文　行己有耻"——邓广铭教授的宋史研究》,《北京大学学报》1995 年第 2 期。

《论金代的物力与物力钱》,《中国经济史研究》1995 年第 1 期。

《金代户籍制度刍论》,《民族研究》1995 年第 3 期。

《渤海世家与女真皇室的联姻——兼论金代渤海人的政治地位》,《大陆杂志》(台北)90 卷 1 期,1995 年 1 月 15 日。收入《北大史学》第 3 辑,北京大学出版社,1996 年。

《金代"通检推排"探微》,《中国史研究》1995 年第 4 期。

《金朝的民族政策与民族歧视》,《历史研究》1996 年第 3 期。

《金代杂税论略》,《中国社会经济史研究》1996 年第 3 期。

《金代土地问题的一个侧面——女真人与汉人的土地争端》,《中国经济史研究》1996 年第 4 期。

《唐突历史》,《读书》1996 年第 12 期。

《辽金的佛教政策及其社会影响》,《佛学研究》第五辑,中国佛教文化研究所,1996 年。

《金代的一桩文字狱——宇文虚中案发覆》,《庆祝邓广铭教授九十华诞论文集》,河北教育出版社,1997 年。收入《北京大学百年国学文粹·史学卷》,北京大学出版社,1998 年。

《十二世纪中叶中国北方人口的南迁》,《原学》第 6 辑,中国广播电视出版社,1998 年。

《〈三朝北盟会编〉研究》(与邓广铭合著),《文献》1998 年第 1 期。

《独断之学 考索之功——关于邓广铭先生》,《中华读书报》1998 年 1 月 21 日第 6 版。

《最后的时光》,《北京日报》1998 年 6 月 4 日第 7 版。

《关于契丹、党项与女真遗裔问题》,《大陆杂志》(台北)96 卷 6 期,1998 年 6 月 15 日。

《说"汉人"——辽金时代民族融合的一个侧面》,《民族研究》1998 年第 6 期。

《关于金朝开国史的真实性质疑》,《历史研究》1998 年第 6 期。

《大师的风姿——邓广铭先生与他的宋史研究》,《文史知识》1998 年第 12 期。

《不仅是为了纪念》,《读书》1999 年第 3 期。收入《仰止集——纪念邓广铭先生》,河北教育出版社,1999 年。

《内蒙古敖汉旗出土的金代契丹小字墓志残石考释》,《考古》1999 年第 5 期。

《试论辽朝的民族政策》,《辽金史论》,辽宁大学出版社,1999 年。

《邓广铭与二十世纪的宋代史学》,《历史研究》1999 年第 5 期。收入《邓广铭治史丛稿》,北京大学出版社,2010 年。

《金代捺钵研究(上)》,《文史》总第 49 辑,1999 年 12 月。

《金代捺钵研究(下)》,《文史》总第 50 辑,2000 年 7 月。

《一代宗师——邓广铭先生的学术风范与学术品格》,《学林往事》下册,朝华出版社,2000 年。

《女真的汉化道路与大金帝国的覆亡》,《国学研究》第 7 卷,2000 年 7 月。

《河北境内的古地道遗迹与宋辽金时代的战事》,《大陆杂志》(台北)101 卷 1 期,2000 年 7 月 15 日。

《辽朝的头下制度与头下军州》,《中国史研究》2000 年第 3 期。

《〈金朝军制〉平议——兼评王曾瑜先生的辽金史研究》,《历史研究》2000 年第 6 期。收入《历史研究五十年论文选(书评)》,《历史研究》编辑部编,社会科学文献出版社,2005 年。

《辽朝亡国之后的契丹遗民》,《燕京学报》新 10 期,2001 年

5月。

《辽朝国号考释》,《历史研究》2001年第6期。

《辽朝"横帐"考——兼论契丹部族制度》,《北大史学》第8辑,北京大学出版社,2001年12月。

《二十世纪契丹语言文字研究论著目录》,《汉学研究通讯》(台北)21卷2期(总第82期),2002年5月。

《二十世纪女真语言文字研究论著目录》,《汉学研究通讯》(台北)21卷3期(总第83期),2002年8月。

《女真语言文字资料总目提要》,《文献》2002年第3期。

《李锡厚〈临潢集〉评介》,《中国史研究动态》2002年第7期。

《契丹族的历史记忆——以"青牛白马"说为中心》,《漆侠先生纪念文集》,河北大学出版社,2002年。

《文化的边界——两宋与辽金之间的书禁及书籍流通》,《中国史学》(东京)第12卷,2002年10月。收入《10—13世纪中国文化的碰撞与融合》,上海人民出版社,2006年。

《书生本色》,《中华读书报》2002年12月11日第5版。收入《载物集——周一良先生的学术与人生》,清华大学出版社,2003年。

《第三只眼睛看中国历史——评〈剑桥中国辽西夏金元史〉》,中国艺术研究院中国文化研究所《中国文化》第19、20期合刊,2002年12月。

《辽代的渤海遗民——以东丹国和定安国为中心》,《文史》2003年第1辑。

《宋代宗教的世俗化与平民化》,《中国史研究》2003年第2期。

《近20年出土契丹大小字石刻综录》,《文献》2003年第

3 期。

《正视陈寅恪》,《读书》2004 年第 2 期。

《德运之争与辽金王朝的正统性问题》,《中国社会科学》2004 年第 2 期。收入北京大学中国古代史研究中心编《未名中国史》下册,北京大学出版社,2009 年;范金民等编著《中国古代史研究导引》,南京大学出版社,2011 年。

《从〈辽史·国语解〉到〈钦定辽史语解〉——契丹语言资料的源流》,《欧亚学刊》第 4 辑,中华书局,2004 年 6 月。

《再论阻卜与鞑靼》,《历史研究》2005 年第 2 期。收入北京大学中国古代史研究中心编《未名中国史》下册,北京大学出版社,2009 年。

《金代"使司"银铤考释》,《中国历史文物》2005 年第 2 期。

《契丹名、字初释——文化人类学视野下的父子连名制》(与康鹏合著),《文史》2005 年第 3 辑。

《正统论下的五代史观》,《唐研究》第 11 卷,北京大学出版社,2005 年 12 月。收入北京大学中国古代史研究中心编《未名中国史》下册,北京大学出版社,2009 年。

《邓广铭——宋代史学的一代宗师》,郭建荣、杨慕学主编《北大的学子们》,中国经济出版社,2006 年。

《「辽史」国语解から「钦定辽史语解」まで——契丹言语资料の源流》,井上德子译,《研究论集》第 2 集《アジアの历史と近代》,河合文化教育研究所,2006 年 6 月。

《辽〈耶律元宁墓志铭〉考释》,《考古》2006 年第 1 期。

《"五德终始"说之终结——兼论宋代以降传统政治文化的嬗变》,《中国社会科学》2006 年第 2 期。收入北京大学中国古代史研究中心编《未名中国史》下册,北京大学出版社,2009 年。

《"紥邻王"与"阿保谨"——契丹小字〈耶律仁先墓志〉二题》,《文史》2006年第4辑。

《宋代使臣语录考》,《10—13世纪中国文化的碰撞与融合》,上海人民出版社,2006年。

《百年邓恭三》,《中国教育报》2007年3月16日第4版。

《怀念恩师邓广铭先生》,《中华读书报》2007年4月11日第20版。收入丁东主编《先生之风》,中国工人出版社,2010年。

《契丹名、字研究——文化人類学の視点からみた父子連名制》,饭山知保译,日本唐代史研究会《唐代史研究》第10号,2007年8月。

"The end of the Five Virtues theory:Changes of traditional political culture in China since the Song Dynasty", *Frontiers of History in China*, vol. 2, no. 4(October 2007).

《再谈"东丹国"国号问题》,《中国史研究》2008年第1期。

《金中都"永安"考》,《历史研究》2008年第1期。

《〈契丹地理之图〉考略》,《邓广铭教授百年诞辰纪念论文集》,中华书局,2008年。

《「五德終始」説の終結——兼ねて宋代以降における伝統的政治文化の変遷を論じる》,小林隆道译,《宋代史研究会研究報告第9集:「宋代中国」の相対化》,(东京)汲古书院,2009年7月。

《契丹开国年代问题:立足于史源学的考察》,《中华文史论丛》2009年第4期。

《穷尽·旁通·预流:辽金史研究的困厄与出路》,《历史研究》2009年第6期。

《关于契丹小字〈耶律纠里墓志铭〉的若干问题》,《北大史学》第 14 辑,北京大学出版社,2009 年 12 月。

《祖宗之法:再论宋太祖誓约及誓碑》,《文史》2010 年第 3 辑。

《再论契丹人的父子连名制——以近年出土的契丹大小字石刻为中心》,《清华元史》第 1 辑,商务印书馆,2011 年。

《邓广铭先生学术简述》,《国学新视野》2011 年冬季号,2011 年 12 月。

《契丹人殉制研究——兼论辽金元"烧饭"之俗》,《文史》2012 年第 2 辑。

《宋、金治河文献钩沉——〈河防通议〉初探》,《舆地、考古与史学新说——李孝聪教授荣休纪念论文集》,中华书局,2012 年。

《在历史的夹缝中:五代北宋时期的"契丹直"》,《中华文史论丛》2012 年第 4 辑。

《邓广铭先生与辽金史研究》,《想念邓广铭》,新世界出版社,2012 年。

《金朝初叶的国都问题——从部族体制向帝制王朝转型中的特殊政治生态》,《中国社会科学》2013 年第 3 期。

《南北朝的历史遗产与隋唐时代的正统论》,《文史》2013 年第 2 辑。

《金世宗名字考略》,《北大史学》第 18 辑,北京大学出版社,2013 年。

《太平天国史观的历史语境解构——兼论国民党与洪杨、曾胡之间的复杂纠葛》,《近代史研究》2014 年第 2 期。

《"桦叶〈四书〉"故事考辨》,《田余庆先生九十华诞颂寿论文集》,中华书局,2014 年。

《元明革命的民族主义想象》,《中国史研究》2014 年第 3 期。

《〈四库全书初次进呈存目〉再探——兼谈〈四库全书总目〉的早期编纂史》,《中华文史论丛》2014 年第 3 期。

《四库提要源流管窥——以陈思〈小字录〉为例》,《文献》2014 年第 5 期。

《天津图书馆藏〈四库全书总目〉残稿研究》,《文史》2014 年第 4 辑。收入《正统与华夷:中国传统政治文化研究》,改名为《关于天津图书馆藏〈四库全书总目〉残稿的若干问题》,中华书局,2017 年。

《中华书局点校本〈辽史〉修订前言》,《唐宋历史评论》创刊号,社会科学文献出版社,2015 年。

编后记

　　本书收录先师刘浦江先生所著专题论文十一篇。正编八篇，主要以正统论与华夷观为线索，探讨中国传统政治文化之嬗变；附录三篇，重点关注《四库全书总目》的源流问题。

　　以正统、华夷问题为核心的政治文化研究，是先生学术生涯后期锐意开拓的新领域，用功最勤，影响也最大。自 2003 年开始，先生一直致力于此项课题，先后发表《德运之争与辽金王朝的正统性问题》《"五德终始"说之终结——兼论宋代以降传统政治文化的嬗变》等多篇鸿文，其中部分文章被翻译成英文、日文，在学界引发较大反响。2012 年，先生以"历史学视野下的正统论——以华夷观念为中心"为题成功申报国家社科基金。他原本的设想是以正统、华夷问题为核心，上起秦汉魏晋，下迄晚清民国，围绕若干子课题展开研究，最终"形成一部自成体系的专题论著"。很显然，先生希望借此蹊径，走出自己长期浸淫的辽金史研究，突破断代的藩篱，对中国历史的核心议题有一贯通的观照和把握。无论是从生前的论述，还是昔日的言谈，我们都能真切地感受到，先生对此已经做了充分的准备，有过系统的思考，需要的似乎只是自然而然、一点一滴地形诸文字。谁料想英才竟遭天妒，一切都随着先生罹患重疾、溘然辞世而戛然停止……本书正编所收八篇论文，是目前所知先生在政治文化研究领域的全部成稿，其中《历史是怎样写成的？——郝经雁帛书故事真相发覆》《"倒错"的夷夏观？——乾嘉时代思想史的另一种面相》两文在其生前已经定稿，但未曾刊布；其余篇什此前虽已发表，但先生亦曾做过不同程度的修订，引用请以本书为准。

四库学是先生治学的另一重要领域，也是支持其开展长时段、跨断代研究的基石。先生研读四库提要三十载，在北大开设《四库全书总目》读书课二十余年，写下数十万字的笔记心得，但他一直仅将其视作治学之津逮，而未遑有所专论。至 2013 年先生始措意于此，原本计划是针对四库学核心问题各个击破，形成一部专题论文集，怎奈天不假年，刚刚开始的新尝试，遽成绝响。本书附录三篇皆发表于先生患病期间，数量虽少，但别开生面，特集录于此，以见其学术取径与治史格局。

本书的整理编校工作由先生众弟子共同完成。苗润博负责初步编排、统筹汇总，康鹏、陈晓伟、曹流、邱靖嘉、任文彪、赵宇、张良负责校雠内容、核对引文。书中部分文章末附"未及补入正文之笔记"，系文章发表后先生新见之部分史料、学术史，原列于底稿首页天头，未及在正文中修订，此次结集由编者整理收入。另有部分篇什发表年代较早，引文注释规范与今不同，收入本书时亦由编者进行了增补。

北京大学中国古代史研究中心、中华书局对本书出版给予的慷慨援助，师母张文女士的鼎力支持，责编胡珂女史的辛勤付出，我们都铭感于心，在此一并致以最真诚的谢意！

受业弟子共书

2017 年 6 月 30 日